U0089711

中國學術思想研究輯刊

三編

林慶彰主編

第21冊

東林學派與晚明經世思潮

蕭敏如著

花木蘭文化出版社

國家圖書館出版品預行編目資料

東林學派與晚明經世思潮／蕭敏如　著 — 初版 — 台北縣永和市：花木蘭文化出版社，2009〔民 98〕

目 4+254 面；19×26 公分

（中國學術思想研究輯刊　三編；第 21 冊）

ISBN：978-986-6528-91-0（精裝）

1. 學術思想　2. 知識分子　3. 明代哲學　4. 南明史

126　　98001737

ISBN - 978-986-6528-91-0

中國學術思想研究輯刊

三　編　第二一冊　　ISBN：978-986-6528-91-0

東林學派與晚明經世思潮

作　　者　蕭敏如

主　　編　林慶彰

總 編 輯　杜潔祥

出　　版　花木蘭文化出版社

發 行 所　花木蘭文化出版社

發 行 人　高小娟

聯絡地址　台北縣永和市中正路五九五號七樓之三

電話：02-2923-1455／傳眞：02-2923-1452

網　　址　http://www.huamulan.tw 信箱　sut81518@ms59.hinet.net

印　　刷　普羅文化出版廣告事業

封面設計　劉開工作室

初　　版　2009 年 3 月

定　　價　三編 28 冊（精裝）新台幣 46,000 元

東林學派與晚明經世思潮

蕭敏如　著

作者簡介

蕭敏如，1977 年生，台灣台中人。國立政治大學中國文學系畢，國立台灣大學中國文學研究所碩士、博士，專攻明清學術史與清代《春秋》學。著有〈由「尊王」向「攘夷」的轉化——清初遺民士人《春秋》學中的民族意識〉等學術期刊數篇，現為暨南大學中國語文學系擔任專任助理教授。

提　要

由晚明以至清初，在這一個急遽變化的歷史階段裡，士人展現出與明初截然不同的文化形貌。本論文試著以東林學派為觀察對象，由他們對明代理學史裡朱子學與王學論爭議題的處理、對人才的重視與貢舉制度的檢省、對於政治與經濟思想的看法，追索晚明儒學知識分子如何由「明初文人大儒皆不仕」的傳統下轉而走向政治，並如何在明代覆亡之際表現出強烈的愛國精神與國族認同。由這一個基點出發，論文的架構大致分為儒學發展、經世學門的興起與士人文化三大面向來分析東林學派：

第二章「東林學派與東林學者」：此章分為四節。第一節主要探討晚明「東明」概念如何由「學術」、「學派」而走向政治性的「東林黨」。本節試圖藉由列舉明中後期「東林」概念的遞嬗，觀察東林學派作為一個士人社群由學術活動走向積極參與政治活動的歷程。第二節則試著以東林學派的興起探討明代的政治、知識分子與儒學之間的關係。最後，則針對東林學派重要講學者的學術、地域與科第背景析論。

第三章「明代朱王學之爭與東林學派的朱子學」：此章共分為四節，試圖在明代儒學思想界朱子學與王學論爭的脈絡之下，觀察作為儒學知識分子的東林學者，在朱王學論爭所扮演的角色，及東林學者對理學朱王學論爭的態度。首先探討明代朱子學與王學的論爭，進而探討江右學風與東林學派間的關係，並論述晚明東林學派朱子學復興運動之中所涵蘊的儒學正統意識興起、和會朱王學論爭、尊經意識與復古思維等意涵。

第四章「東林學派的經世思想」：此章分五節。首先由東林學派對人才的重視談起，探論他們重視士風、士習與對貢舉制度的意見，觀察東林學派重視名教、重法制的傾向。其次則論述東林學者對明代中晚期講學風氣的反思，以及他們心目中理想的講會圖式。其次則論述東林學派對政治與商業的態度。

第五章「東林學派與明末清初的士人文化」：此章分三節。首先針對晚明士風的「重視氣節」與明季士人的殉節風氣加以申論，探究東林學派在晚明士人風習的轉變過程中所扮演的角色。其次則論述東林學派的興起，如何使晚明士人社群性質發展質變。最後並探討東林學派與明末清初的學術發展之問題。

第六章「結語」：總結全文，探討東林學派的時代意義，並論述晚明至清前期知識分子對東林學派評價的轉變問題。

目次

第一章　緒　論

第一節　時代變遷下的知識分子

晚明到清初是一個舊秩序不斷失落、新觀念不斷產生的時代。濃郁的人文氣息在文學、思想與政治舞台上恣意躍動。就哲學思想的發展層次而言，「人」的自覺將原本被儒學傳統視爲禁忌的「欲」的概念，不但成爲哲學思辨的重要議題，並逐漸成爲證成「天理」存在的因由；就政治思想方面而言，高度中央集權的君主專制政體，在一連串朝廷政治集團的朋黨鬥爭事件的催化下，成爲知識分子的檢討對象。

由左派王學的狂禪風潮走向清初的經世實學，其間學風轉變的關鍵，正在於東林學派。錢穆《中國近三百年學術史》在〈引論〉中指出：「言宋元明三朝六百年講學史者，亦以東林爲殿。然余觀明清之際，學者流風餘韻，猶往往沿東林。」〔註1〕東林學派，受當時江右王學的務實講學風格影響，並更進一步走向復興朱子學。就政治態度而言，東林學者也一改左派王學〔註2〕學者對政治的淡漠態度，重新喚起儒學知識分子的外王精神與經世理想，將學術思想發展帶往與政治現實更貼合的方向。東林學者將儒學知識分子關懷的視野由南宋以來的純粹哲學領域向外伸展，無論就政治體制、財政制度、法制概念等等，都成

〔註1〕錢穆《中國近三百年學術史》（臺北：臺灣商務印書館，1996年7月，臺二版二刷），上冊，第一章〈引論〉，頁9。

〔註2〕此處的左派王學，以嵇文甫《左派王學》（臺北：國文天地雜誌社，1990年4月，初版）中的定義爲主。

爲他們觀照研究的對象，使得他們的思想面相極爲寬廣，並且豐富異常。

明初文人大儒，多有不務仕進的傾向。在晚明這一個急遽變動的歷史階段，東林學派卻一改明初文人大儒對政治的淡漠態度，作爲一個滿懷理想的儒學知識分子，他們不僅僅扮演一個理學思想支裔的角色，更積極地參與社會中的政治與教育領域，藉由講學、參政並以輿論議政，企圖解決明中晚期以來的社會問題。他們極爲重視人才的培育，也在「重人才」基礎上，重新檢省明代貢舉制度的問題，並進而探討名教與法制制度存在的必要性。在政治理想上，他們不但是思想家，更是身體力行的實踐者。除此之外，東林學派也針對左派王學浮誕化的講學風格加以檢討，提出講習合一等旨念，而東林學者高攀龍也提出「會之正格」的講會理想圖式，表現出他們想要改革講學風氣的意圖。

東林學派在學術思想發展的潮流上，從盛極一時的王學殿堂中出走，轉而走向興復道南之傳的朱子學，並在庶民士子對和會儒學世界程朱、陸王之爭的期盼下，向經典文本與儒學的「斯文之統」回歸。他們藉著定期的聚集，講論學術與評議政事，改寫明季清初的士人氣質及士人社群的風貌。東林學派將明中期以降士人社會受左派王學所掀起的狂禪風格，帶往重氣節、以風期相許的方向，並對於政治家國充滿熱情。東林學者積極參與政治，也使得明末士人社群的性質由明初重視文酒之宴、重制義選文，而走向干預國政、議論政事，富有強烈的政治色彩。

萬曆中後期，東林學派的經世思想，開啓明末清初遺民哲學的經世風潮。無論就政治環境的轉化、學術思想的遷變以及士人風習的轉移等面相上，東林學派都居處在時代潮流中承先啓後的關鍵轉折點。明末清初的遺民哲學家如黃宗羲、顧炎武、王船山等人，在探討哲學議題之外，對於政治體制、教育系統、國家財政議題也十分留心。除了明亡所帶來的衝擊之外，在明末清初的遺民哲學興起前，東林學派對於家國的關懷態度，與重經世的思維方式，召喚著知識分子的政治熱情，在以哲學議題探討爲主題的傳統講學模式之外，也同樣重視政治、教育與財政等問題。黃宗羲身爲東林殉難者的後裔，其間的思想影響也更爲鮮明。

近代學者在探論明清思想時，往往由陽明、李贄而直接向顧炎武和黃宗羲、王夫之等人跳躍，其間的東林人物只能扮演一個必要的配角，而非探討明清思想史的重要主線。然而，他們的出現，卻徹底改變了明末清初士人文化的風貌，而這也是筆者之所以選擇東林學派做爲研究主題的原因。

第二節　前人研究成果的回顧

明清學術思想史的研究，近年逐漸成爲顯學，研究成果也相對豐碩。關於與東林學派的相關論文研究，較重要者有：

以政治上的「東林黨」爲主及相關政治事件所作的考察，有朱文杰、林麗月、喻蓉蓉以及溝口雄三等人。林麗月《明末東林運動新探》，〔註 3〕以政治史的角度，剖析東林運動的相關政治背景，並兼論明代朋黨之起源及明代政治制度的問題。而林麗月另一篇論文《東林運動與晚明經濟》，〔註 4〕則就東林人物與萬曆與天啓朝的礦稅政策加以申述。喻蓉蓉的〈熊廷弼在南直隸提學御史任內的整頓士風及其與東林之關係〉，〔註 5〕則是針對明代的朋黨議題，檢視東林與熊廷弼的互動。日本學者溝口雄三在《中國前近代思想的演變》，〔註 6〕則以晚明社會與經濟的發展，重新解讀東林人士的政治經濟思想。然而，溝口先生文中對於學術發展的內在脈絡較少涉及。除此之外，他所引述的東林學者多爲後期東林學派的人士（如陳龍正），而在論述時並未區隔初期與後期東林學派，而因而無法呈顯出後期東林學派與初期東林學者之間的思想轉變現象—尤其是對君權與民權之間的議題。

以學術上「東林學派」思想的研究爲主的研究專著，則有古清美與曾光正等人。古清美《顧涇陽、高景逸思想之比較研究》，聚焦於東林學派的顧憲成與高攀龍，對於兩人間的思想差異作了深入的探討與比較。曾光正《東林學派性善論與工夫論》，則是由工夫論的向度，探討晚明時期理氣一元論如何形成，並由東林學派「以善爲宗」的觀點，研究明末清初時期陳確、劉宗周、王夫之等人對「人欲」態度的轉變。曾光正以東林學派顧憲成、高攀龍與孫愼行三人爲中心，探討晚明至清代理學發展由天理向人欲過渡的歷程，對於

〔註 3〕 林麗月《明末東林運動新探》(臺北：臺灣師範大學歷史研究所博士論文，1984 年 7 月)。

〔註 4〕 林麗月《東林運動與晚明經濟》。收於淡江大學中文系主編《晚明思潮與社會變動》(臺北：弘化文化事業出版，1987 年 12 月，初版) 頁 561～595。

〔註 5〕 喻蓉蓉的〈熊廷弼在南直隸提學御史任内的整頓士風及其與東林之關係〉，收於《世新大學學報》第 8 期，1998 年 10 月。(臺北，世新大學)。

〔註 6〕 溝口雄三著，索介然、龔穎譯，《中國前近代思想的演變》。(北京：中華書局出版，1997 年 10 月，一版一刷)

宋明思想史中理／欲思想主題的發展頗有見的。

對於東林學派與明末清初的經世思潮之間的關聯之討論，雖然早在清代的朱一新就曾明言「故東林者，所以結明社三百年養士之局，而開國初風氣之先者也」，〔註 7〕指出東林學派與清初經世風氣間的聯繫，而錢穆在《中國近三百年學術史》中，也將東林學派置於承理學之末、而開清代學術之先的位置。然而，學者對於東林學派與經世思潮之間的聯繫，多半僅散見於宋明清思想史著作中薄薄數頁的小章節，整體而言，缺乏由學術思想上承先啓後的向度，針對東林學派承王學、繼朱子而走向經世致用的深入研討。無論就侯外廬等人所編的《宋明理學史》以及李書增等所編的《中國明代哲學》等，限於篇幅，對於東林學派與經世思潮的關係僅能簡略帶過。李紀祥《明末清初儒學之發展》中，第一章〈東林學術與道德經世〉，雖略有涉及，然而在寥寥二十餘頁中探討此一議題，實稍顯不足，對於東林學者對經世學門的思想內容，也未及加以闡述。

以晚明士人政治社群爲主的研究，有謝國楨的《明清之際黨社運動考》，以明末清初的黨社政治活動爲中心，對明清之際的黨爭、東林與復社等士人的「結社」及政治活動加以探討。劉莞莞的《復社與晚明學風》，以號稱「小東林」的復社爲研究對象，透過復社人物的政治與學術活動，觀察崇禎與弘光朝的黨爭議題，以及復社對晚明學風的影響。李京圭《明代文人結社運動的研究——以復社爲主》亦是以復社爲研究主題，兼攝明代文社性質的遞嬗議題。然而，由明初以文酒之宴與制義選文爲主的「文社」以及以純粹學術討論爲主的「講會」，走向政治氛圍濃厚的士人社群，其間的轉變關鍵正在於東林士人。然而，東林學派在明代士人社群性質轉變的歷史進程中所扮演的關鍵角色，卻鮮少爲人所重視。除此之外，東林學派「以風期相許」，藉著知識分子的社交群體而對士人風習所產生的影響，徹底改寫晚明士人的風尚與氣質，這一點也爲研究者所忽略。

歷來以東林爲研究對象的學者，往往以東林的政治活動、經濟政策與思想內容等向度來理解東林。然而，就東林學派在學術思想史上的發展地位而言，作爲一個無論在學術思想發展、政治環境遷變以及士人文化風習的轉移上都有著關鍵影響力的士人社群，東林學派在明清之際學風轉向以及晚明士人文化遞嬗間的重要位置，顯然仍有許多值得探究的議題。特別是在東林學

〔註 7〕 朱一新《無邪堂答問》（臺北：世界書局，1963 年 4 月），卷五，頁 23。

派的經世氣質對晚明清初士人文化的影響上。除此之外，對於東林學派經世思想的內容、東林學派對政治、財政、法制、名教、氣節與講學等經世議題的深入探討，以及東林學派的經世與氣節概念如何影響明季清初的士人文化與學術思想的經世走向，仍有極大的發揮空間。因此，筆者企盼能於前人所尚未論述的部分加以補充，冀求藉著東林學派與經世思潮，呈顯出明末清初之際知識分子學術思想的轉向與士人風尚的遷變。

第三節　研究範圍與內容

萬曆末與天啓年間，原本屬於純粹士人議政講學組織的「東林」概念，在政壇鬥爭糾結之下，由原本學術性質的組織沾染了政治上朋黨的色彩。天啓時，「東林」逐漸淪爲投機分子獲取聲名與閹黨藉以坑害異己的藉口。由於本文以學術思想的流變與士人風習遷轉的角度，來研究東林學派，因此，筆者企圖將還原爲學術思想上的東林，而以黃宗羲《明儒學案》〈東林學案〉所列述的東林學派思想人物——顧憲成、高攀龍、錢一本、孫愼行、顧允成、史孟麟、劉永澄、薛敷教、葉茂才、許世卿、耿橘、劉元珍、黃尊素、吳桂森、吳鍾巒以及華允誠、陳龍正等十七人爲主，並兼採清高杜所輯之《東林書院志》中所列述的人物。本文以實際參與東林書院講學活動與思想傳承的知識分子爲主要研究對象，對於政治上成爲朝廷政治集團權力鬥爭中剷除異己的手段的「東林黨」，則並非本文主要的關注焦點。因此，第二章首先將在政治鬥爭中被擴大詮釋的「東林」與學術思想上的「東林學派」作一番區隔與界定，並略論東林學派的成形，及其相關政治環境、講學與儒學教育背。再由學思背景、地域背景、與科第背景析論東林學派中知識分子，由他們的身分背景探討東林學派的集結成因。

第三章則就宋明理學思想發展的角度，探討東林學派興復朱子學與重歸斯文之統的主張，在明代朱子學與王學論爭的情勢下所代表的學術史意義。本章由明代學術中的朱子學與王學論爭談起，就學術思想發展的角度，探討東林學派復興朱子學的學術意義。明中葉的陽明心學籠罩之下，朱子學不斷受到質疑與挑戰。然而，後王學學者的迅速分化，卻使得原本被視爲「王學正傳」的江右王學成爲左派王學學者排擠的對象，並逐漸向朱子思想傾近。儒學學脈而言探討明代朱子學與王學論爭下，東林學派由王學的落拓宗子轉向朱子學的歷程。本章也將兼論王學分化的問題，並進而探討理學內部的統合趨勢。

第四章則就東林學派的政治、經濟理念來探討東林學派對經世實務的重視與發展。東林學派的「經世」，並非只是口頭上宣誓儒學經世思想的復興而已，而是更進一步地對以往儒學知識分子較爲忽略的應世實務層次投注更多的熱忱。東林學者對於政治體制、君權與民權、經濟與商業、講學與士人風習等等，都成爲他們論學時關懷的學術領域。

至於東林學派對明末清初的士人文化之間的影響，則在第五章中作一番探討。本章分別東林學派與明末清初的士人風習、東林學派與明末清初的學術思潮兩方面切入。第一節由東林學派的「尚氣節」概念談起，解讀晚明士人風習由狂禪與媚俗走向用世應務與殉身報國的現象；再由東林學派講學與清議結合的向度，觀察明中葉文化與講會、講學等士人社群活動由純粹的「以文會友」走向復社、幾社的知識分子政治性社群。第二節則由東林學派與明末清初儒學思想的經世傾向爲中心，探討東林學派與明末清初的學術發展，由明代學派間黨同伐異的現象觀看東林學派對於重返原始儒學「斯文之統」的期待，與理學王國的終結等問題。並在結論中處理東林學派歷史評價的議題。

第二章　東林學派與東林學者

明中葉以來，由於官僚之間相互結黨傾軋，一群在政治鬥爭過程中離開政壇的知識分子，藉著講學來寄寓自己對政治抱負的殷殷期盼，抒發他們勇於諫議的政治氣節。他們開啓了官方政策之外，另外一面清新的視野，也將清議輿論帶往與權力中心對立的方向。

第一節　學術與政治之間——晚明「東林」概念的遞嬗

由南宋以至於明中期，「東林」原本只指涉著位於江蘇無錫地區、由楊時所建的東林書院。然而，以神宗萬曆三十二年（1604）爲界點，「東林」的意義卻有了極大的遷變。萬曆中期，因顧憲成、高攀龍等人講學於此，使得「東林」概念由「書院」轉而指向學派。原本僅限於學術上的「東林」概念，由於這一群講學於此的知識分子積極評議政治、參與政事的態度。使得「東林」的概念漸漸由書院、學術流派向政治集團延伸，甚至成爲晚明政治上官僚集團朋黨鬥爭的焦點。

神宗中期，張居正的強勢內閣瓦解之後，朝中缺乏如張居正般具有政治手腕與謀略才幹的繼任首輔。在朝中群龍無首的情勢下，晚明政治集團間的鬥爭正式揭開了序幕。萬曆二十一年（1593）的「癸巳大計」黜陟事件，啓動明代中晚期大規模政爭的開端，朋黨意識迅速地在朝廷中的士人世界渲染蕩蕩漾。〔註1〕士人們面對京察的催化，以共同利益、鄉誼情感、科第之誼（兼

〔註1〕清・張廷玉等編撰《明史》（臺北：鼎文書局，1991年5月，五版），卷二二

涉座主門生與同年關係）與意識型態爲觸媒，形成緊密連動的政治集團鏈結。癸巳大計事件中，一群志趣相投、有著強烈政治熱忱的朝廷知識分子因權力鬥爭而被黜陟下野。由於自宋代以來，書院「私學」系統的發達，爲知識分子提供一個相對而言較爲自由的思想表述場域，也爲仕途失意或無心仕宦的知識分子營造出廟堂之外另一方安身立命的居所。萬曆癸巳事件中，這一群被黜陟的知識分子由仕宦走回學術，並因學術上的交游而集結。高攀龍〈顧涇陽先生行狀〉中記載：

> 先生（顧憲成）時時謂攀龍曰：「日月逝矣！百工居肆以成事，吾曹可無講習之所乎！」錫故有東林書院，宋龜山楊先生所居。楊先生令蕭山歸來，依鄒忠公志完於毗陵忠公尋卒。依李忠定公伯紀於梁溪，凡十八年，往來毗陵、梁溪間，棲止東林，闡伊洛之學，後廢爲僧舍。邵文莊公圖修復之，不果。及是，先生弔其墟，慨然曰：「其在斯乎！」遂聞於當道，葺楊先生祠，同志者相與搆精舍居焉。〔註2〕

東林書院原本爲闡楊時伊洛之學的講習之所，然而，自南宋末年以來卻逐漸廢爲精舍。顧憲成、顧允成、高攀龍等人下野之後，一同選擇了東林書院作爲講習之所。萬曆二十六年（1598），顧憲成「始會吳中同志於二泉」；〔註3〕在萬曆三十二年（1604）由顧憲成所主持的東林書院正式重修峻工後，「大會四方之士」，〔註4〕往後更以「每年一大會，每月一小會」的固定集會形式，以復興道南之傳的朱子學與評議人物政事爲主題。東林學院派於焉成形，而江南地區的其他書院（如經正堂、志矩堂、明道書院、文學書院等）也聞風

九，〈趙用賢傳〉，頁6001～6002：「（神宗萬曆）二十一年，王錫爵復入內閣。初，用賢徙南，中行、思孝、植、東之已前貶，或罷去，故執政安之。及是，用賢復以爭三王並封，語侵錫爵，爲所銜。會改吏部左侍郎，與文選郎顧憲成成辨論人才，尋情益附，錫爵不便也。用賢遂免歸，戶部郎中楊應宿、鄭材復力詆用賢，請據律行法。都御史李世達、侍郎李禎疏直用賢，斥兩人讒陷，遂爲所攻。高攀龍、吳弘濟、譚一召、孫繼有、安希范輩皆坐論救褫職。自是朋黨論益熾。中行、用賢、植、東之創之於前，元標、南星、憲成、攀龍繼之。言事者益裁量執政，執政日與枝拄，水火薄射，訖於明亡云。」

〔註2〕清・高崔輯《東林書院志》（收於《續修四庫全書》，冊七百二十一，史部，地理類，《東林書院志》二十二卷；上海：上海古籍出版社，據上海圖書館藏清雍正十一年刻本影印，1995），卷之七，高攀龍〈顧涇陽先生行狀〉，頁99。

〔註3〕黃宗羲《明儒學案》（臺北：河洛出版，1974年12月，臺影印初版），卷五八，〈東林學案〉，頁50。

〔註4〕黃宗羲《明儒學案》，卷五八〈東林學案〉，頁50。

而起，〔註 5〕形成一個以地域爲中心的士人社群與學術集團。

活躍於東林書院的知識分子，由於他們本身的仕宦背景以及儒家的外王理想，使得東林書院的落成與講學充滿著濃郁的政治色彩。他們藉著「與世爲體」〔註 6〕的講學情調，在以探索學問爲基本宗旨的書院環境中，「裁量人物、訾議國政」，〔註 7〕將明初以來純粹以學術爲主的講學內容，兼而摻入議政的成色。這一群具有強烈政治抱負的儒家知識分子，藉著書院講學的形式集結爲龐大的輿論系統，成爲與執政當局抗衡的最大力量，形成一個兼具學術與政治色彩的士人集團。然而，卻正因爲他們的政治使命感與熱心參與政事的態度，使得「東林」概念最終由學術走向政治，由藉著講學評議時政、扮演「清議之所宗」〔註 8〕的角色，而淪爲政治投機分子藉以獲取聲名、反對勢力藉以坑害異己的利用對象。「東林」，也由學術上的「東林學派」逐漸走向一個涵攝學術與政治兩面的曖昧概念。

萬曆三十二年的「東林書院成，大會四方之士」時的「東林」，是一個以講學爲主，並兼攝評議政事的學術組織。然而，在東林書院成立之初，「東林」仍僅限於學派，並沒有被附著上政治的意涵。由於他們本身的政治熱情與在朝官僚的密切交游往來之下，這個學術組織很快質變爲一個兼攝政治活動與學術探討的知識分子社群。

由「東林學派」轉而爲「東林黨人」，導因於萬曆三十八年朝中一連串批鬥淮撫李三才的政治事件。李三才與魏允貞、鄒元標、李化龍等人交好，〔註 9〕在魏允貞因建言而忤及執政時，李三才曾因此而坐罪謫爲東昌推官。彼此之間有著深厚的情誼。顧憲成與鄒元標、魏允中（魏允貞之弟）往來極爲密切，〔註 10〕鄒元標與趙南理、顧憲成齊名，三人之間有著密切的聯繫。

〔註 5〕黃宗羲《明儒學案》，卷五八〈東林學案〉，頁 50「甲辰，東林書院成，大會四方之士，一依白鹿洞規。其他聞風而起者：「毗陵有經正堂、金沙有志矩堂、荊溪有月道書院、虞山有文學書院。皆捧珠盤，請先生之蒞焉。」

〔註 6〕黃宗羲《明儒學案》，卷五八〈東林學案〉，頁 50。

〔註 7〕黃宗羲《明儒學案》，卷五八〈東林學案〉，頁 50。

〔註 8〕黃宗羲《明儒學案》，卷五八〈東林學案小序〉，頁 46～47。

〔註 9〕《明史》卷二三二，〈李三才傳〉，頁 6061：「與南樂魏允貞，長垣李化龍以經濟相期許」、「會允貞、化龍及鄒元標並官南曹，益相與講求經世務，名籍甚。」

〔註 10〕《明史》，卷二三二，〈魏允貞傳附弟允中、允孚〉，頁 6058：「允中爲諸生，副使王世貞大器之。……時無錫顧憲成、漳浦劉廷蘭並爲舉首，負儁才，時人稱『三解元』。」《明儒學案・東林學案一》〈端文顧涇陽先生憲成〉（頁 49）中也提到：「時江陵當國，先生與南樂魏允中、漳浦劉廷蘭，風期相許，時稱

〔註 11〕李三才與顧憲成、魏允貞兄弟、鄒元標等人，早在「東林黨」之稱形成前，就已有著密切往來。李三才與顧憲成相交甚篤，在被削籍的顧憲成里居講學時，李三才仍與他時時往來交游，甚至上疏爲顧憲成等被削籍的東林學派知識份子請命。《明史》〈李三才傳〉：

> 是時顧憲成里居，講學東林，好臧否人物。三才與深相結，憲成亦深信之。三才嘗請補大僚，選科道，錄遺佚。因言：「諸臣祇以議論意見一觸當塗，遂永棄不收，要之於陛下無忤。今乃假天子威以錮諸臣，復假忤主之名以文己過。負國負君，罪莫大此。」意爲憲成諸人發。〔註 12〕

由於李三才爲講學於東林書院的顧憲成等人請命，加上東林學派訾議時政的講學態度，使得「南北言官群擊李三才、王元翰，連及里居顧憲成，謂之東林黨」。〔註 13〕「東林」學派，在政治上的朋黨鬥爭下，被附著上政治的意涵。被政治化的「東林」概念，其實是晚明政治權力拉扯下的產物。

然而，在講學與議政治的性質之外，由於顧憲成等人重視「名節」的「清流」形象，對於在朝的士大夫與在野的知識分子，都具有相當程度的影響力。清人趙翼《廿二史箚記》〈三案〉條中，就如此敘寫：

> 緣萬曆中，無錫顧憲成、高攀龍等，講學東林書院，爲一時儒者之

『三解元』。」

〔註 11〕《明史》，卷二四三，〈趙南星傳〉頁 6298：「南星里居，名益高。與鄒元標、顧憲成，海內擬之『三君』。」

〔註 12〕《明史》，卷二三二，〈李三才傳〉，頁 6064。

〔註 13〕《明史》，卷二二四，〈孫丕揚傳〉，頁 5903：「三十八年大計外吏，黜陟咸當。又奏舉廉吏布政使汪可受、王佐、張偲等二十餘人，詔不次擢用。先是，南北言官群擊李三才、王元翰，連及里居顧憲成，謂之東林黨。而祭酒湯賓尹、諭德顧天埈。各收召朋徒，干預時政，謂之宣黨、崑黨；以賓尹宣城人，天埈崑山人也。御史徐兆魁、喬應甲、劉國縉、鄭繼芳、劉光復、房壯麗，給事中王紹徽（湯賓尹門生，與王圖同郡）、朱一桂、姚宗文、徐紹吉、周永春輩，則力排東林與賓尹、天埈聲勢相倚，大臣多畏避之。至是，繼芳巡按浙江，有僞爲其書抵紹徽、國縉者，中云：『欲去福清，先去富平；欲去富平，先去耀州兄弟。』又言『秦脈斬斷，吾輩可以得志』。福清謂葉向高，耀州謂王國、王圖，富平即丕揚也。國時巡撫保定，圖以吏部侍郎掌翰林院，與丕揚皆秦人，故曰秦脈。蓋小人設爲挑激語，以害繼芳輩，而其書乃達之丕揚所。丕揚不爲意，會御史金明時居官不職，慮京察見斥，先生疏力攻圖并詆御史史記事、徐縉芳及李邦華、李炳恭、徐良彥、周起元手，因目爲『五鬼』；五人皆選授御史候命未下者也。當是時，諸人日事攻擊，議論紛呶，帝一無所問，則益植黨求勝，朝端鬨然。」

> 宗，海內士大夫慕之。其後鄒元標、馮從吾等，又在京師建首善書院，亦以講學爲事。趙南星由考功郎罷歸，名益高，與元標、憲成，海內擬之「三君」，其名行聲氣，足以奔走天下。天下清流之士，群相應和，遂總目爲東林。〔註 14〕

就講學與學術面相而言，東林學派具有「一時儒者之宗」的儒學情味；就政治面相而言，他們代表著社會上清議與輿論的強大力量，不僅「海內士大夫慕之」，而「名行聲氣，足以奔走天下」。由於東林聲名過於熾盛，使得「天下清流之士，群相應和」，一群自詡爲清流的知識份子向東林依附。社會上對「東林」一詞的人物界定不斷擴散展延，許多與東林書院並沒有什麼淵源的政治人物，也自詡、或被冠上「東林」之名。

「東林」運動，在這樣的盛名趨動之下，追隨者寖多，加上政治上集團利益的糾結及推擠，〔註 15〕使得「東林」一詞由原本指涉在東林書院講學議政的知識份子而逐漸轉向一個具有政治社團意味的概念，「東林」甚至成爲有心人士藉以獲取聲名的手段。到了天啓年間，以魏忠賢爲中心的閹黨當政時期，「東林」又淪爲權力中心在政治鬥爭遊戲裡，藉以坑害異己的口實。〔註 16〕由萬曆時期以至於天啓年間，「東林」一詞，由原初以東林書院爲中心、兼攝學術與政事議題的士人講學組織，而逐漸成爲執政當局與政治投機者濫用的稱謂。因此，黃宗羲在《明儒學案．東林學案小序》中，便開宗明義地爲學術上的「東林」學派與政治上被擴散渲染的曖昧政治概念加以區隔，爲東林學派一雪不白之冤：

> 今天下之言東林者，以其黨禍與國運終始。小人既資爲口實，以爲亡國由於東林，稱之爲「兩黨」。即有知之者，亦言東林非不爲君子，然不無過激，且倚附者之不純爲君子也，終是東漢黨錮中人物。嗟乎！此寐語也！東林講學者，不過數人耳；其爲講院，亦不過一郡之內耳。昔緒山、二溪，鼓動流俗，江浙南畿，所在設教，可謂之標榜矣。東

〔註 14〕清．趙翼《廿二史箚記》（臺北：史學出版社，1974 年 4 月，試印本），卷三五〈三案〉條，頁 797～798。

〔註 15〕《明史》，卷二三一，〈東林諸人傳贊〉，頁 6053。

〔註 16〕《明史》，卷二三一，〈顧憲成傳〉，頁 6033：「凡救三才者、爭辛亥京察者、衛國本者、發韓敬科場弊者、請行勘熊廷弼者、抗論張差梃擊者，最後爭移宮、紅丸者、忤魏忠賢者，率指目爲東林，抨擊無虛日。借魏忠賢毒焰，一網盡去之。殺戮禁錮，善類爲一空。」

> 林無是也。京師首善之會，主之爲南皋、少墟，於東林無與。乃言國本者謂之東林、爭科場者謂之東林、攻逆閹者謂之東林，以至言奪情奸相討賊，凡一議之正，一人之不隨流俗者，無不謂之東林。若是乎東林標榜，遍於域中，延於數世。東林何不幸而有是也！東林何幸而有是也！然則東林豈眞有名目哉？亦小人者加之名目而已矣。

由黃宗羲在〈東林學案小序〉中的描述看來，清初的知識份子以一種「黨禍與國運終始」的姿態觀看「東林」。晚明的「東林」概念，在士人社會裡「清議所宗」〔註17〕的推促下，顯然已從「東林講學者，不過數人耳；其爲講院，亦不過一郡之內耳」的始點不斷向外圍擴散，以至於將晚明政治環境裡所有的政治對立與權力衝突，都歸入並附著在「東林」的名義之下。

南明與清初時期，面對明亡的政治現實，遺民知識分子對「東林」士人的解讀，集中在他們的政治影響上，而以一種批判的角度，將「東林」與明代覆亡、異族統治的政治現實聯結起來。〔註18東林學派思想上的光焰，卻在政治與朋黨議題的光芒下而無法突顯。但，他們畢竟是一個以書院講學爲主的組織，即使具有強烈的儒家政治理想性格，仍然是以士人講學的學術爲基礎。東林學派務實與經世的思想基調，是晚明學術向清初經世之學引渡的重要橋樑。他們反映了時代風氣與學術思維微妙的轉變契機，作爲一個學術流別，東林的確具有不可磨滅的關鍵地位。就初期東林書院講學的學者而言，並不僅只是一群在政治意識型態上聲氣相通的士人組織，同時也是一群在學術上有著類似體認的知識份子。黃宗羲「然則東林豈眞有名目哉？亦小人者加之名目而已矣」的喟嘆，其實也反映了一位東林人物後代對這一群冷風熱血、洗滌乾坤的知識份子的無限追思與敬慕，以及對明末清初時期東林所背負的寵大責難，所發出的不平之鳴。

第二節　政治、知識分子與儒學——論東林學派的興起

晚明，是一個政治環境裡瀰漫衰頹與腐敗，而思想與文藝表現卻又無比

〔註17〕黃宗羲《明儒學案》，卷五八，〈東林學案小序〉，頁47：「論者以東林爲清議所宗，禍之招也。」

〔註18〕關於南明與清初知識分子對東林評價的轉變，有著紛雜的歷史背景。見本文第六章第二節〈東林學派評價的轉變〉。

豐富的時代。東林學派在這樣一個充滿張力的時代裡醞釀，儒家理想主義的政治熱情與經世抱負，在政治力量的壓迫與介入之下，一堂師友，冷風熱血，迸發出知識份子強韌的思想力量。東林學派的興起，代表著當時的懷抱儒家理想主義性格的知識份子，在當時的政治經濟以及文化風尚等社會環境下，對有明一代的社會與學術情勢的反思與檢省。

一、明代政治體制、諫議風氣與晚明朋黨

東林學派在晚明的興起，與晚明逐漸衰敗的政治情勢與政治集團之間的與勢力拉扯，有著極爲緊密的聯結。然而，明中葉以降，權力中心的統治之所以急遽弱化，又涉及明代政治體制的結構問題。

就政治體制上而言，明初，興起於草莽之間的開國君主朱元璋有鑒於前代政治的覆亡，建構出一個高度中央集權的體制，以廷杖制度對官僚階層進行嚴密的監視與控管，以杜絕君臣爭權的現象並維持君權的穩定性。在朱元璋所奠基的明代「祖制」之下，官方對知識份子有著極爲矛盾的情緒。雖然朱元璋興起於草莽，卻利用推廣教育的方式，藉由科舉、教育來強化統治力量。他廣設地方教育的「儒學」機構，藉著地方教育體系的運作，建立一群擁護並效忠皇權的官僚階級。朱元璋需要士人幫他維繫政權，但他庶民出身的背景，卻使得他無法真正信任知識份子。這種強烈不信任的焦慮，使得他與官僚階層間存在著一種緊張的情勢。因此，對士大夫而言，朱元璋藉由廷杖制度建立自己在朝中的絕對威權。這也導致優秀士人對仕祿的失望。〔註 19〕明代官方對知識份子的威權態度，可說是中國歷史上絕無僅有。自太祖建立了廷杖制度，對違反皇命的士人予以無情的笞捶之後，終明之世，廷杖事件不絕於書。〔註 20〕因此，

〔註 19〕葉伯巨在洪武九年時上書諫言時，就曾提到：「古之爲士者，以登仕爲榮，以罷職爲辱。今之爲士者，以溷跡無聞爲福，以受玷不錄爲幸，以屯田工役爲必獲之罪，以鞭笞捶楚爲尋常之辱。其始也，朝廷取天下之士，網羅捃摭，務無餘逸，有司敦迫上道，如捕重囚。比到京師，而除官多以貌選，所學或非其所用，所用或非其所學。洎乎居官，一有差跌，苟免誅戮，則必在屯田工役之科。率是爲常，不少顧惜。」（《明史・葉伯巨傳》，頁 3990～3992。）

〔註 20〕錢穆《國史大綱・下冊》（臺北：臺灣商務印書館，1995 年 7 月，三版），第七編第三十六章〈傳統政治復興下之君主獨裁〉，頁 667：「廷杖亦始太祖時，如永嘉侯朱亮祖父子皆鞭死，工部尚書夏祥斃杖下，其後流而愈甚。武宗正德三年，劉瑾矯詔百官悉跪奉天門外。頃之，下朝官三百餘人獄。及（十四

我們不難理解明初至明中葉時期，不少知識份子無心於仕宦的心態。〔註 21〕這種反政府的士人基調，一直持續到明王朝中後期政治環境惡化衰敗、財政問題也日趨嚴重時，才激起優秀的知識份子回歸儒學的外王精神與經世傳統，正視明代的政治問題。

另一項引起明代政治體制與官僚組織惡化的因素，在於洪武年間高度集權的廢相政策，〔註 22〕將中書省的職務析歸於吏、戶、禮、兵、刑、工六部之中，由六部尚書直接向皇帝負責，而設中極殿、建極殿、文華殿、武英殿、文淵殿、東閣等內閣大學士來輔助皇帝處理政事、襄理文墨，形成一個高度君主集權的政治體制。〔註 23〕仁宗之後，內閣大學士的權勢日重，〔註 24〕「首輔」架構逐漸形成。然而，由於無法獲得太祖所奠定下來的政治架構體系的合法性認同，往往只能稱得上是「權臣」，〔註 25〕在明代諫議言路制度之下，

年）諫南巡，命朝臣一百七人罰跪午門五日，晚並繫獄，晨出暮入。又各杖三十。餘繼疏爭者，杖四十、五十，有死者。世宗時（嘉靖三年）大禮議，逮下詔獄廷杖者一百三十四人，編修王恩等病創卒者十八人。莊烈帝時，用刑頗急，大臣多下獄。明廷之濫刑、濫殺，終使其自陷於不救之地。」

〔註 21〕清·趙翼《廿二史箚記》，卷三二，〈明初文人多不仕〉，條，頁 737。

〔註 22〕明王朝開國初年，中央政府組織結構大抵沿續漢唐以來的政府組織傳統，設中書省以總管天下政事。洪武六年，胡惟庸擔任中書省丞相後，藉著自己的權力勢位集結了一批以淮人爲主的政治集團，逐漸形成一股足以與君權相抗衡的政治勢力。在君權與相權逐漸矛盾對立的政治舞台上，朱元璋無法忍受這樣的權力分割，因此在洪武十三年時廢除丞相制度，並下詔以後嗣君毋得議置丞相，臣下有奏請設立者，論以極刑。

〔註 23〕參考錢穆〈明代政治得失〉（收錄於韓復智編《中國史論集》，下冊：臺北：茂昌圖書有限公司，1991 年 1 月，修訂初版二刷），頁 1749～1783。

〔註 24〕錢穆《國史大綱》，第七編第三十六章〈傳統政治復興下之君主獨裁（上）〉頁 671：「仁宗後，閣權漸重。楊溥、楊士奇、楊榮稱『三楊』，以東宮師傅舊臣，領部事，兼學士職，禮絕百僚，始不復署院事。」

〔註 25〕錢穆《國史大綱》，第七編第三十六章〈傳統政治復興下之君主獨裁（上）〉頁 677：「……而閣臣中想實際把握政權者，最先便不得不交結內監（時謂：『大臣非夤緣內臣不得進，非依憑內臣不得安。』即如張居正，亦交結內侍馮保也），其次又須傾軋同列。閣臣不止一人，職任上並無嚴格分別之規定。嚴嵩傾去夏言，與許瓚、張璧同爲大學士，而瓚、璧不得預票擬，大權遂一歸嵩。自是以後，票擬專首揆，餘旁睨而已。……國家並未正式與閣臣以大權，閣臣之弄權者，皆不免以不光明之手段得之。此乃『權臣』，非『大臣』。權臣不足服眾。……故雖如張居正之循名責實，起衰振敝，爲明代有數能臣，而不能逃眾議。」根據錢穆先生的看法，由於國家並沒有正式地賦與閣臣政治上的決策權力，而弄權的閣臣往往都是藉著不光明的手段來取得政權主導地位，因此這只是「權臣」，而非「大臣」，就政權的合理性而言，並不足以

〔註 26〕批判首輔的議政風氣在士人社會中迅速擴散。由明初以至於明中期的醞釀，已在朝廷中漸漸渲染一股議政風潮。「建言」，逐漸成爲明代士大夫的一項傳統，而官僚成員也由消極的執行者角色，漸漸轉而爲積極地針對政策提出自己的批判意見，逐漸形成政壇上官僚集團彼此對立的景況。顧憲成《涇皋藏稿》卷五〈與伍容庵〉中，曾針對明代政壇長期以來門戶角立的現象加以批判：

> 竊見長安議論喧囂，門户角立。甲以乙爲邪，乙亦以甲爲邪；甲以乙爲黨，乙亦以甲爲黨。異矣！始以君子攻小人，繼以君子附小人；始以小人攻君子，終以君子攻君子，又異矣！是故其端紛不可詰，其究牢不可破，長此不已。其釀禍流毒，有不可勝言者矣！乃弟從旁徐觀，亦只是始於意見之歧，而成於意氣之激已耳。〔註 27〕

在明代士大夫的議政傳統，使得彈劾糾察不再是只屬於都察院的專利。誠如顧憲成所言，朝廷中的知識分子由純粹的政治意見上的歧異轉而走向「意氣之激」，而朝廷中的知識份子，也逐漸因自己不同的政治傾向而有了類似於「政團」形式的朋黨情結，議政風氣也沾染了意氣之爭的色彩。〔註 28〕

這種議政傳統，到了神宗朝首輔張居正治國時期，在政治界急遽發酵。由於張居正具有實質上相當於丞相的權力與政治地位，大批臣僚依附在張居正的光環之下，形成當時最爲強勢的政治集團。〔註 29〕張居正的強勢內閣，

服眾。

〔註 26〕明朝初期，對「言官」的建言系統十分重視，趙翼《廿二史箚記》，卷三五，〈明言路習氣先後不同〉（頁 800）一條中就曾提到：「明制，凡百官布衣，皆得上書言事。鄒緝等傳贊，謂太祖開基，廣闢言路。中外臣僚，建言不拘職掌，草野微賤，亦得上書。沿及宣及，流風未替。雖升平日久，堂陛深嚴，而縫掖布衣，刀筆掾吏，朝陳封事，夕達帝閽，所以廣聰明，防壅蔽也。」明皇室對「言路」的開放態度，很可能是太祖朱元璋無法對士大夫官僚建立信任感而建置對官僚系統制衡的手段。僅管明代初期的帝王「廣闢言路」，「言官」的人身尊嚴與地位卻沒有獲得相對的尊重與保障。

〔註 27〕顧憲成《涇皋藏稿》（收於《景印文淵閣四庫全書》，冊一二九二，集部，別集類：臺北：臺灣商務印書館，1983 年，初版），卷五，〈與伍容庵〉，頁 1292～69。

〔註 28〕清・趙翼《廿二史箚記》，卷三五，〈明言路習氣先後不同〉，頁 801：「然統觀有明一代，建言者，先後風氣亦不同。自洪武以至成化宏治間，朝廷風氣淳實，建言者多出好惡之公，辨是非之正，不盡以矯激相尚也。…正德、嘉靖之間，漸多以意氣用事。」

〔註 29〕清・趙翼《廿二史箚記》，卷三五，〈明言路習氣先後不同〉，頁 802：「萬歷中，

以及種種飽受爭議的政治決策與行事風格（如獲得權力的手段、毀天下書院、斥去異己、奪情、科道爲之建醮祈禱等事件），激起朝中輿論的不滿，〔註30〕在明代政壇的「議政」傳統下，激起一批以名節之士自許的知識份子的反抗。這種反抗的情緒逐漸將這一批知識份子凝聚爲一股反首輔的政治集團勢力。這一群有著類似的政治意見與學術觀點的士大夫階級互通聲氣，彼此的思維觀念也相互浸潤影響，逐漸聯結爲一股強大的政治與學術力量，而東林學派以講學干預政事的議政風格，也就在這些政治事件中逐漸形成。

明後期的大規模政爭，其開端應是萬曆二十一年「癸巳大計」事件。明代每隔數年即大計京官，考核官員得失。此次大計京官事件，因還朝主政的內閣首輔王錫爵，與負責職掌此次京察事件的吏部尙書孫鑨以及考功郎趙南星，在黜舍用人之間，揭起朝廷中知識份子的對立。這一次的政治事件，使得朝廷中政治集團的凝聚逐漸鮮明，而彼此之間的對立也由「暗鬥」走向「明爭」。初期東林學派，便在這樣一股政治氛圍下滋化。

初期東林學派最初的集結，可約略以萬曆三十二年東林書院重建爲界限。東林書院重修峻工後，南直隸地區幾個書院聲氣相通地共同擁護這樣一股清議化的講學風氣，這個事件，應是東林人物有意識地集結的始點。這一時期，東林學派的講學主題雖然兼攝學術與政治，然而仍屬於講學的學術性組織。直到萬曆三十八年（1610）以至三十九年的京察事件，〔註31〕才使得「東林」由學往流派轉向政治領域。萬曆三十八年的京察事件中，之中，與顧憲成等人交好的李三才及擁護李三才的士人集團遭到其他政治集團的疑

張居正攬權久，操下如束濕，異己輒斥去之，科道皆望風而靡。」

〔註30〕有明一代爲權力中心建生祠、建醮之事，並非始於魏忠賢。早在萬曆年間，張居正臥病於家時，便有百官爲之建醮禱祀之事。而張居正晚年性轉偏恣，黜陟多由愛憎，且身邊的幕僚與親信階層也多通賄賂，這些都是導致朝廷中部份士大夫與他對立的主因。趙翼《廿二史劄記》，卷三五〈張居正久病百官齋禱之多〉條，頁799：「明天啓中，魏閹生祠遍天下，人皆知之。而萬歷中，張居正臥病，京朝官建醮禱祀，延及外省，靡然從風，則已開其端。」《明史》，卷二一三，〈張居正傳〉，頁5650：「居正自奪情後，益偏恣。其所黜陟，多由愛憎。左右用事之人多通賄賂。馮保客徐爵擢用至錦衣衛指揮同知，署南鎮撫。居正三子皆登上第。蒼頭游七入貲爲官，勛戚文武之臣多與往還，通姻好。七具衣冠報謁，列於士大夫。世以此益惡之。」

〔註31〕萬曆三十九年三月大計京官，本是明代官僚體系的例行事務，卻被政治集團援引爲權力鬥爭的手段。這次的京察活動由孫丕揚與侍郎蕭雲舉、副都御史許弘綱主導（《明史》，卷二二四，〈孫丕揚傳〉，頁5903～5904）。

忌，而成爲其他政治集團飛章諷謗的對象。〔註 32〕京察事件催化了當時的政壇潛在的鬥爭，朝廷中充滿相互交章彈劾的風氣。〔註 33〕在李三才政治生涯極爲困阨的時期，顧憲成以一個里居的削籍士大夫身份，起而貽書給葉向高、孫丕揚等人，爲李三才請命。「東林」從此由學術涉入政治上的集團鬥爭，由學術性組織逐漸轉向政治集團。

淮撫事件成爲明中晚期朝廷士人相互結黨傾軋的始點。反對李三才的政治集團，以「東林黨」的標籤批判支持李三才者及顧憲成等人，企圖以私結朋黨的罪名，削弱甚至毀滅李三才等人的政治力量，「東林黨」之名也於此正式出現於正史的記載中。〔註 34〕自此，東林學派便被反對東林學派的政治集團指涉爲「東林黨」，而有明一朝的朋黨爭鬥，也正式揭開序幕。另一方面，東林書院帶有鮮明政治立場與議政色彩的講學風格，也爲明中葉以來的學術情勢，注入一股儒學「仁民愛物」的關懷。

二、重返「鄉校」傳統——明中葉以來講學與清議的合流

東林學派，之所以以一個講學團體，發展成政治集團，與明中葉以來講學與清議的融流，有極爲密切的連繫。

明代的儒學教化臻於頂盛。在明建國初期，學術與教育，成爲明初帝王藉以籠絡士人與社會控制的必要手段；〔註 35〕另一方面，朱元璋本人的孔子

〔註 32〕這一連串的相互飛章謗劾事件，由萬曆三十八年工部郎中邵輔忠劾李三才「大奸似忠，大詐似直，列具貪僞險橫四大罪」(《明史》，卷二三二，〈李三才傳〉，頁 6065）揭開序幕，御史徐兆魁也在邵輔忠之後，繼續彈劾淮撫李三才。

〔註 33〕京察事件後，李三才連上四疏力辨，且乞求卸任淮撫的職位，然而，邵輔忠、徐兆魁等人的彈劾，卻激起朝廷之中與李三才交好的知識份子的不平之鳴。給事中馬從龍、御史董兆舒、彭端吾，以及南京給事中金士衡相繼爲李三才上疏力請，而大學士葉向高也爲李三才請命：「三才已杜門待罪，宜速定去留，爲漕政計。」(《明史》，卷二三二，〈李三才傳〉，頁 6065）然而神宗皇帝對這些朝廷中的朋黨論爭並沒有做出任何裁決，恍若置身事外，維持一貫的淡漠。在擁護李三才的聲浪過後，反李三才的士大夫們也不甘於沉默，南京兵部郎中錢策、南京給事中劉時俊、御史劉國縉、喬應甲，以及給事中王紹徽、徐紹吉、周永春、姚宗文、朱一桂、李瑾，南京御史張邦彥、王萬祚等人，紛紛連章上疏彈劾李三才；而另一方面，給事中胡忻、曹于汴，南京給事中段然，御史史學遷、史記事、馬孟禎、王基洪等人又交章論救，使得朝中飛章諷謗不斷。

〔註 34〕《明史》，卷二二四，〈孫丕揚傳〉，頁 5903。

〔註 35〕太祖廣置教育機構的目的，除了洪武二年在詔諭中所說的「使人日漸月化，

崇拜，也促成明代廟學合一的「儒學」制度。〔註 36〕因此，自明太祖洪武年間初建國學、大興天下學校以來，無論是國子學教育抑或是府、州、縣、衛所等地方教育，都達到前所未有的顛峰。〔註 37〕有明初期，朝廷除了大力推廣各地方的儒學教育之外，在科舉考試方面，爲求「收士心」，〔註 38〕而大舉增額錄取。自明初以至於明中期，科舉之數日增，又因應廣大的士子生員，屢屢「於定額之外加取」。〔註 39〕在正統元年（1436），又設立職掌考校地方諸生、教化民風的提學御史（即當時習稱的「學台大人」），負責提督各省學政，〔註 40〕並兼而推動地方上的講學活動。〔註 41〕

明初大幅增額錄取的行爲，營造出明代儒學教育與生員階級迅速發展的學術氣象。然而，增額加取的政策原本是有著「收士心」的政治目的，在政治局勢逐漸平順之後，這樣的舉措便失卻了存在的意義。政府意識到龐大的

以復先王之舊」（《明史・卷六九・選舉一》頁 1686）外，事實上，是爲了解決自元末「兵變以來，人習戰爭，惟知干戈，莫識俎豆」（《明史》・卷六九，〈選舉志一〉，頁 1686）的社會風氣，以求統治中心的穩固性。太祖甚至派遣國子生三百餘人分教各郡，藉著推廣儒學教化來推移文化型態，加強社會控制。《明史》，卷六九，〈選舉一〉，頁 1679「初，以北方喪亂之餘，人鮮知學，遣國子生林伯雲等三百六十六人分教各郡。後乃推及他省，擇其壯歲能文者爲教諭等官。」《明史》・卷二八二，〈儒林傳一〉，頁 7221：「明太祖起布衣，定天下，當干戈搶攘之時，所至徵召耆儒，講論道德，修明治術，興起教化，煥乎成一代之宏規。雖天亶英姿，而諸儒之功不爲無助也。」

〔註 36〕參考朱鴻林〈明太祖的孔子崇拜〉（收於臺北：《中央研究院歷史語言研究所集刊》第七十本，第二份，1999 年 6 月）。

〔註 37〕《明史》，卷六九，〈選舉志一〉，頁 1686：「郡縣之學，與太學相維，創立自唐始。宋置諸路州學官，元頗因之，其法皆未具。迄明，天下府、州、縣、衛所，皆建儒學，教官四千二百餘員，弟子無算，教養之法備矣。……蓋無地而不設之學，無人而不納之教。庠聲序音，重規疊矩，無間於下邑荒徼，山陬海涯。此明代學校之盛，唐、宋以來所不及也。」

〔註 38〕《明史》，卷六九，〈選舉志一〉，頁 1686：「生儒應試，每舉一名，以科舉三十名爲率。舉人屢廣額，科舉之數亦日增。及求舉者益眾，又往往於定額之外加取，以收士心。凡督學者類然。」

〔註 39〕《明史》，卷六九，〈選舉一〉，頁 1686。

〔註 40〕高春平〈明代教育監察制度述略〉（收於山西：《晉陽學刊》，1997 年第五期），頁 99。

〔註 41〕關於提學御史與講學活動的關係，參考牛建強《明代中後期社會變遷研究》〈第三章　明代社會風尚取向變換的社會層次考察〉頁 160：「提學御史是講學活動的有力推動者。本來，他們的職掌是考校地方諸生，同時也有教化民風之責，其好惡趨向直接影響地方風氣。所以，提學一到地方，便創立書院，招集生徒。」（臺北，文津出版社，1997 年 8 月，初版一刷）

生員層與舉人應試等等問題，在逐漸感到不堪負荷的情勢下，開始針對明初以來官方的教育政策加以討，企圖以裁汰生員的方式，來緩和生員過多的現象。這項行動在嘉靖十年已可略見端倪，〔註 42〕然而這次的政令並未成功執行，直到萬曆年間，在張居正的大力改革下才得以推動。〔註 43〕張居正當國時期大量裁汰生員，甚至一州縣僅錄取一人。相較於明初期與中期大量錄取的情勢而言，張居正這項政策無疑對於追求科第功名的整體社會風尙有著降溫的作用。在張居正之前，嘉靖年間也有類似的政治動作。嘉靖時期，世宗不僅僅有下達「沙汰生員之令」的意圖，也更進一步針對與陽明齊名的湛若水之學，展開學禁與毀講學書院的動作。〔註 44〕就裁汰生員、簡化冗吏的政策方向而言，張居正不僅僅「核減天下生員」，同時，他更進一步「毀天下書院」。〔註 45〕毀書院這項動作，一向是執政官僚湮滅不利輿論的一個手段。

事實上，明初以來大開言路、廣設學校等等政治動作，已爲清議與輿論醞釀出一個發展的溫床。然而，明初所設置的各地方教育機構「儒學」，一方面具有導正、教化地域性文化風氣的作用，一方面也受到科舉制度下功名習氣的熏染。明初期士人入仕的途徑，雖有學校、薦舉和科目三類，然而，自明中葉以來，除了「科目」（科舉）制度之外，其餘學校、薦舉二類，都漸漸湮微。另一方面，由於，社會上商品經濟的發展以及貧富不均的現象逐漸擴大，「科舉」漸漸有著商品化的趨勢，使得學校的性質逐漸沾染的功名氣味，科舉也成爲致富貴、取爵祿的工具。〔註 46〕景帝景泰時期，因國家財政虧空，

〔註 42〕《明史》，卷六九，〈選舉志一〉，頁 1686：「嘉靖十年嘗下沙汰生員之令，御史楊宜爭之而止。」

〔註 43〕《明史》，卷六九，〈選舉志一〉，頁 1686：「萬曆時，張居正當國，遂核減天下生員。督學官奉行太過，童生入學，有一州縣僅錄一人者，其科舉減殺可推而知也。」

〔註 44〕明・沈德符《萬曆野獲編》（臺北：新興書局出版，1976 年 11 月，初版），卷二〈講學見絀〉條，頁 139～140：「如嘉靖壬辰年，御史馮恩論慧星，而及吏部侍郎湛若水，謂素行不合人心，乃無用道學；恩雖用他語得罪，而此言則不以爲非。至丁酉年，御史游居敬，又論南太宰湛若水，學術偏陂，志行邪僞，乞斥之，幷毀所創書院；上雖留若水，而書院則立命拆去矣。比湛歿起卹，上怒叱其僞學盜名，不許；因以逐太宰歐陽必進，其憎之如此。至辛丑年，九廟災，給事戚賢等，因災陳言，且薦郎中王畿當亟用。上曰：『畿僞學小人，乃擅薦植黨。』命謫之外。湛、王俱當世名流，乃皆以僞學見斥。」

〔註 45〕《明史》，卷二〇，〈神宗本紀一〉，頁 266：「（萬曆）七年春正月戊辰，詔毀天下書院。」

〔註 46〕牛建強《明代中後期社會變遷研究》（臺北：文津出版社，1997 年 8 月，初版

因而開放生員「納粟」、「納馬」、「納銀入監」之例，〔註 47〕並將之稱爲「例監」。〔註48〕自景帝開放例監以來，這種科舉仕宦商品化的現象，更是臻於顚峰。科舉仕宦的商品化，也使得「有志於聖學」的知識分子與「以入仕爲賈」的投機性士人逐漸走向不同的方向，導致「學校」與「書院」的分化，也因而使思想學術的發展重心由「學校」向較不追求功名科第習氣的「書院」趨動。而世宗嘉靖年間對講學的詆詈，將書院與權力中心的關係推向對立的顚峰。黃宗羲《明夷待訪錄〈學校〉》一篇中論述：

> 三代以下，天下之是非一出於朝廷。天子榮之，則群趨以爲是；天子辱之，則群擿以爲非。……時風眾勢之外，稍有人焉，便以爲學校中無當於緩急之習氣。而其所謂學校者，科舉囂爭，富貴熏心，亦遂以朝廷之勢力一變其本領，而士之有才能學術者，且往往自拔於草野之間，於學校初無與也，究竟養士一事亦失之矣。於是學校變而爲書院。有所非也，則朝廷必以爲是而榮之；有所是也，則朝廷必以爲非而辱之。僞學之禁，書院之毀，必欲以朝廷之權與之爭勝。其不仕者有刑，曰：「此率天下士大夫而背朝廷者也。」其始也，學校與朝廷無與；其繼也，朝廷與學校相反，不特不能養士，且至於害士，猶然循其名而立之何與？〔註49〕

誠如黃宗羲所言，世宗對講學的詈斥，在「僞學之禁，書院之毀」的舉措之下，逐漸激化講學與執政中心對立的態勢，講學也因而漸漸走向執政當局的對立面。張居正毀天下書院的政治行動，更是將士人鄉校清議的傳統推向顚峰。在儒學的「鄉校」傳統下，「學校」原本爲公議輿論的集結重心。天啓時期，蔡毅中上疏指出「學校者，天下公議所從出也」，〔註50〕而明末清初的黃宗羲也曾論述「天子之所是未必是，天下之所非未必非，天子亦遂不敢自爲

一刷），第三章〈明代社會風尚取向變換的社會層次考察〉，頁 179。

〔註47〕高春平〈明代教育監察制度述略〉，頁 100。

〔註48〕《明史》，卷六九，〈選舉一〉，頁 1682～1683：「例監始於景泰元年，以邊事孔棘，令天下納粟；納馬者入監讀書，限千人止。行四年而罷。成化二年，南京大饑，守臣建議，卻令官員軍民子孫納粟送監。禮部尚書姚夔言：『太學乃育才之地，近者直省起送四十歲生員，及納草、納馬者動以萬計，不勝其濫。且使天下以貨爲賢，士風日陋。』帝以爲然，爲卻守臣之議。然其後或遇歲荒，或因邊警，或大興工作，率援往例行之，訖不能止。」

〔註49〕黃宗羲《明夷待訪錄》，〈學校〉頁 47～48。

〔註50〕《明史》，卷二一六，〈蔡毅中傳〉，頁 5714。

非是，而公其非是於學校」，都是在儒學鄉校傳統下，針對學校的「公議」功能立言。〔註51〕然而，自明中葉以來，「書院」逐漸取代「學校」的「清議」功能。重視講學議政、以書院爲清議中心的風氣非始於天啓時期，而是在明代的儒學政策與言路諫議體系交互熏習之下，逐漸凝聚。因此，張居正毀天下書院的動作，其實也意味著執政官僚與輿論傳統的宣戰。就明中期官方學術政策而言，「毀書院」往往與「汰生員」並行運作，成爲削弱士人學術與議政的政治手段。嘉靖年間所下的「沙汰生員之令」，與張居正「核減天下生員」的教育學術政策，事實上都與毀書院、列學禁等事件彼此綰結。湛若水一生致力於講學，〔註52〕然而，嘉靖年間的學禁書件，不但反映出世宗對湛若水講學的憎惡，也諭示了權力中心對學術思想既依存又畏權的弔詭情緒。世宗對講學的憎惡不僅僅針對湛若水，甚至連王畿也難以倖免，將二人附著上「僞學盜名」、「擅薦植黨」的標記，以僞學邪說之名禁毀他們的學術講論。

明中葉以來時代風尚與社會環境的遷移，使得儒學在講學與教育等傳佈方面，不得不產生了變化。面對工商經濟的迅速發展以及市民階層的興起，在受到庶民文化的刺激與簇擁之下，原本具有鮮明知識分子色彩的士人儒學，在教育與傳播過程之中，也逐漸向庶民階層延伸。而儒學根據傳播對象的不同，而隨之產生傳佈階層的分化現象，也活潑地呈顯出來。其中，王學後學江右王學與左派王學的分化〔註53〕現象，隱約諭示著儒學本身菁英化儒學與庶民儒學的分化傾向。有明一代的「氣節」概念，在明初廣開言路與重視儒學教育的風氣催化下，「氣節」概念逐漸被強化。雖然在明代初期，無論是「儒學」或是「書院」，對政治決策並不具有強烈的批判功能。然而，在癸巳大計事件後，王學分化所延流出的菁英化儒學講學傾向與退而在野的士大夫階層結合，觸發明中後期文人結社、講學論政的契機，由「始也，學校與朝廷無與」走向「其繼也，朝廷與學校相反」的態勢。

執政當局與書院講學、清議輿論之間的勢力拉扯，事實上，或多或少帶

〔註51〕黃宗羲《明夷待訪錄》，〈學校〉，頁47。原文爲：「學校，所以養士也。必使治天下之具皆出於學校，而後設學校之意始備。蓋始朝廷之上，閭閻之細，漸摩濡染，莫不有詩書寬大之氣，天子之所是未必是，天子之所非未必非，天子亦遂不設自爲非是，而公其非是於學校。是故養士爲學校之一事，而學校不僅爲養士而設也。」

〔註52〕《明史》，卷二八三，〈湛若水傳〉，頁7266～7277：「築西樵講舍，士子來學者，先令習禮，然後聽講若水生平所至，必建書院以祀獻章。」

〔註53〕關於王學內部左派王學與江右王學的分化，將於本文第三章中論述。

有「爭勝」的情緒。〔註 54〕嘉靖年間，世宗爲湛若水、王畿冠上「僞學」的罪名；而萬曆年間，張居正裁汰生員、毀天下書院等手段，恰如黃宗羲所言：「必欲以朝廷之權與之爭勝」，逐漸激化學校、書院與執政者政治決策的對立，使得講學漸漸浸染上一層濃郁的政治性色彩。東林書院重建之後，南直隸的講學風氣面臨著一個全新的轉捩點，講學不再謹守宋元以來的心性單一主題，轉而兼攝富有政治意涵的清議內容，喚醒儒學的外王精神與務實價值。黃宗羲《明儒學案》，卷五八，〈東林學案一・端文顧涇陽先生憲成〉中記載東林書院重建初成的情形時：

> 甲辰，東林書院成，大會四方之士，一依白鹿洞規。其他聞風而起者，毗陵有經正堂，金沙有志矩堂，荊溪有明道書院，虞山有文學書院，皆捧珠盤，請先生之蒞焉。先生論學，與世爲體，嘗言：「官輦轂，念頭不在君父上；官封疆，念頭不在百姓上；至於水間林下，三三兩兩，相與講求性命，切磨德義，念頭不在世道上。即有他美，君子不齒也。」故會中亦多裁量人物、訾講國政，亦冀執政者聞而藥之也。天下君子以清議歸於東林，廟堂亦有畏忌。〔註 55〕

顧憲成將東林書院講學重心，由明初以來「水間林下、三三兩兩，相與講求性命，切摩德義」的內聖思維，向「與世爲體」與「世道」等更爲經世的、務實的理論層次移渡。他們以朱子的白鹿洞學規作爲東林書院的學規基礎，也喻示著對朱子學的孺慕之情。東林學派「裁量人物、訾議國政」的講學方式，以及他們隱攝在講學內容中的「冀執政者聞而藥之」的政治意圖，正顯示他們爲宋明兩代理學發展帶來本質性轉變。純粹講求性命、切摩德義的修身成聖內容，無法滿足他們的思維視野。他們藉著理學最重要的傳佈據點及傳衍方式 —— 書院與講學，將學術發展的趨向由內聖之學帶往外王的方向，將「清議」的政治成色摻入講學內容的範疇。顧憲成等人，不僅僅由理學內部啓動時代思維的流轉，他更將書院的功能與講學的內容方面進一步擴大，由純粹的理學心性議題探討，向儒學的鄉校清議傳統復歸。

東林講學的清議性格，在儒學的鄉校議政傳統下醞釀，帶動書院講學的議

〔註 54〕清・趙翼《廿二史箚記》，卷三五，〈明言路習氣先後不同〉，頁 801：「然統觀有明一代，建言者，先後風氣亦不同。自洪武以至成化宏治間，朝廷風氣淳實，建言者多出好惡之公，辨是非之正，不盡以矯激相尚也。……正德、嘉靖之間，漸多以意氣用事。」

〔註 55〕黃宗羲《明儒學案》，卷五八，〈東林學案一・端文顧涇陽先生憲成〉，頁 50。

政風潮，喚起了儒家政治理想主義的外王精神。東林書院建成之後，鄰近的毗陵經正堂書院、金沙志矩堂書院、荊溪明道書院、虞山文學書院等，都紛紛起而附合這樣一種清議化的講學傾向，爭相延請當時已被削籍的顧憲成蒞臨講學。這樣的風氣由無錫擴散，以無錫爲始點，影響了相近的幾個書院聲氣一致的講學風氣。爲江南的學術界帶來與政治時事結合的講學風氣，也使得自宋代以來學術思想的內聖修身之學的個人主義基調,開啓一扇通往經世之學的窗口。

第三節　東林學派重要人物分析

東林學派的講學與學術活動，圍繞著顧憲成所重建的東林書院，形成一個有著鮮明政治意識型態與學術主張的知識份子集團。他們的學思歷程與學術背景，雖然有著不同的成色，卻不約而同地向著復興朱子學以及經世務實的思維方向驅動。除此之外，東林學派人物的聚合，其中也隱約牽扯著地域情愫與科第之誼的微妙牽繫。因此，本節就針對東林學派主要人物的學術背景與籍貫、科第等外緣因素，對東林學派人物的結合加以探討。

一、學術背景

東林學派的主要人物，大抵而言，以黃宗羲《明儒學案・東林學案》所述及的十七人——顧憲成、高攀龍、錢一本、孫愼行、顧允成、史孟麟、劉永澄、薛敷教、葉茂才、許世卿、耿橘、劉元珍、黃尊素、吳桂森、吳鍾巒、華允誠、陳龍正——爲主。其中，史孟麟、吳鍾巒爲顧憲成的弟子，華允誠爲高攀龍的弟子，而〈東林學案〉中有部份人物與明末黨爭以及與東林講學人物的交游有較爲密切的關係，如劉永澄「與東林諸君子爲性命之交」。〔註56〕因此，東林學派中眞正具有代表性的學者，應爲顧憲成、高攀龍、錢一本、孫愼行、顧允成等人。其中，對學術較有影響力、學術成就也較高的，當推顧憲成、高攀龍兩人。因此本論文將以顧、高、錢、孫諸人爲主要研究對象，盡可能的探討東林學派的整體學術思想風貌。

顧憲成（1550～1612），字叔時，號涇陽，江蘇無錫人。萬曆四年（1576）舉鄉試第一，萬曆八年（1580）進士，授戶部廣東司主事。當時，顧憲成與南樂魏允中（懋權）、漳浦劉廷蘭（國徵）以「風期相許」，合稱爲「三解元」。

〔註56〕黃宗羲《明儒學案》，卷六〇，〈東林學案三・職方劉靜之先生永澄〉，頁8。

〔註 57〕從他的仕宦與政治性格來看，顧憲成扮演著一個具有鮮明政治立場與批判性格的角色。這樣的性格趨向，由他任戶部廣東司主事時，即「上書吳縣，言時政得失，無所隱避」可以看出。對於政治，他選擇一個批判者的立場。在張居正權勢顛峰的期間，張居正臥病，「京朝官建醮禱祀，延及外省，靡然從風」，〔註 58〕然而，顧憲成卻全然不參與這一風潮，而獨立於這一次逢迎首輔張居正的事件之外。萬曆二十一年（1593）大計京官，顧憲成雖然在這次的政治事件中解職罷歸，但他的講學與學術生命，也在這一時期達到顛峰。

顧憲成的學術背景，與江右王學有著深刻的淵源。《明儒學案・卷五八・東林學案一》〈端文顧涇陽先生憲成〉中記載：

> 年十五、六，從張原洛（張淇）讀書。原洛授書，不拘傳註，直據其所自得者爲說。先生聽之，輒有會。……原洛曰：「舉子業不足以竟子之學，盍問道於方山薛先生（薛應旂）？」方山見之大嘉，授以《考亭淵源錄》，曰：「洙泗以下，姚江以上，萃於是矣。」

顧憲成少年時期從張淇問學。張淇的學術進路，由王學入手，早年師事陽湖邵公，「聞陽明致良知之說」，〔註 59〕壯年則師事江右王學學者歐陽德的門人——薛應旂，對朱子學極爲企慕，〔註 60〕轉而走向明初薛瑄一派的朱子學。〔註 61〕因此，張淇將顧憲成薦於薛應旂。薛應旂有著江右王學的背景，〔註 62〕嘗師事於歐陽德，卻因王學後學分化的疑議，而不爲同時期的王學學者所認可。〔註 63〕

〔註 57〕黃宗羲《明儒學案》，卷五八，〈東林學案一・端文顧涇陽先生憲成〉，頁 49。

〔註 58〕清・趙翼《廿二史箚記》，卷三五，〈張居正久病百官齋禱之多〉條，頁 799。

〔註 59〕顧憲成《涇皋藏稿》，卷一六，〈明故學諭損齋張先生墓誌銘〉頁 1292～177。

〔註 60〕顧憲成《涇皋藏稿》，卷一六，〈明故學諭損齋張先生墓誌銘〉頁 1292～177：「學益進，已乃亟稱考亭曰：『畢竟盤不過此老！』」。

〔註 61〕張淇於臨終前遺言云：「須是自知、自養、自煉、自取，吾儒致中致知，實不外此。薛文清公《讀書錄》，吾家祖業也，宜付兩孫。」（顧憲成《涇皋藏稿》，卷一六，〈明故學諭損齋張先生墓誌銘〉，頁 1292～177）

〔註 62〕黃文樹〈陽明後學的成員分析〉（頁 374～376）的「陽明後學師承關係系統表」，也將薛應旂化歸於江右王門歐陽德的門下。（《中國文哲研究集刊》第十七期，臺北，中央研究院中國文哲研究所，2000 年 9 月，頁 371～388）

〔註 63〕黃宗羲《明儒學案》，卷二五，〈南中王門學案・提學薛方山先生應旂〉，頁 67：「薛應旂，號方山，武進人。……先生爲考功時，寘龍谿於察典，論者以爲逢迎貴溪，其實龍谿言行不掩，先生蓋借龍溪以正學術也。先生嘗及南野之門，而一時諸儒，不許其名王氏學者，以此節也。然東林之學，顧導源於此，豈可歿哉！」

但薛應旂的晚年思想，已有向朱子學趨近的傾向，不但重訂宋端儀所撰述的《考亭淵源錄》二十四卷，並將此書授予顧憲成與顧允成。雖然薛應旂後來不再被歸類爲王學學者，但他爲陽明的再傳弟子，有著王學的學術淵源，卻是不爭的事實。除了薛應旂之外，顧憲成還「私淑本庵方先生（方學漸）有年」。〔註64〕泰州學派的方學漸，爲方以智的祖父，受業於張甑山與耿楚侗，然而，方學漸的思想重心卻已由「無善無惡爲宗」走向「不睹不聞之中，有莫見莫顯者，以爲萬象之主，非空然無一物也」，〔註65〕強調對形上本體的復歸，而與泰州王學有著不盡相同的思想方向。〔註66〕

陽明辭世後，江右王門與浙中王門的對立與思想衝突日益鮮明。聶豹歸寂之說遠離王學正色的看法，大抵而言可說是王門弟子間的一致共識，然而，「王學正傳」的鄒守益與歐陽德之學，卻也在再傳之後產生質變。無論是從學於鄒守益的李材，以及從學於歐陽德的薛應旂，他們的後期思想都有著向朱子學傾近的態勢。他們的思想轉變，代表著明中後期王學與朱子學學者彼此對話交流過程中，所產生的思想動向。顧憲成從學於張淇、薛應旂，因此黃宗羲在薛應旂的學案中提及東林學派與薛應旂之間的思想淵承時說：「然東林之學，顧導源於此，豈可歿哉！」顧憲成對朱子的孺慕之情，其實正吸收了江右王學中向朱子學轉化的部份，映現江右王門後學向朱子學轉化的發展趨勢。顧憲成對方學漸之學的心契，以及他源承於江右王門支裔的思想背景，也揭示晚明朱子學的復興運動是在王學傳衍的土壤上醞釀。由王學內部對心學思想的反省，轉而肯定朱子學、並重歸於朱子學傳統之中。

高攀龍（1562～1626），初字雲從，後字存之，別號景逸，江蘇無錫人。少年時期，「從文學茹澄泉先生游，於考廉許靜餘（許世卿）先生亦尊事之，以學行相砥礪」。〔註67〕在萬曆十四、十五年之間（1587～1588），縣令李元沖（李復陽）延請江右羅止菴（羅懋忠）與顧憲成講學於黌宮，高攀龍「躍然喜曰：『吾夙有志於學，今得縣父母爲蒿矢，吾學其有興乎！』於是早夜孜

〔註64〕清・高崶輯《東林書院志》，卷一六，顧憲成〈題千里同聲卷贈方本庵〉，頁261：「余憲成私淑本庵方先生有年矣！蓋嘗得其《會語》數編，得言教示，于今更喜得身教。」

〔註65〕黃宗羲《明儒學案》，卷三五，〈明經方本菴先生學漸〉，頁52。

〔註66〕黃宗羲《明儒學案》，卷三五，〈明經方本菴先生學漸〉，頁52～53：「先生受學張甑山、耿楚侗，在泰州一派別出一機軸矣！」

〔註67〕清・高崶輯《東林書院志》，卷七，葉茂才〈高景逸先生行狀〉，頁104。

孜，以全副精神用於止敬愼修、存心養性、遷善改過間，而學始有入門矣」。〔註68〕這一段經歷，成爲高攀龍日後投入朱子思想的契機。〔註69〕萬曆十七年（1589）高攀龍進士及第後，趙南星對他教益頗深，而高攀龍在京任職期間，手自摘抄二程、朱子全書，兼及薛瑄《讀書錄》，〔註70〕對於程朱學脈以及薛瑄極其推崇景仰。因此，黃宗羲《明儒學案》裡，明確陳述著高攀龍的格物之旨雖與程朱之學有著思想上的別異，然而對高攀龍「先生之學，一本程朱」〔註71〕的程朱學思想基調卻是肯定的。

相較於與王學有著難以割捨的學脈淵源的顧憲成，高攀龍的程朱學色彩更爲鮮明且純粹。就晚明朱子學復興的學術運動而言，東林學派顧、高兩人對朱子學的推尊與倡導，是催化朱子學在思想界重新發酵的主要力量。顧、高兩人雖同樣景仰朱子學學統，然而他們有著不同的學術進路。顧憲成代表著由江右王學學脈所流衍的後王學學者對朱子學的追溯，並對王學的理論重新展開反思；而高攀龍則比較傾向於從純粹朱子學的角度，直承明前期的薛瑄之學，在晚明王學後學分化的學術世界裡，企圖重建朱子學的王國。東林學派的重要講學學者的學術背景，基本上不出這兩種學術進路的範疇。東林學派代表人物中，顧允成與顧憲成同樣問學於薛應旂之門，薛敷教爲薛應旂之孫，而錢一本之學，「得之王塘南（王時槐）者居多」。〔註72〕由顧憲成、顧允成、錢一本等人的學術背景看來，他們都繼承了王學的血脈，更是由「王學正傳」江右王門流衍而來。唯有耿橘之學，「頗近近溪，與東林微有不同」。東林學派中，學術背景較爲特別的學者，應推「由宗門入手，與天寧僧靜峰，參究公案」〔註73〕的孫愼行。

〔註68〕清・高崔輯《東林書院志》，卷七，葉茂才〈高景逸先生行狀〉，頁104：「至丙戌、丁亥間，邑令李元沖江右羅止菴與涇陽先生講學於黌宮，士紳雲集，存之躍然喜曰：『吾夙有志於學，今得縣父母爲嚆矢，吾學其有興乎！』而學始有入門矣。」

〔註69〕黃宗義《明儒學案》，卷五八，〈東林學案一・忠憲高景逸先生攀龍〉，頁67～68：「其自序爲學之次第云：『吾年二十有五，聞令公李元沖（名復陽）與涇陽先生講學，始志於學。適江右羅止菴（名懋忠）來講李見羅修身爲本之學，正合於余所持循者，益大喜不疑。』」

〔註70〕侯外廬、邱漢生、張豈之主編《宋明理學史》（北京：人民出版社，1997年10月，二版二刷），第二十二章〈高攀龍的理想思想和「致用」學說〉，頁582。

〔註71〕黃宗義《明儒學案》，卷五八，〈東林學案一・忠憲高景逸先生攀龍〉，頁70。

〔註72〕黃宗議《明儒學案》，卷五九，〈東林學案二・御史錢啓新先生一本〉，頁96。

〔註73〕黃宗議《明儒學案》，卷五九，〈東林學案二・文介孫淇澳先生愼行〉，頁104。

晚明東林學派的朱子學復興運動，部分是由江右王學流衍而來的後王學學者（如顧憲成、顧允成與錢一本等人），對王學理論重新思索檢省，轉而肯定朱子學；另外一部份，則是較爲純粹的朱子學學者（如高攀龍），在晚明後王學分化的學術土壤上，重新復興朱子學。晚明的朱子學復興，正是在這兩種學術力量交互催化下，在思想界滋化激盪。

二、地緣因素

縱觀中國歷史上的朋黨論爭，似乎與地緣情感有著密切的關聯。這種鄉誼情感，或許可以溯源於漢文化傳統的農業文明安土重遷的文化基調，以及中國南北文化的地域性差異所造成的隔離意識。從《明儒學案》中所論述的東林學派人物集結，就可看出這樣的「鄉誼」情結，甚至是整個初期東林運動（涵攝政治與學術），也都可以看出地域背景牽繫的痕跡。根據 Charles O. Hucker 針對整個東林運動中所涉及的人物所作的量化分析中，當三黨勢力最盛、東林人物結合的初期，的確可以看出明顯的地理結合現象。〔註 74〕

事實上，東林學派的初期集結，正是由無錫東林書院向整個江南地區擴散，由東林書院以至於地域相近的經正堂、志矩堂、明道書院、文學書院，逐漸將南直隸地區的知識分子綰合連繫爲一個具有濃厚的地域鄉黨色彩的學術組織。將《明史》與《明儒學案》中東林學派與東林書院的重要講學人物裡，籍貫位於無錫周圍的初期東林學派人物資料列表彙集起來，我們可以發現，初期東林學派的幾位重要人物，幾乎都有著無錫（或外圍地域）的籍貫背景。他們的集結，具有鮮明的地緣傾向：

姓　名	籍　　　貫
顧憲成	常州無錫（南直隸）
高攀龍	常州無錫（南直隸）
錢一本	常州武進（南直隸）
顧允成	常州無錫（南直隸）
孫愼行	常州無錫（南直隸）
史孟麟	常州宜興（南直隸）

〔註 74〕Charles O. Hucker 著，張永堂譯〈晚明時期的東林運動 The Tung-lin Movement of The Late Ming Period〉，《中國思想與制度論集》（臺北：聯經出版，1979 年，三版），頁 203。

薛敷教	常州武進（南直隸）
安希范	常州無錫（南直隸）
劉元珍	常州無錫（南直隸）
葉茂才	常州無錫（南直隸）
于孔兼	常州金壇（南直隸）〔註 75〕
許世卿	常州無錫（南直隸）

從東林學派重要講學人物的籍貫資料看來，東林人物在集結初期的確與地域情結有著密切的關係。沈嘉榮在〈明清之際的改革派——東林黨〉一文中指出：「高、顧都是京官，他們革職回原籍無錫，實際上提供了東林黨由此崛起的機遇和條件。」〔註 76〕仕宦上的同鄉之誼，以及地域學術性格的催化，使得他們彼此之間的聯繫更爲密切。

東林書院的建立，是一群在政壇上不得志的失意知識份子，在無法坐視朝綱日衰的情形下，強烈的儒家經世濟民的責任意識驅使他們向學術界回歸，藉由講學與清議的力量，對政治是非加以批判。他們卸下仕宦身份之後回到原籍無錫，同鄉的戚戚之情將他們彼此之間緊密綰結，而強烈的儒家政治使命感則促使他們企圖藉由清議輿論的龐大力量來影響當時政治，因而成爲東林學派醞釀的契機。

在東林書院建成之後，鄰近的毗陵經正堂書院、金沙志矩堂書院、荊溪明道書院、虞山文學書院等，都紛紛起而附合這樣一種地域性的清議化的講學傾向，爭相延請當時已被削籍的顧憲成蒞臨講學，形成一股以地域爲中心的清議輿論勢力。在東林書院建成之後，南直隸地區的幾個書院紛紛跟進這

〔註 75〕于孔兼雖未被收於《明儒學案．東林學案》中，然而，他卻是東林書院成立初期的重要講學人物。萬曆三十二年（1604），削籍歸家的顧憲成在常州知府歐陽東鳳以及無錫知縣林市的幫助下，重修東林書院，並延請高攀龍、錢一本、薛敷教、史孟麟、于孔兼等人一同講學於其間。《明史》，卷二三一，〈顧憲成傳〉頁 6032：「憲成姿性絕人，幼即有志聖學。暨削籍里居，益覃精研究，力闢王守仁無善無惡心之體之說。邑故有東林書院，宋楊時講導處也。憲成與弟允成倡修之，常州知府歐陽東鳳與無錫無縣林宰爲之營構。落成，偕同志高攀龍、錢一本、薛敷教、史孟麟、于孔兼輩講學其中，學者稱涇陽先生。當是時，士大夫抱道忤時者，率退處林野，聞風響附，學舍至不能容。」

〔註 76〕沈嘉榮〈明清之際的改革派——東林黨〉，頁 34。（收於《東林黨學術研討會、薛福成學往研討會論文資料集》；南京：江蘇文史資料編輯部出版，1998 年 10 月，初版）

樣的一股學術風潮，以東林爲中心，反思儒學經世務實的思想性格，而「東林」成爲一個學派的態勢也逐漸鮮明。東林書院清議化的講學風氣，很快地藉由這幾個書院間學者交互講學的方式向各地擴散。耿橘在擔任常熟知縣時，復修虞山文學書院，請顧憲成主教。《明儒學案・東林學案三》〈耿庭懷先生橘〉記載：「耿橘……知常熟時，值東林講席方盛，復虞山書院，請涇陽主教，太守李右諫、御史左宗郢，先後聚講於書院。」除了虞山書院之外，錢一本、史孟麟以及于孔兼，分別是經正堂、明道書院及志矩堂的山長，而他們與顧憲成所重建的東林書院之間，相互往來講學，形成一環強大的地域學術力量。無論就顧憲成、錢一本、史孟麟、于孔兼等人的籍貫背景或是東林書院、經正堂、志矩堂及明道書院的地理位置來觀察，東林學派就是在這一個地域開始發酵，藉由他們與朝中政治人物以及在野的學術知識份子之間的互動，開啓一個新的政治與學術面向。

雖然在熹宗天啓之後，東林學派已在社會與官僚系統中擴散，不再僅只是一個具有強烈地域色彩的學術與政治集團，然而東林學派聚結的始點，卻是由南直隸無錫一帶開始向外發散。

三、科第之誼

「科第」，是中國歷史上獨有的特殊人際環結。自從漢代「舉孝廉」及隋唐科舉制度建立以來，這種官僚體系的抉選制度就在政治官僚體系裡營構出種種無形而微妙的人際關係鏈結。〔註 77〕科第間的「同年」情誼之所以在中國傳統

〔註 77〕漢魏六朝時期，「同歲舉吏」、「同歲孝廉」的知識份子，相較與官僚體系中的其他士人而言，彼此之間似乎總多了一絲微妙的情份。直到隋唐建立科舉制度以來，「同舉」的士人更以「同年」來稱屬彼此之間所存在牽繫著的科第情誼。同年，指的是同舉爲官的士人。顧炎武《日知錄》（《原抄本顧亭林日知錄》；臺北：明倫出版社，1970 年 9 月，再版），卷一九，〈同年〉條（頁 508）就曾分析這種「同年」關係：「今人以同舉爲同年，唐憲宗問李絳曰：『人於同年固有情乎？』對曰：『同年乃九州四海之人，偶同科第，或登科然後相識，情於何有？』然穆宗欲誅皇甫鎛，而市相令狐楚蕭備免以同年進士保護之矣。按漢人已有之。《後漢書・李固傳》云：『有同歲生得罪於冀。』《風俗通》云：『南陽五世公爲廣漢太守，與司徒長史段遼叔同歲。』又云：『與東萊太守蔡伯起同歲。』又云：『蕭令吳斌與司徒韓演同歲。』《三國志・魏武帝紀》云：『公與韓遂父同歲孝廉。』漢敦煌長史武班碑云：『金鄉長河間高陽史恢等，追惟昔日同歲郎署孝廉。』柳敏碑云：『縣長同歲犍爲屬國趙臺公。』晉書陶侃傳：『侃與陳敏同郡又同歲舉吏。』其云同歲，蓋即今之同年也。私恩結而

的士人人際體系中發酵，或許可以如此詮釋——他們在獲得「出身」、在晉升到某種高社會價值的階級地位，以及享受政治權力這一點有著相似的時間背景，因此，「同年」關係往往是官僚體系中知識份子社交活動不可或缺的一環。隨著科舉制度的流衍，它根深蒂固地確立了官僚體系中的人際關係。除了「同年」關係外，同試而先得第者，更稱爲「先輩」；〔註78〕而貢舉的士人則往往以有司主考官員爲「座主」，而自稱「門生」。〔註79〕這種緊密的座主門生、同年、先輩等科第之間的人際鍵結，在官僚系統中成爲朋黨聚合的無形基礎。初期東林學派的重要講學人物中，幾乎都有著科第及官僚的政治背景，因此，科舉制度下所鋪陳出的「同年」與「座主」、「門生」等人際鍵結，也無可避免地影響了東林學派的聚合。癸巳大計京官事件與東林書院重建初期，相關人物的科第出身資料整理如下表：

姓　名	科　第　出　身
李三才	萬曆二年（1574）進士
趙南星	萬曆二年（1574）進士
王　國	萬曆五年（1577）進士
鄒元標	萬曆五年（1577）進士
顧憲成	萬曆八年（1580）進士
于孔兼	萬曆八年（1580）進士
錢一本	萬曆十一年（1583）進士
史孟麟	萬曆十一年（1583）進士
王　圖	萬曆十一年（1583）進士
葉向高	萬曆十一年（1583）進士
李廷機	萬曆十一年（1583）進士
許世卿	萬曆十三年（1585）舉人〔註80〕

公義衰，非一世之故矣！」

〔註78〕顧炎武《日知錄》，卷一九，頁508，〈先輩〉條：「先輩，同試而先得第者之稱」。

〔註79〕顧炎武《日知錄》，卷一九，頁505，〈座主門生〉條：「貢舉之士以有司爲座主，而自稱門生。自中唐以後，遂有朋黨之禍。」

〔註80〕許世卿於萬曆十三年鄉試中舉，本不應列入，但因許世卿爲《明儒學案》〈東林學案〉中所列，高攀龍又爲其弟子，因此並列於此。

顧允成	萬曆十四年（1586）進士〔註 81〕
安希范	萬曆十四年（1586）進士
薛敷教	萬曆十七年（1589）進士
高攀龍	萬曆十七年（1589）進士
葉茂才	萬曆十七年（1589）進士
歐陽東鳳	萬曆十七年（1589）進士
張納陛	萬曆十七年（1589）進士
陳幼學	萬曆十七年（1589）進士
劉元珍	萬曆二十三年（1595）進士
孫愼行	萬曆二十三年（1595）進士
劉永澄	萬曆二十九年（1601）進士

就科舉制度所衍生出的官僚體系人際關係觀察。與東林書院初期講學有關的知識分子，高攀龍、薛敷教、葉茂才、陳筠塘、張納陛、歐陽東鳳等人，都爲萬曆十七年進士及第的「同年」。高攀龍爲趙南星之門生，〔註 82〕趙南星對他教益頗深；〔註 83〕而素與東林學派相善的李三才與趙南星爲同年（兩人皆爲萬曆二年進士）；同情東林的秦黨王國與王圖兄弟，其中王國與鄒元標同爲萬曆五年進士，王圖則與葉向高、李廷機、錢一本、史孟麟等人同爲萬曆十一年進士，顧憲成與于孔兼兩人都在萬曆八年時進士及第，而顧允成與安希范則皆爲萬曆十四年進士，而高攀龍與薛敷教、葉茂才同爲萬曆十七年進士。高攀龍爲薛敷

〔註 81〕顧允成於萬曆十一年會試，十四年始赴殿試時，因對策中有刺及國本之事，因而被置於末第。《明史》，卷二三一，〈顧允成傳〉，頁 6034：「顧允成，字季時，憲成弟。性耿介，厲名節。舉萬曆十一年會試，十四年始赴殿試。對策中有曰：『陛下以鄭妃勤於奉侍，冊爲皇貴妃，廷臣不勝私憂過計。請立東宮，進封王恭妃，非報罷則峻逐。或不幸貴妃弄威福，其戚屬左右竊而張之，內外害可勝言。頃張居正罔上行私，陛下以爲不足信，而付之二三匪人。恐居正之專，尚與陛下二。此屬之專，遂與陛下一。二則易簡，一難圖也。』執政駭且恚，置末第。」

〔註 82〕《明史》，卷二四三，〈高攀龍傳〉，頁 6313～6314：「及向高去國，魏廣微日導忠賢爲惡，而攀龍爲趙南星門生，並居要地。」

〔註 83〕清・高崶輯《東林書院志》，卷之七，葉茂才〈高景逸先生行狀〉，頁 104：「迨己丑成進士，與薛以身（敷教）、王信甫、歐陽千仞（歐陽東鳳）同出趙儕鶴（趙南星）先門。趙爲振古人豪，同門皆表英傑，一時聚樂，所見益遠以大，所得益深以邃，交相勸勉，有不詣其極不止者。」

教作《墓誌銘》時，敘寫兩人的情誼時提到「以身與余同舉進士，同出高邑趙儕鶴先生門」，〔註84〕對於彼此的同年之誼至爲重視；而與薛敷教、高攀龍同年登進士第的葉茂才，非但爲高攀龍作〈行狀〉，〔註85〕更與薛敷教爲知交，薛敷教對葉茂才尤爲迴護。〔註86〕其中因科舉上的同年科第，相知相惜的情誼，表露無遺。

從黃宗羲《明儒學案・東林學案》所記載的十七位東林學者中，除去活躍於天啓中期以至於崇禎年間的東林中晚期人物（如黃尊素、劉元珍、吳鍾巒、華允誠、陳龍正）之後，東林學派初期的重要學者彼此之間幾乎都有著「同年」這樣的科第情誼。東林學派由政治仕宦退而在野議政，他們在政治圈所建立起的人際鍵結，成爲東林學派集結的關鍵。

第四節　結　語

萬曆中期的政治情勢，隨著首輔張居正的殞落而走向分崩。「首輔」制度塑造出了不具合法性的「權臣」。萬曆中期的朋黨意識，在這樣一個政治環境下醞釀，而癸巳計京官事件下朝廷中的官僚體系也因而有了政治集團集結的朋黨傾向。活躍在朝廷中的知識分子，攀緣著地域、科第等組成的人際脈絡，在意識型態的觸媒下，形成一個士人集團。

東林學派在這些條件與機緣之下逐漸凝聚成形。科第情誼與同爲南直隸無錫周圍的地域情感，聚結了這一群在政治鬥爭下由朝廷中游離出的知識分子。在野之後，他們既對儒家理想政治的難以忘情，又不顧苟隨流俗，依附在對權勢的羽翼之下，因此開始透過講學的方式，闡論學術與政治理念。儘管首輔與當國者更迭興替，他們卻依舊維持著相同的批判角度。他們雖然告別了政治舞台，卻仍然以書院講學作爲傳導政治理念、批判政治決策的輿論中心，將原本純粹理學成色的講學內容賦爲更爲務實、更爲經世的學術意義，也將學術脈流向經世與外王的政治價值轉化。儒學的外王精神，開始在這一

〔註84〕清・高嶐輯《東林書院志》，卷之八，〈薛以身先生墓誌銘〉，頁123。

〔註85〕黃宗羲《明儒學案》，卷六〇，〈東林學案三・侍郎葉園適先生茂才〉，頁11：「忠憲歿，先生狀之。」

〔註86〕黃宗羲《明儒學案》，卷六〇，〈東林學案三・學正薛元臺先生敷教〉，頁11：「然（薛敷教）疾惡甚嚴，有毀其知交葉園適者，先生從稠人中，奮臂而起，自後其人所在，先生必避去，終身不與一見也。」

個充滿爭議與矛盾的時代發酵。這個時代的儒學知識份子，背負著宋代以來的理學傳統與明中葉以來士人社會狂禪情味的學術衝突。也在政經濟種種外圍條件的烘托下，儒者的政治理想性格驅使他們不得不挺而面對這一個危殆紛亂的政治局勢。在這兩種責任意識的交織下，東林學派的思想內涵與講學風格也呈顯出兩種不同的面相：一方面，從他們對王學末流的嚴正批判，鮮明地呈顯出他們企求解決儒學內部朱學與王學末流對立的「儒家本色」問題；另一方面，他們對政治的繾綣眷戀與治國安民的理想意識，也使得他們在講學內容中摻染了訾議時事、評論人物的政治評議。他們慷慨激昂的行止，反映了這個充滿矛盾又極具魅力的時代，以無錫為中心，在輿論中心與清流形象的作用下，向整個士人世界與社會風尚渲散。

第三章　明代朱王學之爭與東林學派的朱子學復興運動

明代理學思想的發展，以明中期正德、嘉靖年間爲界隔，分別爲朱子學與王學所引領。張廷玉在《明史・儒林傳序》中綜論明代學術的發展脈絡時，提及有明一代學術之流變：

> 原夫明初諸儒，皆朱子門人之支流餘裔，師承有自，矩矱秩然。曹端、胡居仁篤踐履，謹繩墨，守先儒之正傳，無敢改錯。學術之分，則自陳獻章、王守仁始。宗獻章者曰江門之學，孤行獨詣，其傳不遠。宗守仁者曰姚江之學，別立宗旨，顯與朱子背馳，門徒遍天下，流傳逾百年，其教大行，其弊滋甚。〔註1〕

自洪武初年，詔以朱子之書立於學宮、「天下學者咸宗之」以來，〔註2〕朱子學便與知識分子的思想發展有著密不可分的牽繫。朱子學在科舉制度的催化下形成龐大的官學傳統，籠罩整個明代，甚至明中期弘治、正德年間興起的陽明心學，也是由對朱子學思想問題的批判與質疑中蛻變遷化而來。終明之世，學術界始終擺盪於朱子學與陸王心學間的勢力牽扯。明中期以降，陽明學躍居學術思想的主流。然而，隨著後王學思想的分化以及左派王學學者的狂禪化景況，促使江右王學學者在後期逐漸重新走回朱子學。在懷抱著儒學外王理想的東林學派思想中，隨著經世精神的覺醒，朱子學重新活躍於思想舞臺。方學漸

〔註1〕清・張廷玉等編撰《明史》(《新校本明史幷附編六種》，臺北：鼎文書局，1991年5月，五版)，卷二八二，〈儒林一〉，頁7222。

〔註2〕黃宗羲《宋元學案》(臺北：河洛出版社，1975年3月，臺景印初版)，〈晦翁學案〉，頁17：「明洪武初，詔以先生之書立於學宮，天下學者咸宗之。」

在〈東遊紀小引〉一文裡，敘寫當時顧憲成、高攀龍、安希範等人相聚於東林探論「學脈之所在」:「蓋東林之學，以朱爲宗。」〔註 3〕復興朱子學的共識，成爲綰合東林學派各個學者間的重要關鍵。

晚明東林學派對朱子學的復歸，就某種層次而言，事實上正是在王學分化後，後王學學者對王學（尤其是左派王學）的深刻反省，並有著以朱子學體系修正、融鑄王學的企圖。晚明的朱子學復興，在後期的江右王學轉而肯定朱子學的思維方向，以及晚明朱子學學者企圖重新振興朱子學的匯流下，將纏繞有明一代的陸王與程朱之爭，在爭議衝突的歷史進程中，趨導出一個新的學術向度。

第一節　明代朱子學與王學的論爭

一、前王學時期——朱子學內部的質變

明前期是朱子學縱橫的時代。在南宋中期政，朱子學雖曾被附著上「僞學」的標籤，然而元代仁宗延祐年間制定科舉法〔註 4〕作爲取士標準時，朱子學儼然躍昇爲官學的正統。〔註 5〕明成祖朱棣敕命編修《四書大全》、《五經大

〔註 3〕清・高崔輯《東林書院志》（收於《續修四庫全書》，冊七百二十一，史部，地理類，《東林書院志》二十二卷；上海：上海古籍出版社，據上海圖書館藏清雍正十一年刻本影印，1995 年），卷一六，方學漸〈東遊紀小引〉，頁 247。

〔註 4〕皮錫瑞《經學歷史》（臺北：藝文印書館，1996 年 8 月，初版三刷），〈經學積衰時代〉，頁 308。

〔註 5〕《周易》用朱子《易本義》、《書》用朱子門生蔡沈的《書集傳》，而《春秋》則以「私淑洛學而大成」的胡安國《春秋傳》，賜予程朱學統官學的冠冕。明王朝建國初期，承續元末兵燹之後，接續元代以來的科舉成規，《四書》主朱子《集註》，《周易》主程頤的《易傳》及朱子的《周易本義》，《尚書》主蔡沈的《書集傳》及主註疏，《詩經》則是宗朱子《詩集傳》，《春秋》則兼用胡安國與張洽的《春秋傳》。據《明史》，卷七〇，〈選舉志二〉，頁 1694：「初設科舉時，初場試經義二道，《四書》義一道；二場，論一道；三場，策一道。中式後十日，復以騎、射、書、算、律五事試之。後頒科舉定式，初場試《四書》義三道，經義四道。《四書》主朱子《集註》，《易》主程傳、朱子《本義》，《書》主蔡氏《傳》及主註疏，《詩》主朱子《集傳》，《春秋》主《左氏》、《公羊》、《穀梁》三傳及胡安國、張洽《傳》，《禮記》主古註疏。」（臺北，鼎文書局，1991 年 5 月，五版）

全》，〔註 6〕藉著政治的權威，將《四書大全》、《五經大全》、《性理大全》賦與「窮理以明道」的思想基調，將「明道」的徑路，指向「窮理」的單一方向，認爲唯有循順朱子學的窮理手段，方能臻於明道成聖的境界。成祖朱棣頒定以朱子學爲主要內涵的《四書大全》、《五經大全》之後，「廢註疏不用」。〔註 7〕朱子的學術形象在官學光環的縈繞下日漸龐大，而朱子思想在學術界的地位也在與科舉制度的交互催化作用之下，形成當時知識份子的共同思維背景及學術語言。

活躍於明前期的思想家們，依隨著南宋末期蔚爲風潮的朱子學腳步，但在哲學體系的建構方面，基本上並沒有超越朱子學的體系規度。不過，他們的學術內涵，卻並不同於黃宗羲在《明儒學案》中所說：「一稟宋人成說」、〔註 8〕「恪守宋人矩矱」〔註 9〕的刻板評述。事實上，明前期至中葉間，思想版圖雖然籠罩在以朱子學爲核心的官學思想環境之下，知識份子卻在朱子學的體系基礎上，選擇性地深究朱子學的理氣關係，進一步地深化、探討朱子對「理」、「心」等概念中的隱攝議題。尤其就朱子「理／氣」觀與「理在氣先」的二元性論述而言，他們的思考逐漸朝一個以氣爲主體的方向過渡。

在這一時期，「理氣動靜」及「理氣先後」成爲學者對朱子學最深的質疑。無論曹端、吳與弼、薛瑄、胡居仁，對朱子的質疑與修正，幾乎都構築在這兩個主題上。除此之外，這一時期的思想家有著「重實踐」的思想性格，而「孔顏樂處」等修養工夫論的研治與實踐，也成爲這一時期的重要主題。這一時期朱子學內部發展趨向的質變，影響了明中後期歷經王學洗練後的朱子學發展方向。晚明的朱子學復興運動中，所呈顯的朱子學，已非南宋的朱子學本色，而是由明前期所延展出的理學命題。另一方面，這一時期的學者也提出朱陸早異晚同說的思想雛型。

〔註 6〕周予同註，皮錫瑞《經學歷史》，〈經學積衰時代〉，頁 318，註 2。

〔註 7〕《明史》，卷七○，〈選舉二〉，頁 1694：「永樂間，頒四書五經大全，廢註疏不用。其後，《春秋》亦不用張洽傳，《禮記》止用陳澔集說。二場試論一道，判五道，詔、誥、表、內科一道。三場試經史時務策五道。」

〔註 8〕黃宗羲《明儒學案》（臺北：河洛圖書出版社，1974 年 12 月，臺景印初版），卷一，〈崇仁學案小序〉，頁 1：「康齋倡道小陂，一稟宋人成說。言心則以知覺而與理爲二；言工夫則靜時存養，動時省察，故必敬義夾持，明誠兩進，二後爲學問之全功。」

〔註 9〕黃宗羲《明儒學案》，卷七，〈河東學案小序〉，頁 1：「河東之學，悃愊無華，恪守宋人矩矱。故數傳之後，其議論設施，不問而可知其出於河東也。」

明前期朱子學發展的重要趨勢，約可歸納爲以下幾點：

（一）理氣關係的重置

在陳白沙、王陽明之前的明前期學術，大致上可歸入朱子學的思想體系之下。然而，明前期的幾位重要思想家，沿續著南宋中晚期以來蔚爲主流的朱子學系統，在扮演著朱子學傳續者角色的同時，也開始重新檢索朱子學中隱攝的學術問題。曹端便曾針對朱熹的「理氣動靜」之說，批判其間的矛盾：

> 先賢之解《太極圖說》，固將以發明周子之微奧，用釋後生之疑惑矣。然而有人各一說焉，有一人之說而自相齟齬者焉。且周子謂「太極動而生陽」,「靜而生陰」，則陰陽之生，由乎太極之動靜。而朱子之解，極明備矣，其曰「有太極，則一動一靜而兩儀分；有陰陽，則一變一合而五行具」。尤不異焉。及觀《語錄》，卻謂「太極不自會動靜，乘陰陽之動靜而有動靜耳」，遂謂「理之乘氣，猶人之乘馬，馬之一出一入，而人亦與之一出一入」，以喻氣之一動一靜而理亦與之一動一靜。若然，則人爲死人，而不足以爲萬物之靈；理爲死理，而不足以爲萬化之原。理何足尚，而人何足貴哉？今使活人乘馬，則其出入行止疾徐，一由乎人馭之何如耳。活理亦然。〔註10〕

大抵而言，朱子對「理」的活動性的認識，偏向一個較爲消極的、隱性的角度。在朱子的思想架構中，「理」是一個超越的存在，本身並不涉入動靜的活動層次。曹端對周敦頤《太極圖說》的解讀，則是將「理」界定爲「活理」，具有統御、決定「氣」的積極性質。曹端所論述的「理」，是一個生生不已、涵蘊著「氣」的性格的「氣」化之「理」。從這樣的思維向度延展，他對「太極」的理解，也重於就「太極」的活動、主動意義而言。因此，他以自己對「理」的積極性認識，認同朱子在《太極圖說解》裡對太極活動性的論述，而批判朱子在《語類》中所提出的「太極不自會動靜，乘陰陽之動靜而有動靜耳」及「理之乘氣，猶人之乘馬」〔註11〕的觀點。

〔註10〕清・董榕輯《周子全書》(臺北：廣學社印書館，1975年6月，初版)，卷五，曹端〈辨戾〉，頁86。

〔註11〕南宋・黎靖德編《朱子語類》(北京：中華書局，1999年6月，初版四刷)，第六冊，卷九四，〈周子之書〉，頁2376：「太極理也，動靜氣也。氣行則理亦行，二者常相依而未嘗相離也。太極猶人，動靜猶馬；馬所以載人，人所以乘馬。馬之一出一入，人亦與之一出一入。蓋一動一，而太極之妙未嘗不在焉。」

曹端指出朱子思想中「一人之說而自相齟齬者焉」的矛盾，〔註 12〕他從對朱子的質疑開始，企圖透過對「理」的重新詮釋，而將「理」的概念帶入新的內涵。他將「理」概念附著上活動性的、自主的成色，「理」不再只是朱子原先所設定的、一個消極而隱性的超越性存在，而是更積極、更顯性的運作。崔大華在〈劉宗周與明代理學的基本走向〉一文裡，就指出曹端在爲「太極動靜」提出懷疑時對「理」的新理解（「活理」），即將理本體的實在性轉換爲「實體性」的詮釋時，已非朱學理論所能籠絡的部份。而曹端的「活理」思想，也預示出「這會是明代理學突破朱學籠罩的一個可能選擇的理論走向」。〔註 13〕

曹端對理爲「活理」的積極性認識，奠定了明代理學「理」、「氣」議題研究的基本走向。他由朱子的學術論述中開發南宋以來具有更進一步思索空間的哲學議題。在新的哲學問題的開展之下，朱子學的哲學體系也在辨證的過程之中，理、氣等概念得到更進一步地詮釋與釐清，而曹端對「理氣動靜」之說的修正與對「活理」概念的創發，也開啓明前期對朱子學既承繼又修正的思維趨勢。

除了曹端之外，河東關學學統的薛瑄，也步隨著曹端修正朱子學的印履。他對朱子的質疑，主要也在於朱子「有此理便有此氣」的序列方面：

> 或言：「未有天地之先，畢竟先有此理，有此理便有此氣」竊謂理氣不可分先後。蓋未有天地之先，天地之形雖未成，而所以爲天地之氣，則渾渾乎未嘗間斷止息，而理涵乎氣之中心。……理氣二者，蓋無須臾相離也，又安可先後哉？〔註 14〕

薛瑄對「理氣二者，蓋無須臾相離也，又安可分先後哉？」的辨證，其

〔註 12〕事實上，曹月川對朱子「太極動靜」在《太極圖說解》以及《語類》中的矛盾，朱子學的內部體系的確可以有相應的論述與詮釋。以朱子學的內部體系而言，朱子的「太極」論述，是一個具有「動靜之理」而非「動靜」行爲本身的本體性存在。朱子在《朱文公文集》，卷四五，〈答楊子直一〉中曾將「太極動靜」的概念說明澄清：「蓋謂太極會動靜則可（自注：以本體而言也），謂太極有動靜則可（自注：以流行而言也），若謂太極便是動靜，即是形而上下者不分。」

〔註 13〕見崔大華〈劉宗周與明代理學的基本走向〉（收錄於鍾彩鈞主編《劉蕺山學術思想論集》頁 167～210，臺北，中央研究院中國文哲研究所籌備處，1998 年 5 月，初版），頁 4～5。

〔註 14〕薛瑄《薛瑄全集》（太原：山西人民出版社，1990 年 8 月，初版），《讀書錄》，卷三，頁 1074～1075。

實正是針對朱子以「理」「氣」本體意義上的「形上」「形下」架構附著於宇宙生成論的理氣先後論題所產生的矛盾而加以修正。就朱子對理／氣的形上／形下意義來說，形上不可能獨立於形下而存在。然而，朱子在論證宇宙生成問題時，又提出「未有天地之先，畢竟先有此理」，產生理氣析離的矛盾。因此薛瑄提出「未有天地之先，天地之形雖未成，而所以爲天地之氣，則渾渾乎未嘗間斷止息，而理涵乎氣之中也」的修正。

年代略晚於曹端的胡居仁，沿續著這一時期對「理氣」議題的討論，在「理氣先後」辨證上，提出「『有此理則有此氣，氣乃理之所爲』，是反說了。有此氣則有此理，理乃氣之所爲。」〔註15〕這種說法對朱子思想體系極具批判性。胡居仁認爲「理」無法獨立於「氣」之外，理的活動是由氣決定的，「理」因「氣」的作用而存在。因此就理氣的先後位階序列上而言，胡居仁認爲「有此氣則有此理」。胡居仁這樣的看法，與朱子將「理」視爲第一義的存在，有著截然不同的思維進路。他大膽地挑戰了朱子的說法，將朱子的理氣序列認定批判爲「反說」，認爲朱子對理氣先後的認知其實是對宇宙生成序列的錯誤推定。

朱子的「理」，涵蘊著濃郁物質性格的「氣」之中，去推定、架構一個更高意義的、形上之「理」的存在，而這個無形的、絕對的、先在而遍在的「理」是指導「氣」派生的最高原則。然而，胡居仁並不質疑「理」在「氣」中的運作，並潛在於萬物的活動秩序裡。〔註16〕他肯定朱子「理一分殊」的架構，「理」充塞在萬物的作用之間。然而，他卻認爲「理一」之所以成立，是「因氣以成理」、「有此氣則有此理，理乃氣之所爲」，因此他大膽地質疑朱子對理氣先後的序列認定，也因而開展了不同的思維視野。雖然在《居業錄》中，他對於「理乃氣之所爲」的論述依然粗糙，也仍有少數言論沿襲朱子「理」的先在性論點，〔註17〕然而他的確揭示了一方與朱子「理／氣」不同的思考進路。

胡居仁重新論證理氣先後關係之說，以及明前期朱子學理氣議題中「氣」

〔註15〕黃宗義《明儒學案》，卷一，〈崇仁學案〉，「文敬胡敬齋先生居仁」，引胡居仁《居業錄》，頁14。

〔註16〕黃宗義《明儒學案》，卷一，〈崇仁學案〉，「文敬胡敬齋先生居仁」，引胡居仁《居業錄》，頁18：「立天之道，曰陰與陽。陰陽，氣也，理在其中。立地之道曰柔與剛，剛柔，質也，因氣以成理。立人之道，曰仁與義，仁義，理也，具於氣質之內，三者分殊而理一。」。

〔註17〕黃宗義《明儒學案》，卷一，〈崇仁學案〉，「文敬胡敬齋先生居仁」，引胡居仁《居業錄》，頁18：「有理而後有氣，有氣則有象有數。故理氣象數，皆可以知吉凶。四者本一也。」

概念的新詮釋，這樣的思維方向，在明中葉後期逐漸發酵，觸動羅欽順與王廷相對於「氣」的進一步闡釋與理氣序列關係的重新認定。

（二）實踐工夫的強調

明前期的學術思想，除了在朱子學的思維架構下重新檢視朱子學內部的哲學問題（特別是理氣動靜與理氣先後的本體性問題）之外，並對朱子的理氣論加以修正，對「理」有著更具能動性、積極性的創發性論述。這是此一時期的重要哲學成就。除此之外，更有著重視實踐層次的學術傾向。這一時期的理學學者，學術思想上的重要表現，幾乎都集中在將程朱一系的工夫修養論落實在日常生活的實踐層次。

錢穆先生在《陽明學述要》中〈明學的一般趨嚮和在王學以前及同時幾個有關係的學者〉一文中，便曾由明前期的幾個重要理學學者的哲學思想裡，提煉出明學一般傾向「重行而輕知」的結論。〔註18〕與宋代的理學學者相較，明前期的理學學者，更爲重視「學爲聖人」的修身層次，而修身工夫論更是這一時期的最重要理學議題。曹端之學「以力行爲主」〔註19〕、吳與弼「一切玄遠之學，絕口不道」，而薛瑄更是「先力行而後文藝」，重視實踐層次。事實上，由重視形上本體的探求而走向明末清初黃宗羲「心無本體，工夫所至，即是本體」，〔註20〕正是由明前期這種重視實踐工夫的思維基調延展而來。

（三）朱陸早異晚同說的成形

明前期至中期之間，和會朱陸的思想逐漸萌芽。活躍於弘治年間的學者程敏政便提出朱子晚年思想向尊德性方向轉化的觀點，藉此以證成他和會朱陸的思想態度，並付梓刊行。程敏政是虔誠的朱子學擁護者，他年歲稍長於陽明，而活躍於陽明之前。〔註21〕程敏政《道一編》的編纂，倡立一種朱子

〔註18〕錢穆《陽明學述要》（臺北：蘭臺出版社，2001年2月，初版），〈明學的一般趨嚮和在王學以前及同時個有關係的學者〉，頁18：「明學的一般傾向，最顯著的，是他們的『重行』而『輕知』。宋儒本來已是看重修養方法，勝過一切的智慧的了；而這一種風尚，到明代尤見極端。」

〔註19〕黃宗羲《明儒學案》，卷四四，〈諸儒學案上〉，「學正曹月川先生端」，頁2：「先生以力行爲主，守之甚確，一事不容假借。然非徒事於外者，蓋立基於敬，體驗於無欲，其言事事都於心上做工夫，是入孔門之大路，誠哉所謂有本之學也。」

〔註20〕黃宗羲《明儒學案・自序》，頁1。

〔註21〕程敏政先於憲宗成化二年（1446），卒於弘治十二年（1449，明年陳獻章卒）；

與象山之學早異晚同的論調。企圖將陸九淵心學的「尊德性」傾向與朱子理學「道問學」和會在宇宙之間一以貫之的「道」中。他認爲朱子與陸九淵的學術思想發展，雖然有著不同的進路，「而有殊途同歸之漸」〔註22〕——程敏政認爲朱、陸兩人在南宋淳熙八年（1181）春季的「南康之會」後，便開始由「誠若冰炭之相反」而「至於終，則有若輔車之相倚」，兩人的觀點漸趨一致。〔註23〕程敏政更認爲，後世學者之所以有朱陸之爭之所以產生的原因，在於後世學者不能體認「朱、陸二氏之學，始異而終同」，而「以其早年未定之論，而致夫終身不同之說」。〔註24〕將朱子與陸九淵的思想分歧，追溯到「洛學銷蝕」所流衍出的學術傾向分化，並認爲朱、陸二人的學術脈絡，僅管有著不同的成色，卻朝同一個「宇宙之間，道一而已」的至道方向匯流。〔註25〕

程敏政以一位朱子崇奉者的身份，將明代以來逐漸鮮明的朱子學「道問學」思想傾向，向一個更本質的、更目的性的「尊德性」扭轉，巧妙地以主「尊德性」而輔「道問學」的方式，將朱子學術的「道問學」思想色彩淡化、扭轉爲尊德性輔助手段，而強化了「尊德性」本身。事實上，這樣的論證方式，也變相的印可了「尊德性」高於「道問學」的思想態度。〔註26〕程敏政在朱子學極度強勢、極度龐大的時代裡論述和會朱陸，以「朱子晚年思想」的姿態，倡言陸九淵所宣示的「尊德性」論點，對當時學術界而言，無疑是

陽明則生於憲宗成化八年（1472），卒於嘉靖八年（1529）。

〔註22〕程敏政《篁墩文集》（收於《景印文淵閣四庫全書》，冊一二五二，集部一九二冊；臺北：臺灣商務印書館，1983年，初版），卷三八，〈書朱子祭陸子壽、陸子祭呂伯恭文〉，頁1293-2。

〔註23〕程敏政《篁墩文集》（《景印文淵閣四庫全書》，冊一二五二，集部一九一冊；臺北，臺灣商務印書館，1983 年，初版），卷二八，《道一編》，〈自序〉，頁1252-499～1292-500：「其初誠若冰炭之相反，其中則覺夫疑信之相半，至於終，則有若輔車之相倚。」

〔註24〕程敏政《篁墩文集》，卷二八，《道一編》，〈自序〉，頁1252-499～1292-500。

〔註25〕程敏政《篁墩文集》，卷一六，《道一編》，〈目錄後記〉，頁1252-283：「於是朱、陸兩先生出於洛學銷蝕之後，並以其說講授於江之東西，天下之士靡然從之。然兩先生之說不能不異於早年，而卒同於晚歲。學者猶未之有考焉，至謂朱子偏於道問學，陸子偏於尊德性，蓋終身不能相一也。嗚呼！是豈善言德行者哉？夫朱子之道問學固以尊德性爲本，豈若後之講析編輟者畢力於陳言？陸子之尊德性固以道問學爲輔，豈若後之忘言絕物者悉心於塊坐走城？懼夫心性之學將復晦且幾於世，而學者狃於道之不一也，考見其故，詳著於篇。」。

〔註26〕程敏政《篁墩文集》，卷二九，〈送汪承之序〉，頁 1252-520：「中世以來，學者動以象山爲藉口，置尊德性不論，而汲汲乎道問學，亦不知古之所謂問學之道者何也？」

一種「異端」。然而，程敏政和會朱陸以及「朱陸早異晚同」的概念，卻爲陽明帶來重塑朱子晚年形象的靈感，成爲他爲心學辯護的有力資料。

明前期的學術思想雖仍是以朱學血脈爲主流，但卻已然爲朱子學的思想發展開啓一方不同的詮釋窗口。同時，朱陸論爭的學術議題，依舊在這一時期的士人世界裡激盪。這些隱攝在明前期的思想現象，爲明王朝中後期思潮奔迸的繽紛景象植下即將萌芽的種子。在這一時期，陳獻章自得之學對「主靜」、「求吾之心」等概念的追溯與提倡，也逐漸將學術發展的航舵引渡到陸系心學的方向。

這一時期對理氣關係的討論方向，是將朱子的「理／氣」位階序列重新檢討，並反思理氣動靜的問題。明前期對理氣問題的再探索，由曹端揭開序幕。曹端將「理」朝著主動性、積極性意義的作用彰顯，延展出「理」爲「活理」的思維視野；既而薛瑄等人強調理氣「須臾不可相離」，理涵於氣的運作之中，不可獨立存在；而胡居仁則更進一步認定「有此氣則有此理，理乃氣之所爲」、「因氣以成理」，向以氣爲本體的思維認識過渡。在明前期的學術環境裡，朱子學並不是以一潭死水的姿態呈顯。在哲學家不斷辨證的思維進程中，它的思想內涵已然產生相當層次的質變。明中期以後心學大盛，而明前期對理氣關係所展開的討論成果，卻在心學耀眼的光環下，無法得到主流思潮的關注。然而，這一時期的思維成就卻不曾因此而埋沒失落。它潛隱在有明一代的學術思維裡，這一時期「理」、「氣」議題的思考向度，到了明中後期的羅欽順、王廷相以及明末清初的王夫之，才再次繼承明初關於理氣關係的討論，並激起對「理」、「氣」本體論題更深刻的思索。

除了理氣關係的討論之外，這一時期的理學學者薛瑄的個人學術形象與思想風範，對明中後期的學術也有極爲深刻的影響。自明中葉以來，薛瑄的學術形象逐漸在以朱子學爲主的士人社群中發酵，其著作《讀書錄》更普遍爲被朱子學學者奉爲圭臬。弘治年間，楊廉「請祀薛瑄，取《讀書錄》貯國學」的舉動，〔註27〕鮮明地映現出薛瑄在士人社群與官學傳統裡地位的上昇。到了晚明時期，薛瑄的學術地位伴隨著朱子學復興的趨勢，在儒學世界裡儼然形成明代朱子學的新權威。尤其在薛瑄堅守朱子論「性」的學術規度，對明中後期的羅欽順、甚至於晚明東林論學重提「性」之旨，都產生極大的影響。〔註28〕

〔註27〕《明史》，卷二八二，〈儒林傳一・楊廉傳〉頁7247。

〔註28〕古清美〈明代前半期理學的變化與發展〉（收於古清美《明代理學論文集》，

二、王學對朱子學的反動

明正德、嘉靖年間，陽明心學蔚然成風。在陽明之前，陳獻章已經爲王陽明重新開啓心性議題中的陸學潛流，爲王學的興起植下一株蓄勢待發的根苗。在學術世界之外，明中期也是一個社會經濟結構急遽變動的時代。隨著社會風尚的遷移、市民文化興起與科舉制度的商品化現象，使得儒家文化社會中原有的傳統士人價值，無可避免地遭逢空前的質疑與挑戰。知識分子面對社會風尚蛻衍時期所感受到的焦慮與不安定感，以及在功利與商業思維的浸潤與挑戰之下，傳統道德倫理與時代普世價值之間產生的衝突與認同危機，推動士人對道德價值的重新思索。重建價值體系，成爲士人亟需面對的迫切議題。陽明〈答顧東橋書〉一文中，便曾提及當時「聖人之學」與「功利之習」對立的情態：

> 聖人之學，日遠日晦，而功利之習，愈趨愈下。其間雖嘗瞽惑於佛老，而佛老之說，卒亦未能有以勝其功利之心。雖又嘗折衷於群儒，而群儒之論，終未能有以破其功利之見。蓋至於今，功利之毒，淪浹於人之心髓，而習以成性也，幾千年矣。〔註29〕

文化中潛動的任何一種思想習尙，都必須在一個相應的社會條件及時空環境下，才得以萌發。在商業貿易活動大幅成長與人口結樣急遽變動中醞釀下，明中期社會功利主義意識逐漸具形，而附著在官學體系裡發展的朱子學形象也因科舉制度而在知識份子以及庶民文化中逐漸功利化而扭曲。理學的道德價值，與商業經濟和市民階層崛起所掀動的功利意識，在這個矛盾的時代交會。王陽明面對當時功利意識的蔓延，縱向地追溯歷史脈流裡霸術與聖學交鋒的機緣，因而認定當時「功利之毒，淪浹於人之心髓」的現象根源於「霸術之傳，積漬已深」的歷史積習。陽明並沒有深究功利意識何以在明代中期形成一股無法抵擋的社會風尙力量，他只是企圖重新找回失落的「聖人之學」的思想脈絡。在學術傳統道德與社會功利風尙的衝突價值觀交涉之下，陽明心學代表著明中葉知識份子在冀求安身立命的位置時，奔流而出的思想力量。

頁1～頁42；臺北：大安出版社，1990年5月，初版一刷）一文中指出，薛瑄論學只道一性，在「性」之藩籬內，客觀的道德法則決不致於被輕視湮滅，而這樣的學風不僅僅影響了明前期的河東弟子、明中期的羅欽順，甚至遠及於明末東林論學重提性之旨。

〔註29〕王陽明《傳習錄附大學問》（臺南：利大出版社，1970年5月，初版），卷二，《傳習錄中》，〈答顧東橋書〉，頁46。

陽明的學術思索與心學思維的產生，與朱子學有著緊密的聯繫。由黃宗羲《明儒學案》中所論述的陽明之學「前三變」、「後三變」的思維進程〔註30〕觀察，陽明幾次重要的治學方向轉折，都與他對朱子學的企慕及挫折緊密相關。他的學術思想進路，正是一個知識份子對朱子學由狂熱以至於質疑、批判甚至於顛覆的思維進程。〔註31〕從陽明成學前「三變」的環節觀察，無論是「就辭章之學」抑或「聞道士談養生，遂有遺世入山之意」，其間思想轉變

〔註30〕黃宗羲《明儒學案・姚江學案》，〈文成王陽明先生守仁〉，頁55～56：「先生之學，始泛濫於詞章，繼而遍讀考亭之書，循序格物，顧物理吾心，終判爲二，無所得入，於是出入於佛老者久之。及至居夷處困，動心忍性，因念聖人處此，更有何道？忽悟格物致知之旨。聖人之道，吾性自足，不假外求。其學凡三變，而始得其門。自此之後，盡去葉枝，一意本原，以默坐澄心爲學的。有未發之中，始能有發而中節之和。視聽言動，大率以收斂爲主，發散是不得已。江右以後，專提致良知三字，默不假坐，心不待澄。不習不慮，出之自有天則。蓋良知即是未發之中，此知之前，更無未發；良知即是中節之和，此知之後，更無已發。此知自能收斂，不須更主於收斂；此知自能發散，不須更期於發散。收斂者，感之體，靜而動也；發散者，寂之用，動而靜也。知之眞切篤實處即是行，行之明覺精察處即是知，無有二也。居越以後，所操益熟，所得益化，時時知是知非，時時無是無非，開口即得本心，更無假借湊泊，如赤日當空，而象象畢照。是學成之後，又有此三變也。」

〔註31〕陽明對於儒學成聖修養工夫，依循著朱子學的進路入手，在兩次格物失敗之後，才眞正離卻朱子學的工夫論進路，而涉入釋道的養生思維。在第一次格竹失敗後，他並未輕易地對朱子學的成聖工夫理論系統全然割棄捨卻抑或強烈質疑。〈年譜〉在「（孝宗弘治）五年壬子，先生二十一歲，在越」（頁117）這一條下，做了這樣的記述：「……是年爲宋儒格物之學。先生始侍龍山公於京師，遍求考亭遺書讀之。一日，思先儒謂眾物必有表裡精麤，一草一木，皆涵至理。官署中多竹，即取竹格之。沈思其理不得，遂遇疾。先生自委聖賢有分，乃隨世就辭章之學。」格竹失敗，沈思其理不得而遇疾，這是陽明對朱子學初次感到失望挫折。然而，在這個階段中，他並沒有對朱子學的理論內容產生質疑，他只是從一個內省的角度，「自委聖賢有分」，因而將關注焦點轉向「隨世就辭章之學」。在第二次重新實踐思索朱子學「居敬持志、循序致精」的時刻，陽明才眞正放棄朱子學的工夫修養進路。〈年譜〉在「（孝宗弘治）十一年戊午，先生二十七歲，寓京師」條下對陽明對修養工夫論的關注由朱子學向佛老引渡的進程時，作了這樣的敘寫：「先生自念辭章藝能不足以通至道，求師友于天下，又不數遇，心持惶惑。一日讀晦翁〈上宋光宗疏〉有曰：「居敬持志，爲讀書之本；循序致精，爲讀書之法。」乃悔前日探討雖博，而未嘗循序以致精，宜無所得。又循其序，其得漸漬洽浹。然物理吾心，終若判而爲二也。沈鬱既久，舊疾復作，益委聖賢有分。偶聞道士談養生，遂有遺世入山之意。」（王陽明《傳習錄附大學問》附〈年譜〉「（孝宗弘治）五年壬子，先生二十一歲，在越」條，頁118～119。）

的契機，都導因於對朱子學的疑惑而來。他對理學的重新思索，是在對朱子學工夫修養論體系的強烈質疑下產生。因此，他的思想色調，有著反朱子學傳統的思維傾向，並逐漸轉向陸九淵之學，甚至是時代更早的周濂溪與程明道復歸。陽明對朱子學的反動，表現在以下幾個方面：

（一）道統的重構——北宋周程理學的推溯與尊陸傾向

陽明掙脫在明中期以前籠罩整個學術界的朱子學氛圍，重新檢視宋儒之學。這一點，與陳獻章向北宋初期理學的追溯，有著類似的思考脈絡。在他訪仙求道的過程中，偶然聽聞「周濂溪、程明道是儒家兩箇好秀才」的說法，〔註 32〕或許是推動他徹底脫離朱子學思維框架、向理學初萌的北宋前期推溯的始點。他在對朱子學的挫敗與質疑之下，開始重新追索宋代的理學脈絡，並進而將承繼孔孟聖學的學統向北宋初年的周濂溪以及程明道溯源。

陽明在〈別湛甘泉序〉曾對道統作了以下的陳述：「顏子沒而聖人之學亡。曾子唯一貫之旨傳之孟軻，終又二千餘年，而周、程續。自是而後，言益詳，道益晦；析理益精，學益支離無本，而事於外者益繁以難。」〔註 33〕陽明認爲道統的傳緒，在周敦頤、程明道之後，已走向晦暗支離而昏昧不明的狀態，顯然否定了朱子學在「道統」中的地位。他認爲朱子學已違離了道統正脈，因此轉而「沿周、程之說求之」，而「若有得焉」。〔註 34〕這樣的學術轉向，也激起他重新建構理學新道統的觀點。在濂溪、明道之後，他將繼承孔孟正傳的道統位置，由朱子向陸象山移渡。〔註 35〕《傳習錄下》中記載：

〔註 32〕王陽明《傳習錄附大學問》，附〈年譜〉，頁 119「（孝宗弘治）十有四年辛酉，先生三十歲，在京師」條下載錄：「聞地藏洞有異人，坐臥松毛，不火食。歷巖險訪之，正熟睡。先生坐傍，撫其足。有頃醒，驚曰：『路險何得至此！』因論最上乘。曰：『周濂溪、程明道，是儒家兩箇好秀才。』後再至，其人已他移。故後有會心人遠之歎。」

〔註 33〕《王陽明全集》（吳光、錢明、董平、姚延福編校《王陽明陽集》；上海：上海古籍出版社，1992 年 12 月，一版一刷），〈文錄四・別湛甘泉序〉，頁 230。

〔註 34〕《王陽明全集》，〈文錄四・別湛甘泉序〉，頁 231：「某幼不問學，陷溺於邪僻者二十年，而始究心於老、釋。賴天之靈，因有所覺，始乃沿周、程之說求之，而若有得焉。」

〔註 35〕王陽明《傳習錄附大學問》附〈年譜〉，頁 163「十有六年辛巳，先生五十歲，在江西」「錄陸象山子孫」條：「先生以象山得孔孟正傳。其學術久抑而未彰，文廟尚缺配享之典，子孫未沾褒崇之澤。（錢德洪）按象山與晦翁同時講學，自天下崇朱說，而陸學遂泯。先生刻象山文集，爲序以表彰之。席元山（書）嘗聞先生論學於龍場，深病陸學不顯，作《鳴冤錄》以寄先生，稱其身任斯

又問：「陸子之學何如？」先生曰：「濂溪、明道之後，還是象山，只是粗些。」〔註 36〕

朱子學體系中由孔孟以至於「周程」的道統傳緒，大抵而言，陽明並未有太多的批判意見。然而，「周程」所指涉的對象，在朱子與陽明的道統體系中，卻迴然有別。陳榮捷曾提及，陽明所尊崇的「周程」，與朱子所推尊的「周程」並不全然相同：「朱之周程，濂溪、伊川也。陽明之周程，則濂溪、明道也。」〔註 37〕陽明藉著「周程」中「程子」角色的置換，在潛移默化之間，將道統傳緒的重心與「道學」的思想內涵做了巧妙的轉化。陽明對孔孟道統體系傳緒中的「周程」認定，以周濂溪、程明道爲指涉對象。他將朱子學的道統體系中側重「周濂溪、程伊川」的傳承統脈，由周濂溪、程明道向陸象山移轉，爲理學重構出一套與朱子學迴然不同的道統脈絡。陽明直言象山之學才是「得孔孟正傳」，〔註 38〕間接批判了朱子在孔孟道統中的正統性。

南宋以來，朱子所論述的理學道統，隨著元明朱子學的官學化，由濂溪以至伊川、再傳至朱子的學術傳承路向，已儼然成爲理學道統傳緒正脈。然而，陽明重新組構理學道統體系，藉著對道統人物形象的重構，將理學本體論的核心概念由「理」向「心」擺渡，將修養工夫論由「持敬」向「主靜」的脈絡推溯，沿承白沙之學以「主靜」作爲體驗心學的重要工夫進路，〔註 39〕

道，庶幾天下非之而不顧。」

〔註 36〕王陽明《傳習錄附大學問‧傳習錄下》，頁 77：「（陳九川）又問：『陸子之學何如？』先生曰：『濂溪、明道之後，還是象山。只是粗些。』九川曰：『看他論學，篇篇說出骨髓，句句似鍼膏肓，卻不見他粗。』先生曰：『然他心上用過功夫，與揣摹依倣求之文義自不同。但細看有粗處。用功久當見之。』」

〔註 37〕陳榮捷〈從朱子晚年定論看陽明之于朱子〉（收錄於陳榮捷《王陽明傳習錄詳詮集評》；臺北，學生書局，1998 年 2 月，修訂版三刷），頁 452：「陽明最崇周程，然此周程與朱子所尊二程有所不同，理由亦異。朱之周程，濂溪伊川也。陽明之周程，則濂溪明道也。」

〔註 38〕王陽明《傳習錄附大學問》附〈年譜〉，頁 163：「（武宗正德）十有六年辛巳，先生五十歲，在江西」「錄陸象山子孫」條下云：「先生以象山得孔孟正傳。」

〔註 39〕陳獻章在〈與羅一峰〉中說：「伊川先生每見人靜坐，便歎其善學。此一靜字，自濂溪先生主靜發源，後來程門諸公遞相傳授，至於豫章延平，尤專提此教人，學者亦以此得力。晦翁恐人差入禪去，故少說靜，只說敬，如伊川晚年之訓。此是防慮遠之道，然在學者須自量度如何，若不至爲禪所誘，仍多著靜，方有入處。若平生忙者，此尤爲對症之藥。」（黃宗羲《明儒學案》，卷五，〈白沙學案〉，頁 52，引陳獻章《論學書》〈與羅一峰〉。）

將朱子工夫哲學體系的「主敬」傳統向周敦頤的「主靜」修身思維復歸。陽明與白沙重溯理學發展初期以「主靜」爲中心的重要工夫論述，重新接續濂洛學統的「主靜」工夫之說，〔註 40〕並將重心由「理」向「心」擺渡，形成明代思想史上重要的轉折始點，更進一步將朱子學的「窮理」向「求之吾心」移渡，開啓心學發展的契機。

（二）對朱子非儒學本色的批判

陽明對朱子學的另一項批判與反動，表現在他以告子「義外」之說比附在朱子學「即物窮理」的思想上。朱子學的心性體系中，隱攝著「性」與「情」兩個層次，其中的分際則以「未發」、「已發」爲界隔。朱子將「性」切割爲「人生而靜」的「天命之性」，以及天理流行的運程中摻染氣質而形成具有分殊意味的「氣質之性」兩個層次，並主張「心統性情」。朱子認爲「氣質之性」涵蘊著氣質熏習的層次，所以「心」並不全是「理」的呈顯。因此，在朱子學的心性思維裡，人們既然嚮往著「成聖」的修身方向，就必須藉著窮究分殊在現象界萬物中的「天理」，來追索「心」中所隱埋著「天命之性」的善性種子。

然而，陽明和朱子不同的是，他將「心」與「理」概念重疊，認爲「理」是「心之所發」，是「心」發動時所產生的「條理」，將「理」概念涵攝在「心」的靈明之作用下，是純粹自然的「本心」外化的體現。〔註 41〕「心外無理」，

〔註 40〕理學工夫論的內容由「主靜」置換爲「主敬」的轉化關鍵。在於程頤、朱子對「主敬」之學的建構。「窮理」與「主敬」並提，成爲理學修養工夫思維的基本內涵，始於朱子「明確貶抑靜功」。陳來在《宋明理學》（臺北：洪葉文化，1994 年 9 月，初版一刷）一書中曾經針對理學的修養工夫論由「主靜」向「主敬」轉化的關鍵提出以下的闡釋：「道學前期的發展中「靜」的確是伊洛傳統中的一個重要方面。但自李侗弟子朱熹開始，強調伊川更爲注重的「敬」，以「主敬」取代「主靜」，明確貶抑靜功。又以窮理與主敬並提，作爲道學的兩個基本功夫，後來學者都以此爲說。」（第四章〈明代前期理學的發展〉頁 232）。朱子學逐漸躍爲主流，「主敬」之學也逐漸取代「主靜」之說，而成爲理學工夫論的重要內容，理學的修養論哲學也有了不同面相的開展。理學的修養工夫論在朱子的思維體系時有了明確的轉向。然而，事實上這種以「持敬」取代「主靜」，削弱理學工夫論中釋老修身思想成色的儒學意圖，已在程頤的思想體系中活潑地躍動著。程頤在論述修養工夫時，企圖以「敬」字轉化「靜」字的禪學意味，淡化北宋理學工夫論中「靜」字所涵攝的禪學思想成色，有意識地將儒學的工夫論體系與釋老之學切劃鮮明的分際。

〔註 41〕《王陽明全集》，〈文錄五・書諸陽伯卷〉，頁 277：「心之體，性也，性即理也。天下寧有心外之性？寧有性外之理乎？寧有理外之心乎？外心以求理，此告

道德理性從未獨立於「心」的活動之外存在。從這個思考脈絡延伸，陽明因而批判朱子「外心以求理」的方式是告子「義外」之說，是「析心與理爲二」〔註42〕的二元化論述。陽明於《傳習錄・中》〈答顧東橋書〉一文中提及：

朱子所謂格物云者，在即物而窮其理也。即物窮理，是就事事物物上求其所謂定理者也。是以吾心求理於事事物物之中，析心與理爲二矣。夫求理於事事物物者，如求孝之理於其親之謂也。求孝之理於其親，則孝之理其果在於吾之心邪？假而果在於親之身，則親沒之後，吾心遂無孝之理歟？見孺子之入井，必有惻隱之理。是惻隱之理，果在於孺子之身歟？抑在於吾心之良知歟？其或不可以從之於井歟？其或可以手於援之歟？是皆所謂理也。是果在於孺子之身歟？抑果出於吾心之良知歟？以是例之，萬事萬物之理，莫不皆然。是可以知析心與理爲二之非矣。夫析心與理而爲二，此告子義外之說，孟子之所深闢也。

陽明批判朱子「即物窮理」的修養方式，必然會導致心靈與道德理性的二元化割裂，終究將失卻孟子心性之學的原始情貌，甚至會違離儒學的思維傳統。在這一段文字之中，陽明更將朱子「以學問思辯爲窮理」、「窮理於事事物物」的思維與告子的「義外」之說比附聯結，將告子義外說這種具有「孟子所深闢也」的學術形象附著在朱子學說之上，儼然有著對朱子學說非儒學本色的指控意味。

（三）顛覆朱子學經典詮釋的權威性

《大學》所論，即「大人之學」，〔註43〕這是宋明以來理學家們的集體共識。而哲學經典的詮釋傳統，是中國哲學發展的主要載體或主要形式。對《大

子『義外』之說也。理也者心之條理也。是理也，發之於親則爲孝，發之於君則爲忠，發之於朋友則爲信。千變萬化，至不可窮竭，而莫非發於吾之一心。故以端莊靜一爲養心，而以學問思爲窮理者，析心與理而爲二矣。若吾之說，則端莊靜一亦所以理，而學問思亦所以養心，非謂養心之時無有所謂理，而窮理之時無有所謂心也。此古人之學所以知行並進而收合一之功，後世之學所以分知行爲先後，而不免於支離之病者也。」

〔註42〕〈書諸陽伯卷二〉中「以學問思辯爲窮理者，析心與理而爲二」的引述，只是以暗示的筆調，述說朱子以學問思辯爲窮理的思維是「析心與理爲二」。在《傳習錄・中》〈答顧東橋書〉文裡，才明白地指涉朱子陷於「析心與理爲二」的矛盾脈絡。

〔註43〕王陽明《傳習錄附大學問・大學問》，頁107中開宗明義地陳述：「大學者，昔儒以爲大人之學矣。」

學》八條目的詮釋論述，成爲宋明理學家宣說自我修身哲學的舞台。無論朱子或是陽明，在修身成聖的工夫論思想方面，基本上都以詮釋《大學》中的「格物、致知、誠意、正心、修身、齊家、治國、平天下」等「八條目」作爲修身綱領。雖然朱子與陽明對成聖工夫有著不同的思維進路，然而他們都在《大學》的「八條目」思想基礎上各自表述，並藉著闡釋八條目而延展出截然不同的工夫論哲學體系。他們對「格物」的不同詮釋基調，也呈顯了兩人思想性格的區隔。

朱子將《大學》「八條目」中對於修身的重點置於「格物」上，並作〈格物致知補傳〉，以使《大學》的「格物致知」之說，附著上「即物窮理」的意涵。朱子將《大學》中「致知在格物」的文本，以「欲致吾之知，在即物而窮其理也」〔註44〕的意涵去解讀，並由此而擴展出「持敬」的修養工夫思維，將程頤的「持敬」概念融鑄在《大學》的修身工夫裡。朱子認爲《大學》文本中即有經傳分別，「格物致知」之「傳」的部份「而今亡矣」，因此朱子作〈格物致知補傳〉，將「格物致知」之義，以「即物窮理」的工夫論思維融鑄在《大學》的「格物」概念中，爲他「即物窮理」的思想尋繹一個儒學文本的經典脈絡。

元代以來，程朱對《大學》文本的更動與改造，在學術界已成爲權威定見，而他對《大學》以經傳排列方式更動文字序列以及作〈格物致知補傳〉對《大學》「八條目」內涵的改造，隨著官學化、科舉制度的催化作用，程朱所定的《大學》文本，一躍而爲學術界所推尊的「定本」。因此宋元以降，活躍在知識份子心中的《大學》文本，在這些因素的催動之下有了一個新的內容。

朱子的新《大學》文本爲儒家的工夫哲學映射出截然不同的面貌。而陽明則是在一個朱子學瀰漫的學術空氣裡，同樣以《大學》的「格物致知」論述爲工夫修養論的重要文本，將「格物」的意涵重新詮釋。不同之處在於，陽明將《大學》的文本還原爲「古本」的樣貌，強調《大學》古本本身的文意已然具足，不需畫蛇添足地附會增文。《傳習錄・上》中曾記載陽明弟子蔡宗兗向陽明請益朱子格物說之事：

〔註44〕《四書集註》（臺北：文化圖書，1991年7月，初版），頁5～6：「所謂致知在格物者，言欲致吾之知，在即物而窮其理也。蓋人心之靈，莫不有理。惟於理有未窮，故其知有不盡也。是以大學始教，必使學者即凡天下之物，莫不因其已知之理，而益窮之，以求至乎其極。至於用力之久，而一旦豁然貫通焉，則眾物之表裡精粗無不到，而吾心之全體大用無不明矣。此謂物格，此謂知之至也。」

> 蔡希淵問：「文公《大學》新本，先格致而後誠意工夫，似與首章次第相合。若如先生從舊本之說，即誠意反在格致之前。於此尚未釋然。」先生曰：「《大學》工夫即是明明德，明明德只是箇誠意。誠意的工夫只是格物致知。若以誠意爲主，去用格物致知的工夫，即工夫始有下落。即爲善去惡，無非是誠意的事。如新本先去窮格事物之理，即茫茫蕩蕩，都無著落處。須用添箇『敬』字，方才牽扯得向身心上來。然終是沒根源。若須用添箇『敬』字，緣何孔門倒將一箇最緊要的字落了，直待千餘年後要人來補出？正謂以誠意爲主，即不須添『敬』字。所以舉出箇『誠意』來說，正是學問的大頭腦處。於此不察，眞所謂毫釐之差，千里之謬。大抵《中庸》工夫只是誠身，誠身之極便是至誠；《大學》工夫只是誠意，誠意之極便是至善。工夫總是一般。今說這裡補箇敬字，那裡補個誠字，未免畫蛇添足。」〔註 45〕

陽明將「格」詮釋爲「正」，而將「物」理解爲「意之用」，將「八條目」中的「格物」與「致知」、「誠意」、「正心」等概念聯繫貫串起來，統合在「修身」綱目之下。他的工夫論主張，是將朱子工夫哲學「格物」概念的「窮理」內涵以「致知」、「正心」與「誠意」來置換。由陽明的角度觀察，《大學》的修養工夫概念只在於「誠意」，而格物、致知、正心皆由「誠意」這一始點推衍。在陽明這樣的詮釋體系裡，自然不須再藉「畫蛇添足」地「補箇敬字」字來完成朱子《大學》中工夫論述的文意脈絡。他認爲《大學》「其書止爲一篇，原無經傳之分」，而「格致本於誠意，原無缺傳可補。以誠意爲主，而爲致知格物之功，故不必增一敬字；以良知指示至善本體，故不必假於見聞」。〔註46〕因此，他對朱子《大學章句》有著「非聖門本旨」〔註47〕的嚴厲批判，將朱子附著上「非儒學正色」的標籤，否定朱子儒學正統的身份。

陽明對朱子「增字傳經」的批判是否公允？事實上，朱子在〈格物致知補傳〉中並未明言「敬」字。佐藤一齋就曾經爲朱子申訴：「補箇敬字，晦庵未有

〔註45〕王陽明《傳習錄附大學問．傳習錄上》，頁 32。

〔註46〕王陽明《傳習錄附大學問》，附〈年譜〉，頁 143：「十有三年戊寅，先生四十七歲，在贛」「七月，刻古本大學」條下雲：「先生在龍場時，疑朱子大學章句非聖門本旨，手錄古本，伏惟精思，始信聖人之學本簡易明白。其書止爲一篇，原無經傳之分。」

〔註47〕同前註。

此說。今因其論敬字不可補，故設這裡那裡，以形言之耳。」〔註 48〕不過持平而言，陽明對朱子格物說以「持敬」概念融鑄在「格物」思想中的理解，並非誤讀或過分詮釋。事實上，就朱子在《朱子語類》裡對「格物」的詮釋來看，的確涵攝著「居敬」、「持敬」的意味。〔註 49〕陽明在《大學問》中對程頤與朱子對《大學》格物的詮釋爲誤讀的大膽質疑與批判嚴格說來並非太過。陽明對程、朱本《大學》「增字傳經」的質疑，也動搖了朱子學的權威地位。

（四）朱子形象的重塑——「心學化」的朱子

正德十三年（1518），是陽明事功最彪炳的時期。《朱子晚年定論》也於此年刊行於市，爲晚年的朱子重新塑造了一個向心學歸化的儒者形象。〈朱子晚年定論・序〉之中敘述陽明刊行之旨意時提到：

> 及官留都，復取朱子之書而檢求之。然後知其晚歲固已大悟舊說之非，痛悔極艾。至以爲自誑、誑人之罪，不可勝贖。世之所傳《集註》、《或問》之類，乃其中年未定之說。自咎以爲舊本之誤，思改正而未及。而其諸《語類》之屬，又其門人挾勝心以附己見。固於朱子平日之說，猶有大相謬戾者。而世之學者，局於見聞。不過持循講習於此。於其悟後之論，概乎其未有聞。則亦何怪乎予言之不信，而朱子之心，無以自暴於後世也乎？予既自幸其說之不謬於朱子，又喜朱子之先得我心之同然。且慨夫世之學者，徒守朱子中年未定之說，而不復知求其晚歲既悟之論。競相呶呶，以亂正學。不自知其已入於異端。輒採錄而裒集之，私以示夫同志。庶幾無疑於吾說，而聖學之明可冀矣。〔註 50〕

陽明作《朱子晚年定論》，目的在於顛覆元明以來朱子及《四書集註》的學術威權形象，並將朱子在《四書集註》中的思想附著上「中年未定之說」的標

〔註 48〕陳榮捷《王陽明傳習錄詳註集評》（臺北：學生書局，1998 年 2 月，修訂版三刷），頁 156，引佐藤一齋語。

〔註 49〕南宋・黎靖德編《朱子語類》，第一冊，卷一五，〈大學二・經下〉，頁 287：「聖人只說『格物』二字，便是要人就事物上理會。且自一念之微，以至事事物物，若靜若動，凡居處飲食言語，無不是事，無不各有箇天理人欲。須是逐一驗過，雖在靜處坐，亦須驗箇敬、肆。敬便是天理，肆便是人欲。」而《朱子語類》，第一冊，卷一二，〈學六・持守〉，頁 206 中也提到：「因歎『敬』字工夫之妙，聖學之所以成始成終者，皆由此。」

〔註 50〕陳榮捷《王陽明傳習錄詳註集評》，附〈朱子晚年定論〉，頁 422。

籤。陽明把朱子塑造成在「晚歲」時「固已大悟舊說之非，痛悔極艾」、對「中年未定之說」感到「自誑誑人之罪，不可勝贖」而悔不當初的形象。

陽明的《朱子晚年定論》，企圖用心學的框架來涵納朱子，將朱子晚年的思想形象轉化爲向心學趨近的樣貌，使朱子成爲爲王學立言的角色。但事實上，陽明《朱子晚年定論》的編著宗旨，在於說服當時堅守朱子學保守勢力，企圖消泯知識份子對陽明心學新學術路向的質疑。因此，《朱子晚年定論》企圖強調朱子晚年時期的思想發展已向心學思想轉化，並宣揚當時的官學化朱子學思維所反映的只是「朱子中年未定之說」的說法，認爲「世之學者徒守朱子中年未定之說，而不復求其晚年既定之論」，因此才會對心學有所質疑。陽明之所以要、也必須要編就《朱子晚年定論》，正是要使明中葉的知識份子認可心學亦爲儒學正色，使當時的知識份子「庶幾無疑於吾說，而聖學之明可冀矣」。

不過朱陸早異晚同的和會說法並非由陽明所創始，弘治年間朱子學學者程敏政已提出相同的觀點。陽明《朱子晚年定論》刊刻於正德十三年，而程敏政的《道一編》早在弘治年間即已編就。陽明在〈與安之書〉中，也曾隱約透露他曾經閱讀過程敏政「朱陸早異晚同」的和會篇章。〔註 51〕因此，陽明之所以編就《朱子晚年定論》，將朱子思想篇章選擇性地摘錄，塑造出一個心學化的朱子「晚年思想」的原始動機，應是由程敏政《道一編》所觸發。陳寒鳴在〈程敏政和王陽明的朱、陸觀及其歷史影響〉一文中，延伸陳建《學蔀通辨》的看法，〔註 52〕大膽推定程敏政的《道一編》，實爲王陽明《朱子晚年定論》的先導。〔註 53〕陽明緣引程敏政的和會方式，將朱子晚年塑造爲一

〔註 51〕王陽明《傳習錄附大學問・年譜》，頁 144。「（正德）十有三年戊寅」「（七月）刻《朱子晚年定論》」條下引陽明〈與安之書〉：「留都時，偶因饒舌，遂致多口，攻之者環四面。取朱子晚年悔悟之說，集爲《定論》，聊藉以解紛耳。門人輩近刻之雩都，初聞甚不喜；然士夫見之，乃往往遂有開發者，無意中得此一助，亦頗省頰舌之勞。近年篁墩諸公嘗有《道一》等編，見者先懷黨同伐異之念，故卒不能有入，反激而怒。今但取朱子所自言者表章之，不加一辭，雖有偏心，將無所施其怒矣。」。

〔註 52〕陳建《學蔀通辨・總序》中提到：「程篁墩著《道一編》，分朱、陸同異爲三節，始焉如冰炭之相反，中焉則疑信之相半，終焉若輔車之相倚。朱陸早異晚同之說，於是乎成矣。王陽明因之，遂有《朱子晚年定論》之錄，與《道一編》輔車相依之說正相唱和。」

〔註 53〕陳寒鳴〈程敏政和王陽明的朱、陸觀及歷史影響〉（收於吳光主編《陽明學研究》；上海：上海古籍出版社，2000 年 10 月，初版），頁 233～234。

個臣服於陸學的痛悔形象，並藉著描述晚年的朱子「大悟舊說之非」，將朱子對「道問學」的堅持徹底顚覆。陽明所塑造的朱子，是一個被心學所同化的朱子。他在程敏政和會朱陸的基石上，將朱陸早異晚同之說轉化爲論證心學合理性的重要手段。

陽明《朱子晚年定論》，描摹出一幅王學化的朱子形象，以具有官學色彩的朱子學爲心學背書，證成王學在學術思想界的正當性。除此之外，這也與陽明對朱子的複雜情愫相關。《傳習錄中・答羅整菴少宰書》中敘寫他編輯《朱子晚年定論》的深藏動機時自言：「平生於朱子之說，如神明蓍龜。一旦與之背馳，心誠有所未忍，故不得已而爲此。」〔註 54〕這段文字，不但呈顯朱子學在明中葉前有如「神明蓍龜」的絕對地位，而事實上也揭示陽明自己也意識到，他實際上已與朱子學「背馳」違離了。然而，在陽明《朱子晚年定論》的論述裡，朱子晚年儼然蛻變爲王學化的朱子，朱子的學術思想也在陽明的巧妙安置下遭到了扭曲。

（五）明中期朱子學學者與陽明的對話

陽明之學，是儒學知識份子自南宋以來對朱子學最大的一次思想顚覆。王學對朱子學非儒學正色的指控，對朱子學學者而言，是極具破壞力的。自元代仁宗以來，朱子學在官學化、入祀孔廟之後，已成爲官方所認可的儒學正統。然而陽明卻將朱子工夫論的主要文本經典——新本《大學》——及「即物窮理」的修養論體系，以「非聖門本旨」的嚴厲批判，指控朱子對孔孟儒學的扭曲。這樣尖銳的控訴，使得朱子學在明中葉時黯然失色。《明史・儒林傳序》中曾有一段關於明中葉王學興起後，朱子學失卻主流學術地位時的描述：

> 宗守仁者姚江之學，別立宗旨，顯與朱子背馳，門徒遍天下，流傳逾百年，其教大行，其弊滋甚。嘉、隆而後，篤信程、朱不遷異說者，無復幾人矣。〔註 55〕

陽明學對朱子的指控，顚覆朱子學自南宋末以至於明前期在學術思想界上的絕對崇高地位。甚至陽明學也在相當程度上，否定朱子的儒學正統性。陽明所掀起的反朱子學風潮，在明中葉的學術思想環境中迅速流行。躍居主流的王學，其中涵攝的反朱學傾向在學術界迅速擴散，並開始出現向禪學靠攏的傾向。而王學中王艮等人的左派王學一系，更將陽明學的學術熏染上一抹濃

〔註 54〕陳榮捷《王陽明傳習錄詳註集評》，附〈朱子晚年定論〉，頁 422。

〔註 55〕《明史》，卷二八二，〈儒林一〉頁 7222。

郁的禪學色彩。在陽明生前，王學就已掀起當時朱子學學者的強烈質疑，並進一步思索理、氣、心之間的關係。陽明對朱子學非儒學正色的指控，對於當時的學術界而言極具顛覆傳統的革命意義。王學對朱子學的反動，反而促使明中期以降的朱子學學者將落盡繁華的朱子學還原到一個純粹理論的角度，重新評價、理解朱子學。

1. 捍衛官學傳統——何塘、桂萼、唐伯元

在任何一個社會文化思想中發生衝突和變革的情勢下，往往會出現兩種意識形態的高度對立：一種是維護現狀的保守意識型態，另一種則是攻擊現狀的激進意識型態。王學對明初期以來政治與學術界所營構出的朱子學爲孔孟道學正宗的形象徹底顛覆，衝擊朱子學籠罩下的學術社會。這種革命性的思想內涵，激起了當時朱學傳統學者對王學的尖銳批判。在陽明生前，與王學抗衡的朱學學者何塘，對「以道學名於時」的陽明以及他所倡言的陸王一系心學，就曾以「陸九淵、楊簡之學，流入禪宗，充塞仁義，後學未得游、夏十一，而議論即過顏、曾，此吾道大害也」〔註 56〕來批判王學。何塘對王學的批評，基本上仍出於一種對傳統朱學的迴護情緒，並沒有針對朱子學和王學的理論層次加以檢討。

陽明生前，批判王學的知識份子，多半都基於對長期以來官學化的朱學傳統的維護情結，而對朱學加以維護。但也有部份士大夫知識份子，企圖藉著政治力量來貶抑王學。陽明逝世之後，桂萼就曾上奏將陽明學判爲「邪說」，並這言「禁邪說以正人心」：

> 守仁事不師古，言不稱師。欲立異以爲高，則非朱熹格物致知之論；知眾論之不予，則爲《朱熹晚年定論》之書。號召門徒，互相倡和。才美者樂其任意，庸鄙者借其虛聲。傳習轉訛，背謬彌甚。但討捕軬賊，擒獲叛藩，功有足錄，宜免追奪伯爵以章大信，禁邪說以正人心。〔註 57〕

桂萼上奏批判陽明「事不師古，言不稱師」。然而，陽明推崇周程，向南宋的陸九淵，甚至北宋的周濂溪與程頤追溯，對陽明而言，桂萼「事不師古」的

〔註 56〕《明史》，卷二八二，〈儒林傳一・何塘傳〉，頁 7256：「是時，王守仁以道學名於時，塘獨默如。嘗言陸九淵、楊簡之學，流入禪宗，充塞仁義，後學未得遊、夏十一，而議論即過顏、曾，此吾道大害也。」

〔註 57〕《明史》，卷一九五，〈王守仁傳〉，頁 5168。

批判並不公允。

陽明《朱子晚年定論》之刊刻，在於明武宗正德十三年（1518），而根據陽明《年譜》的記載，早在正德八年（1513）冬十月，陽明至滁州督馬政後，由於「地僻官閑」，陽明「日與門人遨遊瑯琊瀼泉間，月夕則環龍潭而坐者數百人，歌聲振山谷，諸生隨地請正」，「於是從遊之眾，自滁始」。《朱子晚年定論》之刊刻及陽明彪顯的事功，對當時已逐漸蔚爲風潮的王學有著催化傳佈的推廣效果。然而當時的王學以氣勢磅礴的姿態出現，相較於傳統的官學化朱子理學系統而言，王學雖具有爭議性，但已擁有廣大的擁護者，並非如桂萼所批判的「眾論所不予」。桂萼對王學的批判，是一種對朱子學官學傳統的保守性格推促下所產生的情緒性評議，較缺乏學術思想上的新思維。

除了與陽明同時的桂萼與何塘之外，活動年代晚於陽明的唐伯元也可說是這種意識型態下批判王學的代表。唐伯元爲萬曆二年（1574）進士，他在學術上的反王學立場，使他在仕途上獲得部份擁護朱子學的朝廷知識份子肯定，被同樣「雅不喜守仁學」的吏部尙書楊巍擢用爲吏部員外郎。這次的事件，反映著明朝中期的政治版圖中，官僚體系裡王學與朱學因學術意見而產生的勢力拉扯與官僚中士人因朱、王學思想傾向之不同而導致的分化。〔註 58〕桂萼、何塘以及唐伯元對王學的批判，代表明中期沿續著元代以來官學化的朱子理學思想傳統勢力，對王學出現了的情緒性排斥現象。

2. 朱子學的質變——羅欽順

何塘、桂萼兩人，代表著明正德、嘉靖時期對朱學傳統的擁護勢力，他們對王學的批判，缺乏思想上的討論與創新。然而在明中期的學術領域裡，有另一批朱子學學者在陽明心學的刺激下開啓理學的新思索方向。他們雖然依舊擁護程朱學傳統經典詮釋的思維體系，卻在與王學學者的論辯過程中，重新發現理學中涵攝的新命題，因而重新詮釋並在內部改造朱子學。這樣的一批學者，以明中期與陽明同一時期的羅欽順爲代表。他對王學的批判，一方面在於陽明的「局於內而遺其外」的主觀認識侷限以及「格物致知」的詮

〔註 58〕《明史》，卷二八二，〈儒林傳一・唐伯元傳〉，頁 7257：「伯元受業永豐呂懷，踐履篤實，而深疾王守仁新說。及守仁從祀文廟，上疏爭之。因請黜陸九淵，而躋有若及周、程、張、朱五子於十哲之列，祀羅欽順、章懋、呂柟、魏校、呂懷、蔡清、羅洪先、王艮於鄉。疏方下部，旋爲南京給事中鍾宇淳所駁，伯元謫海州判官。遷尙寶司丞。吏部尙書楊巍雅不喜守仁學，心善伯元前疏，用爲吏部員外郎。

釋觀點，另一方面，則在陽明《朱子晚年定論》所引發的爭議上。

羅欽順認爲，陽明以「誠意正心」爲格物的心學體系，將淪陷在「局於內而遺其外」的禪學主觀色彩之中。他援引程朱「理一分殊」的概念，認爲「格物」的目的在於「即其分之殊，而有以見乎理之一」。〈與王陽明〉一文中提到：

> 吾人有此身，與萬物之爲物，孰非出於乾坤，其理固乾坤之理也。自我而觀，物固物也；以理觀之，我亦物也。渾然一致而已，夫何分於內外乎？所貴乎格物者，正欲即其分之殊，而有以見乎理之一，無彼無此，無欠無餘，而實有所統會，夫然後謂之知至，亦所謂知止，而大本於是乎可立，達道於是乎可行，自誠正以至於治平，庶乎可以一以貫之而無遺矣。然學者之資稟不齊，工夫不等，其能格與否，或淺或深，或遲或速，詎容以一言盡哉！惟是聖門大學之教，其道則無以易，此學者所當由之以入，不可誣也。外此或誇多而鬥靡，則溺於外而遺其內；或厭繁而喜徑，則局於內而遺其外。溺於外而遺其內，俗學是已；局於內而遺其外，禪學是已。〔註 59〕

羅欽順認爲，現象界中的主觀客觀事物的化生，都是「出於乾坤」的形下之「氣」客觀運作。他雖援引朱子「理一分殊」的概念，事實上，卻已與程頤、朱熹以「月映萬川」詮釋的「理一分殊」有著本質上的歧異。〔註 60〕

〔註 59〕羅欽順《困知記附錄》（收於《景印文淵閣四庫全書》，冊七一四，子部，儒家類；臺北：臺灣商務印書館，1983 年，初版），〈與王陽明書〉，頁 714-358～714-359。

〔註 60〕朱子對理一分殊的論述，帶有幾許華嚴宗思想的色彩。在朱子的思維體系裡，「理一分殊」的論述，主要是在於「萬物各具一理，而萬理同出一源」（宋・黎靖德編《朱子語類》，第二冊，卷一八，頁 398），思維重心在於對形上理本體的推定。然而，就羅欽順而言，他的理是「乾坤之理」，只是陰陽二氣運作的「氣之理」（《明儒學案》，卷四七，〈諸儒學案中〉，「文莊羅整菴先生欽順」頁 47 引《困知記》），「初非別有一物，依氣而立，附於氣以行也」（《明儒學案》，卷四七，〈諸儒學案中〉，「文莊羅整菴先生欽順」，頁 38 引《困知記》）。羅欽順將朱子對理氣本末先後的序列重置，他將程朱學傳統被賦與形下性質的「氣」概念提升到一個「道」的層次，本體與現象之間並沒有位階之別，「理」別是「氣」運作流行時「莫知其所以然而然」的條理。他以陰陽二氣流行運作時「若有一物主宰乎其間」來描述「理」概念，用「若有一物」而非直稱「有一物主宰乎其間」，由此可知他並不認爲眞有一個「主宰」性質的形上存在。他甚至更大膽的宣稱：「盈天地之間者惟萬物，人固萬物中一物耳」（《明儒學案》，卷五七，〈諸儒學案中〉「文莊羅整菴先生欽順」，頁 38，引《困知記》）。羅欽順的「理」，只是「通天地、亙古今」之「氣」的自然運作循環，非但不能獨立於氣之外，甚至也不具有主宰的性質儘管他已然對於朱子學的理氣序列徹底重設，然而就「格物致知」的詮釋視角而言，基本上仍然圍繞著程朱格物窮理的工夫論進路，肯定朱子學在工夫論上的地位。大抵而言，羅欽順還是肯定「欲見得此理分明，非用程朱格物工夫不可」，認同程朱格物之學在理學工夫論上的重要性。

羅欽順「物我並立」的觀點，承認外在實體的客觀存在，反對陽明「心外無物」的唯心之論。他強調「物」是外在實體，與陽明認定「物」的標準有別。羅欽順依循「理一分殊」的論述脈絡，認定「物我並立，而內外形焉」，而皆爲同一的「氣之理」所涵攝。因此，主觀的「內」與客觀之「外」，正因「此理之同」，內外也可以藉著「理一」而綰繫。「內」與「外」二者之間並無分際，天道與人事之間本無界隔。現象界之所以會產生種種差別，只是「自形體而觀，若有內外之分」，只是感官經驗上的區隔而已。事實上，主觀之「內」與客觀之「外」的本質，都只是「氣」的運作循環，只是「一氣之往來」。〔註61〕

羅欽順「盈天地之間者惟萬物，人固萬物中一物耳」的觀點，將「人」還原到一個與萬物並列的位置。他在「物我渾然」的思維體系下闡述《大學》「格物」工夫之深旨，目的就在「見得天人物我原是一理」，而「所謂理一者，須就分殊上見得來，方是眞切」。〔註62〕羅欽順的「格物」觀點，就在「即其分之殊，而有以見乎理之一」，見得「天人物我原是一理」。他的格物之學，正是透過對外顯的分殊現象，來尋繹「物我渾然」的思想境界。

程朱與陽明不同的思想取向，分別體現在他們對「格物」之「格」的詮釋訓解上。〔註 63〕無論朱子或是陽明，詮釋「格物」皆是對修身工夫本身展

(《明儒學案》，卷五七，〈諸儒學案中〉，「文莊羅整菴先生欽順」頁 38，引《困知記》：「或者因『易有太極』一言，乃疑陰陽之，類有一物主宰乎其間者，是不然。」)。就朱子學內部理論思維發展觀察，羅欽順對朱子學本體論體其實具有著顛覆性的革命意義。他徹底地將朱子的「形上／形上」「理／氣」對應的體系加以更革置換，將本體由建構一個形上的「理」而下「盈天地之間者惟萬物」的「氣」的現象層次過渡。

〔註61〕黃宗羲《明儒學案》，卷五七，〈諸儒學案中〉「文莊羅整菴先生欽順」，頁 47，引《困知記》：「人呼吸之氣，即天地之氣。自形體而觀，若有內弘之分，其實一氣之往來耳。程子雲：『天人本無二，不必言合。』即氣即理皆然。」。

〔註62〕黃宗羲《明儒學案》，卷五七，〈諸儒學案中〉「文莊羅整菴先生欽順」，頁 46，引《困知記》。

〔註63〕朱子以「至」來詮釋「格」，將「格物」理解爲「窮至事物之理」；而陽明則以「格」爲「正」，以「物」爲「意之所用，必有其物」的意識對象，將《大學》中的「格物」與「誠意」、「正心」等綰合牽繫起來。

開尋繹追索。然而，羅欽順對「格物」之「格」的字義詮釋，卻與自程頤以至於陽明以來對「格」字的詮釋方向有著某種層次的轉移。羅欽順對「格物」之「格」的詮釋，涵攝「工夫至到」的修身極致的境界意涵。他在《困知記》中論述「格」字意涵時指出：

> 格物之格，是通徹無間之意。蓋工夫至到，則通徹無間。物即我，我即物，渾然一致。〔註 64〕

羅欽順以「通徹無間」來詮釋「格物」之「格」，並延伸論述「工夫至到，則通徹無間」，將向來皆以修身方法的向度來詮釋「格物」概念，染上境界論的意涵。

就修身方法而言，羅欽順「即其分之殊，而有以見乎理之一」的態度，說明了他在工夫論上的程朱學色彩。但他「通徹無間」、「見得天人物我原是一理」的「格物」思想，卻融鑄了程顥「識仁」之學而擴大朱子的「格物」概念的內涵。〔註 65〕羅欽順對程顥識仁之學的追溯，很可能受到陽明重溯周程道統、標舉明道之學的影響。朱子的「格物」詮釋，集中在工夫論的層次上；而羅欽順的格物思維，則兼糅境界與工夫兩個方面，將朱子的格物窮理的工夫向程顥「仁者渾然與萬物同體」的境界方向延伸。羅欽順不僅要達到「吾心之全體大用無不明」，而更進一步地企圖打破內外、物我的區界隔離，達到「灼然有見乎一致之妙，了無彼此之殊；而其分之殊者，自森然其不可亂，斯爲格致之極功」，〔註 66〕而臻於「物即我，我即物，渾然一致」的境界。他並不滿足於「物即我」的境界，而更進一步地要求達到「我即物」，以呼應他「盈天地之間者惟萬物，人固萬物中一物耳」的思想。

就朱子學思想內涵的內部發展而言，羅欽順的「格物」說儼然已是一種朱子學後學所流衍出的質變。然而，他的格物思想，卻仍歸融在朱子學格物體系

〔註 64〕黃宗羲《明儒學案》，卷五七，〈諸儒學案中〉「文莊羅整菴先生欽順」，頁 38，引《困知記》。

〔註 65〕朱子在敘述「格物致知」工夫的修養極致時，認定「一旦豁然貫通焉，則眾物之表裡精粗無不到，而吾心之全體大用無不明矣」（朱熹《四書集註》，〈大學章句・格物致知補傳〉，頁 6。臺北，文化圖書，1991 年 7 月，初版）。朱子的格物工夫思維，是一種由外在經驗的事物向內在本體的追索脈絡。格物的目的在於臻至「吾心之全體大用無不明」的「盡心」境界，即物而窮其理，經由對外在客觀事物的觀察而喚起內部主觀的天賦道德。

〔註 66〕黃宗羲《明儒學案》，卷五七，〈諸儒學案中〉「文莊羅整菴先生欽順」，頁 38，引〈困知記〉。

的規模下強調即「分殊」之「物」以「窮理」的修養進路。在批判陽明的格物思想時，羅欽順這種程朱學思想性格顯得特別鮮明。他對陽明心學立教的評議，主要在於他無法接受王學「局於內而遺其外」的思維傾向，因而對陽明「格物」的詮釋理路展開批判。他對陽明以「正」訓「格」、以「格其心之物」訓「格物」的詮釋方式，提出「自有《大學》以來，未有此論」〔註67〕的質疑。他從「盈天地之間者惟萬物，人固萬物中一物耳」的視角，來探索「物」概念的意涵，認爲「人之有心」只是萬物中之一物。〈答允恕弟〉中說：「格物之義，程朱之訓，明且盡矣，當爲萬物無疑。人之有心，固然亦是一物，然專以格物爲格此心則不可。」〔註68〕

羅欽順反對王學「心外無物」的觀點，他認爲「物」、「我」是並立的存在，而這也是他批判陽明的致良知之學終將「局於內而遺其外」的根本原因。陽明「心外無物」之說，終將導向「格物」即「格心」的詮釋角度，而走向禪學的唯心意境。因此他將「心」還原爲萬物中之一物，將主體意識作用客觀化，批判陽明「以良知爲天理，乃欲致吾心之良知於事事物物」的心學架構。

就羅欽順「蓋通天地、亙古今，無非一氣而已」〔註69〕的氣本論觀點來看，羅欽順並不認同陽明的心學體系。他批判陽明「心外無物」、「致吾心之良知於事事物物」的思想有著「道理全在人安排出，事物無復本然之則」的缺失。羅欽順認爲，陽明學將「固萬物中一物耳」的「心」之主體意識作用過份膨脹，但現象界的經驗事物本身卻是氣循環運作的結果，而非良知的作用。羅欽順的「理」概念，是「氣之理」。而這個「理」的性質，與陽明以「良知」爲「天理」的「理」有著截然不同的成色，他構築出一個與王學迥然不同的思想體系。同時，他也就《大學》文本來討論陽明對《大學》格物思想的詮釋對《大學》「格物致知」的邏輯錯置：

> 又執事論學書有云：「吾心之良知，即所謂天理。致吾心良知之天理於事物，則事事物物皆得其理矣。致吾心之良知者，致知也；事事

〔註67〕《明史儒林傳》，卷二八二，〈羅欽順傳〉，頁7237：「欽順再以書辨曰：『執事雲：「格物者，格其心之物也，格其意之物也，格其知之物也。正心者，正其物之心也。誠意者，誠其物之意也，致知者，致其物之知也。」自有《大學》以來，未有此論。』」

〔註68〕羅欽順《困知記・附錄》頁714-362。

〔註69〕黃宗羲《明儒學案》，卷五七，〈諸儒學案中〉「文莊羅整菴先生欽順」，頁38，引《困知記》。

物物各得其理者，格物也。」審如所言，則《大學》當云：「格物在致知」，不當云：「致知在格物」與「物格而後知至」矣。〔註70〕

羅欽順認爲，依照陽明以「致知」詮釋「格物」的思維次序，《大學》對格物致知的表述方式當爲「格物在致知」，而非「致知在格物」。陽明以「事事物物各得其理」爲「格物」，而「事事物物皆得其理」，則必須透過「致吾心良知之天理於事物」的「致知」手段。因此陽明格物學的次第秩序，應是知至而後物格，《大學》對格物致知的次第表述，也應爲「格物再致知」，畢竟「格物」是「致知」的目的。然而事實上《大學》文本的論述秩序，卻是「物格而後知至」、「致知在格物」，則很顯然地《大學》是以「格物」先於「致知」而論，與陽明由「致知」以至於「格物」的論學次第並不相同。羅欽順以《大學》古本的文本，批判陽明對「格物」的詮釋並不符合《大學》「格物致知」的文本意涵。

就思維體系上言，羅欽順對陽明心學的理論批判，只能說是由他的氣化視野來針砭。他對心學的批判，是心學在氣化體系下所受到的審判，並不足以在理論上否定、推翻陽明的心學體系。陽明與羅欽順的辯答近乎各自表述，卻又在論辯歷程中各自豐富自己的理論體系。大抵而言，羅欽順對陽明的批判雖然開啓了一面與心學不同的學術視野，但羅欽順畢竟仍無法明確而徹底地從邏輯上否定心學。不過，羅欽順對陽明格物說不合《大學》文本「格物致知」之旨的批判，的確指涉出陽明以致良知理解《大學》「格物致知」意旨時，陽明的詮釋與《大學》文本間的張力與矛盾。

羅欽順對陽明的另一項批判，在於正德十三年所刊刻的《朱子晚年定論》。正德十五年（1520），羅欽順致書陽明，指出《朱子晚年定論》中引述所謂的「朱子晚年」的思想篇章，其實不盡然是朱子晚年時的思想，其中甚至有些思想可以追述到朱子四十六歲時，也就是在《四書集註》、《或問》成書的前兩年間。羅欽順指出：

何叔京卒于淳熙乙未（1175）。時朱子年方四十有六，爾後二年丁酉而《論孟集註》、《或問》始成。今有取於〈答何書〉四通以爲晚年定論。至於《集註》、《或問》則以爲中年未定之說。竊恐考之欠詳，而立論之太果也。〔註71〕

〔註70〕《明史儒林傳》，卷二八二，〈羅欽順傳〉，頁7237。
〔註71〕羅欽順《困知記・附錄》，卷五，頁714-359。

羅欽順有鑒於陽明將朱子《四書集註》界定爲「中年未定之說」，卻將朱子在《四書集註》成書前即寫就的〈答何叔京書〉定位成朱子的「晚年思想定論」，因此他批判陽明對於「朱子晚年」的年代斷限分劃不清，對朱子本身的思想學行的發展進程並沒有詳細地追溯考究。

羅欽順認爲陽明的《朱子晚年定論》「考之欠詳，而立論之太果也」，並舉證三十餘條，論證陽明之所以整理所謂的「朱子晚年」思想，將朱子的形象向心學扭曲，只是「姑取以證成高論」，並不能眞實反映朱子晚年的學術思想，也不足以證成朱子在晚年時期的思想有向心學轉向的趨勢。羅欽順對陽明《朱子晚年定論》「姑取以證成高論」的責難，點破了陽明企圖重新塑造一個心學化的朱子形象以推廣心學的目的。

三、小結——由前王學到王學

明前期的學術發展，延續元代以來朱子學官學化的趨勢，朱子被塑造爲一個崇高龐大的學術形象。統治者藉著科舉制度，以朱子學做爲控制社會思想的文化手段，「教化」整個士、庶社會；在科舉制度之下，《四書》地位日漸提升，而朱子學也獲致了經典詮釋上的官學地位。朱子學一方面擁有政治勢力的加冕，在正統意識的催化下更強化了朱子學的權威地位；另一方面，朱子學自身龐大的思維體系，使得自南宋後期以來，朱子的學術成就便形成不可顛破的學術權威。

由南宋末葉以至於明前期，整個思想舞臺上瀰漫著一片朱子學色彩。但，這一時期的朱子學學者，也在思想基礎上逐漸產生質變。儘管他們的思想不出朱子學學術思想的矩度，但明代士人終究與南宋末葉的朱子學學者有著不同的思想基調。錢穆先生《國史新論》〈中國智識分子〉一文中提到：

> 明代理學家，還是宋人格調，但明代畢竟和宋代不同。第一是社會物力厚，第二是沿接元代以來社會的貧富不均，雖不能向南北朝、隋、唐的門第，然明代書生家庭較宋代豪富得多，尤其是江南，中家奴僕成群，一百兩百不足奇。科舉制度又變了，一成進士，(自注：此非唐宋之進士，唐宋進士，只如明代之舉人。) 例不爲小官，飛黃騰達，成爲政治上的驕子。此明代智識分子也多帶豪傑氣，與其

說像宋代，寧說是更像唐代。〔註 72〕

隨著時間的流轉，社會物力資源條件由於整體經濟的發展而有了長足的進展，因此錢穆認爲明代知識份子帶著幾許狂者的豪氣。由於社會資源物力的豐厚，也使得整個由社會風尚所推動的文化思潮，不再對物質與「氣」的論述賦予絕對負面的價值判定，因此形上形下之間的分際、理氣次序等概念，也逐漸成爲經濟與物質生活提升的社會裡一個必須解決的思維課題。明前期的理學家們，儘管活躍在朱子學傳統下，卻依然隨著時代與社會的脈動，重新檢視朱子學的理氣先後與理氣動靜的議題。「理」的內涵逐漸向能動性強、富有積極意義的側面轉化，「理」與「氣」之間的分際也一再受到挑戰。在胡居仁的思想體系中，理氣的先後次序甚至有了重組的傾向，「理」概念也開始附著上「氣」的某些特性。同時，他們的思想性格也在時代思潮的影響之下，有著重視實踐層次的思維傾向。

陽明心學興起後，朱子學與陸學之間的對立與爭議，再次成爲學術界的主流議題。「儒學正統」的概念在儒學朱、王二脈分流的學術背景之下，成爲二派學者藉以抨擊對方的重要論點。陽明本身的學思背景與朱子學有著極爲密切的綰結，幾次重要的治學方向轉折，幾乎都與他對朱子學的企慕及挫折緊密牽繫。陽明「前三變」的學術思相轉折，正是一個朱子的忠實崇奉者由狂熱而走向批判的思想進程。錢穆先生在〈陽明的晚年思想〉中指出，陽明之所以在講學之際「始終脱不掉那一套格物、致知、誠意、正心的話頭」、之所以有必要重定《古本大學》及爲朱子作《晚年定論》，「可見陽明平素在他內心深處，確實信仰《大學》、信仰朱子」。〔註 73〕

雖然，從陽明在江右時期重刻《古本大學》時，對朱子《大學章句》展開「非聖門本旨」的強烈質疑，以及陽明錄陸象山子孫，並將被朱子斥責爲近禪的象山之學視爲「得孔孟之傳」的種種事態來看，江右時期以後的陽明，顯然已走向與朱子學不同的方向，似乎並不宜再宣稱他「信仰朱子」。然而，陽明思想的發展，的確始終與朱子學相綰結。他不但藉著將朱子所崇奉的「周程」中的「程子」的角色由程伊川以至於程明道之間的置換，以這種近乎移花接木的

〔註 72〕錢穆《國史新論》（臺北：東大圖書，1998 年 11 月，再版），〈中國智識份子〉，頁 147。

〔註 73〕錢穆《陽明學述要》（臺北：蘭臺出版社、素書樓文教基金會出版，2001 年 2 月，初版），〈陽明的晚年思想〉，頁 80。

方式，將道統傳緒的重心與學術內涵巧妙地移轉，更進一步地將周程道統的傳衍流脈向陸九淵轉移，認可陸九淵「得孔孟之傳」的儒學正統地位，將自朱陸論爭以來被朱子學者「異端化」的象山心學，〔註 74〕在士人的心目中安置一個所謂的「正統」位置，爲理學重構一套道統脈絡。除此之外，陽明刊刻《古本大學》，講論「大學本旨」，重新詮釋《大學》「格致誠正」的修養工夫理論，事實上也暗示著朱子對經典文本的扭曲詮釋，批判「朱子《大學章句》，非聖門本旨」，儼然將朱子對格致的詮釋隔離在「聖門」、儒家正統之外。正德十三年七月刊刻《古本大學》的同時，也藉著刊刻《朱子晚年定論》，爲朱子重塑一個屈順於陸九淵心學的學者形象，將朱子描繪成一位「大悟舊說之非，痛悔極艾」的角色，使朱子化身爲替心學立言的對象。在陽明對朱子晚年形象的塑造下，朱子的「晚年」成爲心學的忠實擁護與倡導者。由上述所論可見，王陽明之學術思想的發展與他對朱子學的批判與顛覆、極爲相關。

綜觀王學在明中期興起的歷程，其實正映示了在明王朝中的象山心學潛流與朱子學學者間的對於「儒學正統」意識的拉扯。王學的興起，使得原本擁有學術權威冠冕的朱子學頓時黯然失色。然而在陽明生前，朱子學學者便不斷與王學學者對話，在論辯過程中，朱子學內部也展開了新的哲學命題；而王門後學也有一部份的學者，逐漸向朱子學傾近。由明中葉以至於晚明時期之間的過渡時刻，除了具有鮮明心學色彩甚至浸染著一抹禪家興味的左派王學之外，另外，有一股堅定的朱子學勢力，在王學橫流的思想界中，成爲晚明朱子學的復興的潛流。

第二節　江右王學與東林學派間的思想交流

正德、嘉靖年間，普世價值急遽蛻變的，陽明的「自得之學」適切地爲知識份子提出安身立命的人生方向，挾著陽明事功形象的磅礡氣勢，迅速襲捲整個明代思想界，使得朱子學頓時黯然失色。然而，也正由於陸王心學「六經註我」的個人化色彩，使得經典文本與聖賢形象的價值，必須附著在自我的體悟上。惟有驗證於自得之本心，經典文本才得以產生意義與存在價值。

陽明辭世之後，王學後學學者以各抒所得的學術論調，透過書院、講會這種充滿講學者個人魅力的傳播場域，藉著近乎自敘的方式來詮釋、抒論良

〔註 74〕朱子批判象山之學爲禪學。

知之學。〔註 75〕這種強調個人「自得之學」的思維方式，催化王學後學內部的思想割裂趨勢，也讓王學在明中葉至於晚明的百年之間，驟然起落。

嘉靖至萬曆前期之間，王學後學的分化，為晚明的思想走向摹畫出概略的輪廓。泰州王學的狂禪化以及江右王學部分學者對朱子學的回歸，將王學後學的思維向兩個極端展延。陽明生前，王學及門弟子內部已有思想分化的傾向；在陽明辭世之後，江右王門的聶豹、羅洪先與浙中王門王畿之學間，逐漸有著思想上的分歧，並相互批判。甚至在同為江右王門的學者之間，本身也有著「戒慎恐懼」、「主靜歸寂」、「主宰流行」、「透性研幾」幾脈思想上的不同取向。

在王學分化的趨勢下，有富於朱子學思想興味的李材、朝著慎獨之學發展的鄒守益與歐陽德，以及向狂禪趨流的王畿及泰州學派王艮、王襞等學者等種種不同的思想延展。但，在陽明生前及初逝時盛極一時的江右王門一脈，卻在三傳之後幾乎從思想界裡消失。然而，這並非表示江右王學在此時已經沒落。事實上，江右王門在三傳之後並未湮滅，而是逐漸產生了質變。晚明時期，江右王學重視務實事功、主宰流行、主敬慎獨的思想面相日益鮮明，而使得他們蛻下後王學的光環，藉著「東林」講學議政的形象，讓「尊朱」思想在晚明的士人階層裡大放異彩。

晚明時期的學術動向與東林學派經世思想的興起，與王學後期的分化有著密不可分的牽繫。嘉靖年間，一部份王學後學學者的思想開始有著向朱子學移渡的傾向，甚至在數傳之後，轉而企圖復興自明中葉以來在學術發展的扉頁上逐漸湮微的朱子學。晚明的東林學派顧憲成、顧允成、錢一本、薛敷教等人「以朱為宗」的朱子學思潮，正是在這樣一種思維發展下流衍而生。

一、後王學的思想分化

後王學思想的分化，與陽明的講學歷程極為相關。正德四年（1509），陽明在講學於貴州文明書院，揭示知行合一之旨，〔註 76〕在傳佈上仍是較小眾、

〔註 75〕呂妙芬〈聖學教化的弔詭：對晚明陽明講學的一些觀察〉（臺北：中央研究院近代史研究所，《中央研究院近代史研究所集刊》，第三十期，1998 年 12 月）頁 53 指出「講會畢竟是個定期性的社交活動，提供了一個特殊的場域讓不同的論述對話辯論，不僅提高言說活動的能見度和影響力，也製造出許多新奇的言說內容。又因著自身體悟的經驗是言說價值的重要判準，許多人便於根據自己的體驗提出新說。」

〔註 76〕王陽明《傳習錄附大學問》附〈年譜〉，頁 123。

較侷限的講學模式。直到正德八年，陽明至滁州督馬政，「地僻官閑，日與門人遨遊瑯琊瀼泉間，月夕則環龍潭而坐者數百人，歌聲振山谷。諸生隨地請正，踴躍歌舞，舊學之士，皆日來臻。於是從遊之眾，自滁始」。〔註77〕在滁州督馬政時期，從遊於陽明門下者遽增。在平定漳寇、橫水桶岡諸寇、大帽浰頭諸寇之後，陽明的學術思想在個人事功形象魅力的催化下，在社會裡迅速擴散。正德十三年薛侃等門人刊行《傳習錄》、《古本大學》以及《朱子晚年定論》之後，陽明學的傳佈臻於顛峰，一躍而取代「致廣大，盡精微，綜羅百代」的朱子之學。

隨著王學流傳漸廣及陽明講學教法的轉變，在王門及門弟子之間對致良知之教的王學思想詮釋，在陽明生前已產生不同的認知與理解。〈年譜〉正德九年（1514）時便已提及「自滁遊學之士，多放言高論，亦有漸背師教者」。〔註78〕陽明辭世之後，王學後學思想內涵的分化現象更爲明顯。王畿便曾在〈撫州擬峴臺會語（七）〉中言及當時王門學者對致良知之學的認知分歧割裂的現象，並將這些歧異分殊師整爲六個主要的發展脈絡。〔註79〕筆觸之間隱隱透著門戶相爭的意味，而他對這六個學派的評議，也出於「四無」和「現成良知」的思想立場。然而，藉著王畿之言，我們不難發現在王學及門弟子及再傳弟子所活躍的學術時代裡，對「良知」的理解與認識已有「本歸寂始得」、「由於修證而始全」、「從已發立教」、「良知不待復加銷欲之功」、「主宰所以立性，流行所以立命」、「以致知別始終」，上王畿自身的「現成良知」學

〔註77〕王陽明《傳習錄附大學問》附〈年譜〉，頁128～129。

〔註78〕王陽明《傳習錄附大學問》附〈年譜〉，頁129。

〔註79〕王畿《王龍谿先生全集》卷一，頁152：「學道者不求師，與求而不能虛心以聽，是乃學者之罪。學者知求師矣，能虛心矣，所以導之者非其道，師之罪也。先師首揭良知之教以覺天下，學者靡然宗之，此道似大明於世。凡在同門，得於見聞之所及者，雖良知宗說不敢有違，未免各以其性之所近，擬議攙和，紛成異見。有謂良知非覺照，須本於歸寂而始得。如鏡之照物，明體寂然，而妍媸自辨。滯於照，則明反眩矣。有謂良知無見成，由於修證而始全，如金之在礦，非符鍛煉，則金不可得而成也。有謂良知是從已發立教，非未發無知之本旨，有謂良知本來無欲，直心以動，無不是道，不待復加銷欲之功。有謂學有主宰，有流行，主宰所以立性，流行所以立命，而以良知分體用。有謂學貴循序，求之有本末，得之無內外，而以致知別始終。此皆論學同異之見，差若毫釐，而其謬乃至千里，不容以不辨者也。……吾人服膺良知之訓，幸相默證，以解學者惑，務求不失其宗，庶爲善學也已。」

說等六個詮釋系統。〔註 80〕

雖然學術在流衍的傳續過程之中，受到傳播媒介的語言文字之時間與空間背景的制約，以及社會背景與時代思想氛圍，對學術思想的傳衍內容本身必然會造成相當程度的轉變，但，如陽明心學般，在陽明生前及門弟子的學術思想已有急遽而極端分化的現象，畢竟仍屬少數。

陽明辭世後，王門後學的思想之所以有著如此極端而尖銳的思想分化，與陽明平生講學過程中著重不同教法極有關係。陽明自龍場驛悟得良知之理以來，便致力於良知之學的傳播講授，因而使得陽明良知之教在學術界迅速延展擴散。然而，陽明講學過程中所側重的教法，在各個時期卻有所別異。陽明之所以在各個講學階段有不同教法，與陽明在成學之後學術思想進路是否有進一步變化的問題息息相關。

根據黃宗羲《明儒學案·姚江學案》中的看法，陽明在成學之後，思想體系仍不斷蛻變，到了晚年更是臻於「時時知是知非，時時無是無非，開口即得本心，更無假借湊泊」的化境。〔註 81〕黃宗羲將陽明成學後至晚年時期的思想變化，大略分為三個時期：首先是陽明在貴州龍場悟良知之後，側重「以默坐澄心爲學的」、「大率以收歛爲主，發散是不得已」的內省式思維。陽明思想轉化的第二個階段，則是以陽明四十六歲至五十歲之間，在江右平漳寇、平宸濠之亂的時期，也是陽明事功成就最爲輝煌彪炳的時期。陽明在江右時期「專提致良知」，而思想也漸由「默坐澄心」向「默不假坐，心不待澄」轉變，認爲「此知自能收斂，不須更期於發散」，對於「發散」不再採取刻意對治的態度。黃宗羲認爲陽明晚年歸返家鄉浙江的期間，便是陽明思想臻於成熟的時刻。

黃宗羲對陽明學術的評論，究竟是否符合陽明思想發展的實情？事實上，〈姚江學案〉中這一段對陽明成學後三變的論述，並非黃宗羲憑空而論，而是由陽明及門高弟王畿在《滁陽會語》中的論述裁剪融鑄而來。〔註 82〕然

〔註 80〕由王畿此處對王門後學所產生六派思想分化的分派及批判來觀察，其批判對象幾乎都是針對江右王門的學者，此說詳後。

〔註 81〕黃宗羲《明儒學案》，卷一〇，〈姚江學案〉，「文成王陽明先生守仁」，頁 55～56。

〔註 82〕王畿《王龍溪先生全集》，卷二，〈滁陽會語〉，頁 181～182。原文如下：「先師之學，凡三變，而始入於悟；再變，而所得始化而純……自此而後，盡去枝葉，一意本原，以默坐澄心爲學的，亦復以此立教……一時學者聞之翕然，多有所興起。然卑者或苦於未悟，高明者樂其頓便而忘積累，漸有喜靜厭動、

而，《滁陽會語》中的論述焦點在於陽明之「教」的轉變。至於陽明思想在成學後的變異，王畿僅僅簡短地敘述「凡三變而始入於悟，再變，而所得始化而純」，並未進一步探討陽明成學之後「再變」而「所得始化而純」的部份，更遑論將陽明成學後的思想進程分爲三階段的表述方式。在「所得始化而純」以下的陳述，所側重的探討面相，則是在於陽明的「教法」方面。因此，〈姚江學案〉中陽明成學的思想後三變論述，很可能是黃宗羲對王畿這一段陳述的演繹，〔註 83〕甚至是黃宗羲自己爲陽明後期的思想階段分期所作的歸整。

由黃宗羲對陽明後三變的思想轉化陳述來觀察，黃宗羲肯定陽明在成學之後思想傾向有所更動，並將王學門人的思想分化歸因於陽明晚年思想的蛻變。〔註 84〕若〈姚江學案〉對陽明思想後三變的階段分析論述成立，那麼，陽明成學之後「教法」有所轉變，就不僅僅出於各時期教法不同，而兼有陽明本身思想的蛻變的深層成因。錢德洪於〈刻文錄敘說〉中，提到陽明講學「教亦三變」，也隱約的諭示陽明各時期教法之間的別異，其實也是因爲「雖講學日久，孚信漸博，要亦先生之學益進，感召之機亦自不同也」，〔註 85〕陽明本身的學術思想不斷衍展的緣故。〔註 86〕陽明成學之後「教法」的轉變，

玩弄疏脫之弊。先師亦稍覺其教之有偏，故自滁留以後，乃爲動靜合一工夫本體之說以救之。而入者爲主，未免加減回護，亦時使然也。自江右以後，則專提『致良知』三字，默不假坐，心不待澄，不習不慮，盎然出對，自有天則，乃是孔門易簡直識根源……逮居越以後，所操益熟，所得益化，信而從者益眾，時時知是知非，時時無是無非，開口即得本心，更無假借湊泊，如赤日當空而萬象畢照。」

〔註 83〕劉述先認爲，黃宗羲〈姚江學案〉裡對陽明學成學後三變的論述，「的確是梨洲自創的說法」。（劉述先〈論王陽明的最後定見．後記〉，頁 20；收錄於吳光主編《陽明學研究》，頁 1～24，上海，上海古籍出版社，2000 年 10 月，初版）

〔註 84〕黃宗羲《明儒學案》，卷一〇，〈姚江學案．小序〉，頁 53：「自姚江指點出良知，人人現在，一反觀而自得，便人人有個作聖之路。故無姚江，則古來之學脈絕矣。然『致良知』一語，發自晚年，未及與學者深究其旨。後來門下各以意見攙和，說玄說妙，幾同射覆，非復立言之本意矣。」然而，根據錢德洪所作的陽明《年譜》，陽明在事功最爲輝煌的江右時期便已拈出致良知之教，從時間的斷限上看來，並不能將此一時期歸於「晚年」。因此黃宗羲此處對「致良知一語，發自晚年」之說，可能有爭議。

〔註 85〕《王陽明全集》，卷四一，〈序說、序跋增補〉，錢德洪〈刻文錄敘說〉，頁 1576。

〔註 86〕在陽明的及門弟子之間，對陽明成學之後的思想發展並沒有更進一步的申論。他們認爲陽明在成學之後主要的轉變，在於「教法」方面。除了王畿之外，錢德洪在〈刻文錄敘說〉一文中，也只就陽明成學的「前三變」言「三變而至道」，

很可能建構在他思想蛻衍的基礎上。

陽明成學之後的思想是否有所蛻變仍有爭議的空間，但，陽明「教法」的轉變卻毋需置疑。根據陽明及門高弟錢德洪與王畿對陽明「教法」轉變的鋪陳，陽明「教法」約可以分爲三或四個階段：第一階段以陽明初悟道後在龍場及貴州文明書院講學時爲主，這一時期的門生並不多，而此時的講述重點則側重於「知行合一」〔註 87〕的討論。第二階段則以陽明在滁州督馬政時期的講學方向爲主，在這一時期從遊於門王的學者日漸增多，〔註 88〕而王門後學的分歧也在此一時期逐漸浮現。此時的講學重點在於「多教學者靜坐」，而以「默坐澄心爲學的」，重視收斂的層次。然而，在這一時期，由於王門後學學者的思想漸有流入「喜靜厭動、玩弄疏脫之弊」，如王嘉秀、蕭惠等人「好談仙佛」〔註 89〕、向釋老傾近的思維意向，而王學後學的初次思想分歧也在這一階段出現，王陽明意識到門人這樣一種往釋老思想發展的思維趨勢，因此對這一時期的「教法」展開深切的反省。在〈年譜〉正德九年（1514）中提到：

> 客有道：「自滁遊學之士，多放言高論，亦有漸背師教者。」先生曰：「吾年來欲懲末俗之卑污，引接學者多就高明一路，以救時弊。今見學者，漸有流入空虛，爲脫落新奇之論。吾已悔之矣。」〔註 90〕

由於陽明在滁州講學時期以靜坐之學爲主，造成「流入空虛，爲脫落新奇之論」的流弊，因此陽明的講學風格也有所調整，而逐漸轉化爲講述「動靜合一工夫

至於黃宗羲所指涉的陽明成學之後思想的蛻衍，錢德洪則以爲是陽明在教法上的不同講學階段。《王陽明全集》，卷二，〈靜心錄之十・序說、序跋增補〉，頁1574：「先生之學凡三變，其爲教也亦三變：少之時，馳騁於辭章；已而出入二氏；繼乃居夷處困，豁然有得於聖賢之旨；是三變而至道也。居貴陽時，首與學者爲「知行合一」之說；自滁陽後，多教學者靜坐；江右以來，始單提「致良知」三字，直指本體，令學者言下有悟；是教亦三變也。」

〔註 87〕王陽明《傳習錄附大學問》，附〈年譜〉，頁 123「(正德）四年已巳，先生三十八歲，在貴陽」條：「是年，先生始論知行合一。」

〔註 88〕王陽明《傳習錄附大學問》，附〈年譜〉，頁 128～129「(正德）八年癸酉，先生四十二歲」「冬十月，至滁州」條中指出：「先生督馬政，地僻官閑，日與門人遨遊瑯琊瀼泉間，月夕則環龍潭而坐者數百人，歌聲振山谷。諸生隨地請正，踴躍歌舞，舊學之士，皆日來臻。於是從遊之眾，自滁始。」王學廣佈，自此而始。

〔註 89〕王陽明《傳習錄附大學問》，附〈年譜〉，頁 129「(正德）九年甲戌，先生四十三歲，在滁」條。

〔註 90〕王陽明《傳習錄附大學問》，附〈年譜〉，頁 129「(正德）九年甲戌，先生四十三歲，在滁」條。

本體之說以救之」的講學方向。第三個講學階段，則是在陽明事功最爲彪炳的江右時期。陽明的學術與政治聲望達到生涯的顚峰，而遊學於陽明門下者也絡繹不絕。錢德洪、王畿兩人都指出，陽明在江右時期的講學重點，在於提「致良知」三字，〔註 91〕直論「孔門易簡直識根源」。至於陽明晚年歸鄉、「居越以後」的講學階段，錢德洪則並未將它從江右時期中獨立出來——也就是說，就教法方面而言，錢德洪並不認爲在居越以後陽明的教法有所轉變，而是將晚年居越而後的教法歸攝於江右教法。然而王畿則認爲，這一時期陽明在思想與講學方面都已臻於化境，「所操益熟，所得益化，信而從者益眾，時時知是知非，時時無是無非，開口即得本心，更無假借湊泊」。〔註 92〕如果將陽明「居越以後」的教法另析爲一個講學階段，那麼陽明晚年教法又有所轉變。

陽明自言：「我年來立教，亦更幾番。」〔註 93〕陽明各時期教法不同，正是促使陽明後學分化的重要原因。在陽明在滁州講學時期雖則因側重於靜坐收斂及「默坐澄心」的側面，而使當時的部份學者有：「喜靜厭動」、「流入空虛」的傾向，然而陽明隨即意識到這樣的流弊，轉而講論「動靜合一」之說。因此，陽明在滁州講學時期教法的不同，應不是分化王門後學的眞正主要成因。王門後學之所以分化，應在於王學後學對陽明晚期講學所囑示「四句宗旨」的四句教詮釋上的歧異所引致。對四句教詮釋的不同趨向，也導致王門後學中以鄒守益、歐陽德爲主的江右王學與王畿、泰州學派等左派王學的正式割裂。

除了陽明教法的轉變之外，陽明晚年時期，由於從遊門下者日益寖多，「常不下數百人」。在浙江稽山書院的講學時期，更有「在侍更歲，不能遍記其姓字者」的現象。〔註 94〕由於陽明的學術魅力，使得門生日多。在求學人數倍

〔註 91〕王陽明《傳習錄附大學問》，附〈年譜〉，頁 129「（正德）十有六年辛巳，先生五十歲，在江西」：「是年，先生始揭致良知之教。……又曰：『某於此良知之說，從百死千難中得來，不得已與人一口說盡，只恐學者得之容易，把作一種光景玩弄，不實落用功，負此知耳。』」同年，陽明又「錄象山子孫」，以象山「得孔孟正傳」，明顯向陸學轉化。

〔註 92〕王畿《王龍溪先生全集》，卷二，〈滁陽會語〉。

〔註 93〕王陽明《傳習錄附大學問》附〈年譜〉，頁 186。

〔註 94〕錢德洪曾在〈刻文錄敘說〉中提及陽明晚年在浙江稽山書院講學的四況時，如此描述：「先生自辛巳年初歸越，明年居考喪，德洪輩侍者蹤跡尚寥落。既後，四方來者日眾，癸未已後，環先生之室而居，如天妃、光相、能仁諸僧舍，每一室常合食者數十人，夜無臥所，更番就席，歌聲徹昏旦。……先生每臨席，諸生前後左右環坐而聽，常不下數百人；送往迎來，月無虛日，至

增的情形下，陽明所主持的講學也不得不由陽明親炙的講學型態，轉而由陽明的及門高弟講學。各地區的王學門人，也各自在不同的地區以講會的模式探究良知之學。餘姚中天閣的講會，正是這樣一種以不同地域講學的新講學模式之始。〔註 95〕

嘉靖五年（1526），陽明五十五歲之際，由於從學於王門的學者倍增，講學任務已非陽明所能負載，而適逢錢德洪、王畿、黃弘綱以及張元沖等人同舟回歸浙江，因此在陽明的授意下，王門產生了新的講學模式。〈年譜〉記載：

> 德洪與王畿並舉南宮，俱不廷對，偕黃弘綱、張元沖同舟歸越。先生喜，凡初及門者，必令引導。俟志定有入，方請見。每臨坐，默對焚香，無語。〔註 96〕

陽明晚年時期，講授工作已不再全由陽明親任，而逐漸開始由陽明幾位重要的入室弟子如錢德洪、王畿等人擔負起主要的講學角色，教授初入門的弟子。除了親炙於陽明的及門弟子之外，散居各地的王學學者也紛紛繼承陽明的學緒，在各地以文社、講會、書院、講堂等方式，建立傳播王學的學術團體和教學組織，向知識分子以及庶民階層傳述陽明心學，如涇縣水西書院、廣德復初書院、寧國府的同善會、江陰的君山會、泰州的心齋講堂等。〔註 97〕陽明學在門人弟子的講學傳述推動之下，迅速地向知識分子及庶民階層擴散。

概念在傳導的過程中，必然涉入語言這個溝通介面。語言的「表現」是個別性的〔註 98〕——儘管語言符號系統的存在根源具有普遍的社會性格。在陽明對入室弟子講學時，陽明原始的致良知概念經由語言這樣一個具有個人色彩媒體介面傳導的過程中，入室弟子以他們本有的學術背景與概念認知來「再現」陽明的致良知概念，實際上也就是以他們本身的才性與思想習氣詮釋、重建他們所認定的陽明致良知學說。從這個角度而言，任何一種思想的傳衍，都必然面對到這樣一種以語言文字等符號概念在傳導及讀者「再現」的過程中所產生的創造性詮釋問題。由於個人思想性格傾向以及學術背景淵

有在侍更歲，不能遍記其姓字者。」（《王陽明全集》，卷四一，〈序說、序跋增補〉，頁 1576）。

〔註 95〕此處蒙呂妙芬老師的建議與指正，特此致謝。

〔註 96〕王陽明《傳習錄附大學問》附〈年譜〉，頁 180。

〔註 97〕黃文樹〈陽明後學的成員分析〉（臺北：中央研究院中國文哲研究所），《中國文哲研究集刊》，第十七期，2000 年 9 月），頁 372。

〔註 98〕李幼蒸《語義符號學》（臺北：唐山出版社，1997 年 3 月，初版一刷），〈語言的結構分析〉，頁 16。

源等不同的學術習氣與思想才性，陽明的入室弟子所詮釋、所體認的良知之學，已有著不盡相同的思想內容，而陽明良知「自得之學」強調個體自覺的思想特色，催化王學的分化傾向。

陽明晚年意識到王門弟子學術分化的現象，因此數度欲召聚同門共明此學。正德十六年五月，久居江西的陽明有了歸越的思鄉情緒，因此集門人於白鹿洞，「欲同門久聚，共明此學」。〔註 99〕陽明過世前一年（嘉靖六年），與王畿、錢德洪論爲學宗旨於天泉橋，立「無善無惡心之體，有善有惡意之動，知善之惡是良知，爲善去惡是格物」四句教之所以作爲王門引渡後學的入門宗旨，目的在於排解當時王學內部對「致良知」之論的詮釋分歧。陽明生前，入室弟子對於良知之學的認識與理解，已產生極大的思想分歧。陽明晚年講學任務移轉爲王畿、錢德洪等入室弟子時，初及門的王學弟子透過講學者本身對王學的認識所建構出的陽明良知學形貌，又再一次促進王學的分化。王學的再傳弟子們對心學的理解，其實是藉著《傳習錄》的記載以及入室弟子對陽明心學的詮釋與表述，而重新建構、認識他們所定義的陽明學。在這種講學模式之下，後王學學者對陽明學說的理解，難免受到講學者本身的詮釋角度所影響。

陽明後學門人中，不少學者有著「一人師事二師」的學術傾向。根據黃文樹在〈陽明後學的成員分析〉一文中所舉列，如泰州王門的王襞爲王艮仲子，既有王艮的家學背景，又於九歲時隨父親至會稽，親炙於陽明，問學於王畿、錢德洪等人；又如徐樾得事陽明，又成學於泰州王艮；韓貞先從朱恕學，又入於泰州王襞之門；江右王門鄧元錫先從羅汝芳遊，繼而又問學於鄒守益、劉陽。〔註 100〕這樣的問學傾向，雖然淡化了由單一講授者傳達的學術概念片面性，然而，後學門人對於王學的理解，仍無法全然擺脫問學業師的詮釋所影響。陽明及門弟子對良知學的理解，因各人才性不同及陽明各時期教法取向的歧異而有產生分化，而王門再傳弟子對心學體系的建構，又端賴於這些對良知學的認知已然有所歧異的及門弟子。在才性不同的自然條件之下，各及門弟子所學已各有殊異，加上講會的教學形式，在陽明「自得之學」旨念的作用下，「各以其性之所近，擬議攙和」，個人主體性的自覺強化了後

〔註 99〕王陽明《傳習錄附大學問》附〈年譜〉，頁 164。

〔註 100〕黃文樹〈陽明後學的成員分析〉（臺北：中央研究院中國文哲研究所），《中國文哲研究集刊》，第十七期，2000 年 9 月，頁 371～388），頁 377。

王學眾說紛云、「紛成異見」的繽紛色調。〔註101〕王學後學的分化，便在這種講授方式的推波助瀾之下迅速蔓延，以至於到了萬曆年間，王學後學終於面臨學派林立、眾說紛紜的紛雜景況。

除此之外，泰州講學的庶民化，也是造成王學分裂的重要因素。明中葉在經濟急遽變動下，社會結構迅速轉型。由於人口增加、科舉競爭日益激烈，以及明代政府對士大夫政治尊嚴並不尊重且俸祿微薄〔註102〕等因素，儒家「學而優則仕」的仕祿觀念一再受到挑戰；另一方面，明中葉以降，由於十六世紀以來商業城市的蓬勃發展，士子棄科舉而從商的觀念漸漸在社會上流傳。〔註103〕

棄儒就賈的趨勢，促使中國農業文明傳統「士農工商」的「四民」社會人民階層結構型態出現淆亂的情況，商業思維對社會風尚的影響漸漸成爲常態，「商」居於四民之末的階位意識也開始得到平反，並進而挑戰傳統社會結構的秩序性。由於市民經濟的發展、統治者控制力的弱化，商人透過「輸粟入監」而得以躋入仕宦之途，提升了政治及社會地位。社會各個階級的價值觀開始轉化，逐漸顚覆農業社會自古以來的賤商傳統。「工商爲本業」的觀念漸漸在人心中滋長，「捨儒就賈」的現象在士人社群擴散。〔註104〕商人的社會地位與重利務實的思想性格，逐漸影響知識分子的價值觀。市民階級的次文化興起，並帶動了市民文學的空前繁榮。因此，無論是在思想上抑或是文學上，整個社會對於「人」開始有了新的評價。隨著城市工商業的蓬勃發展、市民次文化的快速成長、情色文學的興起，「人」的價值和角色被重新定位，對情欲的態度也由禁制轉化爲肯定，〔註105〕而對人生的現實面也開始產生高

〔註101〕王畿《王龍谿先生全集》，卷一，〈撫州擬硯臺會語（七）〉，頁152：「先師首揭良知之教以覺天下，學者靡然宗之，此道似大明於世。凡在同門，得於見聞之所及者，雖良知宗說不敢有違，未免各以其性之所近，擬議攙和，紛成異見。」。

〔註102〕參考趙翼《廿二史箚記．下》，卷三二，頁747：「明官俸最薄」條。

〔註103〕余英時等著《中國歷史轉型時期的知識分子》（臺北：聯經出版公司，1996年6月，初版四刷），〈明清變遷時期社會與文化的轉變〉，頁30～頁38。余英時針對這種在十六世紀時漸漸風行的「棄儒就賈」趨勢，以及它模糊了士人階層與商人階層的傳統界線的效應加以討論，並指出當時不但有由士轉商之例，也有由商轉士之例。

〔註104〕陳學文〈明代中葉「工商亦爲本業」思潮的出現〉（收於陳學文《明清社會經濟史研究》P365～P370；臺北：稻禾出版社，1991年12月，初版）。

〔註105〕高桂惠〈情慾變色——試論丁耀亢《續金瓶梅》的德色問題〉。收於《述說、

度的關注。「凡」和「百姓日用」不再是知識份子在「求聖」思維下的禁忌符號，而「人欲」的探討也終於得以進入儒學知識份子思想的聖殿。

市民階層與士人社群的社會地位距離拉近了，使得原本具有濃厚菁英色彩的講學風格，也在市民次文化的社會風尚催化之下，將視覺焦點轉移到市民百姓層面。就王學而言，以王艮爲中心的一脈後王學泰州學派學者，便企圖顛覆在儒學傳統「視聖太高，視己太卑」的修養工夫思想基調，將儒學的「聖人」形象添染上「凡」的色彩，站在「聖人之道無異於百姓日用，凡有異者，皆謂之異端」的立場，以「滿街聖人」之說帶動了講學文化的庶民化風潮。泰州學派庶民化的講學模式與「滿街聖人」之說，在明末清初的知識社群中成爲批判的焦點，也〔註 106〕催化了士人學術社群對立的傾向。庶民化講學與傳統士人學術的割裂，與後王學在講學內容上的分化交相影響，成爲加速後王學分流的重要力量。

二、江右王學後期的親朱傾向

江右王學，泛指陽明在江西地區的王學傳人以及他們的後學。江右王學的主要學者，以黃宗羲《明儒學案・江右王門學案》所敘論的幾位學者，尤以鄒守益、歐陽德、聶豹、羅洪先、劉邦采、劉文敏、王時槐等人爲中心。江右王學並不是一個思想單一的學術體系。陽明在江右講學的時期，正處於學術思想與事功成就的顛峰時刻。許多不同學術淵源的學者企慕陽明的個人學術形象與事功魅力，因而遊學於王門，也使得江右王門成爲陽明生前最大的王學支裔。但與此同時，正因江右學者人數之眾及學術背景的紛雜，使得江右王門也成爲王學後學裡思想分歧最大的一個支裔。黃宗羲在評述江右王門時，曾指出：

> 姚江之學，惟江右爲得其傳。東廓、念菴、兩峰、雙江，其選也；再傳而爲塘南、思默，皆能推原陽明未盡之意。是時越中流弊錯出，挾師說以杜學者之口，而江右獨能破之，陽明之道，賴以不墜。蓋

記憶與歷史：以「情與文化」爲核心的論述學述研討會會議論文（二）》；臺北：中央研究院民族學研究所行爲研究組，1999 年 6 月）

〔註 106〕呂妙芬〈聖學教化的弔詭：對晚明陽明講學的一些觀察〉，頁 38。呂妙芬認爲，「泰州講學在明末清初的知識社群中屢遭嚴厲批判，包括其提倡布衣講學竄師儒之位而混淆傳統綱紀名分、其教法易流於重悟輕脩之弊、影響學風士習之倡狂、提供士子攀附權貴、遊食高門、形成黨派等。」

陽明一生精神俱在江右，亦其感應之理宜也。〔註 107〕

江右王學被視爲王學正傳，而鄒守益更被推崇爲王學「源遠而流分」之後「不失其傳」的「宗子」。〔註 108〕黃宗羲以「姚江之學，惟江右爲得其傳」認定了江右王學承衍師學的正統性，甚至認爲「陽明一生精神俱在江右」，認爲鄒守益、劉邦采、王塘南等人「皆能推原陽明未盡之意」，並否定浙中王門王畿、泰州一系偏向禪學、「流弊錯出」的思維走向。

然而，江右王門不僅僅是單一思想體系的王門流裔。在江右王門的主要學者之間，彼此對陽明良知之學的解讀也互有歧異。江右王門與浙中王門等王學支裔相較，它的流衍更爲繁複、更爲紛雜。因此，黃宗羲以「王學正傳」定位整個江右王學，對於江右王學的整體實情而言並不十分精確；而他又以「宗子」推尊鄒守益在王學後學中的傳承正統地位，這樣的論斷推定難免摻染黃宗羲自己個人的學術意見。《明史・儒林傳二》記述：

守仁之門，從遊者恆數百，浙東、江西尤眾。善推演師說者稱（黃）弘綱、（何）廷仁及錢德洪、王畿。時人語曰：「江有何、黃，浙有錢、王。」然守仁之學，傳山陰、泰州者，流弊靡所底極，惟江西多實踐。安福則劉邦采，新建則魏良政兄弟，其最著云。〔註 109〕

陽明辭世之後，王學流裔以浙中王門、江右王門兩系爲最大支脈。重視實踐的江右王學與重視現成良知的山陰、泰州在思想上頗有分歧，催化了王學後學支裔的崩解。《明史》記述了當時一般士人對江右王學重要思想人物的評論，將「善推演師說」的黃弘綱、何廷仁視爲江右學的代表人物。藉由時人對江右王學及其代表人物的評價，揭示《明儒學案》以外的另一面視野。從《明史・儒林傳》的論述觀察，江右王學中最具學術聲望的思想領袖當爲黃弘綱與何廷仁。然而，當時吉安府的江右學講學領袖，仍是鄒守益。他「得力於敬」的「戒愼恐懼」之學，也將江右王門的後續發展逐漸帶往「持敬」的收斂方向。

事實上，陽明學在正德、嘉靖年間迅速崛起，從遊於陽明門下的學者，於江右時期臻於顚峰。這些投入陽明門下的士人，本身已先具有紛雜的學術背景，許多學者也都歷經朱子學教育，在學習王學「致良知」之說的同時，

〔註 107〕黃宗羲《明儒學案》，卷一六，〈江右王門學案・小序〉頁 52。

〔註 108〕黃宗羲《明儒學案》，卷一六，〈江右王門學案・・文莊鄒東廓先生守益〉，頁 54。

〔註 109〕《明史》，卷二八三，〈儒林傳二〉，頁 7282。

往往以自身的朱子學背景去理解王學。對於陽明良知之學，江右王門的學者也往往較重視王學工夫思維的側面，強調「良知」如何而「致」，而不若王畿與泰州王艮等人將「致良知」詮釋爲「良知致」的新體系。〔註 110〕相較於浙中王門的王畿與泰州王學以「天然自有之理」的自然人性論觀點傾向，江右王學對於朱子學「持敬」、「涵養」的側面採取一個更爲包容的態度。

在講學活動的催化下，語言與學說魅力的重要性日益提昇，加上王學強調「自得之學」的思想基質，使得許多學者在勇於根據自身體驗提出新說的時刻，醞釀出許多恢宏新奇的言說內容。〔註 111〕這樣的現象，在泰州學派普及化的庶民講學中尤其明顯。在泰州王學的恢奇風格映襯下，江右王學謹守陽明「致良知」的表述態度顯得更爲純粹、更爲保守。羅洪先生在評述鄒守益時，就對他「能守其師傳而不疑，能述其師說而不雜」〔註 112〕的講學風格深表贊許。事實上羅洪先對鄒守益的評價，也點出了江右王學堅持陽明「致良知」學說的保守一面。鄒守益更是這樣一位學者的典型。然而他「得力於敬」的「戒愼恐懼」之學，以「離卻戒愼恐，無從覓性」〔註 113〕的論述，將朱子學「主敬」的工夫論概念融鑄在他對良知之學的理解中，強調王學實踐工夫的側面。從學於鄒守益的李材，他的止修之學，更鮮明地呈現著統合朱子與陽明學兩者思想的意圖。〔註 114〕

就江右王門大部份代表性學者的學術思想而言，他們強調王學實踐的一面，如鄒守益、歐陽德、聶豹、羅洪先等人，都有收斂、重實踐的傾向。在

〔註 110〕關於王畿企圖將陽明「致良知」改造爲「良知致」的論述，參考侯外廬、邱漢生、張豈之等人主編《宋明理學史》（北京：北京人民出版社，1997 年 10 月，二版二刷），下冊，第十章〈錢洪德、王畿與浙中王學〉，頁 279～281。

〔註 111〕關於講會形式及王學重視「自得」的思想特質對王學後期發展的影響，參考呂妙芬〈聖學教化的弔詭：對晚明陽明講學的一些觀察〉，頁 53。

〔註 112〕徐階《世經堂集》（收於《四庫存目叢書》，集部八十；臺南：莊嚴文化，1997 年，據北京大學圖書館藏明萬曆間徐氏刻本），卷一九，〈明故南京國子監祭酒贈禮部右侍郎諡文莊鄒公神道碑銘〉，頁 80-26：「羅文恭稱公，以爲『能守其師傳而不疑，能述其師之說而不雜。』君子曰：『此天下之公言也。』」

〔註 113〕黃宗義《明儒學案》，卷一六，〈江右王門學案・文莊鄒東廓先生守益〉，頁 54。

〔註 114〕張學智《明代哲學史》（北京：北京大學出版社，2000 年 11 月，初版一刷），第十五章〈李材的「止修」之學〉，頁 233：「李材止修之學，意在糾朱熹王陽明兩家之偏，特別是陽明後學以靈明爲性體的弊病。」

這種肯定「敬」、「愼」的思想風氣敦促下，為江右王學後學規劃了未來重視工夫實踐與修身層次的重「實」走向，並逐漸與明前期以來不斷流衍、質變的朱子學合流，而為晚明的經世學風揭開序幕。江右學的質變，為縱貫明代朱子學與王學之爭，開啓新的發展方向；而江右學對朱子學吸收與包容的基本色調，成為晚明王學與朱子學交融和會的契機，也促使江右學的後期發展與朱子學合流，開啓晚明東林學派復興朱子學的思維窗口。

三、東林學派與江右王學間的思想交流

陽明辭世之後，江右王學與浙中王學的對立衝突日益鮮明。大抵而言，聶豹歸寂之說違離王學正色的看法，可說是王門弟子間的一致共識，然而，有著「王學正傳」的鄒守益與歐陽德之學，卻也在再傳之後有了分化。無論是從學於鄒守益的李材，以及從學於歐陽德的薛應旂，他們的後期思想都有著向朱子學傾近的態勢。李材、薛應旂等人，反映出江右王學部份支裔在王學的土壤下滋長，卻向朱子學展延的思想趨勢。

表面上看來，與擁有廣大信徒的泰州王學相較，江右王學的學術流衍與思想成就相形之下黯然失色。然而，江右王學從未在左派王學的推擠下，從思想舞臺上消失。陽明「四句教」中「為善去惡是格物」的「徹上徹下」意旨，在江右王門後學的分歧與左派王學學者「挾師說以杜學者之口」〔註 115〕的壓力下逐漸流失。在左派王學狂禪思想籠罩下，後王學的發展日益侷限於近乎禪風的思維極端。與三教合一的思想結合、廣為士子及社會大眾所容受的左派王學思想，一躍而為後王學發展的主流；而較具保守、收斂性格的江右王學，在左派王學極端思想的推擠下，在修正狂禪風格的同時，終於也向另一個極端靠攏，甚至在工夫實踐的論述上，重新肯定朱子學。三教合一以及禪化儒學的風尚，激起儒學正統意識的興起。強調儒學正統性、對佛學干犯儒學傳統的文化排他性，也再次喚醒儒佛之辨的思想議題。晚明復興朱子學的風氣，及東林學派重申朱學、強調儒學正統的思維在這樣一方土壤上滋長。這一個時代，將朱子學重新推回主流思想發展。朱子學在晚明的思想舞臺上重新展露鋒芒，成為歷史的必然。

就東林學派的幾位重要學者的學術背景而言，幾乎都與後王學流派——

〔註 115〕黃宗羲《明儒學案》，卷一六，〈江右王門學案・小序〉，頁 52。

尤其是江右王學——有著思想上的密切交流，他們的思想極有可能受到江右學風的影響。顧憲成從學於張淇、薛應旂，而張、薛兩人正是由鄒守益、歐陽德這一系被黃宗羲譽爲「王門正傳」的江右王學而來，因此黃宗羲在薛應旂的學案中，提及東林與江右王學薛應旂這一脈的學術傳承時說：「然東林之學，顧導源於此，豈可歿哉！」〔註116〕揭示出晚明朱子學的復興運動，正是在王學傳衍的土壤上衍生，是王學與朱子學對話交流的過程中逐漸形成的一種對朱子學展開追溯的思潮。

顧憲成少年時期，從王學學者張淇問學。張淇自身的學術進路，與他在中晚年的思維演變，鮮明的反映出後王學學者在思想上由王學向朱子過渡的歷程。〔註117〕張淇將顧憲成薦予嘗師事江右學者歐陽德的薛應旂。然而薛應旂的晚年思想，已然有著向朱子學趨近的傾向，不但重訂宋端儀所撰述的《考亭淵源錄》二十四卷，並以此授予顧憲成與顧允成。薛應旂爲陽明的再傳弟子，歐陽德、薛應旂、張淇以至於顧憲成、顧允成等人的傳系脈絡，正映示一脈由江右王學向朱子學歸溯的學術發展動線。其中思想蛻變的關鍵人物，正來自於以持守陽明學正統著稱的歐陽德之學。

儘管江右王門身爲王門後學中思想最爲紛雜的一個支裔，而其中鄒守益、歐陽德「能守其師傳而不疑，能述其師說而不雜」，相較於同爲江右王門的聶豹、羅洪先，心學色彩應該更爲純粹。不過誠如前文所論述的，鄒守益對於陽明的良知之學的陳述，其中的講述重點已有相當程度的移轉。在王畿企圖以「良知致」轉化陽明良知之學的重點時，鄒守益看似保守地強調「致良知」中「致」的側面，然而在修正王畿與泰州學風時，事實上學術思想也逐漸走向另一條徑路。另一方面，歐陽德的思想也有著相同地保守傾向。歐陽德之學重動靜體用合一之說，並強調「格物」二字即爲陽明「致良知」之說的主要內容，儼然有向朱子學思想靠攏的傾向。他在〈答陳明水二〉中指出：

> 格物二字，先師以爲致知之實。蓋性無體，以知爲體；知無實，事物乃其實也。離事物則無知可致，亦無所用其致之功。大抵會得時，道器、隱顯、有無、本末一致；會未得，則滯有淪虛，皆足爲病。〔註118〕

〔註116〕黃宗羲《明儒學案》，卷二五，〈南中王門學案〉，頁67。

〔註117〕見本文第二章第三節。

〔註118〕歐陽德《歐陽南野先生文集》(《四庫全書存目叢書》，集部，第八十冊；臺南：

歐陽德以「格物」詮釋「致良知」，認爲「離事物則無知可致，亦無所用其致之之功」，大抵上仍是沿承陽明之說，只是更爲強化其中的實踐意涵，與王畿、泰州王艮、王襞等人之說迥然有別。陽明以「致吾心之良知」的「致知」概念詮釋朱子學的「格物」，將朱子學體系裡具有客觀經驗性質的「格物」說以主觀唯心的自覺概念取代。然而，歐陽德重提格物說，將陽明以「致知」詮釋「格物」的敘述語脈倒置，而反以「格物」詮釋「致良知」，企圖重新強化在陽明「致良知」學興起後逐漸湮微的「格物」概念。

除此之外，張學智在《明代哲學史》中闡釋歐陽德之學時，也曾指出歐陽德與陽明思想裡對於「見聞之知」與「德性之知」的不同態度加以討論。張學智認爲，儘管二人都強調良知與見聞經驗之間的關係是「不離不雜」，「但在此基礎上，陽明強調不離，歐陽德強調不雜」，而歐陽德之所以強調「不雜」，是爲了「恐陽明弟子徑任良知，泯沒知識理性的輔翼作用，故在承認良知與見聞不離不雜的基礎上，著重強調二者的差別」。〔註 119〕歐陽德側重實踐與分別德性、見聞的思想，在他的弟子之間逐漸發酵，並走向傾近於朱子學的路途。

薛應旂從學於歐陽德，晚年又傾慕朱子學，這樣的思想發展也是江右王學鄒守益、歐陽德等人重視實踐與收斂這一側面的必然結果。由於薛應旂晚年思想明顯地向朱子學轉化，使得他雖然直承江右王學正傳歐陽德的學統，卻不爲同時期的王學學者所認同。黃宗羲《明儒學案》評介薛應旂思想時，曾提及：

> 先生爲考功時，寘龍谿於察典，論者以爲逢迎貴溪，其實龍溪言行不掩，先生蓋借龍溪以正學術也。先生嘗及南野之門，而一時諸儒，不許其名王氏學者，以此節也。然東林之學，顧導源於此，豈可歿

莊嚴文化，1997 年），卷之三，〈答陳明水二〉，頁 80～410。

〔註 119〕張學智在《明代哲學史》，第十章〈歐陽德的動靜體用合一說〉，頁 173 中指出，歐陽德關於良知與見聞的觀點雖由陽明而來，良知的發用流行必依傍具體事物。歐陽德的重點在說明道德理性與知識理性是兩種不同的思想形式，它們各有所司。雖然它們通過同一經驗事物表現出來，但二者絕不能混淆。歐陽德也講良知與見聞是體用關係，但他所謂體用主要用其形式，即二者不離不雜的關係，而陽明講良知與見聞的體用關係，主要用其內容。在陽明，良知是體，見聞酬酢是用，後者是前者的發用流行，致良知就是把良知本體之善推廣於一切見聞酬酢，使之皆得其理。一般知覺活動由良知搭乘的載體，變成了良知本體的表現和作用。這是陽明抬高道德本體的必然結果。歐陽德恐陽明弟子徑任良知，泯沒知識理性的輔翼作用，故在承認良知與見聞不離不雜的基礎上，著重強調二者的差別，這一點是不應忽視的。」

哉！〔註 120〕

薛應旂之學承傳江右學歐陽德的正統端緒，卻在當時飽受王畿、泰州一系的王學學者抨繫，甚至引起「一時諸儒，不許其名王氏學」的排擠效應。在後王學學者排擠同門學者親朱傾向的情況之下，反而使得後王學的發展日益窄化，也催動江右王學質變的速度。東林之學正導源於王畿、泰州王學的信徒們對於反左派王學的薛應旂的排擠壓制，因而有了思想上的質變與轉化，在導正王畿與泰州學的禪化傾向時，走向了朱子學。這一點，其實可以從東林學派嚴明儒佛間的分際可以約略觀出其端倪。

東林學派的多位學者，都與王學的淵源甚深。除了與江右學的交流之外，就顧憲成而言，他對於鄉先輩的泰州學學者方學漸便十分仰慕，自言：「私淑本庵方先生（方學漸）有年」。〔註 121〕方學漸爲方以智之祖父，少有志於洛閩之道，繼而入張甑山、耿定向之門，《明儒學案》將他歸入泰州王學一脈。然而，方學漸晚年構築桐川會館，顏其堂爲「崇實」，既已向務實之學的方向轉化；〔註 122〕後又曾赴東林書院講學，闡明性善之教，葉燦〈方明善先生行狀〉說他：

> 先生潛心學問，揭性善以明宗，究良知而歸實，掊擊一切空幻之說，使近世說無礙禪而肆無無忌憚者無所開其口，信可謂紫陽之肖子、新建之忠臣。〔註 123〕

方學漸之學，由泰州的狂禪學風走向「揭性善以明宗，究良知而歸實」的方向，因而與東林學派的經世務實思想互通聲氣。東林學派以王學流裔的身分復興朱子學，從某種程度上來說，可以說是後王學學者對左派王學的反動，

〔註 120〕黃宗羲《明儒學案》，卷二五，〈南中王門學案〉，頁 67。

〔註 121〕清・高嵀輯《東林書院志》（收於《續修四庫全書・冊七百二十一・史部・地理類》；上海：上海古籍出版社據上海圖書館藏清・雍正十一年刻本景印），卷一六，顧憲成〈題千里同聲卷贈方本庵〉，頁 261：「余憲成弘淑本庵方先生有年矣！蓋嘗得其《會語》數編，得言教示，於今更喜得身教。」泰州學派的方學漸，爲方以智的祖父，受業於張甑山與耿楚侗，然而，他的思想重心卻已由「無善無惡爲宗」走向「不睹不聞之中，有莫見莫顯者，以爲萬象之主，非空然無一物也」，強調對形上本體的復歸，而與泰州王學有著不盡相同的思維方向。《明儒學案》，卷三五，〈明經方本菴先生學漸〉，頁 52～53：「先生受學張甑山、耿楚侗，在泰州一派別出一機軸矣！」

〔註 122〕參考劉浩洋（臺北：政治大學中文所碩士論文，1997 年 6 月），《方以智東西均思想研究》，頁 15。

〔註 123〕轉引自劉浩洋《方以智東西均思想研究》，頁 16。

並進一步向南宋以及明前期朱子學追溯的反思歷程。這樣的風潮與晚明文壇歸有光等人的復古運動相表裡，重新肯定經典文本以及歷史典範的價值。

王學的分化與質變，爲晚明的朱子學復興構築一個完美的發展場景。東林學派公然宣倡「以朱爲宗」的口號，企圖復興朱子學，正是在明代朱子學與王學論爭與對話交流的過程中，晚明理學學者逐漸回歸朱子學，向朱子學傾近的典型事例。

在漫長的理學脈流中，南宋以來的朱陸之爭以至於明中期陽明學興起後所掀起的朱王學爭辯，終於在晚明時期東林學派時期開始逐漸走向和會與融流的態勢。東林學派推尊朱子學，是歷經王學思想洗練，審思左派王學流弊後所提出的反思。明前期以來朱子學研究中「理」／「氣」次序的重置議題，也逐漸使朱子學的思維產生質變。在經歷了薛瑄、胡居仁以至於羅欽順、王廷相等朱子學者的討論與探究之後，一個以「氣」爲本體的思維體系日臻完整，而在朱子學者與王學的對話與交流之中，這種「氣本」的思維方式也漸漸影響了晚明學者的思想發展，甚至到了劉宗周、黃宗羲時，更進一步地將心學思維與「氣本」思潮結合，總結南宋至於明末以來程朱學與陸王學的爭論，爲縱貫宋元明三代的理學建構出一個宏大的體系。〔註 124〕東林學派，正是由王學走向明清之際經世學風的開端，也是陸王學與朱子學在不斷衝突與對話的過程中，走向交融和會的契機。

四、小　結

明代朱陸之學的論爭，在正德、嘉靖年間王學興起後，出現了嶄新局面。然而王學卻隨著後學的分化，而在百年間驟然起落。左派王學與江右學的分化，爲晚明的思想開啓兩個不同的延展向度。晚明的朱子學復興，就在左派王學的學者成爲後王學主流、而對江右學學者推擠排斥的作用之下逐漸展開。江右王學流裔——尤其是歐陽德一系——與明中葉以來朱子學殘餘勢力的融流，爲晚明的朱子學復興運動揭開序幕。東林學派，就在江右學風的影響下所產生。

〔註 124〕關於明清之際劉蕺山、黃宗羲將陸王的心學傳統與「氣本」思維結合的討論，胡森永《從理本論到氣本論——明清儒學理氣觀念的轉變》（臺北：臺灣大學中國文學研究所博士論文，1991 年 7 月），第四章〈明清之際氣本論與心學之交融〉，專章論述，探討劉、黃二人——尤其是黃宗羲——將客觀實證之學與心學相通爲一的議題。

東林學者的學術背景，反映著江右學風與朱子學勢力融會的情勢：顧憲成、錢一本等人代表著由江右王學學脈所流衍的後王學學者，朱子學追溯，並對王學的理論重新展開反思；而高攀龍則較傾向以一個朱子學學者的角度，直承明前期的薛瑄之學，在晚明王學後學分化的學術世界裡，企圖重建朱子學的王國。東林學派的重要講學學者，基本上並不出這兩脈學術進路的範疇。東林學派代表人物中，顧允成與憲成同問學於薛應旂之門，薛敷教爲薛應旂之孫，而錢一本之學，「得之王塘南（王時槐）者居多」，〔註 125〕由此看來，東林諸人之學幾乎都是江右王學的流衍。晚明的朱子學復興思潮，就在這兩股學術力量交互催化之下，在思想界滋化激盪。

第三節　東林學派與朱子學復興運動

東林學派的朱子學復興運動，主要源自於對左派王學狂禪性格以及三教合一思想的反動，而與晚明文壇上的復古運動交相輝映。他們表彰朱子，一方面在尊崇朱子嚴明儒佛分際。同時，他們也對後王學學者不重視經典文本、浮談無根的態度感到不滿，因而推重朱子遍註群經、重視經學態度。大抵而言，東林學派的朱子學復興運動，表現在以下幾方面：

一、儒學正統意識的興起

東林學派的朱子學復興運動，與當時部分儒家知識分子所興起的儒學正統意識有著極爲密切的牽繫。晚明時期，由於工商城市的興起，新興的市民文化逐漸取代士人階級所維護傳統儒學道德價值對人性的制約，成爲影響社會風尚的主要力量，進而影響知識份子對於天理與人欲等道德議題的思考方向。除此之外，明代開國以來，崇尚方術與民間宗教，更是歷代統治者難以拋卻的習尚。〔註 126〕太祖本身的宗教背景以及信異端、好方術，對釋老、方術、民間宗教有著陽違陰奉的詭譎態度，甚至他之所以推尊孔子、興復儒術，深究其根源，畢竟也是基於他草莽性格、庶民背景之下的孔子信仰。〔註 127〕帝王對方術的偏好

〔註 125〕黃宗羲《明儒學案》，卷五九，〈東林學案二・御史錢啓新先生一本〉，頁 96。

〔註 126〕參考楊啓樵《明清史抉輿》（臺北，明文書局，1985 年 1 月，初版），第一章〈明代諸帝之崇尚方術及其影響〉，頁 1～150。

〔註 127〕朱鴻林〈明太祖的孔子崇拜〉。（收於臺北：《中央研究院歷史語言研究所集刊》第七十本，第二份，1999 年 6 月）

影響了士人與庶民文化中的宗教評價，而在經濟與文化條件下蓬勃發展的民間宗教習尚也逐漸浸蝕著知識分子與統治階級。宗教文化在社會中迅速蔓延，甚至成爲流賊起事時鼓動人心的說辭。〔註 128〕

「三教合一」思想在有明一代之所以蔚然成風，與太祖朱元璋對於儒、釋、道並立的政策有著極爲密切的牽繫。《御製文集・三教論》中提到：

> 於斯三教，除仲尼之道，祖述堯舜，率三王，刪詩制典，萬世永賴，其佛仙之幽靈，暗助王綱，益世無窮，惟常是吉。嘗聞天下無二道，聖人無兩心，三教之立，雖持身榮儉之不同，其所濟給之王一然，於斯世之愚人，於斯三教有不可缺者。〔註 129〕

太祖對儒學推廣的不遺餘力，除了藉以籠絡知識分子外，也難掩其間對孔子崇拜裡「崇德報功」的宗教意味。〔註 130〕太祖以「其所濟給之王一然」，肯定三教並立的必要性，認爲「佛仙之幽靈，暗助王綱」。

太祖〈三教論〉對宗教的寬容態度，以及藉著「其所濟給之王一然」將儒、釋、道思想融歸於同一政治目的之中的和會方式，開啓三教合一者融會儒、釋、道思想的窗口。太祖〈三教論〉成爲三教合一者的有力論據，〔註 131〕將儒、釋、道等思想和會融流。在這樣一種瀰漫著宗教與方術習尚的社會氛圍裡，儒學與佛學、道教的交流機會日漸增加。

萬曆年間逐漸興起的三一教，標舉儒、釋、道「三教合一」爲立教宗旨，教主林兆恩更藉著彰顯儒家義理的方式，將儒學與佛、道二教交融，倡言「道一教三」，將宗教化的儒學安置在一個與佛、道二教並列的位置，〔註 132〕藉以

〔註 128〕明代流賊作亂，多以宗教之名行事。趙翼《廿二史箚記》，卷三六，〈唐賽兒〉，頁 824：「永樂十九年，蒲臺林三妻唐賽兒作亂，自言得石函中寶書神劍，役鬼神，剪紙作人馬，相戰鬥，徒眾數千，襲據益都卸石寨。」除了唐賽兒之外，荊襄流賊劉通也藉著讖語之說，吸引民心。《廿二史箚記》，卷三六，〈劉千斤〉，頁 825：「成化中，荊襄賊劉千斤作亂。千斤名通，……時流民聚荊襄者，通以妖言煽之，謀作亂。」

〔註 129〕朱元璋《御製文集》（臺北：學生書局，1965 年，初版），卷一一，〈三教論〉頁 348。

〔註 130〕參考朱鴻林〈明太祖的孔子崇拜〉。（臺北：《中央研究院歷史語言研究所集刊》，第七十本，第二份，1999 年 6 月。

〔註 131〕張藝曦《講學與政治：明代中晚期講學性質轉變及其意義》（臺北：臺大歷史所碩士論文，1998 年 6 月），頁 99。

〔註 132〕林姍妏〈談《三教開迷歸正演義》小說中的林兆恩思想〉（臺北：漢學研究中心，《漢學研究》第十九卷第二期，2001 年 12 月），頁 329。

吸引大量士人階級與商民階層，在南直隸地區以及閩地頗富盛名。甚至連顧憲成之父顧學，在臨終前也皈依於三一教的教義之下。〔註 133〕宗教化後的儒學，以及宋元以來新興的文昌信仰，挾著庶民信仰的強勢力量，在廟學合一制度的催化下，迅速向士人階層急遽擴散。〔註 134〕高攀龍作《異端辨》，在〈小序〉中，便曾提及當時西湖地區士子階層崇慕佛教的景況：

> 乙巳仲夏，余遊武林，寓居西湖。見彼中士人，半從異教，心竊憂之。問其所從，皆曰「蓮池」。問其教，出所著書數種，多抑儒揚釋之語。此僧原廩於學宮，一旦叛入異教，已爲名教所不容，而又操戈反攻，不知聖人之教何負於彼，而身自叛之，又欲胥天下而叛之，如此之亟也。〔註 135〕

高攀龍對晚明西湖地區士人「半從異教」的描述，反映出當時江南地區民間宗教蓬勃發展的景況。從「見彼中士人，半從異教」以及「所著書數種，多抑儒揚釋之語」等敘述，可知當時這樣的教義藉著印刷術的普及而在士子與市民階層中迅速擴散。高攀龍「心竊憂之」的心境，正是所有儒學知識分子所背負的文化危機感。三一教「道一教三」、「三教合一」的概念，以及文昌信仰的興起，使得強調儒學正統性的學者，面臨著空前的認同危機。而潛隱於士人社會中的文化排他意識，也在這樣的危機下逐漸甦醒。

在社會三教合一風尙以及北方女眞民族軍事力量崛起的政治現實下，儒學思想中的「華夷之辨」與視佛老爲「異端」的排他意識，也再一次在維護儒學正統的知識分子間醞釀。另一方面，在晚明文人世界裡「禪悅之會」的盛行，〔註 136〕催化了左派王學與禪學融流的風氣。陽明雖出入釋老，卻曾闡明禪儒之別。他認爲就「以心爲說」而言，禪學與聖人之學相近，甚至指出「二氏之學，其妙與聖人只有毫釐之間」。〔註 137〕

〔註 133〕余英時，〈明清變遷時期社會與文化的轉變〉（收於余英時等著《中國歷史轉型時期的知識分子》；臺北：聯經出版社，1996 年 6 月，初版四刷），頁 39。

〔註 134〕關於文昌信仰與儒學道統之間的緊張關係，陳昭瑛先生〈臺灣的文昌帝君信仰與儒家道統意識〉（臺北：正中書局，2000 年 3 月，臺初版）有詳細的論述。

〔註 135〕高攀龍《高子遺書》（收於《景印文淵閣四庫全書》，冊一二九二，集部，別集類；臺北：臺灣商務印書館，1983 年，初版），卷三，〈異端辨・小序〉，頁 1292～375。

〔註 136〕毛文芳〈晚明「狂禪」探論〉（臺北：漢學研究中心，《漢學研究》第十九卷第二期，頁 171～200），頁 174。

〔註 137〕王陽明《傳習錄附大學問・傳習錄上》，頁 30：「大抵二氏之學，其妙與聖人

然而，陽明畢竟認爲佛老與儒學之間雖極相似，卻仍有「毫釐之間」的別異。陽明認爲，儒禪差異就在於禪學不「屑屑於其外」，因此「已陷於自私自利之偏」，只能獨善其身，而不具有政治與社會上的實用價值，唯有聖人之學才能「無人己，無內外，一天地萬物以爲心」。陽明雖然辨明儒釋，對於禪學卻並未全然否定，反而認爲「禪之學非不以心爲說」，肯定禪學在個人修身上的價值。〔註 138〕這樣的講述方式，必然將王學後學導入禪化的思維方向。在社會上三教合一的風尚交互熏習下，王學的禪學化的走向在陽明辭世之後勢不可掩。

在王門後學者中，王畿對於禪學全然不諱，甚至指出：

> 友人問:「佛氏雖不免有偏，然論心性甚精妙，乃是形而上之一截理，吾人敍正人倫，未免連形而下發揮；然心性之學沉埋既久，一時難爲超脫，借路悟入，未必非此學之助。」先生曰:「此說似是而實非，本無上下兩截之分。吾儒未嘗不說虛、不說寂、不說微、不說密，此是千聖相傳之秘藏；從此悟入，乃是範圍三教之宗。自聖學不明，後儒反將千聖精義讓與佛氏。才涉空寂，便以爲異學，不肯承當。不知佛氏所說，本是吾儒大路，反欲借路而入，亦可哀也。」〔註 139〕

王畿認爲儒學與佛學基本上是等質的，並沒有價值階位上的區隔。而他以「悟」爲「範圍三教之宗」的觀點，更是與當時「三教合一」的社會風尚隱隱相合。王畿對禪學的肯定，以及他標舉禪學公案的講學方式，加速了左派王學的狂禪傾向。在左派王學成爲後王學主流後，後王學的儒學色調逐漸模糊，而日漸向佛學靠攏。後王學的禪學化情調以及對儒學正統定位朦朧傾向，成爲以正統儒家自居的東林學派所極力分判的對象。面對晚明「三教合一」的社會風尚與王學禪化後對儒家正色的威脅，儒學的正統意識成了東林學者的重要課題。他們藉著嚴明儒佛之間的分際，批判當時三教合一的社會風尚以及禪學化後的王學。因此，他們標舉朱子學在儒學思想中的正統性，而與王學抗

只有毫釐之間。」

〔註 138〕《王陽明全集》〈文錄四・序記說・重修山陰縣學記〉，頁 257：「禪之學非不以心爲說，然其意以爲是達道也者，固吾之心也，吾惟不昧吾心於其中則亦已矣，而亦豈必屑屑於其外；其外有未當也，則亦豈必屑屑於其中。斯亦其所謂盡心者矣，而不知已陷於自私自利之偏。是以外人倫，以爲心；而禪之學起於自私自利，而未免於內外之分；斯其所以爲異也。」

〔註 139〕王畿《王龍谿先生全集》，卷一，〈三山麗澤錄下〉。

衡。而他們對儒學正統的迴護，主要表現在以下兩方面：

（一）嚴儒釋之分際

東林學派強調儒釋分殊的立場，堅守正統儒學。對於當時學術界已成形的「三教合一」思潮以及後王學學者狂禪風格的禪化走向，東林學派採取捍衛的態度。顧憲成在《小心齋劄記・卷一六》中曾提出：

> 《內典》推佛爲生天生地之聖人。按《湯誥》有曰：「惟皇上帝，降衷於下民。」予以爲非特降衷於下民，實乃降衷於天地，此之所謂生天地之聖人也。

顧憲成反對後王學學者援禪入儒，甚至根本地走向禪學。因此，他企圖推翻佛學經典文本裡「推佛爲生天生地之聖人」的說法，援引儒學傳統經典《尚書・湯誥》中「惟皇上帝，降衷於下民」爲論證重心，將漢文化傳統中的「上帝」提昇爲「生天地之聖人」的造物者地位，以與佛學經典中「推佛爲生天生地之聖人」的造物者形象相抗衡。

然而，顧憲成引述《尚書・湯誥》「惟皇上帝，降衷於下民」之語，將一句沒有強烈宗教意味的論述詮釋爲「非特降衷於下民，實乃降衷於天地。此之所謂生天地之聖人也」，近乎對於上帝造物者形象的宗教性描述，事實上也可能陷入將儒學宗教化的弔詭之中。顧憲成似乎並沒有意識到，在他企圖力挽逐漸走向宗教化的儒學狂瀾的同時，在他對佛學的批判裡也透露著他受到這樣的宗教思維方式所影響的痕跡。

晚明左派王學影響下的儒學，瀰漫著濃郁的宗教氛圍。就庶民儒學而言，「三教合一」、「道一教三」的宗教化論述，使得江南市民社會中的庶民儒學走向宗教化；而就士人儒學而言，左派王學的狂禪性格又將儒學帶往界於宗教與思想之間的狂禪思潮。「三教合一」與左派王學的禪學化儒學交互作用之下使得晚明學術圈瀰漫在宗教的氛圍下。東林學派的學者們，畢竟沒有掙脫這個時代。他們雖然企圖批判儒學宗教化的趨勢，卻仍不免受制於這一個時代的思維方式。顧憲成以「上帝」爲「生天地之聖人」，就是這樣的一個例子。

顧憲成對於嚴明儒釋分際，反對三教合一的思想傾向，也反映在他所強調的「儒釋王霸之辨」裡。《涇皋藏稿・朱子二大辨續說》中提到：

> 季時輯行《朱子二大辨》，予業爲之引其端矣，既而思之，其於儒釋王霸之辨，尚覺未竟。何則？聖學以性善爲宗，異學以無善無惡爲宗。當孟子與告子往復論難時，其說各不相謀，分而二也。今之言曰：「無

善無惡，謂之至善。」然後其說各不相礙，合而一矣。分則孟子自孟子，告子自告子，孰是孰非，可得而辨也。合則孟子之辨說轉而爲告子之說，孟子是，告子不獨非；告子非，孟子不獨是。孰是孰非，不可得而辨也。乃論者率喜合而惡分，所以儒釋王霸，混爲一途，卒之儒不儒、釋不釋、王不王、霸不霸，而兩無歸著也。〔註 140〕

顧憲成以「聖學以性善爲宗，異學以無善無惡爲宗」作爲儒學與佛學的基本分野，認爲儒學的思想宗旨在於「性善」的先驗道德價值的認定，而佛學則是以「無善無惡」爲宗，與儒學有著本質上的不同。然而，在晚明時期，後王學以及「三教合一」之說的擁護者，藉著「無善無惡，謂之至善」之說，將儒學本體的「性善」與佛學本體的「無善無惡」兩種觀點巧妙而詭譎地聯繫起來，強化「其說各不相礙，合而一矣」的和會概念。晚明時期三教合一「無善無惡，謂之至善」交融先驗道德與「無善無惡」的觀點，源自陽明「四句教」中「無善無惡心之體」與儒學「至善」的概念。因此，東林學者對陽明心性論裡「無善無惡心之體」一句，幾乎都抱持強烈的批判態度。

顧憲成認爲，後王學學者與三教合一之說的擁護者「道一教三」思想之所以能席捲整個晚明庶民與士人社會，導因於「喜合而惡分」的人情偏好，而使得三教合一思想的宣倡者有了將「儒釋王霸，混爲一途」的可乘之機。這種將儒釋之間的差異朦朧化之後「合而一矣」的和會傾向，必然導致「儒不儒、釋不釋、王不王、霸不霸」的結果。儒、釋、道三者彼此之間的分殊差異因而泯滅，在儒、釋思想交融的同時，卻也失去儒、釋之所以爲儒、釋的本質上的獨特性。因此，他嚴明儒、釋之別，肯定孟子力辯以闢異端，雖千萬人吾往矣的磅礴氣度。顧憲成在〈朱子二大辨續說〉中，針對儒釋之別與性善立場，更詳細地敘說：

夫儒釋王霸，非可區區形跡間較也。釋學遺情絕累，以清淨寂滅爲極，則得無善無惡之精者也，是予向所云最玄處也，究也超其性於空矣。儒則實霸學，挾智弄術，以縱橫顛倒爲妙用，得無善無惡之機者也，是予向所云最巧處也，究也戕其性於僞矣。王則誠，是故認性爲實，性在善中；認性爲空，性在善外。誠於爲善，

〔註 140〕顧憲成《涇皋藏稿》（收於《景印文淵閣四庫全書》，冊一二九二，集部，別集類；臺北：臺灣商務印書館，1983 年，初版），卷一二，〈朱子二大辨續說〉，P1292-156～158。

善在性中；僞於爲善，善在性外，此不可不精察而愼擇也。是故性善之說與無善無惡之分，即儒釋王霸亦隨而分，從其分而辨之也易。性善之說與無善無惡之分，即儒釋王霸亦隨而合，從其合而辨之也難。端緒甚微，干涉甚巨。吾始以爲告子之偏執，不如陽明之融通；而今知陽明之融通，又不如孟子之斬截，足以折異論，撤群疑，使人然於毫髮千里之別也，此不可不早計而預防也。〔註 141〕

顧憲成認爲，儒、釋、王、霸之間的別異「非可區區形跡間較也」。他認爲儒釋王霸之間的差異，根源於先驗道德與經驗道德的本質性論述，因此「性善之說與無善無惡之分，即儒釋王霸亦隨而分，從其分而辨之也易」。只要明辨性善之說與無善無惡之說的基本區隔，儒、釋、王、霸之說也就自然清晰分明。「三教合一」者以「無善無惡，謂之至善」的論調，將性善之說與無善無惡之說合流的說法，非但造成儒、釋、王、霸名相上的模糊，也朦朧其中的涵蘊的儒釋不同的道德價値。因此，顧憲成雖承認他早年肯定陽明融通的觀點，卻認爲陽明對三教合一的融通與寬容態度「不如孟子之斬截」。他批判當時走向三教合一以及流盪於狂禪傾向的學者，「世之君子，於孟子則尊事其名而背其實，於告子則尊用其實，而避其名。其所自命，則卓然以聖學爲期；其所標揭，則公然與異學立赤幟，不識何也？」〔註 142〕

顧憲成對於「世之君子」的批判，充滿爲儒學「正名」的意味。事實上，在這一時期所面對的儒釋辨異問題，已與隋唐時期的儒佛地位爭辨有著截然不同的情貌。隋唐時期的儒釋之辨，儒者與釋氏之間存在著、鮮明的分際；然而，晚明時期在三教合一思想的催化之下，儒學知識分子卻儼然以儒者形象扮演著外儒而內釋的角色。顧憲成對「世之君子」的批判，暗指後王學學者徒然尊事孟子之名，「以聖學爲期」，濫用儒者的形象，卻早已違離孟子之本意，而與孟子所伐斥的異端同實而異名。

東林學者對儒釋之辨的論證，幾乎都有著維護「儒學正統」的堅定立場。他們對儒釋合會、三教合一的批判，主要論點集中在彼此思想層次的異質上，〔註 143〕高攀龍的立場尤爲鮮明。他不但辨明儒釋之分際，更極力批判當時盛

〔註 141〕顧憲成《涇皋藏稿》，卷一二，〈朱子二大辨續說〉，P1292-156～158。

〔註 142〕顧憲成《涇皋藏稿》，卷一二，〈朱子二大辨續說〉，P1292-156～158。

〔註 143〕高攀龍在〈困學記〉中，也提出了他對佛學的批判：「乙未春，自揭揚歸，取

行的「三教合一」、「三教一家」的和會觀點，是儒者自甘墮落的表現。《高子遺書》，卷三，〈異端辨〉中，曾對三教合一提出嚴正的批判：

> 自有開闢以來，聖帝明王，相繼爲治，地平天成，民安物阜，不聞有所謂佛也，不待有所謂佛也。聖人之道不明不行，而後二氏乘隙而惑人。昔之惑人也，立於吾道之外，以似是而亂眞；今之惑人也，據於吾道之中，以眞非而滅是。昔之爲佛氏者，尚援儒以重佛；今之爲儒者，且軒佛以輕儒，其始爲三教之說，以爲與吾道列而爲三，幸矣。其後爲一家之說，以爲與吾道混而爲一，幸矣。今且擯之爲？凡擯之爲外，而幼之，而卑之，而竦之。然則天下孰肯舍聖人而甘爲凡夫？舍尊長而甘爲卑小？舍親而就其竦也？嗚呼！顚倒是非，至此極矣！斯言不出於亂世，而出於盛時；不出於釋氏之徒，而出於聖人之徒。是可忍也，孰不可忍也！〔註 144〕

「三教合一」的現象，之所以成爲高攀龍批判的焦點，也是在於儒學在「三教一家」的思想下徒存其名，而學說內容卻摻雜了濃郁的釋老學成分。在當時民間以儒、釋、道三教「爲一家之說」風潮作用下，使士子與市民階層淆混儒、釋、道之間的基本差異，而「以爲與吾道混而爲一」。其中，最爲高攀龍所不容的，不僅是這樣的思維廣爲社會所容受，更因爲這樣的思維方式「不出於釋氏之徒，而出於聖人之徒」。在「三教一家」的概念趨使下，儒者成爲佛老立言、「軒佛以輕儒」的重要角色，以儒學學者的身份，公然推尊佛學，「以眞非而滅是」，成爲戕害儒學的最大力量。

晚明「三教合一」思潮的興起，使得儒、釋、道之間的分際日益模糊，三教之間的差異本質不再被重視。儒學的文化正統意識在「三教合一」的風潮下逐漸在士子與市民階層流失，而原本因文化排他性而被附著上「異端」標籤的佛學與道家道教之學，也在與儒學融流的過程之中思想內容逐漸爲代表漢文化正統的士子階層所吸收。「三教合一」的社會現象，喚醒東林學派對儒學正統意識的迴護。高攀龍《異端辨》中對儒、釋、道三教的言論，呈顯出以捍衛儒學正統自居的儒者對「三教合一」思潮的反動。

釋老二家參之，釋氏與聖人所爭毫髮，其精微處，吾儒具有之，總不出無極二字；弊病處，先儒具言之，總不出無理二字。觀二氏而益知聖道之尊。」（高攀龍《高子遺書》，卷三，頁 1297-357）

〔註 144〕高攀龍《高子遺書，卷三，〈異端辨〉，頁 1292-376。

東林學派的儒釋辨異議題，基本上都集中在漢文化本位主義與儒學正統意識之上。顧憲成對周敦頤的推崇，主要原因就在於在於他的《太極圖說》與《通書》在作爲吾儒之主盟外，更可使釋、老之學「退守其宗」，〔註 145〕由退二氏、尊道統的觀點尊尙濂溪之學。〔註 146〕然而，顧允成在《小辨齋偶存・劄記》中，則傾向於從國力與經濟議題批判佛學對於社會國家的負面作用：

> 自三代以後，其爲中國財用之蠹者，莫甚於佛老，莫甚於黃河。一則以有用之金，塗無用之像；一則以有限之財，塡無限之壑。此所謂殺機也。〔註 147〕

顧允成認爲佛老等宗教成爲削弱國力的最大力量，將國家的重要經濟資本與勞力耗費在宗教儀式上。他認爲佛教禁欲之說，「從夫婦絕起」，「正要得生生路斷」，〔註 148〕與儒家重視「生生」之理有著天壤之別。他並引述胡居仁之語：「聖人有憂世心，無忿世心。是知釋氏殆忿世而過焉者也。」〔註 149〕顧憲成認爲佛學之說，是對於現象世界的徹底否定。顧允成以經濟財用批判佛教對中國國勢的弱化這個觀點，事實上是自韓愈〈原道〉以來，儒家排佛的主要論述立場。然而，晚明時期以財用爲排佛重心的議題再次覺醒，也反映晚明

〔註 145〕顧憲成《小心齋劄記》，卷三，頁 5：「卓哉其元公乎！吾始以爲元公也，而今乃知其宛然一孔子也。《太極圖說》推明天地萬物之原，直與河圖洛書相表裡。《通書》四十章，又與《太極圖說》相表裡。其言約，其旨遠，其體文，其爲道易簡而精微，博大而親切，是故可以點化上士。未嘗爲吾儒標門戶，而爲吾儒者咸相與進而奉之爲斯文之主盟，莫得而越焉；未嘗與二氏辨異同，而爲二氏者咸相與退而各守其宗，莫得而混焉。至矣盡矣！誠足以考前聖而不謬，俟後聖而不惑矣！」

〔註 146〕古清美先生認爲，周敦頤地位之所以重要：「不僅因其爲理學之第一人，更因其能在五代之時，儒家不振，而佛道大昌之後，首先爲吾儒立赤幟。」（古清美先生《顧涇陽、高景逸思想之比較研究》，頁 28；臺北：臺大中文所博士論文，1979 年 6 月）

〔註 147〕見顧允成《小辨齋偶存》（收於《景印文淵閣四庫全書》，冊一二九二，集部，別集類；臺北：臺灣商務印書館，1983 年，初版），卷三，〈劄記〉，頁 1292-279。

〔註 148〕顧允成《小辨齋偶存》，卷三，〈劄記〉，頁 1292-279：「天地絪縕，萬物化醇；男女構精，萬物化生。只爲化醇化生，惹出許多事，所以釋氏勘破這關捩子，劈頭從夫婦絕起，正要得生生路斷，還歸混沌耳。」

〔註 149〕顧允成《小辨齋偶存》，卷三，〈劄記〉，頁 1292-279：「釋氏要得混沌，亦是有激而然。蓋見得天地資始資生以來，相殘相賊，日甚一日，所以直要向咽喉下下此一刀耳。胡敬齋曰：『聖人有憂世心，無忿世心，是知釋氏殆忿世而過焉者也。』」

經濟逐漸衰弱、民間宗教儀式頻繁、帝王崇奉僧道信仰的社會現實。

東林學派嚴守儒釋之分際的基本立場，與他們堅持儒學正統意識的立場相輝映。雖然講學於東林書院的學者之中，有「從宗門入手，與天寧僧靜峰參究公案，無不了然」〔註150〕的孫愼行，然而，孫愼行雖參究公案，但在修養工夫上，仍堅持「儒者之道，不從悟入」的重實踐立場，主張「舍學問思辨行，而另求一段靜存動察工夫，以養中和者，未有不流於禪學者也」，〔註151〕將儒學重視實踐與修身工夫的思想特質，與禪學宗門標舉「頓悟」的思維方式加以區隔。

在晚明時期一片儒學宗教化的思潮裡，他們藉著批判「三教合一」思潮與狂禪化王學，以突顯儒學本色的正統意識，在晚明學術圈中顯得獨樹一幟。劉宗周在萬曆四十一年〈修正學以淑人心，以培養國家之元氣疏〉中盛贊：「王守仁之學，良知也，無善無惡，其弊也，必爲佛老頑鈍而無恥。……佛老之害，自憲成而救。」東林學派批判三教合一的學風，將明中葉以來狂禪化走向的儒學由禪學中隔離出來，開啓清代的經世之學與樸學走向。

（二）明朱子之正統

東林學者在復興朱子學與儒學正統意識方面的表面，除了辨明儒釋分際之外，他們也重新標舉北宋濂洛理學的正統性，將明中葉以來陽明所架構的理學道統，重新還原成周敦頤、程頤至朱子的傳承脈絡。

明中葉時期，陽明將聖學學統向北宋初年的周濂溪以及程明道推源追溯，認爲在周敦頤、程明道之後，道統逐漸晦暗支離。陽明藉著否定朱子學在「道統」中的正統位置，來重構他對理學的新道統脈絡。他將繼承孔孟道統的傳緒，由濂溪、明道以至於陸象山，建構出一套以心學爲中心的「孔孟正傳」譜系。陽明將朱子所推尊的「周程」中「程子」的角色由伊川置換爲明道，爲理學重建一套與朱子學迥然不同的道統脈絡。

陽明藉著對道統人物形象的排列重置，將道統中思想內涵的重點由「理」向「心」移轉，也將修養工夫論由「持敬」向「主靜」的脈絡移動。但，晚明時期，東林學派再次提起「道統」議題，企圖將自明中葉以來王學建構出的心學化儒學道統，還原爲南宋末、明初時期，朱子所建構的道統形貌，將朱子列於承傳孔孟學統的宗子地位。顧允成在《小辨齋偶存》中，就明確地建構出他們以朱子學爲正脈的道統承傳：

〔註150〕黃宗羲《明儒學案》，卷五九，〈東林學案二・文介孫淇澳先生愼行〉，頁104。
〔註151〕黃宗羲《明儒學案》，卷五九，〈東林學案二・文介孫淇澳先生愼行〉，頁104。

> 孔子以一貫授曾子，而曾子果傳之子思以及孟氏。楊龜山見程明道而歸，目送之曰：「吾道南矣！」龜山果傳之羅豫章，豫章傳之李延平，至於朱子，日益光大，方是命世眼目。〔註 152〕

東林學派對朱子的推崇，構築在東林學派對「儒學道統」的認同上。顧允成以孔、曾、思、孟以至於宋代的程顥、楊時、羅豫章、李侗，傳衍到朱子，扭轉王學以象山爲「孔孟正傳」的形象，進而強調朱子學說的儒學正統性。他們之所以選擇朱子作爲儒學道統傳繼的思想形象，一方面在於朱子在嚴明儒釋分際上的貢獻，〔註 153〕另一方面則在於朱子「傳註六經」，重視傳統儒學經典的價値。因此，他們對朱子的推崇，其實是出於儒學正統意識。高攀龍〈聖學論贊〉「朱子」條下提到：

> 刪述六經者，孔子也；傳註六經者，朱子也。子以四教：文、行、忠、信。子所雅言：詩、書、執禮。孔子之學，惟朱子爲得其宗，傳之萬世而無弊。孔子集群聖之大成，朱子集諸儒之大成。聖人復起，不易斯言。〔註 154〕

高攀龍的思想體系，環繞著朱子學的「格物」體系而來。〔註 155〕他將朱子「傳註六經」之功與孔子「刪述六經」並列，認爲「孔子之學，惟朱子爲得其宗」，將朱子視爲自孔子以來的儒學正統。高攀龍認爲「朱子傳註六經，折衷群言，是天生斯人，以爲萬世。即天之生聖賢，可以知天命矣！」，〔註 156〕朱子對六經的詮釋，是「集諸儒之大成」、「折衷群言」的結果。他肯定朱子之學具有「折衷」其他諸儒經學詮釋的價値，確立朱子學在經典詮釋上的正統性，間接否定王學對《大學》的詮釋，尤其是對「格物」的詮釋，將理學以《大學》爲中心文本的修身之學重新拉回朱子學的詮釋方向。

陽明藉著重建周、程、陸之間的學術承傳所構築出的心學道統脈絡，成爲明中期以來道統說的主流，而高攀龍卻藉著肯定朱子直承孔子的儒學正統地位，否定當時已在士人與市民社會中蔚然成風的王學道統建構，並批判陸王心學以「心」取代「理」之說在孔孟道統上的正統性。高攀龍將朱子與孔子並列，除此之外也指出「四先生之後，能繼其道，發明而光大之者，無如

〔註 152〕顧允成《小辨齋偶存》，卷三，〈劄記〉，頁 1292-273。
〔註 153〕古清美先生《顧涇陽、高景逸思想之研究》，頁 29～30。
〔註 154〕高攀龍《高子全書》，卷三，〈聖賢論贊〉，頁 1292-378。
〔註 155〕高攀龍《高子遺書》，卷一，〈語〉，頁 1292-331：「學必繇格物而入。」
〔註 156〕高攀龍《高子全書》，卷三，〈語〉，頁 1292-344。

朱子」，〔註 157〕將朱子學視爲直承北宋周、張、二程的理學正傳，呼應他對朱子「集諸儒之大成」的評價。晚明時期，東林學派「以朱爲宗」思想型態的成形，是在對後王學的反動、維護「儒學正傳」的正統意識下興起的思想走向。他們企圖喚醒儒學學者對儒學文化認同的危機意識，因此，他們標舉朱子，以與對禪學有較大包容性的王學末流相抗衡。

在對後王學「滿街聖人」思想的反動下，「尊朱」成爲東林學派的基本共識。除了高攀龍之外，顧憲成對於朱子學也十分企慕。在他爲高攀龍所編選的《朱子節要》所撰寫的序文中，顧憲成強調了朱子與孔子之間的道統「血脈」之承繼：

> 世之言朱子者，鮮矣！彼其意皆不滿於朱子也。予竊疑之，非不滿也，殆不便也。何者？世好奇，朱子以平，平則一毫播弄不得，高明者過於無所逞而厭之。世好圓，朱子以方，方則一毫假借不得，曠達者苦於有所束而憚之，故不便也。以其不便也，於是乎從而爲之辭。吾以爲平，彼以爲凡爲陋，若曰：夫豈誠有厭焉？不肯俯而襲，惜其傷於卑耳。吾以爲方，彼以爲矯爲亢，若曰：夫豈誠有憚焉，不能仰而模，惜其傷於高耳。故不滿也。內懷不便之實，外著不滿之形。不便之實根深蒂固，而不滿之形遂成而不可解。宜乎世之言朱子者鮮矣！乃雲從之於朱子懇懇如是，且謂學者不知朱子，必不知孔子。抑何信之深也！非其超然獨立，不受變於流俗，夫孰得而幾之乎！此余之所以喟然太息也。然則朱子其孔子乎？曰：「孔子依乎中庸，遯世不見。知而不悔，平之至也。十五而志學，七十而從心不踰矩，方之至也。朱子，希孔子者也。是故論造詣，顏孟猶有歉焉；論血脈，朱子依然孔子也。」雲從之爲是編，正欲人認取血脈耳。血脈誠眞，隨其所至，大以成大，小以成小，皆可以得孔子之門而入。倘不其然，即有殊能絕識，超朱子而上，去孔子彌遠，雲從弗屑也。讀者以是求之，斯得之矣。〔註 158〕

〔註 157〕顧憲成《朱子節要序》：「昔朱子與東萊呂子會於寒泉精舍，相與讀周子、程子、張子之書，歎其廣大閎博，若無津涯，而懼初學者不知所入，因共掇其要爲一編，分十四卷，名曰《近思錄》。有人高雲從讀而珍之，以爲四先生之後，能繼其道，發明而光大之者，無如朱子。」（顧憲成《涇皋藏稿》，卷六，〈朱子節要序〉，頁 1292-81）

〔註 158〕顧憲成《涇皋藏稿》，卷六，〈朱子節要序〉，頁 1292-81。

顧憲成「世之言朱子者鮮矣」之語，反映明中葉以來，學術界對元明以來官學化的朱子學所產生的反動趨勢與朱子學勢微的情況。顧憲成以「流俗」形容明中葉以來對朱子學的反動，也呈顯出王學興起後，對朱子學的厭倦已蔚然成風。除了士人群體之外，對朱學與傳統講學風氣的拘腐刻板印象，也普遍根植在市民心中，反映在通俗小說與笑話書中。〔註159〕

顧憲成、高攀龍對後王學的反動，象徵有著維繫儒學文化傳統責任感的知識分子，在時代思潮的挑戰下，所觸發的不安與危機意識。只有當儒學文化的傳統不再成爲維繫社會人心的主要力量時，「復古」與「正統」思潮才會被喚醒、強化。顧憲成對當時風尚的評價，以「流俗」這樣負面字眼，鮮明地反應了東林學派對當時左派王學的批判心態。顧憲成認爲當時朱子學之所以不再爲士人階層與庶民大眾所喜好，原因並不在於表面上「對朱子學不滿」的理由，而是建構在社會風尚對朱子學「外著不滿之形」的深層原因。顧憲成呼應高攀龍「論血脈，朱子依然孔子也」的看法，並強調儒家知識分子進學修身，必先「認取血脈」。唯有「血脈誠眞」，才「可以得孔子之門而入」。顧憲成與高攀龍這種強調「血脈」的論述，反映出晚明儒學知識分子正統意識萌動的痕跡，論證朱子學在當時雜糅禪學的王學思想裡所表現出的儒學思想純粹性。

「道統」思維，自中唐以來一直隱攝儒學「尊王攘夷」文化排他性的深層意義，藉著「道統」、「血脈」等概念，構築一個強調「純粹」、「正統」性質的學術發展理路。東林學者們藉著強化朱子學術在儒學「聖門正派」的合法性，藉著對朱子的追溯推翻明中葉以來由王學流衍的狂禪佛學化走向。東林學派對後王學與「流俗」的批判，其實也都是在文化排他性的作用下醞釀而成的結果。「尊朱」，成爲東林學派的基本共識。除此之外，東林學派多數學者極爲推崇明前期的關中學者薛瑄，以薛瑄與陽明爲明代二大學脈，分別承繼朱子與陸九淵，爲明代朱陸二學統的代表。東林學派之所以標舉薛瑄，有著爲明代的朱子學營構一個足以與陽明王學抗衡的朱子學大儒形象的深層目的。葉茂才爲高攀龍作〈行狀〉時，特別將薛瑄與陽明並提：

〔註159〕明代小說、筆記與笑話書中的道學家，往往被附著上迂腐、嚴肅、乏味、分宗立派的形象。參考陳寶良〈明代文人辨析〉頁206～208（《漢學研究》，第十九卷第一期，臺北：漢學研究中心，2001年6月）及周志文〈明代笑話書中的士子〉（周志文《晚明學術與知識分子論業》；臺北：大安出版社，1999年3月，第一版第一刷）

> 吾儒學脈有二，孔孟微見朕兆，朱陸遂成異同，文清（薛瑄）、文成（陽明）便分兩歧。我朝學脈，惟文清得其宗旨。百年前，宗文清者多；百年後，宗文成者多。宗文成者，謂文清病實，而不知文成病虛。畢竟實病易消，虛病難補。今日虛病見矣，吾輩當稽弊而返之於實。〔註 160〕

葉茂才認爲「吾儒學脈有二」，宋明以來朱陸二人的儒學分化，是由於原始儒家內部孔、孟之間的思想分歧。他認爲宋明時期朱、陸與薛瑄、王陽明之間的思想歧異，在原始儒家孔、孟思想中即已「微見朕兆」。然而，他仍不改東林學者尊朱、推崇薛瑄的本色，認爲「我朝學脈，惟文清得其宗旨」，基本上仍然肯定薛瑄承繼朱子學的正統性。〔註 161〕他以弘治、正德年間爲分界，將明代的學術劃歸爲朱子學與王學兩個分明的思想壁壘。葉茂才看似客觀地爲薛瑄與陽明分別作「病虛」與「病實」的不同評價，事實上卻以「畢竟實病易消，虛病難補」、「吾輩當稽弊而返之於實」爲薛瑄所代表的朱子學傳統立言。這種對王學後學「病虛」的貶抑心態，事實上正是晚明以來回歸朱子學傳統的儒學知識分子，對於市民文化興起、後王學的唯心走向所掀起的價值觀革命而產生的極端危機感。

二、「尊經」意識與復古思維

晚明東林學派的朱子學復興運動，企圖扭轉明中葉以來的學術思想型態，向宋代與明初的理學傳統追溯，並重新喚醒在陸王心學興起後逐漸被遺忘的經典文本的價值。自仁宗慶曆之後，知識分子對於儒學傳統經典《五經》的文本詮釋方面起了極大的變化，劉敞《七經小傳》與王安石的《三經新義》，爲漢文化的經典詮釋學帶來嶄新的詮釋路向，打破自漢以來篤守古義、各承師傳的訓詁傳注模式。〔註 162〕這樣一種經學上而重視個人對經典文本體驗的

〔註 160〕清・高崧等輯《書林書院志》（上海：上海古籍出版社，《續修四庫全書・冊七二一・史部・地理類・東林書院志》），卷之七，〈高景逸先生行狀〉，頁 109。

〔註 161〕《東林書院志》，卷之六，〈高景逸先生東林論學語・下〉，頁 75 也有一條記載：「我朝，文清先生與陽明先生俱是大儒。第文清先生之學，嚴密無流弊；陽明先生未免有放鬆處。」

〔註 162〕王應麟《困學紀聞》，卷八，〈經說〉中提及：「自漢儒至於慶曆間，談看者守訓故而不鑿。《七經小傳》出而稍尚新奇矣。至《三經義》行，視漢儒之學若土梗。」

「變古」詮釋方式，使得「疑經惑傳」的風氣應運而起，將經學研究與學術思想帶往一個強調個體自覺與個人體驗的方向。

隨著理學思想復性修身之學的發展，「五經」的權威性不斷流失，而它們的重要性也逐漸爲「四書」所取代。明中葉時期講學活動蓬勃發展，後王學崇新尚奇、重視個人體驗的詮釋方式，使得註疏訓釋成爲揮灑個人思想的舞台。理學家們對文本的詮釋與理解，對知識分子的意義更甚於經典文本本身。特別是自明中葉以來，王學強調個體自覺的思想蔚然成風，在「六經皆我註腳」的思想催化之下，經典文本成爲附著於個人體驗的次要角色。因此，皮錫瑞稱這一段時期爲經學的「極衰時代」。〔註 163〕

陽明學「心即理」的觀點，在「自信其良知」思想的推使下，個人體驗成爲價值判斷的依據，是非標準不再依據於文本經典、不再依據於客觀的「天理」，而在於個人的「良知」。後王學學者們企圖打破儒學文化中的「經典」傳統，卻帶來新的社會與學術問題。根據王汎森對晚明的評述，道德判斷的統一尺度在他們的宣示下湮滅，在自得之學、滿街聖人的風尚下，「道」的統一性不復存在。由於明中期以後知識分子傳統價值觀的失落，迫使晚明士人必須重新向傳統經典中追索，藉著「質諸先覺，考諸古訓」的客觀標準，重新建構儒學之「道」。〔註 164〕

事實上，重視經典文本的風氣在陽明及門弟子中已見其端倪。明嘉靖年間，江右王門學者歐陽德，認爲個體識見「必考究講求而後停妥」，而將「考究講求」也攝歸於「良知自然」的運作之下。〔註 165〕歐陽德在王學的規度下，卻有著不反對「考究講求」的傾向，他對於「考究講求」與「漸修」的包容情緒，顯示出江右王學內部的思想質變空間。江右王學——特別是歐陽德之學——與東林之學在師承上有深刻的淵源。晚明時期，經典逐漸被蔑視，而浮談無根的弊端在知識分子間擴散時，歐陽德這一脈重視「考究講求」的思想潛流因而覺醒，東林學派「尊經」的呼籲，就是在這樣的思想環境下蘊育，

〔註 163〕皮錫瑞著，周予同增注《增注經學歷史・經學積衰時代》（臺北：藝文印書館，1996 年 8 士，初版三刷），頁 317。

〔註 164〕王汎森〈「心即理」說的動搖與明末清初學風之轉變〉，頁 334。（臺北：中央研究院歷史語言研究所集刊，第六十五本，第二分，1994 年 6 月）

〔註 165〕黃宗羲《明儒學案》，卷一七，〈江右王門學案二〉，頁 82：「良知無方無體，變動不居，故有昨以爲是，而今覺其非；有已以爲是，因而人覺其爲非；亦有自見未當，必考究講求而後停妥。皆良知自然如此，故致知亦當如此。然一念良知，徹頭徹尾，本無今昨人已內外之分也。」

在晚明的思想界活躍起來。

在後王學對經典文本的蔑視風潮之下，東林學派將他們對後王學「自陷於不自知之妄作」〔註166〕、「任心太過，不無走作」的危機感與復興朱子學的思維結合，儼然有著與「流俗」抗衡的態勢，爲清代經學復興的思維埋下即將萌發的種子。他們「尊經」態度的深層目的，仍然根植於儒學正統意識的思想上。顧憲成在〈朱子二大辨序〉中，與顧允成論及當時學術之弊時提到：

> （顧允成）而謂予曰：「惟今日學術之弊亦然。第昔也頓悟、事功，分而爲二；今也幷而爲一，其害更不可言耳。不知朱子而在，又何以爲計？」予曰：「難哉！必也其反經乎！」〔註167〕

顧憲成之所以提倡「返經」這種學術思想上的復古議題，其中醞釀著藉由經典重建儒學正統思想脈絡的深意。相對於後王學學者對經典文本的輕視，東林學派標舉「尊經」、強調經典的價值。他們體認到傳統儒學文本在喚起知識份子對儒學正統意識認同時的重要力量，「尊經」成爲他們辨明儒學道統與頓悟、事功之學的必要舉措。在東林學者以經學爲主題的定期講會活動中，反映出他們對於經學沒落感到的危機，以及他們對重新提振經學所做的努力。華貞元〈吳覲華先生傳〉中敘述：

> 甲辰，東林書院成，吳越士友會集其中。先生以朋友講習，不可不謹，約爲朔會，折衷於景逸高先生；五經不可不講，約爲經會，參酌於明經諸友。〔註168〕

根據華貞元的敘寫，當時東林學派除了書院講學之外，更有以專門講習五經爲主的「經會」。吳覲華宜倡「五經不可不講」，重新正視傳統儒學經典五經的價值，甚至「約爲經會」，反映出東林學派「尊經」的基本態度。

東林學派具有復古性格的「尊經」，在他們興復朱子學的宗旨以及與後王學的「變古」習氣對立抗衡下，醞釀出一股強大的「復古」力量。朱子學對

〔註166〕高攀龍《高子遺書》，卷八上，〈答葉台山〉，頁1292-485～1292-486：「……故覺聖賢之言，淺近、愈精深。蓋一字一句，有終身用之不盡者。乃欲舍是而別求異端之說，直當面錯過矣！故嘗妄意以爲今日之學，寧守先儒之說，拘拘爲尋行數墨，而不敢談玄說妙，自陷於不知之妄作；寧稟前哲之矩，硜硜以爲鄉黨自好，而不敢談圓說通，自陷於無忌憚憚之中庸。積之之久，倘習心變革，德性堅凝，自當恍然，知大道之果不離日用常行，而步步踏實地，與對虛說相輪者遠矣。」

〔註167〕顧憲成《涇皋藏稿》，卷六，頁1292-82。

〔註168〕清・高𡶶等輯《東林書院志》，卷之九〈列傳三・吳覲華先生傳〉，頁135。

於經典文本的對治態度，則與陸王學者「六經皆我註腳」的態度有所別異。對於傳統經典的重要性而言，程朱學者顯然比陸王學者對「五經」更爲認同。朱子在《論語集註》中引述程子「窮經將以致用也」，〔註 169〕反映出程朱學派對於經學的基本態度。朱子遍註群經，雖然他的訓注方式有異於漢唐以來的章句義疏之學，但朱子對於「通經致用」的經學價值卻未曾質疑。東林學派「尊經」的復古傾向，與朱子學復興運動的反後王學思維共同生發，同時，也與晚明文學界的復古運動相互呼應。在顧憲成爲東林書院所作的《東林會約》之中，標舉出「四要」，其中一條便是「尊經」：

> 一曰「尊經」。尊經云何？經，常道也。孔子表章六經，程朱表章四書，凡以昭往示來，維世教、覺人心，爲天下留此常道也。譬諸日月焉，非是，則萬古晦冥；譬諸雨露焉，非是，則萬古枯槁。學者試能讀一字便體一字，讀一句便體一句。心與之神明，身與之印證。日就月將，循循不已。其爲才高意廣之流歟，必有以抑其飛揚之氣，斂然思俯而就，不淫于蕩矣！其爲篤信謹守之流歟，必有以開其拘曲之見，聳然思仰而企，不局于支矣！所謂陶冶德性，變化氣質，胥而納諸大中至正之歸，其功豈淺鮮耶！若厭其平淡，別生新奇以見超，是曰穿鑿；或畏其方嚴，文之圓轉以自便，是曰矯誣；又或尋行數墨，習而不知其味，是曰玩物；或膠柱鼓瑟，泥而不知其變，是曰執方。至乃枵腹高心，目空于古，一則曰：「何必讀書然後爲學？」一則曰：「六經註我，我註六經。」即孔子大聖一腔苦心、程朱大儒窮年畢力，都付諸東流已耳。然則承學將安所持循乎？異端曲說，紛紛藉藉，將安所折衷乎？其亦何所不至哉？故君子尊經之爲要。〔註 170〕

東林學派對於程朱之學的推崇與肯定，在相當程度上肇因於程朱重視儒學經典。高攀龍推崇朱子「傳註六經」，而將他安放在一個足以與孔子並列的位置，〔註 171〕並認定「是六經者，天之法律也。順之則生，逆之則死」，〔註 172〕將

〔註 169〕朱子《四書集註．論語集註》，卷七，〈子路第十三〉：「子曰：誦詩三百，授之以政，不達，使於四方，不能專對。雖多，亦奚以爲？」注：「程子曰：『窮經將以致用也。』世之誦詩者，果能從政而專對乎？然則其所學者，章句之末耳。此學者之大患也。」（臺北，文化圖書公司，1991 年 7 月，初）

〔註 170〕清．高崶等輯《東林書院志》，卷之二，〈顧涇陽先生東林會約〉，頁 35。

〔註 171〕高攀龍《高子全書》，卷三，〈聖賢論贊〉，頁 1292-378：「刪述六經者，孔子也；傳註六經者，朱子也。子以四教：文、行、忠、信。子所雅言：詩、書、執禮。孔子之學，惟朱子爲得其宗，傳之萬世而無弊。孔子集群聖之大成，

六經視爲天理律則；而顧憲成也推崇「孔子表章六經，程朱表章四書」，都是「爲天下留此常道」。顧憲成的「經」概念，循順著南宋光宗年間詔刻十三經以來的基本共識，兼攝《四書》與《五經》。在《東林會約》的這一段文字裡，他指出晚明時期經學研究以及知識分子對經學的幾項基本態度：「穿鑿」、「矯誣」、「玩物」、「執方」、「目空于方」。其中，「穿鑿」、「矯誣」、「目空于方」等批判，都是針對後王學對經學的態度而來。

顧憲成強調經典文本「昭往示來，維世道、覺人心，爲天下留此常道」的道德與社會意義，認爲經典不僅僅在於個人成聖工夫理論上具有「陶冶德性，變化氣質」的修身作用，〔註 173〕更具有「維世教、覺人心」的教化意識，成爲社會控制裡穩定人心的重要力量。他肯定經典爲「昭往示來」的「常道」，在歷史文化傳承以及社會、政治現實上有著絕對的實踐價值。顧憲成反對「六經註我」的經學態度，批判後王學學者將經典視爲印證個人體驗的唯心思維，認爲經典的意義在於「心與之神明，身與之印證」，強調以親身實踐工夫去印證經典文本的價值，將知識分子的著力焦點由後王學所重視的個人體驗層次向經典文本移轉。

顧憲成雖然反對後王學學者對於經典的漠視，然而他對於經學的態度，也並非墨守前人古義成說。他同樣反對「尋行數墨，習而不知其味」、「膠柱鼓瑟，泥而不知其變」的治經心態，認爲這樣的經學研究畢竟只是「玩物」、「執方」。他在〈復耿庭懷明府〉中便指出：「竊意吾輩於此事，或靜中有得，或動中有證，隨時拈出，密自參考，未爲不可。如將古人經典枝分節解，恐未免有無事生事處，非所望於門下也。二千年來，訓詁家只推得朱夫子一人，說者猶嫌其多了些子。況吾輩可效之乎？」〔註 174〕顧允成「讀書不局章句」，〔註 175〕也反映這樣一種不局限於訓詁章句上的治學態度。

朱子集諸儒之大成。聖人復起，不易斯言。」

〔註 172〕高攀龍《高子遺書》，卷九上，〈程朱闕里志序〉，頁 1292-543～1292-544。

〔註 173〕從學於顧、高二人的鄒期禎，也肯定研治五經經義對個人修身成聖的輔助作用。《東林書院志》，卷一一，錢肅潤〈鄒經畬先生傳〉，頁 179：「先生……乃從先丘操存諸法遍參之，最後獨心旨高公所論『觀未發功夫，一觀而用寂』一語，大率謂觀未發之學，以主靜爲訣，以主敬爲宗，以《禮經》之九容爲把柄。九容件件停當，身心內外一齊收斂，則終日研求經義，亦是栽培本體之助。」

〔註 174〕顧憲成《涇皋藏稿》，卷四，〈復耿庭懷明府〉，頁 1292-42～43。

〔註 175〕顧憲成《涇皋藏稿》，卷二二，〈先弟季時述〉，頁 1292-248：「弟讀書不局章

顧憲成強調經學「維世教、覺人心」的實用價值，將東林學派的經學研究引導向經世的方向，事實上，東林學派的「尊經」觀點，呼應程朱「窮經以致用」的經學思想。東林學派對於經典文本的重視與推崇，隨著知識分子對儒學正統意識的覺醒而生發，藉由朱子學復興的學術傾向所牽動，而重新喚起知識分子對經學研究的熱情。

三、東林學派對明代朱王學之爭的基本立場

明中葉以來，延伸自南宋中期以來的朱陸之爭，在陽明學興起後有了截然不同的新情勢。原本居於弱勢的陸系心學，一躍成爲思想主流。在陽明從祀於孔廟之後，氣勢更是澎湃難掩。在陽明與朱子同祀於孔廟之後，宋元以來儒學思想的朱、陸分化，也在這一個時點以「心學」、「理學」之名正式對立。從學錢一本的吳桂森，在〈眞儒一脈敘〉中論述：

> 斯文一脈，所以炳耀乾坤，流行今古者，惟一二眞儒任其統，而儒宗之品篤，所以繼往開來，則惟於廟廷從祀定其議。國朝二百六十餘年，得與茲典者，四公而已。然議時惟薛文清、胡敬公無間言，陳恭公未免一二致疑，至王文成，則可否幾於相半。蓋良知之說，與紫陽氏原自立一赤幟也，故議之最久乃定。自是宗王學者導流揚波，至有心學、理學之名，而脈若分爲二矣。悟門既闢，一切窮理居敬之學，視爲塵垢秕糠，而流弊且中於人心。於是東林君子起而維之，言體則必合之於用，言悟則必證之於修。程朱之說，復揭中天，而於文成之書，則研析精微，爲之剖其異、指其同，而脈之分者復合，所謂繼往開來，以承千古之統者，不在茲乎！〔註 176〕

從祀孔廟，成爲政治中心判定儒學正統的官方標準。根據吳桂森〈眞儒一脈敘〉的記述，有明兩百六十餘年間，惟有薛瑄、胡居仁、陳獻章以及陽明四人。吳桂森指出，這四位入祀孔廟的學者在當時所引起的爭議，陳獻章僅「未免一二致疑」，而陽明則「可否幾於相半」。吳桂森認爲，陽明入祀孔廟的事

句，惟時時將本文吟諷，彷彿意象氤氳而止。間拈一二語，迥絕蹊徑，如九方皋相馬，超然得之牝牡驪黃之外。有勸其著述者，應曰：『吳康齋先生嘗病未末箋註之繁，非徒無益，而反有害。章楓山先生亦曰儒先之言至矣，刪其繁蕪可也。予竊深韙之，何敢復攘臂於其間！』」

〔註 176〕清・高𡶶輯《東林書院志》，卷一六，〈文翰二〉，頁 252，吳桂森〈眞儒一脈敘〉。

件，是促使「斯文一脈」分化爲心學、理學的關鍵，也是儒者將「一切窮理居敬之學，視爲塵垢秕糠」、是使宋元以來的由程朱所建構的「持敬窮理」一系成聖工夫理論徹底失落的主要原因。吳桂森鋪寫出東林學派之所以有必要「起而維之」的學術背景，強調學術走向必須重回「用」與「修」的務實層次，也指出東林學派的程朱學基調。他們對於王學的態度，基本上是「研析精微，用之剖其異、指其同」，而剖異、指其同的判準，則在於朱子學。

「剖其異、指其同」一語，是東林學派對王學的基本立場。他們對王學的吸收承繼與修正批判，基本上建構在朱子學的思想體系之上，企圖以朱子學爲基礎而涵融王學，以使「脈之分者復合」，回歸他們所認定的「斯文」之統。高攀龍在《東林論學語》中，也表現出將朱子與象山之學分別歸於孔、孟學統，最終融會於儒學學脈的和會態度：

> 先生曰：「人以陸象山先生爲禪學，象山何嘗看佛書？其學分明是孟子一脈，先立乎其大者。但彼資性高，當下見得如此；將得手處教人言之太易，不善學者無彼之天資，又無彼之人力，效其現成口吻，故有病耳。象山畢竟少了朱子窮理工夫。說他不入微則可，謂之爲禪，非也。即陽明先生分明是象山一派，象山從是非之心透入，陽明從致良知得心。彼之工夫，眞萬死一生中得來。後人夾雜情識發用出來都當了良知作用，乃得其弊也。以四無立教，先生之過也。薛方山公有云：『朱子之學，孔子教人之法也；陸子之學，孟子教人之法也。』此可爲千古定案。」〔註 177〕

吳桂森「剖其異、指其同」，將南宋中期以來分化爲二的儒學學脈重歸融爲一的思想，正是東林學派對王學基本態度的展現。高攀龍雖然引述薛應旂的觀點，分別以朱子、象山分別繼承孔子、孟子一脈，然而卻同樣融流於儒學統之下。他將朱與陸、孔與孟之間的別異設定在「教法」上，認爲儒學孔孟、朱陸之間並不存在思想上的差異。在分論朱、（陸）王學教法時，高攀龍認爲心學教法「不入微」，「後人夾雜情識發用出來都當了良知作用，而其弊也」，隱隱有著朱優陸劣的評價。高攀龍將陽明歸於「象山一脈」，又將象山之學界定爲「分明是孟子一脈」，強調陸王心學學統的純儒立場。他對於陸、王之學的純儒認定，事實上是針對於當時風靡於士人社會的「禪悅之會」〔註 178〕及

〔註 177〕清・高嵀輯《東林書院志》，卷之五，〈高景逸先生東林論學語〉，頁 65。

〔註 178〕晚明文士與後王學學者喜爲「禪悅之會」，如陶望齡、黃愼軒、董其昌、吳本

後王學學者心學禪學化的風氣而來。藉著宣誓王學傳承儒學的基本立場，針砭當時後王學學者講學、詮釋經義時援禪入儒的態度，〔註 179〕強調心學本是儒學流衍，非關禪學。

高攀龍重申王學學統的儒學立場，認爲王學思想與孔孟、朱子同質，只是在「教人之法」上有所歧異。這樣的陳述，其實也反映著東林學派對朱子與陽明之學「剖其異、指其同」的思想展現。

東林學派對王學的修正與批判，是以朱子學作爲批判標準。對於南宋中期以來綿延未絕的朱、（陸）王學之爭，東林學派雖然有著尊朱黜陸的基本立場，然而深層目的仍是主張回歸「斯文一脈」的儒學道統。陽明入祀孔廟之後，王學已然獲得朝廷肯定的「儒學正統」冠冕，僅管有著「可否幾於相半」的爭議，然而明中葉以來心學縱橫學壇的情態，畢竟也因此而起。王學成爲思想主流既已成定局，因此東林學派一方面強調朱子學在儒學思想上的正統，另一方面，也企圖以朱子學的尺度修正、並進一步融攝王學，將心學歸入朱子學的體系之中。他們以重新強調王學儒學性格的一面，力挽晚明時期走向禪化的後王學。因此，東林學派對王學批判與修正的焦點，主要在於王學思想中具有禪學爭議的本體論「無善無惡」部份，特別是在於陽明對四句教「無善無惡心之體」的詮釋上。

四、東林學者對王學的批判與修正

就某種層次而言，東林學派「尊朱」與務實的思想傾向蛻衍於明中葉以來王學內部對心學思想的修正與質變。從東林學派主要人物的學承背景觀察，東林學派與王學間有著極爲深刻的淵源。顧憲成、顧允成兄弟受業於江右王學學者歐陽德門人薛應旂，而顧憲成又私淑泰州王學方學漸；錢一本之學，則多得自江右學王時槐。其中，東林學派顧、錢等人與江右學風間有著密切的交游往來，由江右以至於東林，彼此間的學術傳承與思想變化，正反

如等人，相與聚談禪學。士子崇慕佛道思想，甚至於有在科場應試時，間以佛經道藏之語闡釋聖賢經義的風氣。關於晚明禪化風氣，可參考毛文芳〈晚明「狂禪」探論〉。（臺北：漢學研究中心，《漢學研究》第十九卷第二期，2001年 12 月）

〔註 179〕後王學學者講學時往往有援禪入儒、不諱言禪的現象，尤以泰州王學爲甚。王畿講學時「每講雜以禪機，亦不自諱」、王艮「出入於二氏」，都反映了當時後王學學者對於禪學的欣悅態度。

映了王學內部實變的歷程，東林學派對王學的評價，可析離爲對陽明個人形象以及對陽明心學兩方面來討論。

陽明在東林學者中的形象極爲特別。他們對於陽明本身，並沒有太大的訾議，甚至對於陽明個人的事功學問多所稱頌，即使是東林學者中，朱子學色彩最爲鮮明的高攀龍，仍將陽明定位爲「文成豪傑而聖賢者也」。〔註 180〕然而，東林學派則多半對王學抱持批判的態度。在陽明入祀孔廟、心學成爲思想主流之後，東林學者便企圖以朱子學的體系，融攝王學，以弭平自南宋以來爭議不輟的朱、（陸）王之爭。事實上，東林學派對後王學的反動與批判，是建構在他們企圖以朱子學規度融攝王學的思想上，將朱子與王學融流於「斯文之統」。從這個角度而言，東林學派對朱子學與王學的基本態度，也是一種變相「和會」思想的反映。

明中葉以來，主張三教合一的學者，在太祖〈三教論〉中找到君主對三教並立、「其所濟給之王一然」的支持，肯定佛老的經世意義；又藉著陽明「無善無惡心之體」之說，縮合儒學與佛學在本體論上的歧異，爲三教一家學說尋得和會的思想基礎；甚至，在儒學完全人格典範的「聖人」形象上，也逐漸摻染與佛教大乘菩薩極爲相近的氣質。〔註 181〕儒學傳統在後王學狂禪思想與三教合一趨勢的衝擊下，逐漸失卻經世的特質，而走向出世的方向。東林學派反對「三教合一」學說對儒學思想本身的用與錯誤詮釋，針對太祖〈三教論〉的論述，由於牽涉明代政策的基本走向以及君主的絕對威權，他們只能藉由重新詮釋太祖〈三教論〉的文義來反駁三教一家的論調。〔註 182〕然而，〈三教論〉明確地宣誓著官方對佛、道的不反對態度，因此，東林學派對〈三教論〉的詮釋傾近於曲解。〔註 183〕在無法眞正推翻王室對佛老的支持態度的情勢下，他們選擇由

〔註 180〕高攀龍《高子遺書》，卷一，〈語〉，頁 1292-344：「文公聖賢而豪傑者也，故雖以豪傑之氣概，於是聖賢眞色；文成豪傑而聖賢者也，故雖以聖賢學問，終是豪傑眞色。」

〔註 181〕參考呂妙芬〈儒釋交融的聖人觀：從晚明儒家聖人與菩薩形象相似處及對生死議題的關注談起〉頁 201～202。（臺北：中央研究院近代史研究所，《中央研究院近代史研究所集刊》，第三十二期，1999 年 12 月）

〔註 182〕參考張藝曦《講學與政治：明代中晚期講學性質的轉變及其意義》（頁 99）提到，太祖〈三教論〉一再被合三教者所引用，「以『暗助王綱』之說，來證明佛、老亦有益於治世。……當然，事關太祖，不可輕易從事，因此東林一方面闢佛老有害於經世，一方面則重新解釋太祖之言以反駁之。」

〔註 183〕如錢一本對〈三教論〉的詮釋：「孔子不沒管仲之功，而終小其器，不與其爲仁。我聖祖不滅二氏之教，而止與其暗功，明斥之於治道之外。」（《黽記》，

王學「無善無惡心之體」的理論架構切入，重新標舉「性善」本體，辨析儒釋之學在本體論上的根本別異，並進一步打破晚明以來禪學化的「聖人」形象。

明中葉以至於晚明，王學後學在本體論上所生發的理解歧異，基本上都由陽明「四句教」中「無善無惡心之體」一語而起。顧憲成以一個王學末裔的身分步上「尊朱」的朱子學徑途，正肇因於對陽明四句教中「無善無惡」的本體論調所產生的質疑。〔註 184〕而顧允成在《小辨齋偶存・劄記》中也提到：

> 朱子曰：「海內學術之弊，只有兩端：江西頓悟、永嘉事功。若不竭力明辨，此道無由得明。」夫「頓悟」二字，便是空字的入門；「事功」二字，便是混字的出路。太史公謂申韓原於道德之意，而老子深遠矣。愚亦謂「頓悟事功」，皆原於無善無惡之意，而無善無惡深遠矣。〔註 185〕

顧允成引述朱子之說，將學術之弊歸類於「頓悟」與「事功」兩大類。「事功」之學在晚明再次成爲儒學本位主義者批判的對象，反映出當時具有法家性格的霸術之說與王霸之辨，再次成爲士人社群中的重要議題。〔註 186〕另一方面，顧允成對「頓悟」的訾議，則針對後王學禪化思想而來。他認爲「頓悟」與「事功」之說「皆原於無善無惡之意」，將晚明儒學禪學化與霸術興起，導因於「無善無惡」本體論的流衍。在顧憲成〈心學宗序〉中，也有類似的表述：

> 自釋氏以空爲宗，而儒者始惡言空矣。邇時之論不然，曰：「心本空也。空空，孔子也；屢空，顏子也。奈何舉而讓諸釋氏？」則又相率而好言空。予竊以爲：空者，名也。要其實，當有辨焉。無聲無臭，吾儒之所謂空也；無善無惡，釋氏之所謂空也。兩者之分，毫釐千里。混而不察，概以釋氏之所謂空，當吾儒之所謂空，而心學

卷二，頁 594）則企圖將朱元璋的信仰態度合理化。（《罷記》四卷，收於《四庫全書存目叢書》，子部儒家類，第十四冊；臺南：莊嚴文化出版，1995 年 9 月，初版一刷）

〔註 184〕顧憲成《涇皋藏稿》，卷四，〈復方本菴〉，頁 1292-49：「不肖，下里之鄙人耳，無所聞知。少嘗受陽明先生《傳習錄》而悅之，朝夕佩習不敢忘。獨於天泉橋無善無惡一揭，竊訝之。間以語人，輒應曰：『此最上第一義也。』則益訝之。俯仰天壤，幾成孤立。」

〔註 185〕顧允成《小辨齋偶存・劄記》，頁 1292-274～1292-275。

〔註 186〕關於明中晚期霸道之學興起之說，參考張藝曦《講學與政治：明代中晚期講學性質的轉變及其意義》，頁 77。

且大亂於天下，非細故也。〔註 187〕

以「無善無惡」爲「釋亂儒」的根源，是東林學派的基本共識。顧憲成認爲儒學中的「空」概念，僅是就「無聲無臭」的現象描述語詞，與佛學具有本體意涵的「空」迥然有別。〔註 188〕「無善無惡」的道德本體論述，是對釋氏本體「空」的描述。在〈心學宗序〉中，顧憲成將王學與三教合一學者藉以綰合儒釋的「無善無惡」本體說，判歸於佛學的範疇。雖然「無善無惡心之體」本是陽明「四句教」中對心學本體的論點，但顧憲成在此處卻直言「無善無惡」爲「釋氏之所謂空」，事實上已隱約暗示著王學本體論有著援佛入儒禪學性格，並非儒學本色。他指出儒學與佛學雖同用「空」這一個名詞，然而其中涵攝的概念意涵並不相同，而當時三教一家的學者以「空」字綰合孔顏之學與釋氏之學，企圖以佛學本體意涵的「空」概念，將「無善無惡」的道德本體學說混融入儒學的本體論之中，藉以淆亂儒學「至善之性」的道德先驗本體思想，是使「心學大亂於天下」的深層原因。〔註 189〕

有鑒於此，顧憲成將「空」與「實」並置於「性體」特質的兩個側面，明

〔註 187〕顧憲成《涇皋藏稿》，卷六，〈心學宗序〉，頁 1292-85。

〔註 188〕清·高崶輯《東林書院志》，卷四，〈顧涇陽先生東林商語下〉，戊申〈讀錢漸菴先生空說請正〉，頁 53：「翁以無善無惡爲空乎？愚竊惟言空莫辨乎中庸矣！然而始之曰：『喜怒哀樂之未發謂之中』，則是所空者喜怒哀樂也，非善也。終之曰：『上天之載，無聲無臭，至矣！』則是所空者聲臭也，非善也。夫善者，內之不落喜怒哀樂，外之不落聲臭，本至實，亦本至空也。」根據古清美先生的看法，顧憲成「一方面形容性體不落聲臭，不落喜怒哀樂之分別而無去『善』，以此說明吾儒之『空』別於無善無惡的一切不立，一方面正恰好地襯托出儒家對超越而實有的性體的積極肯定。」（古清美先生《顧涇陽·高景逸思想之比較研究》，頁 62；臺北：臺大中文所博士論文，1979 年 7 月）

〔註 189〕清·高崶等輯《東林書院志》，卷二，顧憲成《東林會約·四要》，頁 34「知本」條下，亦有類似論述：「性一而已矣！言性者亦一而已矣，不聞有異同之說也。自孟子道性善，告子又道無善無不善，而一者始歧而二矣。此孔子以後之變局也。今之言曰無善無惡是謂至善，而二者又混而一矣。此孟子以後之變局也。或于同中生異，或予異中強調，詖淫邪遁，皆從此出，不可不察也。……竊見邇時論學，率以悟爲宗，吾不得而非之也。徐而察之，往往有如所謂以親義別序信爲土苴，以學問思辨行爲桎梏，一切藐而不事者，則又不得而是之也。識者憂其然，思爲救正，諄諄揭修之一路，指點之良苦心矣。而其論性，則又多篤信無善無不善之一言，至以爲告子直透性體，引而合之孟子之性善焉。不知彼其以親義序別信爲土苴、以學問思辨行爲桎梏，一切藐而不事者，其源正自無善無不善之一言始。而無善無不善之一言所以大張于天下者，又自合之孟子之性善始也。」

確界定「性以善爲體」，〔註 190〕而「實」與「空」則分別指涉「善性」本體的「萬象咸備」與「纖塵不著」。〔註 191〕他將本體之「空」的定義界定在本體是超經驗性的，因此「無聲無臭」、「纖塵不著」，而非指涉道德本體的無善無惡。顧憲成針砭主學「無善無惡」的佛學化心本體，而重回「以性束心」〔註 192〕的程朱學「性即理」思想脈絡，〔註 193〕而高攀龍更專提「性」字，作爲學問的最高宗旨。在《東林會約・四要》之中，首曰「知本」，而以「學以盡性也，盡性必自識性始」，〔註 194〕辨明「至善」的心性本體。以「性」爲最高道德本體的論述，儼然成爲東林學派的理學思想基調。

宋元以來，以成聖工夫爲著力焦點的學術傳統，在晚明後王學流的「頓悟」思潮影響下，修身成聖的工夫之學日漸沒落，形成空談本體而忽略務實之「用」的浮泛風潮；而在「自得」思想驅動下，價值判斷的統一尺規、「道」的統一性也徹底失落。在平衡王學流弊的基點上，東林學派強調「知致之功」、重視「用」的層次的思想，也由此蘊育化生。強調「致良知」中「致」的側面，本是江右王學鄒守益、歐陽德一系的思想基調，東林學派對「致知之功」的推重，恰好反映了由江右王學以至於東林學派之間思想脈流的纏繫牽連。高攀龍〈箚記〉中提到：

> 王文成曰：「吾良知二字，從萬死一生得來。」其致知之功何如乎！其所經歷體驗處，皆窮至物理處也。身繇程朱之途，口駁末學之弊，猶之可也。學文成者，口襲其到家之語，身不繇其經歷之途，良知從何得來？〔註 195〕

高攀龍肯定陽明「其所經歷體驗處，皆窮至物理處也」。他認爲陽明的良知體認，有著「窮至物理」的工夫基礎。他所駁斥的，只是那些「身不繇其經歷」

〔註 190〕清・高崶等輯《東林書院志》，卷之四，「會語二」，《顧涇陽先生東林商語下》，戊申〈讀錢漸菴先生說請正〉，頁 53。

〔註 191〕清・高崶等輯《東林書院志》，卷之四，「會語二」，《顧涇陽先生東林商語下》，戊申〈讀錢漸菴先生說請正〉，頁 53。

〔註 192〕《小心齋箚記》，卷五，頁 14：「只提出『性』字作主，這『心』便有管吏。孔子自言：『從心所欲不踰矩。』矩即性也。看來是時已有播弄靈明的了，所以特爲立個標準。」

〔註 193〕黃宗羲《明儒學案》，卷五八，〈東林學案一〉，頁 52：「性即理也，言不得氣質之性爲性也；心即理也，言不得認之心爲心也。皆喫緊爲人語。」

〔註 194〕清・高崶等輯《東林書院志》，卷二，顧憲成《東林會約・四要》，頁 33「知本」條。

〔註 195〕高攀龍《高子遺書》，卷二，〈箚記〉，頁 1292-346。

而妄言「良知」之人。東林學派對後王學修身工夫失落的批判與修正，一方面表現在強調「致知之功」、強調經驗智識對於修德成聖的必要性，另一方面，在禮教等種種社會規範逐漸失落的同時，東林學派對社會道德價值判準失落的危機感，也反映在他們重禮、重名教的思想上。〔註 196〕他們對王學的批判，就本體論而言，在於以儒學「性善」的先驗道德價值傳統修正陽明四句教中富有禪學意味的「無善無惡心之體」成分；就工夫與修身論而言，則在於強調「致知之功」，以修正後王學「口襲其到家之語，身不繇其經歷之途」、流於空言泛論的流弊。

第四節　結　語

朱、陸（王）之爭的學術議題，瀰漫著整個明代的思想氛圍。明前期的朱陸之爭，朱子學儼然以官學兼學壇主流的磅礡氣勢，居於朱陸爭辨的上風。然而這一時期的朱子學思想也在理氣議題上逐漸產生質變，和會朱陸的思想也逐漸興起。明中期以來陽明良知之學襲捲士人思想界，陽明藉著道統重構、批判朱子學爲告子義外之學、顛覆朱子經學詮釋的權威地位以及重塑一個心學化的「晚年朱子」形象，扭轉自南宋以至明前期以來朱陸之爭的朱學優勢。這一時期的朱子與陸王之爭，顯然有了截然不同的新形貌。這一股朱、王之爭的風潮，甚至由學術向政治蔓延，形成官僚體系中朱學與王學擁護者之間的勢力拉扯。

明中期以降，王學內部江右王學與江派王學的分化，催化了晚明朱子學復興運動與後王學狂禪化的趨勢。江右王學流裔逐漸向朱子學思想傾近，針對於當時富蘊禪學情態的後王學有著尖銳而深刻的批判。然而，綿延已久的朱子與陸王的儒學道統門戶之爭，已爲庶民與士子階層普遍厭棄，反映在笑話書與筆記叢談、小說之中。《笑林》中如此描寫著：

> 兩道學先生議論不合，各自誇眞道學而互詆爲假，久之不決，後乃請證於孔子。孔子下階，鞠躬致敬而言曰：「吾道甚大，何必相同？兩位老先生皆眞正道學，丘素所欽，豈有僞者？」兩人各大喜而退。弟子曰：「夫子何諛之甚也？」孔子曰：「此輩人哄得他動身就夠了，

〔註 196〕關於東林學派重禮、重申名教的思想特質，留待下章敘述。

惹他怎麼？」〔註 197〕

《笑林》中一則摹寫明代講學者爭辯道統之正的諷刺畫面，將門戶之爭的情態刻劃得怵目驚心。社會對儒學分流、門戶之爭的反感，將整個晚明儒學思潮帶往和會的方向。後王學學者在三教合一的思想推促之下，企圖援引陽明四句教「無善無惡心之體」一說綰合儒、釋、道三學，甚至重塑一個朱子晚年的心學化形象來融會朱、陸。然而，禪學化的儒學畢竟非儒學本色，三教合一的說法無法從根本上在感受異文化威脅到所謂的「正統文化」時，文化排他性也會隨之甦醒。深植於儒學文化中的《春秋》尊王攘夷思想，伴隨著東林學者嚴明儒釋之辨，將維護儒學正統性的爭議重新推回學術史舞台。他們雖然感染了「和會」的風氣，然而卻藉著對後王學「剖其異，指其同」的修正與批判，以朱子學爲中心，將王學中禪學化的部份刪汰，抉選王學中與理學傳統相合的部分，並將朱、王之學融流於儒學道統的脈絡之中。東林學派興復朱子學、對後王學的批判與反動，與整個時代知識分子與庶民階層對綿延不輟的朱、王之爭的厭倦情愫並不衝突。他們推尊朱子、對王學的修正與批判，背負著融流南宋中期以來一分爲二的「斯文之統」的理念。以一種與三教合一學者、後王學學者截然不同的方式，滿足知識分子與庶民階層和會朱陸儒學學統的期待。晚明時期，東林學派所掀起的朱子學復興運動，並不僅僅在於興復朱子學，更有著終結儒學朱王學統紛爭、回歸儒學正統的深層目的。

〔註 197〕見佚名編，龔鵬程導讀《笑林廣記》（臺北：金楓出版社，1991 年 41 月，再版），頁 53～54「證孔子」則。另有一則：「兩人相詬於途，甲曰：『你欺心。』乙曰：『你欺心。』甲曰：『你沒天理。』乙曰：『你沒天理。』一道學者聞之，謂門人曰：『小子聽之，此講學也。』門人曰：『相罵，謂何講學？』曰：『說心說理，非講學而何？』曰：『既講學，何爲相罵？』曰：『你看如今道學輩，那個是和睦的？』」

第四章　東林學派的經世思想

無論就政治、經濟以及文化情勢而言，十六、十七世紀的中國社會都處於急遽變動的歷史階段。由舊有道德價值、禮教概念所構築而成的傳統，在無法對應新興情勢的狀況下，也逐漸削弱它控制社會的力量，甚至徹底失落。〔註 1〕王學興起後，個體自覺的思潮也蔚爲風行。在「本心自得」的思想下，所有既成的理論都必須在驗證個人的主觀經驗之後才得以成立。原本不容置疑的「天理」以及「天理／人欲」對立的架構，開始遭逢前所未有的挑戰；而「滿街聖人」的修身工夫論述，也逐漸打破由傳統聖／凡架構爲基礎的修養工夫論結構，甚至進一步由對道德修證上的聖／凡架構的顛覆，逐漸衍伸成爲打破政治結構上的君／民階級分際的思想質素，而成爲晚明與明末清初「民本」思想發蒙的契機。

這個瞬息萬變的時代，理學世界的偉大昨日正逐漸遠去，舊有的道德價值與禮教觀念不斷面臨質疑與挑戰，而新的秩序卻遲遲未能建立，整個社會耽溺於既紛亂失序而又醞釀無限可能的情態。相對於急遽變化的社會，明政府與官僚呈現極度保守的畏縮姿態，以置身事外的漠然態度來對應。在這樣一個充滿矛盾與對立的社會裡，儒學知識分子（特別是具有王學流裔背景的知識分子）有著兩極化的學術走向：以左派王學爲主的一脈，逐漸與佛學的出世精神結合，面對紛亂的時局，以獨善其身的隱者情調來自處，並藉著「儒者之學以經世爲

〔註 1〕霍布斯邦 Eric Hobsbawn 等著，陳思仁等譯《被發明的傳統 The Invention of Tradition》（臺北：貓頭鷹出版社，2002 年 8 月，初版），第一章〈導論：創造的傳統〉，頁 15：「然而，當社會產生劇變，因此削弱或摧毀了舊傳統的社會模式，並對不適合現狀的模式予以更新，或者當這類舊傳統及其制度的媒介者與傳播者不再能適應和變通，或被淘汰——簡言之，當供給面或是需求面產生夠大夠快的轉變時，我們應比以前更期待新傳統出現。」

用，而其實以無欲爲本」〔註 2〕的認定，企圖將「無欲爲本」的思想納入儒學以制欲與節欲爲主的思想體系中，走向釋道之境。左派王學學者將「無欲」與經世外王以「本」與「用」的結構呈顯出來，證成「無欲」爲儒學之「本」的論述。然而另一方面，王學後學中以江右王學流裔爲主的支脈，則轉而走向務實的治學態度，並逐漸影響晚明的學風，將晚明學風導向務實的層次，重拾自明初以來被士人所遺忘的儒學經世精神與外王理想。

東林學派對面不斷被質疑、批判與顛覆的舊有的禮教與道德價值的「傳統」，一方面企圖藉著改造、宣揚舊傳統的方式，重建庶民與士人社會的禮教秩序；另一方面，他們則又融攝王學思想的某些質素，在政治經濟等政策上挑戰往日的權威。他們的經世精神，表現在重新肯定法制與道德秩序、檢討明中葉以來的講學習氣，以及對政治和財政問題的意見上。因此，本文所要探討的東林學派經世思想，就分別從他們對名教、講學以及政治、商業的意見切入，並加以申述。

第一節　重新肯定的名教倫理

明中葉以來，官方對市民社會控制力量逐漸勢微。在市民階層興起、工商業急遽發展及左派王學的思想浸潤下，傳統道德價值也瀕臨徹底潰決的局面。晚明時期，庶民社會與士人階層瀰漫著解放禮教的氣息。在良知自得的信仰裡，他們排斥主流文化、背離傳統，在離經叛道的行止之間尋求一種顛覆與非道德的刺激。傳統禮教的失落，在社會各個階層不斷蔓延，反傳統、反文化的風潮成爲這個時代的獨特樣貌。舊的禮教秩序以迫不及待的姿態走向崩解，而新的價值判準卻仍未建立。反文化、反禮教秩序的傾向，爲晚明的文藝思潮醞釀出絢麗可觀的成就，卻也帶來許多社會問題。而對逐漸失序的社會與道德價值崩潰的現象，東林學派重新省思「名教」、禮法的存在意義，進而再次肯定「名教」的價值。

一、「以名教自任」

晚明價值觀的失落與社會秩序的崩解，爲以儒學文化爲中心的士人社會帶來空前的衝擊。在左派王學顛覆名教的思想驅動下，「不好名」一詞，躍然

〔註 2〕王畿《王龍溪先生全集》，卷一三，〈賀中丞新源江公武功告成序〉，頁 1019。

成爲好貨者與好名者藉以將行爲合理化的藉口。就思想層次而言，顛覆傳統禮教的概念，雖然將附著於禮教結構中的階級隔離意識打破，爲晚明社會帶來更自由、更豐富的思想空氣，然而卻也顛覆維繫社會穩定的道德秩序，成爲干擾社會化、減低社會控制的重要因由，造成整體社會文化緊張的局面。顧允成《小辨齋偶存・劄記》中就曾針對當時的「不好名」風潮加以評述：

> 或語王龍溪曰：「陽明夫子，嘗以好名、好貨、好色爲三大欲。反之於心，覺得貨、色之欲猶易勘破，名之爲欲，其幾甚微，其爲害更大。一切假借包藏，種種欺罔，未有不從名根而生也。」其言似矣。然以余所見，世之談不好名者，往往墮入貨、色關裡，是則此三字乃好貨、好色之引子耳。余未知其害之孰大孰小、勘之孰難而孰易也。〔註3〕

根王龍溪的說法，陽明之所以倡言「不好名」，揭示「名」的慾望本質，其實是針對宋元以來道德禮教逐漸淪於形式與虛名化現象的檢討，以及對士人追求虛名的現象所提出的反思。除此之外，「不好名」的概念也與「無善無惡」的思想相對應。

左派王學學者，由王學「無善無惡」的超道德概念，走向反對名教、反對禮制。因此顧允成曾言，晚明道德秩序的失落，實際上正是由陽明「無善無惡」的思想推衍而來。他在〈與鄒大澤銓部〉中提及：「邇來反覆體勘世道，人心愈趨愈下，只被『無善無惡』四字作祟。君子有所淬勵，卻以『無』字埋藏；小人有所貪求，卻以『無』字出脫。」〔註4〕顧允成認爲「無善無惡」的思想泯滅了社會道德秩序裡善與惡的對應，然而陽明之所以提出「名之爲欲，其幾甚微，其爲害更大」的觀點，有著「一切假借包藏，種種欺罔，未有不從名根而生也」的時代背景，是針對於當時社會的流弊而發。但，在陽明所宣倡著思想上的反文化、反傳統的「不好名」傾向，卻在左派王學的渲染下，將名教、禮教概念沾染上負面而迂腐的色彩。

事實上，任何一種新思想運動與社會運動，都會招致一些尋求自身利益、以及渴望在叛逆舊有價值的同時博取聲名的投機者。〔註5〕晚明王學反名教運

〔註3〕顧允成《小辨齋偶存》（收於《景印文淵閣四庫全書》，冊一二九二，集部，別集類；臺北：臺灣商務印書館，1983年，初版），卷三，〈劄記〉，頁1292-277。

〔註4〕顧允成《小辨齋偶存》，卷六，〈書・與鄒大澤銓部〉，頁1292-301。

〔註5〕英格（J. Milton Yinger）在《反文化：亂世的希望與危機》（高丙中、張林譯，J. Milton Yinger《反文化：亂世的希望與危機（Counter Cultures: The Promise

動的「不好名」標語，儼然也順理成章的成爲投機分子逞一己私欲的利用對象。顧憲成《小心齋劄記》中曾指出：

> 王塘南先生曰：「學者以任情爲率性，以媚世爲與物同體，以破戒爲不好名，以不事檢束爲孔顏樂地，以虛見爲超悟，以無所用恥爲不動心，以放其心而不求爲未嘗致纖毫之力者，多矣。可歎也！」此數語，字字拏著禁處。所謂一棒一條痕，一摑一掌血。〔註6〕

顧憲成引述江右王學學者王時槐的說法，指出左派王學顛覆名教、縱情任性的作法，已失卻王學的原始立意。在少數思想家宣揚「不好名」思想，企圖對傳統僵化的禮教結構展開重新思索的時刻，卻吸引了大多數以「反名教」爲名的投機者藉著「不好名」一詞，將自己的道德缺陷與不軌的反社會行爲合理化。他指陳「無善無惡四字，上之收了一種高曠的人；下之收了一種機巧的人」，〔註7〕就某種層次而言，「無善無惡」成爲「機巧者」干犯社會規範的脫辭。隨著晚明左派王學思潮的推動與風潮習尚的轉變，使得「任性」、「媚世」、「破戒」、「不事檢束」、「虛見」、「無所用恥」、「放其心而不求」等一切不可思議的弔詭舉止，以「率性」、「與物同體」、「不好名」、「孔顏樂地」、「超悟」、「不動心」、「未嘗致纖毫之力」等概念包裝下加以合理化而變得天經地義，陽明原本的思想立意，也終於徹底失落。

顧允成直陳「世之談不好名者」本身行爲的墮落，反諷地了揭示「不好名」一詞已成爲「好貨、好色之引子」的現實。顧憲成也認爲：「但有薄視名節之心，其流必且至於卑瑣而無檢」、「但有薄視事功之心，其流必且至於孤高而無實」。〔註8〕基於「未知其害之孰大孰小，勘之孰難而孰易也」的考量下，東林學者們開始重新思索名教存在的意義，與社會中禮教秩序存在的必要性。

---

and Peril of a World Turned Upside Down）》臺北：桂冠圖書，1995年4月，初版一刷）在探討反文化運動時，曾指出：「在描寫一個反文化群體並列舉它的價值觀時，必須始終考慮到眞實性與眞誠性嗎？許多新運動都招引了一些投機者，他們投身其中並非出於對一套新價值觀的信仰，而是爲了尋求刺激、實惠或其他與這一反文化格格不入的目的。與其說是出自渴望推出一種逆反價值觀的後果，不如說是出自渴望大出風頭和花樣翻新的後果。」（頁39～40）。

〔註6〕顧憲成《小心齋劄記》（收於《諸子集成續編》，第六冊；成都，四川人民出版社，1998年1月，一版一刷），卷三，頁6-304。

〔註7〕顧憲成《小心齋劄記》，卷一四，頁6-373。

〔註8〕顧憲成《小心齋劄記》，卷四，頁6-311。

東林學派對維繫名教與社會秩序的使命感，反映在他們對「名節」的自我期待與對「禮」的重視上。〔註 9〕除此之外，他們對於禮制綱紀等道德制約也極爲重視。高攀龍於東林論學時曾有如此的看法：

> 先生謂其弟曰：「人家要昌，必先有綱紀禮義，方可有昌之理。《易》曰：『家有嚴君。』父母之謂也。若父母已亡，長兄即是父也。人家大小俱有一箇統率紀綱，凡事稟命長上，商確後行，必無有差。不然，人倫有乖，家無統率，則無禮義。無禮義之家，鮮有不敗者。」〔註 10〕

在晚明庶民社會與文人社會裡反傳統、反體制的思想氣質下，東林學派迴護傳統、重視體制與秩序的色彩顯得格外鮮明。高攀龍強調「統率紀綱」對維護宗族群體的重要性，認爲宗族群體的「昌」與「敗」，綰繫於宗族群體中，「統率紀綱」與「人倫」秩序的維持。高攀龍對於宗族群體中人倫綱紀的論述，事實上反映出儒學知識份子對於宗族中道德秩序制約的高度重視，也呈顯著他的禮教觀念中受家父長制傳統思維所支配的部分。倫理綱紀等維持秩序的道德制約，成爲捍衛這個宗族群體的主要力量。因此，倫理綱紀制約作用的滅失，也終將導致宗族的徹底崩解。

高攀龍對於禮制的推崇，傾近於對「永恆的昨日」〔註 11〕的權威崇拜。高攀龍的門生鄒期禎攀緣著他的看法，將「尊經」的治學傾向與重視綱常禮教的實踐工夫結合，重新追索《禮經》的修身價值。錢肅潤〈鄒經畬先生傳〉如此敘寫：

> 乃從先生操存諸法遍參之，最後獨心旨高公所論「觀未發功夫，一觀而用寂」一語，大率謂觀未發之學，以主靜爲訣，以主敬爲宗，以《禮經》之九容爲把柄。九容件件停當，身心內外一齊收斂，則終日研求經義，亦是栽培本體之助。〔註 12〕

〔註 9〕詳見本文第五章第一節〈重氣節與以身殉節——東林學派與晚明士人文化〉。

〔註 10〕清・高崶輯《東林書院志》（收於《續修四庫全書》，冊七百二十一，史部，地理類，《東林書院志》二十二卷；上海：上海古籍出版社，據上海圖書館藏清雍正十一年刻本影印，1995 年），卷之六，〈會語四・高景逸先生東林論學語下〉頁 70。

〔註 11〕「永恆的昨日」概念，延伸自韋伯 Max Weber〈政治作爲一種志業〉一文而來。（錢永祥編譯，Max Weber《學術與政治：韋伯選集（I）》頁 172；臺北：遠流出版，2000 年 3 月，初版三刷）

〔註 12〕清・高崶輯《東林書院志》，卷一一，列傳，頁 179。

鄒期禎將高攀龍「觀未發功夫」之學，以主靜爲訣、以主敬爲宗，最後縮結在《禮經》「九容」上，將《禮》的「九容」與理學的修身工夫連繫綰合，藉著「研求經義」來「栽培本體」，將宋代以來與五經之學逐漸疏離的理學重新會通。他們之所以重新重視《禮》的價值，並再次標榜道德秩序，是在分反名教、反文化對社會整體利益的考量之後，所形成的深層反思。

二、由貢舉制度的腐化觀看東林學派的重法傾向

除了重建禮教秩序之外，當時法制權威的失落對於公權力所造成的戕害，也引起東林學派的關注。而引發東林學派對法制權威思索始點的關鍵事件，就在於明中期的科場弊端。

科舉制度的存在，確保明代社會階級流動的可能性。表面上看來科舉制度雖有其公正性與客觀性，然而在應試資格上卻有所謂「賤民」不許赴考的資格限定，加上長期讀書以及赴京應試所必須耗費的時間與財富這種經濟資本的匱缺，都構成平民進入科場的障礙。這種看不見的社會抉擇，將看似向庶民開放的「科場」，實質上營構爲一種侷限於小眾的「科場場域」。〔註 13〕即使通過科舉制度、擁有進士身份，卻還得面對漫長的「選官」過程，空耗於京城客邸之中，甚至使進士及第的清寒知識分子舉債度日，形成科舉制度下特有的「京債」現象。〔註 14〕

另一方面，明中葉以來，統治者濫用官吏任命權，使得吏部官員與士子之間，往往以「請謁」的名義公然行貪黷賄賂之事，使得士子階層入仕之途更爲不平等。「京債」、「請謁」等不成文的風習，導致取得仕宦身份的成本大爲提高。士子們「京債」與爲求官職向吏部行賄的費用，也往往在赴任之後以貪黷的方式取回，使得官僚系統形成一種上下交相黷賄的狀態，嚴重影響士子風習與社會道德價值，更侵蝕著知識分子的政治責任感。

〔註 13〕應星〈社會支配關係與科場場域的變遷——1895～1913 年的湖南社會〉。（收於楊念群主編，《空間、記憶、社會轉型——「新社會史」研究論文精選集》，頁 208～283；上海：上海人民出版社出版，2001 年 5 月，一版一刷。）

〔註 14〕清・顧炎武《日知錄》（臺北：明倫出版社，1970 年 9 月，再版）卷之十六，頁 371～372〈京債〉條：「赴銓守候京債之累，於今爲甚，《舊唐書・武宗紀》：『會昌二年二月丙寅，中書奏赴選官多京債，到任填還。』致其貪求，罔不由此。……洪武十年正月甲辰，上謂中書省臣曰：『官員聽選之任京者，宜早與銓注，即令赴任。聞久住客邸者日有所費，甚至空乏，假貸於人。』」

晚明士風，一方面由於後王學學者崇尚浮華談虛的態度，導致了士人階層對政治責任意識的卻與墮落，將晚明知識分子帶往專務空談而不諳世務的思想方向；另一方面，朝廷間政治集團的傾軋鬥爭與主流執政者濫用官吏任命權、黷賄循私的科場弊端〔註 15〕等等，也使得貢舉與選吏制度失卻公平性。東林學派的周順昌，在〈與朱德升孝廉書〉中就曾痛陳當時仕宦已淪於商品化的現象：「最恨方今仕途如市。入仕者如往市中貿易，計美惡、計大小、計貧富、計遲遠。」〔註 16〕仕宦淪於商品化，使得科舉制度的公平性急遽失落，也因而逐漸成爲知識分子批判的對象。在思想學術的浮華習氣以及政治上鬥爭與科場黷賄弊的薰染之下，晚明士風迅速墮落。萬曆十八年冬，劉應秋在疏論首輔申時行時，就曾指陳明代自世宗嘉靖年間以來士風腐化的現象：

> 夫士風高下關乎氣運，說者謂嘉靖至今，士風三變：一變於嚴嵩之黷賄，而士化爲貪；再變於張居正之專擅，而士競於險；至於今，外逃貪黷之名，而碩夫債帥多出門下；陽避專擅之跡，而芒刃斧斤倒持手中。威福之權，潛移其向；愛憎之的，明示之趨。欲天下無靡，不可得也。〔註 17〕

士風衰敗，成爲當時具有強烈政治責任感的知識分子必須面對的問題。根據劉應秋的分期，士人風習墮落的始點，肇因於明世宗年間嚴嵩擅權。嚴嵩操縱吏部進用臣僚的權力，貪黷收賄，將官職商品化，而使得明中葉臣僚吏胥都瀰漫著貪黷賄賂的習氣。這樣的習氣由官僚向廣大的士子生員層延伸，加上社會上後王學學者以「不好名」爲口實，而使得投機分子更肆無忌憚地直接進行黷賄與爭奪之事，推波助瀾地助長這種貪賄之風。

士風的第二次墮落，則在神宗初期張居正擔任首輔的時期。張居正極具

〔註 15〕明初廢丞相後，選吏用人權力便轉至吏部尚書。因此，吏部往往成爲黷賄嚴重的政府機關，而朝廷間政治集團的傾軋鬥爭也多與吏部諸官僚有關。清・趙翼《廿二史箚記》（臺北：史學出版社，1974 年 4 月，試印本），卷三三，頁 767：「明初六部屬中書省，權經多仰丞相意旨。洪武十三年，中書省革，部權乃專，而銓部尤要。其後制度屢創。……量能授職，核功過以定黜陟，則惟吏部主之。……公正則選用得人，否則可以高下在心，予奪任意。故嚴嵩當國，兵二部選郎，各持簿任嵩填發，時稱文選郎萬寀爲文管家，武選職方郎祁祥爲武管家。」

〔註 16〕周順昌《周忠介公燼餘集》（收於《百部叢書集成》，冊七百九十二，《借月山房彙鈔》本），卷二，〈與朱德升孝廉書〉，頁 2。

〔註 17〕《明史》，卷二一六，〈劉應秋傳〉頁 5798。

個人領袖魅力的強勢作風與改革理念，以及惹人爭議的個人操守，引起朝廷間政治集團的對立鬥爭，因而使得士風再次產生變化。萬曆十八年，申時行擔任首輔時期，由於當時明政府軍事力量已明顯衰弱，邊境國族疆域的軍事危機日益鮮明，然而臣僚在無力解決的情形下，形成官僚體系裡上下欺蔽的現象，〔註 18〕也造成士人風習的嚴重墮落。

知識份子政治責任感的失落與官僚習氣的腐化，不斷蔓延並啃蝕著國家的政治、軍事與財政力量。在科舉制度的運作下，「士子」是爲官僚人員的直接來源。因此士子風習的墮落，意味著未來官僚人員的貪黷腐敗。劉應秋敏感的察覺，「士風高下，關乎氣運」的政治現象，士習衰敗現象對國勢所造成的影響，激起部份知識分子的國族危機意識，並開始重新檢討「士風」、「士習」在政治與社會中所扮演的角色。在檢討政治情勢的思維歷程裡，激起東林學派重視士風、名節等議題。他們將士風衰敗的原因，歸咎於貢舉制度公平性的失落，並進一步推導出法制權威失落所形成的社會失序現象。顧允成〈論童儒考事書〉探討晚明「士習頹敝」的現象時曾如此論述：

> 蓋今天下風俗頹敝極矣，抑莫有甚於士習；士習頹敝極矣，抑莫有甚於始進。國制，學使者按部則童儒雲集，待比郡邑，此始進第一步也。今日之童儒，學校諸生之所自出也；今日之諸生，公卿百執事之所自出也。必其始也，常有以養其寧靜澹泊之志，然後其仕也，能不先身而後君，必其始也，預有以消其欲速躁進之思，然後其仕也，能不曲學以阿世。以今而觀，竟何如也？居易俟命之學亡，行險僥倖之機熟，自其始進，即事干求。貴者市勢，富者市利……不肖是以仰體虛懷，俯竭愚慮，臺臺庶幾反復籌度，斷以必行。使江南士子以請謁爲戒，自常郡始；使常郡士子以請謁爲戒，自台臺始，使天下士子以請謁爲戒，自江南始；使科場郡子以請謁爲戒，自童儒始。於以磨礪士習、轉移世道，其所裨益詎淺鮮哉！〔註 19〕

〔註 18〕《明史》，卷二一六，〈劉應秋傳〉頁 5798：「十八年冬，疏論首輔申時行言：『陛下召對輔臣，諮以邊事，行時不能抒誠謀國，專事蒙蔽。賊大舉入犯，既掠洮、岷，直迫臨、鞏，覆軍殺將，頻至喪敗，而時行猶曰「掠番」、曰「聲言入寇」，豈洮河以內，盡皆番地乎？輔臣者，天子所與託腹心者也。輔臣先蒙蔽，何責庶僚！故近日敵情有按臣疏而督撫不以聞者，督撫聞而樞臣不以奏者。彼習見執政大臣喜聞聞捷而惡言敗，故內外相蒙，恬不爲怪。欺蔽之端，自輔臣始。』」

〔註 19〕顧允成《小辨齋偶存》，卷五，〈書・論童儒考事書〉，頁 1292-295～1292-296。

顧允成將探討「今天下風俗頹敝極矣」的焦點，放在「士習」上。而顧憲成在〈與儀部丁長孺〉中，也表現了類似的關點：「近來士風弔靡亡論、患得患失，如鄙夫之爲也者。即如應對唯諾間，以方之諸生之時，大徑庭矣。始而以爲不得不然，既而以爲當然，久而不覺與之俱化」，〔註20〕將士風衰靡的現象歸因於「進身之始」。〔註21〕顧允成則更深入的進一步分析「士習」頹敗的眞正原因，在於「自其始進，即事干求」。自嘉靖年間嚴嵩藉著控制吏部任命權的手段，大行貪黷與培植自己的政治集團勢力，使得明中葉以降，在選吏任命上產生「貴者市勢，富者市利」的荒唐景況。原本惟才是用的官吏選任制度，成爲首輔或吏部官僚以權勢或利益交易販賣的商品。長期以來，這種循私黷賄在整個吏部官僚的選吏體系中，逐漸形成一種因襲循環共犯結構。萬曆中期，吏部官僚中的貪黷賄賂與關說市勢儼然成爲一種不成文的慣例，甚至在孫丕揚掌吏部時，因關說與賄賂者多如過江之鯽，在不勝其擾的景況下「不得已用掣籤法，以謝諸賄囑者」。〔註22〕然而，孫丕揚因捲入朝廷政爭而迅速失勢後，吏部的選吏體制又故態復萌。

事實上，貢舉制度的腐化問題，並不僅僅是有明一朝獨有的現象。「入仕」是初識分子最深刻的期待，然而官僚的仕宦任免取捨之權，操弄於少數掌權者，間接促使知識分子將一生精力投注於科舉八股、始進干求、窺伺權臣的喜怒好惡等等這種近似於政客的奔競行爲上。〔註 23〕顧允成在探討晚

〔註20〕顧憲成《涇皋藏稿》（收於《景印文淵閣四庫全書》，冊一二九二，集部，別集類；臺北：臺灣商務印書館，1983 年，初版），卷四，〈與儀部丁長孺〉，頁 1292-51。

〔註21〕顧憲成《涇皋藏稿》，卷四，〈與儀部丁長孺〉，頁 1292-51。

〔註22〕清趙翼《廿二史箚記》，卷三三，〈明吏部權重〉條，頁 767：「至萬曆中，孫丕揚長吏部，不得已用掣籤法，以謝諸賄囑者，一時稱爲至公。亦以吏部注授官職，可以上下其手，故設此法以防弊也。」又，《明史》，卷二二四，〈孫丕揚傳〉：「（萬曆）二十二年拜吏部尚書。丕揚挺勁不撓，百僚無敢以私干者，獨患中貴請謁。乃創爲掣籤法，大選急選，悉聽其人自掣，請寄無所容。一時選人盛稱無私，然銓政自是一大變矣。」

〔註23〕徐復觀〈儒家政治思想的構造及其轉進〉提到：「因政治的主體未立，於是政治的發動力，完全在朝廷而不社會。智識分子欲學以致用，除進到朝廷外別無致力之方。……在這種情勢之下，智識分子除少數隱士外，惟有一生奔競於仕宦之途。其有奔競未得者，則自以爲『不遇』，社會亦以「不遇」目的。不遇的智識分子，除了發牢騷以外，簡直失掉其積極生存的意義。這樣一來，智識分子的精力，都拘限於向朝廷求官做的一條單線上，而放棄了社會各方面應有的責任與努力。於是社會既失掉了智識分子的推動力，而智識分子本

明「士習頹敝」的議題時已隱約地意識到，貢舉制度及吏部獨攬官僚選任權的政治結構對知識分子本身的政治理想與道德責任的戕害。他明白童儒與諸生終將成爲未來官僚體系中掌握行政權的主事者的必然性，因此士子階層的風習對國家未來政治必然將造成強烈影響。他指出「請謁」問題爲官僚選任制度腐化的深層原因。他認爲改變士子階層「始進干求」、「貴者市勢，富者市利」的請謁風氣，維持官僚選任機制的公平性，是主政者所亟需大力整頓的。

導正士習，成爲東林學派關注的焦點。他們認爲，唯有「磨礪士習」才能「轉移世道」，也才能眞正解決明政府的吏治與貪黷問題。他們認爲士習敗壞，導因於貢舉制度的腐化；而貢舉制度之所以衰敗，深層原因在於法制權威的失落。顧憲成〈上穎翁許相國先生書〉中，便藉著探討貢舉制度的破壞，延伸向法制權威性的議題：

> 竊惟天下之事所以至於破壞而不可收者，其初起於一人之私而已。夫誠一人之私，天下誰不知其非者，於法未足以壞也；蓋有附之者焉，其附之者又皆庸眾細人，名醜實惡，天下又誰不知其非者，於法又未足以壞也；蓋又有效之者焉，其效之者又曾其匹類，要以互相爲利而已，天下又誰不知其非者，於法終又未足以壞也。惟其日積月累，循以爲俗，雖夫端人正士亦安然居而不疑，然後遂破壞而不可收也。〔註24〕

顧憲成這段議論法制的文字，原是針對張居正主政後不斷腐化的貢舉問題延伸而來。面對貢舉制度的腐化，他提出重建法制權威性的意見。他認爲，個人對制度的不尊重（「一人之私」）終將導致整個體制的徹底崩解。「法治」敗壞的關鍵，在於「循以爲俗」。在因循苟且的循環下，終將導向一個私欲橫流的時代。他對「法」的認知，不僅僅在社會秩序公平性的強制維護，更兼攝

身，因活動的範圍狹隘，亦日趨孤陋，此到了科舉八股而結成了活動的定型，也達到了孤陋的極點。同時，智識分子取捨之權，操於上而不操於下；而在上者之喜怒好惡，重於士人的學術道德；士人與其守住自己的學術道德，不如首先窺伺上面的喜怒好惡，於是奔競之風成，廉恥之道喪；結果，擔負道統以立人極的儒家子孫，多成爲世界智識分子中最寡廉鮮恥的一部分。此種現象，自古已然，於今尤烈。而智識分子反變成爲歷史的一大負擔。所以袁子才有『士少則天下治』的說法。」收於徐復觀《學術與政治之間》（臺北：臺灣學生書局，1980 年 4 月，臺一版），頁 56。

〔註24〕顧憲成《涇皋藏稿》，卷二，〈上穎翁許相國先生書〉，頁 1292-14～15。

著以「法」爲天下公論丈量是非的判準的態度。它代表著一種普世價值，唯有在「於法未足以壞」的情勢下，「法」才足以成爲天下是非判定最低限度的標準。因此，他認爲唯有堅守制度的絕對地位，才能維繫社會制度的公平性與穩定性，也才得以確保一個最低限度的社會道德秩序的穩定。

顧憲成認爲，法制威權地位的徹底潰決，導因於「一人之私」。這種「一人之私」，在「附之者」、「效之者」之間相互包庇營私的集體操作，形成難以捍動的共犯結構，「日積月累」、「循以爲俗」地不斷侵蝕著制度的絕對地位。當這種集體營私行爲逐漸成爲一種「俗」的時刻，「反制度」成爲一種普遍現象，而以一種不成文的慣例與士人共識的姿態凌越於法律之上，而法制的權威性與其間所涵攝的道德價值也就隨之崩解，甚至使「端人正士亦安然居之而不疑」。「不以法爲法」的社會習氣一旦形成，整個社會已淪落爲戕害制度權威性與公平性的共犯。普世道德價值的失落、公權力不復存在，終將導致天下之事「遂破壞而不可收也」的局面。因此，他認爲法制的存在對於維繫社會道德價值有著絕對的必要性。

東林學派普遍有著尊重法治的共識。高攀龍〈申嚴憲約責成州縣疏〉中對論證法治的重要性：

> 臣觀天下之治，端本澄源，必自上而率下；奉法守職，必自上而奉上。賢者視君爲天，不敢欺也；視民爲子，不忍傷也。奉法修職，出於心所不容已，非有所爲也。其次則有所慕，而勉於爲善；有所畏，而不敢爲不善。其下則不知職業爲何事，法度爲何物，恣其欲而已，是民之賊也。故爲政者拔才賢、除民賊、約中人。天下惟中人爲多，約之於法、皆不失爲賢者。約之使人人守法，如農之有畔焉而無越思，則天下治矣。〔註 25〕

高攀龍認爲，就道德人格而言，社會上的人口結構本來就以「有所慕而勉爲善，有所畏而不敢爲不善」的「中人」最爲多數。因此「約中人」——以法律制約社會中佔人口比例大多數的「中人」——成爲執政者的中心要務。他認爲只要「約之於法」，則社會中大多數的人們行爲舉止「皆不失爲賢者」，如此則可以達到「天下治」的目的。

〔註 25〕高攀龍《高子遺書》，卷七，〈申嚴憲約責成州縣疏〉，頁 1292-453～1292-454。（收於《景印文淵閣四庫全書》，冊一二九二，集部，別集類；臺北：臺灣商務印書館，1983 年，初版）

三、小 結

晚明以來，「名」概念被王學學者扭曲爲負面的意涵。在這樣的思想驅使下，形成晚明士人與市民階層特殊的反社會、反制度風尚。投機份子挾著「反名教」、「不好名」的藉口，冠冕堂皇的爲自身行爲的道德缺陷辯護。維護體制與反體制的爭戰，在這個時代的道德論辯裡醞釀出無限張力。面對社會道德價值觀的扭曲與道德秩序淪喪之後所造成的社會問題，東林學派的學者們不得不對王學「不好名」的思想命題進行反省，進而重新肯定名教、禮制的存在價值。他們顛覆傳統儒學知識分子在探論名教議題時流於意氣的迴護與不切實際的宣傳方式，清楚地意識到以道德勸說的說教態度不足以說服知識分子與庶民階層，因此他們必須以更爲務實的方式，來論證名教存在的價值。他們不僅僅證成社會中禮教秩序存在的必要性，更身體力行地踐履。

反名教、反制度的風潮，爲晚明的文化世界揭示出開放自由的思想窗口。晚明的思想與藝術成就，在顛覆、批判傳統的時代風尚裡，添染百家齊鳴、奇說橫陳的戰國性格。然而，這樣的時代風尚似乎總與「亂世」的歷史事實有著難以分割的因緣。反名教的時代思潮，反映出晚明社會正趨導向一個不穩定的局面。東林學者們對於名教存在意義的反省，也正是在權衡這些文化成就與社會現象、判分其中優劣害益之後的判斷。東林學派的重禮思想，映現著知識份子在面臨秩序崩解的社會裡所產生的反思。在一個反文化、反傳統、顛覆舊有秩序的社會中，重新宣倡導道德秩序的必要性、重新標舉名教的價值。在左派王學瀰漫、人欲橫流的風潮下，企圖重新建構社會秩序與道德尺度。

然而，就如同王學的反名教運動的腐化一般，任何一種新的思想運動、社會風潮都會招致一些投機分子，進而侵蝕這個運動的原始立意。即使東林學派所推動的士人名教與氣節運動，也難以掙脫這樣的命運。《明史》，卷二三一，顧憲成、顧允成、錢一本等東林諸人傳的論贊中評述：

> 憲成諸人，清節姱修，爲士人標準。雖未嘗激揚標榜，列「君宗」、「顧」、「俊」之目，而負物望引以爲重，獵時譽者資以梯榮，附麗游揚，薰蕕猥雜，豈講學初心實然哉！語曰：「爲善無近名」，士君子亦可以知所處矣。〔註 26〕

〔註 26〕《明史》，卷二三一，頁 6053。

東林學派重視「清節姱修」，重新推動名教的存教價值，對於明中葉以來王學渲染下逐漸衰頹的社會秩序與士人風節有著深刻的反省。他們成功喚起士人階層對名節、禮教的重視，但東林學派重申名教的思想運動也逐漸淪爲「負物望引以爲重，獵時譽者資以梯榮」的手段，成爲附麗追隨者藉以沽名釣譽的對象，而失卻顧、高等人重新定肯名教、改善士人風習的初衷。然而，他們對於名節的重視，「一堂師友，冷風熱血」的模範，的確喚醒晚明士人的忠義風節與氣度。誠如黃宗羲《明儒學案》〈東林學案・小序〉中所言：「數十年來，勇者燔妻子，弱者埋土室，忠義之盛，度越前代，猶是東林之流風餘韻也。」東林學派的氣節形象，爲晚明的士人開出一片俠者氣度。

第二節　對明中葉以來講學活動的反思

自明中期開始，書院講學的性質逐漸轉變。王學興起後，「講會」更是以書院外緣的講學活動姿態而蓬勃發展。在陽明學「自得」思想的影響下，雖然也有如周汝登與許孚遠的純粹學術論辯，但不可諱言的是，大多數的書院講學與講會活動，逐漸淪爲各自表述個人主觀體驗的場域，甚至出現爲求言說效果而雜糅禪意、極盡恢奇荒誕之能事的弔詭現象。東林學派針對這種「一段光景、一副意見、一場議論」式的講學型態深表不滿，對於講學者言說與道德修踐違離、「所行非所講，所講非所行」，對儒學知識分子所造成的形象傷害，也甚爲忿忿不平。他們企圖勾勒「會之正格」的理想講會圖式，並將講學的內容擴大，引導講學活動趨往經世的思想方向。

一、東林學者重行思想的形成

明中葉以降，左派王學「自得爲己之學」的學說內容有意識地將儒學文本的詮釋方向往出世的角度扭曲。在高談本體的同時，儒學的理論內涵漸漸爲禪學所侵蝕，甚至有意識地以佛學爲本體論體系的內容基質，覆翼上儒學的名稱。左派王學學者標舉著「三教合一」的思想旗幟，藉著援禪入儒、以禪學角度詮釋儒學經典，賦與儒學的「內聖」概念更爲豐富的思想內容，卻使得儒學的外王精神與政治理想在這樣的講學風氣下逐漸失落。

在講會這個強調個人言說魅力的場域裡，學說的恢奇與語言運用的瑰麗成爲講學者號召人心的手段。王學藉著對「狂者胸次」、「行不掩言」形象的肯定，一方面消解輿論對學說的批判力，〔註 27〕開拓社會大眾對於新思想的包容性；另一方面，也將講學活動的思想內涵引導向一個空泛、玄想的言說主題。在「滿街聖人」思想的影響下，儒學工夫論傳統中的道德修身過程被徹底抽離了。講學者關於修身哲學的言說內容中，「行」的部份不再成爲講學活動探論的焦點。在「自得之學」強調主觀體驗的思想內涵下，左派王學的講學者並不強調言說背後印證的「行」的本身。顧憲成〈與李見羅先生書〉中，就曾批判王學這種以主觀體驗而證成其說的流弊：

> 然心是活物，最難把捉。若不察其偏全純駁何如，而一切聽之，其失滋甚。即如陽明絕人本領最高，及其論學，率多杜撰。若明親格致博約諸義，雖非本色，尚自半合半離，可以推之而通。甚而謂性無善無惡、謂三教無異、謂朱子等於楊墨，以學術殺天下後世，是何識見？只緣自信太過、主張太勇，忘其渾然者之尚異於聖人，而惟據在我之得不得爲是非的然之公案，是故理不必天地之所有，而言不必聖人之所敢。縱橫上下，無之而不可也。……漫曰：「心即理也。」吾問其心之得不得而已，此乃無星之秤、無寸之尺，其於輕重長短，幾何不顛倒而失措哉？〔註 28〕

顧憲成批判陽明的「自得之學」之弊，在於印證的判準全以「我之得不得」的主觀體驗爲主。然而「心是活物，最難把捉。若不察其偏全純駁何如，而一切聽之，其失滋甚」，這樣的學說內容缺乏一個客觀的事實判準，因而容易有失。顧憲成對「自得之學」的批判，基本上是針對社會統一道德價值尺度的失落而產生。這種不強調客觀驗證的「自得之學」內涵，將王學後學的思想發展推向一種顧憲成所定義的「杜撰」言說模式，在講會活動的催化下，「議論益玄，習尚益下。高之放誕而不經，卑之頑鈍而無恥」。〔註 29〕恢奇的言說內容與「三教合一」的思想，抽離儒學原有的經世精神，漸流盪爲空談玄論的學說型態。王畿「雜以禪機，亦不自諱」的講學風格，迎合士子與庶民階層喜和惡分的人情常態，往往造成「所至，聽者雲集」的風潮。〔註 30〕當這

〔註 27〕關於陽明對於狂者的肯定論述，參考呂妙芬〈聖學教化的弔詭：對晚明陽明講學的一些觀察〉頁 60～61。（收於《中央研究院近代史研究所集刊》，第三十期；臺北：中央研究院近代史研究所，1998 年 12 月）

〔註 28〕顧憲成《涇皋藏稿》，卷二，〈與李見羅先生書〉，頁 1292-21～22。

〔註 29〕顧憲成《小心齋劄記》，卷三，，頁 6-304。

〔註 30〕《明史》，卷二八三，〈儒林傳二・王畿傳〉，頁 7274：「畿既廢，益務講學，

種和會禪儒的講學模式得到社會上多數人的肯定與認同時，也促使其他講學者紛紛追隨著這樣一種雜糅禪意的表述風格。講學者甚至爲了強化言說效果，除了在詮釋儒學文本時雜以禪機之外，更走向一種浮泛、放誕不經的表述方式。「放誕不經」的風格不僅僅反映在言說形式上，甚至連思想內涵也日益空洞，放誕的講學模式與空談本體的言說內容，將晚明士風添上一層浮華色調。因此，張廷玉在《明史》〈王畿傳〉中提及「士之浮誕不逞者，率自名龍谿弟子。」〔註31〕顯然有批判王畿開啓晚明浮華尙虛的講學風氣的意味。

陽明入祀孔廟之後，良知之學儼然得到朝廷的認可，崇尙放誕風格的講學者以「龍谿弟子」自居，將浮華玄虛、和會禪儒的講學風格與官方儒學正統間接銜接，嚴重斲傷儒學的經世形象。在思想界的浮華學風瀰漫下，儒學中的經典精神也徹底失落。專務空談的學術風格，不僅腐蝕知識分子對政治與經濟等社會議題的熱忱，也違離儒學的經世本質。東林學派開始對左派王學空談本體的講學風格提出質疑，正是由此延伸而來。顧憲成〈答友人〉中提及：

> 足下蓋見諸大儒，於說本體處往往引而不發，於說功夫處則津津不憚煩。……見近儒於說功夫處，往往薄而不屑，於說本體處，則津津可喜。似宗究竟義。〔註32〕

顧憲成將對「近儒」的當代學術風格之貶抑，與對「諸大儒」務實思想性格的憧憬對立起來。他以「近儒」重視本體而忽略功夫與「諸大儒」重功夫的思想風格對應比較，意識到左派王學學者空談本體而不務工夫的講學內容，顯然違離「諸大儒……於說功夫處則津津不憚煩」的重「行」本質。高攀龍〈東林論學語〉中也指出：

> 聖門言仁，只是說行處多。如視聽言動、恭寬信敏惠五者行於天下，俱是說行。只如此體貼，便知爲仁之道矣。〔註33〕

高攀龍循著與顧憲成相同的思維脈絡，向更原初的儒學思想型態推溯，追尋孔子儒學的原貌，指出「聖門言仁」時以「行」爲「仁」的主要內容，而認爲「爲仁之道」在於「行」。儒學工夫論之重心，在於修證體貼的經驗層次，

足跡遍東南，吳、楚、閩、越皆有講舍，年八十餘不肯已。善談說，能動人，所至聽者雲集。每講，雜以禪機，亦不自諱也。學者稱龍谿先生。其後，士之浮誕不逞者，率自名龍谿弟子。」

〔註31〕《明史》，卷二八三，〈儒林傳二・王畿傳〉，頁7274。

〔註32〕顧憲成《涇皋藏稿》，卷四，〈答友人〉，頁1292-41。

〔註33〕清・高崆輯《東林書院志》，卷之六，〈高景逸先生東林論學語・下〉，頁74。

而不在於空論本體。東林學者們質疑當時講學的浮華風格與儒學重行的思想基調不合，也批判浮華的講學習氣直接導致儒學知識分子政治責任意識與使命感的失落。因此，他們企圖重新喚起知識分子對功夫與修身哲學的熱情，強調踐履躬行的價值。

二、對晚明講學風氣的反思

明中葉以來，講學活動中言說內容與「行」的分離所造成的浮誕習氣，使得儒學修身工夫儼然淪落爲議論談資，而失卻它原有的實踐本質與修成完美道德人格的本旨。這種「講」與「行」違離的風氣，透過講學活動，在庶民與士子階層中迅速擴散，而儒學的經世價值也在講會風行的時代中逐漸失落。

另一方面，講學活動、講會淪爲陳述個人主觀的言說場域，講學內容日益浮誕荒闊，也造成士子階層與一般大眾對儒學的「講學」活動產生負面評價。顧憲成在〈東林會約〉中就曾指出當時士子階層對於講學活動有著「迂腐、高遠」及「所講非所行，所行非所講」〔註 34〕的兩大迷思——也就是〈東林會約〉中所謂的「二惑」。

士子階層對於講學的迷思，一方面在於講學「迂腐」、「高遠」，〔註 35〕不具實踐的價值；另一方面，則在於講學者言說與實踐的不一致所產生的質疑。這兩種迷思已成爲士子階層對講學活動的刻板印象。在執政者有意識的「禁講學，毀書院」等政策之下，儒學的「講學」活動在晚明時期已逐漸失卻庶民階層與士子階層的肯定與重視。東林學派體認到在晚明的講學風氣裡，儒學工夫哲學日漸失落的現實景況，因此，他們重新反思明中葉以來的講學風氣，重申講學活動砥礪身心、改善社會風氣的思想價值，一方面澄清士庶階層對講學活動「迂腐」、「高遠」以及「所講非所行，所行非所講」的印象；另一方面，他們也檢討晚明以來以個人主觀體驗的言說活動爲主軸的講學方式，而重申知識份子彼此之間相互「商量印證」的「會之正格」理想講會型態。藉著他們對「講習合一」概念的宣誓與「會之正格」的提倡，我們可以

〔註 34〕清・高崔輯《東林書院志》，卷之二，〈顧涇陽先生東林會約・二惑〉，頁 36。

〔註 35〕士子與庶民階層對「講學迂闊」的偏見與迷思，事實上並非起自晚明。在明中葉時期，王畿就曾指陳當時庶民輿論對講學的批評。《王龍谿語錄》，卷二，〈新安福田山房六邑會籍〉記載他往赴安福田講會時對於世人講學的迷思慨嘆不已：「嗟乎！世之人所以病乎此學者，以爲迂闊臭腐，縱言空論，無補於身心也。甚或以爲立門户、崇黨與而侈囂嘩，無關於行實也。」

感受到東林學派一掃明中葉以來講學異說的紛陳、空談浮論風氣的企圖。

（一）言說與道德實踐的契合：講習合一

晚明時期，講學活動中「講」與「行」違離的情形逐漸成爲士子階層對講學活動的質疑焦點，甚至成爲執政中心藉以禁錮講學的藉口。〔註36〕「講學」一詞在官方有意識的操作之下，逐漸有負面的評價。因此，東林學派在重新檢討晚明的講學風氣之後，提出「講學合一」的「重行」講學觀點。高攀龍在〈顧涇陽先生行狀〉中東林書院初成時，申述顧憲成對講學的基本態度：

> 甲辰冬，始會吳越士友。先生爲約，一以考亭白鹿洞規爲教，要在躬修力踐。嘗言講學自孔子，始謂之講，便容易落在口耳邊去，故先行後言，愼言敏行之訓，怄惓惓焉。至其自道不居仁聖卻居爲誨，看來說聖說仁，聰明才辨之士，猶可覓些奇特、逞些伎倆、逞些精采，推倒不厭不倦處，便一切都使不著。然則孔子所謂工夫，恰是本體；世之所謂本體，高者只一段光景，次者只一副意見，下者只一場議論而已。〔註37〕

顧憲成之所以重修東林書院，事實上寄寓著他重新喚起士子階層重視「躬修力踐」價値的企圖。他不否定講學，只是強調「講」的言說活動本身，必須與躬修力踐的實踐過程相互印證，否則「便容易落在口耳邊去」，講學活動終將走向追求言說形式、議論技巧，「覓些奇特、逞些伎倆、逞些精采」而徒然流於空談泛論、他所要批判的是，講學主題與現實實踐的抽離——空談本體而不務工夫，使得講會中關於本體議題的討論「高者只一段光景，次者只一副意見，下者只一場議論而已」。

儒學內聖之學的本旨，在於完成道德完美的人格，講學活動本旨在於探論內聖實踐之學。然而自明中葉以來，講學活動成爲講學者表現個人言說魅力的場域，整個講會過程儼然只是一場辯論技巧的展示，儒家成聖功夫的研討不再是講學活動的焦點。這樣的講學活動，已違離宋儒學求爲聖人、尋孔顏樂處的儒學修養工夫論思想主題。王學興盛後，本體論成爲講學活動中探討的焦點，卻流於空泛浮華的言說表現。因此顧憲成藉著追溯（或重新詮釋）孔子的講學態度，申議「所謂工夫，恰是本體」、「先行後言」等工夫的實踐

〔註36〕李書增·岑青、孫玉杰、任金鑒等著《中國明代哲學》（鄭州：河南人民出版社，2002年1月，初版一刷），第三十六章〈顧憲成、高攀龍的思想〉頁1311。

〔註37〕清·高崔輯《東林書院志》，卷之七，高攀龍〈顧涇陽先生行狀〉，頁99。

價值，針砭左派王學學者空談本體、流於追求奇詭學風。顧憲成認為，講學的內容焦點應由本體向功夫的，藉著標舉「先行後言」、「慎言敏行」等概念，推動當時的講學風格轉型。

東林學派反對「空言之弊」，提倡「講」、「習」結合，並強調知識唯有在可「印證」的狀況下，才有存在的價值。因此，顧憲成於〈麗澤衍〉中論「講習」時提及：

> 「講」是研窮討論功夫，「習」是持循佩服功夫。……未知的要與剖明，已知的要與印證；未能的要與體驗，已能的要與保持。如此而講，如此而習。講以講乎習之事，習以習乎講之理。一意敦修，兩下交發，緝熙賡續，循環無間，于是礙者通、混者析、故者新，相推相引，不覺日進而高明矣。〔註38〕

為了扭轉左派王學對講會活動中言說形式與本體議題的過度偏重，顧憲成主張「講」、「習」並舉，將思想探討與實踐意涵置於相等的重要地位。除此之外，他也重視「知」與「體驗」、「印證」間的聯繫，強調「知」、「能」必須「印證」、「保持」，而將「習」定位為持守「已知」的功夫。顧憲成認為「講」、「習」是不可切割的，「講以講乎習之事，習以習乎講之理」，「習」是「講」的內容，實踐工夫的探求正是講學活動的目的。他所論述的「知」，必須經歷「剖明」、「驗證」過程中的層層淬煉，是一種具有經驗性質的「知」，唯有在「印證」與「體驗」的進程中，「知」才得以成立。

顧憲成的講習合一思維與強調「體驗」、「印證」的講學態度，成為東林學派的講學基調。高攀龍對講學的看法，也是採取講習合一的態度與講究印證體驗的實證風格。他強調「行」與「用」的實踐層次，批判儒學內聖之學流於本體議題探討的空泛化：「程朱之後，明道者多，行道者少。學問須要身體力行纔得，不然只是空口說空話。」〔註39〕高攀龍認為，「學」必須著眼於「用」的層次，他也認為講學活動並非「空口說空話」的個人主觀表述，而必須經由知識分子彼此之間「商量印證」的「煆鍊」程過。〔註40〕東林學派這種對經驗知識的肯定態度，將儒學思想研究重新導向經驗知識的延展方

〔註38〕清・高崔輯《東林書院志》，卷三，〈顧涇陽先生東林商語上〉，頁43。

〔註39〕清・高崔輯《東林書院志》，卷之六，〈會語四・高景逸先生東林論學語下〉，頁76。

〔註40〕清・高崔輯《東林書院志》，卷之六，〈會語四・高景逸先生東林論學語下〉，頁68。

向，爲清代儒學回歸經典的原典精神植下啓蒙的種子。

（二）講會的理想圖式

宋代以降，書院講學的形式始日臻成熟。到了明代，自胡居仁創講會至明中葉王學全盛期時，「講會」活動正式進入高峰。隨著講會的蓬勃發展，「講會式」的書院型態也蔚然成風，爲講會活動提供了固定的據點。〔註 41〕然而「講會」活動攀緣著王學而興盛，也因陽明良知自得之學的主觀特質造成講會中異說紛陳的景況。

事實上，長期以來統治者與社會風評對「朋黨」有著強烈反感，因而對於士人社群的分眾集結，始終抱持著反感與質疑的態度。但自明中葉以來，知識分子藉著講會企圖淡化世人對士人群體的反感，轉而肯定士人群體「以友輔仁」的形象，對於知識分子社群的地位提昇有著正面的影響。王門最早的議會，原初立意便在於知識分子彼此間進德修業爲主要目的而集結。陽明在〈惜陰說〉中就曾指出王門「惜陰會」的宗旨在於「相稽切焉耳」，〔註 42〕兼有「以友輔仁」、切磋德業與學術的社交性質。

然而，自得之學賦予「狂者」形象崇高的價值，也使得原本相互虛心稽切、進行思想與德業交流的講會型態產生質變，而成爲參與講會的知識分子創造恢奇言說、各自表述主觀體驗的場域。講會中知識分子彼此之間的對話空間逐漸流失，而原本稽切交流的立意卻被學者們各自表述的「獨白」所取代。東林學派在省思晚明講會問題時，也不得不碰觸講會對話交流的原始宗旨流失的問題，爲此，他們重溯講會「虛心稽切」的初旨，並構築出他們心中的講會「正格」。高攀龍與門人討論東林講會時，便曾書寫他對於「會之正格」的認定：

> 凡會之正格，是學者煆鍊之大火候也。吾人終日孤居獨處，雖云學問，未經煆鍊，臨此大會方血戰。是時大家俱有一箇收斂貼身意思，其中或有所疑，各呈所見，商量印證，方有益也。不然會時單講幾章書義，只是故事而已。雖有所聞，亦不過長得些聞見，還不是會

〔註 41〕李才棟〈關於東林書院與書院研究的若干問題〉（收於《東林黨學術研討會、薛福成學研討會論文資料集》，頁 165～179；江蘇：江蘇文史資料編輯部出版，1998 年 10 月，初版），頁 171～173。

〔註 42〕《王陽明全集》，卷七《文錄四・序記說》，〈惜陰說〉，頁 267：「同志之在安成者，間月爲會五日，謂之『惜陰』，其志篤矣；然五日之外，孰非惜陰時乎？離群而索居，志不能無少懈，故五日之會，所以相稽切焉耳。」（上海，上海古籍出版，1992 年 12 月，初版一刷）

之正格。〔註 43〕

高攀龍理想的講會型態，是學者之間彼此切磋修身工夫的心得交流，而非單純的個人表述場域。學問的探討，除了「各呈所見」之外，還必須經過「商量印證」的驗證過程。他強調學問必須經過「煅鍊」，說非「孤居獨處」。高攀龍所認定的講會「正格」，是一種相對客觀的、彼此對話印證的學術交流型態，而不是明中葉以來左派王學學者純任主觀、極端個人的表述場域。

東林學者們普遍肯定講會這種知識分子在德業與思想上的對話與社會機制，強調講會中知識分子群體「以友輔仁」的效果，〔註 44〕冀求以此淡化執政者與士子、庶民階層對知識分子聚結的「朋黨」歧視。高攀龍嚴格分判「以文會友」與「以友輔仁」之間的別異。他批判講會中如果只是學者的個人表述，「單講幾章書義」，只不過「長得些聞見」。若不能達到講會中虛心稽切、對話交流的原始立意，那只勉強稱得上「以文會友」，並不足以臻於對於彼此之間學問德業相互滋益的「以友輔仁」目的。〔註 45〕對於「以文會友，以友輔仁」的認定，顧憲成則與高攀龍的看法稍有岐異，他認為「以文會友」只是「輔仁」中的一事，「以文會友，特輔仁中一事。以友輔仁，則所指者廣矣」。然而，他卻也強調知識分子社交活動中「以友輔仁」德業交流的重要性。〔註 46〕在東林學派對「以友輔仁」高度重視的基礎上，高攀龍認為講會活動之中，唯有知識分子彼此之間「其中或有所疑，各呈所見，商量印證」的對話過程，才堪稱「會之正格」。

〔註 43〕清・高崖輯《東林書院志》，卷之六，〈會語四・高景逸先生東林論學語下〉，頁 68。

〔註 44〕《東林書院志》，卷之六，〈會語四・高景逸先生東林論學語下〉，頁 68。顧憲成在〈麗澤衍〉中，對於講習也有相同的觀點，見《東林書院志》，卷之三，〈會語一・顧涇陽先生東林商語上・麗澤衍〉，頁 43：「曾子曰：『以文會友』，言講也；『以友輔仁』，言習也。朋友講習，互相滋益，生理津津有說道焉。此人心本然之兑，恰與造化同符也。……群一鄉之善士講習，即一鄉之善皆收而為吾之善，而精神充滿乎一鄉矣；群一國之善士講習，即一國之善皆收而為吾之善，而精神充滿乎一國矣；群天下之善士講習，即天下之善皆收而為吾之善，而精神充滿乎天下矣。」

〔註 45〕《東林書院志》，卷之六，〈會語四・高景逸先生東林論學語下〉，頁 68：「若往日之會，止算得以文會友，還算不得以友輔仁。」

〔註 46〕顧憲成《小心齋劄記》，卷一，頁 6-294：「或問：『以文會友，以友輔仁。舊作二句看，近來俱作一句看。孰是？』曰：『以文會友，委是以友輔仁；以友輔仁，卻不專靠以文會友。蓋以文會友，特輔仁中一事。以友輔仁，則所指者廣矣。由此言之，作一句看固佳作，二句看又自有消長之味也。』」

東林學派對講會中重申相互「虛心稽切」本旨，事實上也寄寓著他們藉由學者之間彼此的論辯而尋求學術集體共識的企圖。陽明「自得之學」蔚然成風之後，晚明儒學講學活動中異說喧嘩、紛爭橫陳的情態已引起許多知識分子的反省。東林學派對於講會活動中對話交流原始立意的追溯，也反映出他們對於終結明代儒學長期以來處士橫議、異說橫陳局面的渴望與期待。

三、小　結

明中葉時期，士人群體化、組織化的情態，在講會、結社以及書院講學等活動運作下逐漸形成一種難掩的趨勢，以「社」、「會」、「書院」、「講會」爲號召的士人集團也逐漸形成。這些士人集團的聚結，一方面有著傾近於鄉里家社之類強烈地域性格的士人社群，〔註 47〕另一方面，也有著以特定主題、共同理念綰結彼此的學術集結。初期東林學派的集結，便同時蘊含以上兩種士人社群的性格。

然而，由於理學流脈本身的分化與對立，以及左派王學重視個人主觀體驗、講究恢奇言說效果的講會模式，使世人普遍對講學與講會活動產生「迂闊高遠」、「所講非所行」、「崇黨與」、「立門戶」以及流於個人主觀體驗的各自表述等迷思。因此，「講學」逐漸沾染負面的意涵。晚明而笑話書中急功近利的士子與自以爲是的理學家姿態，正反映了市民階層對儒學知識分子的一般印象。社會大眾對講學活動的負面評價，壓縮儒學知識分子的地位與活動空間，使知識分子講學活動的參與者無形之間也有所限定，而知識分子與社會中其他階層的對話空間也更受侷限，也使得學術與現實走向更爲疏離的方向。除此之外，執政者也有意識地藉著「朋黨」、「門戶」等具有爭議性的概念渲染、強化世人對講學活動與士人社群聚結的反感，企圖藉著政策與社會輿論禁錮講學的發展。

在「講會」與書院講學成爲統治中心與社會輿論批判焦點的時代，身爲堅決捍衛儒學的知識分子，東林學派必須面對世人對講學的批判，以及儒學修身哲學在講學活動中所遭遇的顚沛困境。他們一方面必須面對以不友善的態度對待講學活動的執政階層與庶民大眾，證成講學與講會活動的合理性，並企圖藉著「以友輔仁」的論述，淡化統治者以「朋黨」這個具有爭議性質

〔註 47〕吳沛瀾〈論顧、高東林之社〉，頁 190。收於《東林黨學術研討會論文集》頁 190～206。

的概念來來醜化知識分子的社群聚結，轉而說服社會大眾肯定士人群體以講會進行社交活動；另一方面，他們也必須掃蕩部份後王學擁護者泛言玄論、空談光景、徒留議論的講學形式，並修正左派王學將講會活動淪爲個人主觀體驗陳述場域、失卻講會原初交流意涵的講學方式，扭轉世人對「講學」的負面印象。左派王學將儒學的思維焦點帶往本體論的方向，並淡化重視實踐層次的儒學本質。左派王學「講」、「行」違離、「空口說空話」的態度與異說橫議的局面，造就了士子與庶民階層眼中的迂闊儒學形象。因此，東林學派在論證講學價值的同時，也尖銳地批判左派王學重視言說而不重印證、實踐的講學風氣；在探討「會之正格」的議題時，重新追溯講會活動知識分子相互「虛心稽切」的原始立意，並一掃講學「迂闊高遠」、空論本體的形象，將書院講學與清議論政風氣合流，顛覆左派王學的講學模式，爲書院講學注入儒學務實思想與政治理想主義經世精神的豐沛生命力。

第三節　東林學派的政治理想：解構中的君權神話

明代前期，學術與政治之間呈顯一種涇渭分明的狀態。在理學修身的基礎文本《大學》之中對「修身、齊家、治國、平天下」的次第認定下，個人完全道德的修證成爲奠定家齊、國治、天下平的基礎，促使知識分子將畢生心力焦點投注於修身議題的探討上，反而失卻《大學》「平天下」的最終目的。除此之外，明代皇室對於知識分子的情緒也極爲矛盾。明初藉由推廣儒學教育與科舉制度來強化統治力量，卻在無法眞正信任士人的情感基調下，不願意完全將權力交給臣僚。廷杖與東西廠制度的運作，更使優秀的知識分子絕意仕宦。吳與弼「棄舉子業」〔註 48〕、胡居仁「絕意科舉」〔註 49〕等，基本上就是這樣的典型。他們將對實踐政治理想的關懷向修身道德實踐的層次移轉，而將明前期的理學導往一個重視工夫實踐的方向。

然而，左派王學興起後，講學的浮誕與空洞化，以及空談本體、不務世

〔註 48〕黃宗義《明儒學案》，卷一，〈崇仁學案一・聘君吳康齋先生與弼〉，頁 2：「十九歲覲親於京師，從洗馬楊文定，讀《伊洛淵源錄》，慨然有志於道。謂程伯子見獵心喜，乃知賢猶夫人也，孰云不可學而至哉！遂棄舉子業，謝人事，獨處小樓，玩四書五經、諸儒語錄，體貼於身心，不下樓者二年。」。

〔註 49〕黃宗義《明儒學案》，卷二，〈崇仁學案一・文敬胡敬齋先生居仁〉，頁 12：「弱冠時奮志聖賢之學，往游康齋吳先生之門，遂絕意科舉，築室梅溪山中，事親講學之外，不干人事。」。

事的言說內容，反而激起部分儒學知識分子重新以務實的角度看待學術與政治。東林學派在這樣的背景下有意識地聚結，他們積極參與政治，並將講學的內容擴大，在探論本體、修身哲學的同時，也兼攝品評人物、批判時事的政治議題。作爲一個理學流脈，他們對經世精神的熱情與政治責任意識，以及他們擴大講學主題，將學術與政治、社會的關係新拉近，使得他們在明代的學術發展脈流中顯得豐富異常。

一、知識分子的經世精神正政治責任感的覺醒

徐復觀先生在〈儒家政治思想的構造及其轉進〉中，對於儒學的「德治」政治思想的發展與演進，曾作了這樣一段評述：

> 由修身以治國平天下，由盡己之性以至盡人之性，都是一身德量之推。因之，「君子篤恭而天下平」，「恭己正南面而已」的想法，在理論上固爲可通，但在事勢上容有未許。將一人之道德，客觀化於社會，使其成爲政治設施，其間尚有一大的曲折。而中國的德治思想，卻把這不可少的曲折略去。〔註 50〕

誠如徐復觀先生所言，儒學政治文化的基本思維模式，在於推己及人、由內而外的延展架構。這是一種以個體優先於社會的存在，國家是由個人組構而成，因此在研究國家性質與實施政策之時，必須以個體的「人」爲思考基點。〔註 51〕因此，在儒學文化「盡人之性」必須有「盡己之性」爲基礎的「人治」、「德治」思想架構運作下，臣僚與士人的「德量」成爲儒學政治文化裡最主要的思想議題。「學術」、「政治」與「德量」彼此之間的呈顯著正相關的方向發展，於是善政、善學與德性之善聯結，而使尊德性成爲一切思想的根源。東林學派作爲一個儒學知識分子社群，他們政治、學術思想的延展，也是由這個思考向度生發。錢一本《黽記》中所倡言的「學術便是心術」，〔註 52〕正

〔註 50〕徐復觀《學術與政治之間》（臺北：臺灣學生書局，1980 年 4 月，臺一版），儒家政治思想的構造及其轉進〉，頁 55。

〔註 51〕儒學的政治架構圖式，是由個人向外推衍至社會國家的思維模式發展而來。林火旺〈當前政治倫理的重建 —— 失序與調適〉（臺北：《哲學雜誌》，第十八期，1996 年 11 月）：「霍布士認爲個人（Individual）獨立於社會……社會的形成是因爲人具有社會性，也就是說，個體優先於社會的存在，所以要研究國家的性質，必須先瞭解個人的特性，因爲國家是由個人組成，是人造的（artifical man）。」

〔註 52〕錢一本《黽記》（《四庫全書存目叢書》，子部儒家類，冊十四；臺南：莊嚴文

體現出儒學這種由內而外的「內聖」外顯的思維模式。

在儒學以德性爲中心的思想基調之下，宋元儒學知識分子之所以將畢生心力集中在修證完美道德人格的內聖工夫上，也隱約涵攝著儒由內聖而外王、推己及人的政治信念。然而，明中葉心學躍居思想主流，對本體議題的過度關注，已使得儒學內聖思想中原有的經世外王精神逐漸淡化。講會活動中，思想學術討論與政治經世議題之間的違離，使儒學知識分子的政治責任感徹底失落。講學活動營造了一個非關社會、非關政治的純粹場域，卻也將學術發展與社會活動嚴密隔離。除此之外，明皇室對知識分子的不信任態度，以及廷杖與東西廠制度的運作，也知識分子對政治與仕宦漸趨冷漠。加上書院私學教育的普及，知識分子得以在仕途與政治理想之外尋覓另一片純粹學術的研究場域，也使得學術與政治時務徹底分道揚鑣。

左派王學及明初若干優異知識分子對政治的淡漠態度，卻反而促使對儒學政治理想與經世精神依舊懷有熱情的知識分子，面對儒學經世精神的失落產生強烈的危機感與焦慮。萬曆年間，這樣的危機意識在士人社會中迅速蔓延，成爲當時具有儒學經世抱負的知識分子的集體共識。與東林學派同時的呂坤，就曾主張「爵祿恩寵，聖人未嘗不以爲榮」，以爵祿作爲鼓舞天下知識分子投入仕宦與報國事君的行列，並以此「示天下帝王之權之可重，此臣道也。」〔註 53〕而東林學派對於知識分子的政治關懷，顯然更爲重視，他們更企圖從「講學」的角度切入，批判當時士人不務時事的現象。顧憲成《涇皐藏稿・卷二二・先弟季時述》記述：

> 弟一日喟然發嘆。予曰：「何嘆也？」弟曰：「吾嘆夫今人講學，只是講學耳。」予曰：「何也？」曰：「任是天崩地陷，他也不管。」予曰：「然則所講何事？」曰：「在縉紳，只是『明哲保身』一句；在布衣，只是『傳食諸侯』一句。」予爲俛其首。〔註 54〕

對講學活動「任是天崩地陷，他也不管」這種與現實嚴重脫節的情狀，顧允

化事業，1995 年 9 月，初版一刷），卷之一，頁 14-561：「學術便是心術，毫釐有差，末流之禍無所不至。學之貴于明辨者此。」

〔註 53〕 呂坤《呻吟語摘》（收於《諸子集成續編》，第六冊；成都：四川人民出版社，1998 年 1 月，一版一刷），卷上，頁 6-217：「爵祿恩寵，聖人未嘗不以爲榮。聖人非以此爲加損也。朝廷重之以示勸，而我輕之以示高，是與君忤也。是窮君鼓舞天下之權也。故聖人雖不以爵祿恩寵爲榮，而未嘗不榮之以重帝王之權，以示天下帝王之權之可重。此臣道也。」

〔註 54〕 顧憲成《涇皐藏稿》，卷二二，頁 1292-247。

成喟嘆不已。講學的墮落與儒學經世精神的流失。反而成爲喚起東林學派對知識分子政治責任感與經世精神的觸媒。除了顧憲成顧允成之外，周順昌也喟嘆科舉制度下士大夫知識分子學術與用世的違離：

> 漫以書生當局，共籌邊、治河大政，無論問以簿書錢穀之數、天下幾何，茫然不能對。始知書不可不多讀。平日止爲八股，徒做一不識時務進士，良可笑也！〔註55〕

他們慷慨激昂地表述學術與政治、經濟等時務問題結合的必要性，痛陳對知識分子「不識時務」現象的不滿，認爲透過科舉考試所抉選出來的政治菁英「平日止爲八股」，事實上在面對籌邊、治河大政時，往往「茫然不能對」。這種國家政治菁英，卻「不識時務」的弔詭現象，成爲東林學者們批判的焦點。

由於知識分子對政治時務的陌生與淡漠，因此，東林學派爲知識分子參與政治諫議活動陳辭，冀望喚起知識分子的經世熱情。陳龍正《幾亭全書》〈陳祠部公家傳〉中就指出：

> 人所以生，有煖氣也；心冷者，雖當其生，亦鬼也。彼居鄉杜門，不預一事，輒以爲賢，此爲招搖無恥者砭耳。非中庸之軌也。〔註56〕

陳龍正認爲，知識分子必須有政治與家國責任感。「居鄉杜門，不預一事」的消極避世態度，只是「招搖無恥者砭耳」。陳龍正認爲，這種避世的知識分子根本不足以稱爲「賢」。

東林學派面對朝廷中的朋黨集團鬥爭，在多數朝中士人對政治絕望的時刻，他們卻有著「既爲國家臣子，須將國家事料理。縱然我不用世，舉我所知以待用世者採擇，亦不爲無以報國也」〔註57〕的「用世」氣度，充滿「報國」的色彩。

除了講學風氣的墮落，另一方面，明代社會在中後期時也開始出現某種重實效與事功的習尚。明代商人階層興起與市民社會的務實風尚，加上世宗嘉靖年間以至於神宗前期，海瑞、張居正等人以王霸並用、義利雙行的政治操作手

〔註55〕周順昌《周忠介公燼餘集》，卷二，〈與朱德升孝廉書〉，頁1。

〔註56〕陳龍正《幾亭全書（附家傳）・家傳》（《四庫禁燬書叢刊》，集部，第十二冊；北京：北京出版社，2000年，初版一刷，景印中國社會科學院文學研究所藏，清康熙雲書閣刻本），卷一，〈陳祠部公家傳〉，頁12-7021。

〔註57〕顧允成《小辨齋偶存》，卷三，頁1292-284：「起莘（錢一本）曰：『我已無意於用世矣。』余曰：『不要這樣說。……既爲國家臣子，須將國家事料理，縱然我不用世，舉我所知以待用世者採擇，亦不爲無以報國也。』起莘首肯。」

法主導政事的重「實」性格，使得這種崇實效、重事功，富有功利色彩的思想蔚為風潮，也成為掀起晚明知識分子政治責任意識的另一個機緣。明中後期，在商人階層抬頭、務實意識興起的時代風尚裡，政治界申韓法術思想盛行：海瑞尊重法律，「勸帝虐刑」，引起輿論的批判，〔註 58〕他「不能相信治國的根本大計是在上層懸掛一個抽象的、至美至善的道德標準」；〔註 59〕而張居正更是反對「迂闊俗儒」，不諱言以「仁義並行，寬猛互用」、「立法貴寬，行法貴斷」的法治態度，主張王道與「近功速化」無法切割，將申韓的霸術氣魄運用到政策操作裡來。〔註 60〕晚明時期的官方知識分子，也或多或少地感染這種政治界的申韓風尚，在儒學經世思想背後，雜糅著崇法制、重事功的法術思想。雖然，東林學派的最初集結緣起於對張居正擅權的不滿，但對張居正的才幹與手腕，他們卻都有著肯定的評價。〔註 61〕因此，他們在某些政治思想方面，難免也受到他霸術色彩的影響。僅管東林學派基本上不願違離朱子批判霸術事功的立場，〔註 62〕然而他們的政治思想卻對事功與實效有著明顯的偏尚。

東林學派堅持維護法制的權威與公平性，認為「權」為「人主之操柄」，不諱言「富」與「貨殖」，贊許「以義主利，以利佐義，合而相成，通為一脈」〔註 63〕的態度，更認為「商困而四民皆困」〔註 64〕對商人充滿肯定與同情。

〔註 58〕《明史》，卷二二六，〈海瑞傳〉，頁 5932：「帝（神宗）雅重瑞名，畀以前職。明年正月召為南京右僉都御史，道改南京吏部右侍郎，瑞年已七十二矣。疏言衰老垂死，願比古人尸諫之義，大略謂：『陛下勵精圖治，而治化不臻者，貪吏之刑輕也。諸臣莫能言其故，反借待士有禮之說，交口而文其非。夫待士有禮，而民則何辜哉？』因舉太祖法剝皮囊草及洪武三十年定律枉法八十貫論絞，謂今當用此懲貪。其他規切時政，語極剴切。觸勸帝虐刑，時議以為非。」

〔註 59〕黃仁宇《萬曆十五年》（臺北：臺灣食貨出版社，2000 年 6 月，增訂二版二九刷），第五章〈海瑞——古怪的模範官僚〉，頁 167。

〔註 60〕陳寶良《悄悄散去的幕妙——明代文化歷程新說》（西安：陝西人民教育出版社，1988 年 12 月，一版一刷），第四章〈晚明實學思潮的形成與地主階級的文化反思〉，頁 125～188。

〔註 61〕林麗月《明末東林運動新探》（臺北：臺灣師範大學歷史研究所博士論文，1984 年 7 月），第四章第三節〈東林人士的政治目標及其實踐〉，頁 230～231。

〔註 62〕顧允成《小辨齋偶存》，卷三，〈箚記〉，頁 1292-274～1292-275：「朱子曰：『海內學術之弊，只有兩端：江西頓悟、永嘉事功。若不竭力明辨，此道無由得明。』夫頓悟二字，便是空字的入門；事功二字，便是混字的出路。太史公謂申韓原於道德之意，而老子深遠矣。愚亦謂頓悟事功，皆原於無善無惡之意，而無善無惡深遠矣。」

〔註 63〕如顧憲成顛覆傳統「為富不仁」的觀點，認為只要「富而好禮」、「富而好行其德」，則「此何足諱也？」見《涇皋藏稿》，卷一七，〈明故處士景南倪公墓

雖然他們在捍衛朱子學正統的基本立場，對事功之學採取批判的態度，然而，他們的思想卻沾染申韓的法術事功興味。因此，不難理解劉宗周何以批判顧憲成的朱子學思想洋溢著申韓氣質：

> 憲成學朱子者也。其言朱子也，世日尚奇，朱子以平，平則一毫播弄不得；世日尚圓，朱子以方，方則一毫假借不得。無有假借，方之至也。合方與平，和之至也……嗚呼！學術之難也。王守仁之言良知也，無善無惡，其弊必爲老莊，頑鈍而無恥。顧憲成之學朱子也，善善而惡惡，其弊也，必爲申韓，慘刻而不情。佛老之害，得憲成而救；臣懼一變復爲申韓，自今日始。〔註65〕

東林學派的政治思想裡，有著重商、重禮法、重名教、務實的傾向，的確涵蘊幾許申韓之學的事功興味。劉宗周對顧憲成「一變復爲申韓」的批判，或許也緣此而來。

明中後期講學風氣的墮落、貢舉制度的腐化與政治思想界瀰漫的申韓情調，催化了知識分子的政治責任感與經世精神。東林學派的經世思想，就在這些機緣下發展醞釀。他們繼承儒學由「盡己之性」而「盡人之性」爲學術終極目標的思想，將學術、心術與政術相互綰結，卻在政治的實際運作方面接受明中後期以來政界日益盛行的申韓風尚，將申韓的霸術操作視爲儒學王道理想的手段，肯定商業與貨殖、重視法制權威性與公平性，開始將視野放到富國強兵政策之上。

二、解構中的君權神話：君權與民主議題的探討

明代政治體制，以高度中央集權的體制爲軸心。然而，自首輔制度以有相之實、無相之名的型態在政治體系中孳衍之後，君權與閣臣之權的政治議題，一再成爲知識分子批判的焦點。東林學派由君權與輔臣權力的議題探討，逐漸轉化爲對君、臣、民三者之間權力結構議題的討論。

（一）初期東林學派的君權神話——絕對君權的樹立與輿論干政的合理性

誌銘〉，頁1292-193～1292-196。

〔註64〕高攀龍《高子遺書》，卷七，〈揭・罷商稅揭〉，頁1292-461。

〔註65〕《黃宗羲全集》（浙江：浙江古籍出版社，1985年1月），第一冊，《子劉子行狀》，頁201～211。

根據徐復觀先生的看法，原始儒家的君權概念，事實上是帶有「抑君」色彩的。將君主權威絕對化，肇因於西漢時期董仲舒雜糅法家術勢思想之後，對儒學君權觀的改造與扭曲。〔註 66〕漢魏以來的君權觀，沿襲董仲舒所塑造的「君尊臣卑」思想規度，肯定君主的最高地位與絕對威權，也由此而推導出絕對君權與弱勢相權的政治關係。〔註 67〕自明初以來，太祖奠定在政體結構上塑造出極端中央集權的體制，有意識地透過廣設儒學教育，以營造與強化庶民與士人階層對「防止權臣之患」的共識，並利用「君臣之義」的擴大詮釋，變相證成君與臣民之間的位階結構。

初期東林學派繼承了這樣的思考向度，以「君臣之義」證成君臣間權職結構的合理性，強調君臣之間各自掌理「權」與「職」分際。他們主張嚴明君臣分際，錢一本甚至認爲「君臣之分，等於天地」，〔註 68〕君主的絕對威權不容許被質疑、挑戰與侵犯，尤其更不容許當時名份上並不存在的宰相——首輔——具有干犯君威、統理政務的權力。萬曆二十一年，顧憲成奏〈感恩惶悚循職披忠懇祈聖明特賜照察幷乞休致以安愚分事疏〉中，便曾表述這種嚴明「君臣之分」的態度：

> 夫權者，人主之操柄也。人臣所司，謂之職掌。吏部以用人爲職，進退去留，一切屬焉。然必擬議上請，奉旨而後行。則所謂權者，固自有在，非人臣可得而專也。是故職主於分任，而權則無所不統；權主於獨斷，而職或有所不伸，君臣之分於是乎在。蓋其際嚴矣！〔註 69〕

〔註 66〕徐復觀《學術與政治之間》（臺北：臺灣學生書局，1980 年 4 月，臺一版），〈儒家對中國歷史運命掙扎之一例〉，頁 388：「儒家思想之本身，在政治方面，不僅未能獲得一正常之發展，且因受壓迫而多少變質，以適應專制的局面。其最重要者爲無形的放棄了『抑君』的觀念，而接受了法家尊君所造成的事實，由法家『三順』之說，演化而爲儒家『三綱』之說，將儒家對等之倫理主義，改變而爲絕對之倫理主義，此一改變，對儒家思想之本身影響至大。幾乎可以說，使儒家思想在政治方面發生了本質的變化。即是本以反專制爲體制的儒家思想，逐漸而隨順專制，因而盡了許多維護專制的任務。」

〔註 67〕余英時《歷史與思想》（臺北：聯經出版，2001 年 11 月，初版第二十二刷），〈君尊臣卑下的君權與相權〉一文中，就指出：「在『君尊臣卑』的原則下，君權與相權從來就不是平行的，其間也缺乏一種明確的界限。君權是絕對的（absolute）、最後的（ultimate）；相權則是孳生的（derivative），它直接來自皇帝。換言之，與君尊臣卑相應，君權與相權是有上下之別的。（頁 50）

〔註 68〕《明史》，卷二三一，〈錢一本傳〉，頁 6039。

〔註 69〕顧憲成《涇皋藏稿》，卷一，〈感恩惶悚循職披忠懇祈聖明特賜照察幷乞休致以安愚分事疏〉，頁 1292-9。

在顧憲成的政治圖式中，嚴格地界定君與臣之間的權力與職分結構。在東林學派「天無妄命，即氣數即義理，無氣數之非義理」〔註 70〕的觀點下，君主與國運氣數皆爲天命流轉。他們對「天子繫乎天也，君與天一體」〔註 71〕這種近乎信仰的認定，使得他們對君主的威權與尊位有著絕對的忠誠。〔註 72〕他們宣揚君主擁有「獨斷」、「無所不統」的絕對統理權，並認爲這種絕對的威權爲君主控制臣民的重要手段。顧憲成這種以「權」爲「人主之操柄」的詮釋，帶著濃郁法家術勢思想的興味，也反映了明中葉政治思想裡的法家色彩。顧憲成認爲，臣子只能擁有「職」，只具有「分任」的性質，是「有所不伸」的、受限制性的政治權力。所有的臣僚之「職」，都必須歸攝於君主「無所不統」之「權」的統理下。

東林學派之所以對君臣之間的權職分際極爲重視，導因於明代知識分子對「首輔專權」的疑忌。太祖的廢相政策，成爲明王朝不可更易的「祖制」。〔註 73〕丞相制度的廢除，使得明王朝前期的官僚體系形成一種群龍無首的態勢。直到仁宗後，內閣大學士的權勢日重，〔註 74〕而明中葉張居正的強勢內

〔註 70〕黃宗羲《明儒學案》，卷五九，〈東林學案二・御史錢哲新先生一本〉，頁 102，引錢一本《黽語》：「鋪天徹地，橫來豎去，無非天命散見流行，即此是性，別無性也。孟子：『莫非命也，順受其正。』……君造臣命，進退惟君，而進以禮，退以義，則臣之順受其正。……天無妄命，即氣數即義理，無氣數之非義理。」

〔註 71〕顧憲成《涇皋藏稿》，卷一，〈建儲重典國本攸關不宜有待懇乞聖明早賜宸斷以信成命以慰輿情事疏〉，頁 1292-7。

〔註 72〕日・溝口雄三在《中國前近代思想的演變》（索介然、龔穎譯，溝口雄三著《中國前近代思想的演變》；北京：中華書局，1997 年 10 月，一版一刷），〈所謂東林人士的思想〉，頁 376 中指出：「即便如此，皇帝卻並未成爲東林人士攻擊的對象，可以說使人如墜雲霧。這一點很不可思議，但也很重要。他們的確是不停地奏勸諫皇帝，但即使是慘死於魏忠賢之手的東林人士，也無一怨恨皇帝，非但如此，他們臨死也沒有動搖，仍不忘自己的忠誠。」東林人物對於君主最高權勢地位的絕對忠誠，或許正在於以君主爲「天子」這種近乎信仰的學文化傳統認定。錢一本「君與天一體」的論述，鮮明地反映出這種天人合一的君權理論基調。

〔註 73〕《明史》，卷七二，〈職官志一〉，頁 1729：「明官制，沿漢、唐之舊而損益之。自洪武十三年罷丞相不設，析中書省之政歸六部，以尚書任天下事，侍郎貳之。而殿閣大士衹備顧問、帝方自操威柄，學士鮮所參決。其糾劾則責之都察院，章奏則達之通政司，平反則參之大理寺，是亦漢九卿之遺意也。」

〔註 74〕錢穆《國史大綱・下》，第七編第三十六章〈傳統政治復興下之君主獨裁（上）〉，頁 671：「仁宗後，閣權漸重。楊溥、楊士奇、楊榮稱『三楊』，以東宮師傅舊臣，領部事，兼學士，禮絕百僚，始不復署院事。」

閣，使得明王朝後期政治體系中，「首輔」架構逐漸成形。然而，「首輔」雖擁有實質上相當於丞相的政治權力，卻始終不具有政治上的合法地位。由於首輔只能扮演「權臣」的角色，〔註75〕因而成爲知識分子攻訐的焦點。

世宗嘉靖年間嚴嵩專權，而神宗萬曆前期，張居正也以首輔的姿態獨攬朝政，朝中的士大夫知識分子逐漸醞釀對「輔臣」弄權的不滿情緒。萬曆中期張居正逝世之後，依附張居正下的臣僚集團瓦解，神宗卻又重用王錫爵、申時行，並「令輔臣總政」，〔註76〕自己對臣僚集團的鬥爭袖手旁觀。申時行與王錫爵無論就才幹、執政魄力而言，都遠遜於張居正，反而激化朝廷間臣僚集團的對立。

由於首輔的權力並不具有制度上的合法性，加上明中後期首輔專權貪賄的種種弊端，使得這一時期，對於首輔制度的批判與檢討成爲士人的重要議題，並因此而延伸出君臣之間權職分際的探討，強調君主統領臣僚職分的威權，企圖壓制日漸強大的首輔之權，並平衡朝廷間各個政治集團的勢力消長。錢一本在〈論相〉一疏中強烈批判首輔弄權的現象，他認爲「夫朝廷之政，輔臣安得總之」，指陳當時朝廷中臣僚朋黨對立營私的政治問題，正導因於「前之政自居正總，今之政自時行總，而皆不自朝廷總故也」。〔註77〕

在無法更易太祖廢相祖制的狀況下，東林學派藉由推尊君權、嚴明君臣權職分際的方式，主張君主以「權」爲「操柄」統攝臣僚，強化君主的絕對君權與最高地位，來制衡首輔專權。東林學派承襲儒學以「學術」、「政治」

〔註75〕錢穆《國史大綱·下》，第七編第三十六章〈傳統政治復興下之君主獨裁（上）〉，頁677：「……而閣臣中想實際把握政權者，最先便不得不交結內監（時謂：『大臣非夤緣內臣不得進，非依憑內臣不得安。』即如張居正，亦交結內侍馮保也），其次又須傾軋同列。閣臣不止一人，職任上並無嚴格分別之規定。嚴嵩傾去夏言，與許瓚、張璧同爲大學士，而瓚、璧不得預票擬，大權遂一歸嵩。自是以後，票擬專首揆，餘旁睨而已。……國家並未正式與閣臣以大權，閣臣之弄權者，皆不免以不光明之手段得之。此乃『權臣』，非『大臣』。權臣不足服眾。……故雖如張居正之循名責實，起衰振敝，爲明代有數能臣，而不能逃眾議。」根據錢穆先生的看法，由於國家並沒有正式地賦與閣臣政治上的決策權力，而弄權的閣臣往往都是藉著不光明的手段來取得政權主導地位，因此這只是「權臣」，而非「大臣」，就政權的合理性而言，並不足以服眾。因此，黃宗羲在《明夷待訪錄》〈置相〉篇曾說：「有明之無善治，自高皇帝罷丞相始也。」（黃宗羲《明夷待訪錄》，〈置相〉，頁42；林保淳導讀本；臺北：金楓出版社，1987年5月，初版）

〔註76〕《明史》，卷二三一，〈錢一本傳〉，頁6037。

〔註77〕《明史》，卷二三一，〈錢一本傳〉，頁6037、6039。

與「德量」的成就彼此相關的思想，強調統治者道德人格的完美。高攀龍在〈今日第一要務疏〉中指出「陛下之心」即是「天下之本」，認爲「人君之心，與天爲一，呼吸相通。一念而善，天以善應之；一念不善，天以不善應之。如影之隨形，纖悉不爽。」〔註 78〕這種「人君之心，與天爲一」及天人相應的觀念，事實上正反映著西漢董仲舒天人感應思想在儒學政治思想中的殘留。在君心與天爲一的信仰下，東林學派確信人君「篤恭而天下平」，〔註 79〕認爲統治者的懿美德行可以成爲國泰民安的保證。

東林學派在君心與天爲一、天人相應的思想下，他們在宣揚君主的絕對權威的同時，也相對地對君主賦與高度的道德期待，對於統治者的私生活展現強烈的干預態度，針對立妃、建儲問題上不斷以諫議的方式侵擾君主的個人選擇。〔註 80〕因此東林學派對於君主有著絕對的忠誠，也推崇至高無上的君威，然而，他們的政治表現雖然堪稱爲「忠臣」，卻不見得稱得上是個「順臣」。在他們的理想下，君主所能操縱的權炳，必須受到輿論的制衡。他們藉由宣揚這種絕對的君權，來平衡朝廷中的彼此鬥爭的臣僚集團勢力，卻又不斷強調士人有規諫君主舉措的責任。顧憲成《小心齋劄記》中就曾表述：「君以擇相爲要，相以正君爲要」〔註 81〕的觀點，論證臣僚有「正君」的諫議責任。

初期東林學者不自覺地冀望以輿論來制衡這種絕對的君權，藉由一再的

〔註 78〕高攀龍《高子遺書》，卷七，〈今日第一要務疏〉（萬曆二十年爲行人工留中），頁 1292-444。

〔註 79〕高攀龍《高子遺書》，卷七，〈今日第一要務疏〉（萬曆二十年爲行人工留中），頁 1292-444。

〔註 80〕顧憲成、顧允成、錢一本等人均曾再三上奏反對神宗皇帝冊封鄭貴妃及三王並封的決策。《明史》，卷二三一，〈顧憲成傳〉，頁 6030：「會有詔三皇子並封王，憲成偕同官上疏曰：『……皇上因祖訓立嫡之條，欲暫三皇子並封王，以待有嫡立嫡，無嫡立長。……我朝建儲家法，東宮不待嫡，元子並不封。廷臣言甚詳，皇上概弗省，豈皇上創見有加列聖之上乎？』」《明史》，卷二三一，〈顧允成傳〉，頁 6034：「顧允成……舉萬曆十一年會試，十四年始赴殿試。對策中有曰：『陛下以鄭妃勸於奉侍，冊爲皇貴妃，廷臣不勝私憂過計。請立東宮，進封王恭妃，非報罷則峻逐。或不幸貴妃弄威福，其戚屬左右竊而張之，內外害可勝言。』」《明史》，卷二三一，〈錢一本傳〉，頁 6037～6041：「帝以張有德請備大禮儀物，復更冊立東宮期，而申時行柄國，不能匡救。一本上〈論相〉、〈建儲〉二疏。……其論國本曰：『……傳聞陛下先曾失言於皇貴妃、皇貴妃執此爲信，及今不斷。蠱惑日深，剛斷日餒，事體日難。……』」除此之外，于孔兼、陳泰來等人，也對立妃建儲事一再上奏批判神宗的決策。

〔註 81〕顧憲成《小心齋劄記》，卷一二，頁 6-393。

勸諫奏疏來干擾君主的政治決策甚至於皇室私事。神宗面對這群熱心關注皇室私事的臣僚集團顯然也不堪其擾，只能以一再歸避的方式拖延問題。〔註82〕然而，皇室的繼承問題，究竟是否算得上「私事」？事實上，明確規定的繼承制度是必要的。加埃塔諾‧莫斯卡 Gaetano Mosca 在《菁英的興衰》第四章〈統治階級的原則和傾向〉中指出，「在繼承制度井然有序、寶座繼承人的地位無可非議時，世襲原則無疑能夠自動地保證政權的穩定和延續，可以避免每一次更替都成為以扶持或打擊某些覬覦者目的的內戰，和宮廷陰謀的現成藉口的局面」。〔註83〕神宗企圖挑戰這種制度，自然會引起知識分子對制度破壞後宮廷陰謀、政權不穩定的憂心。

由於初期東林學派對君主道德的干預，因此，在他們的政治構圖裡，君主很弔詭地成為一個表面上看來擁有絕對威權，卻又必須在實質的政策運作上扮演著為廣大的士人集團的輿論所操縱的傀儡角色。〔註 84〕東林學派積極對朝政提出諫議，由顧憲成〈上婁江王相國書〉勸當時的首輔王錫爵應堅持建儲立嫡即可看出：

> （論立嫡事）……乃更益立嫡之條，重之以祖訓，藉之以中宮，彌縫轉易，挽回轉難；日復一日，月復一月，歲復一歲，不知何所底止。閣下之責，方自此始未艾也。竊意以為宜聽九卿科道，

〔註82〕《明史》，卷二三一，〈錢一本傳〉：「一本上論相、建儲二疏。……其論國本曰：『前者有旨不許諸司激擾，愈致遲延，非陛下預設機阱，以禦天下言者乎！使屆期無人一言及，則佯為不知，以冀其遲延。有一人言及，則禦之曰：「此來激擾我也！」改遲一年。明年又一人言及，則又曰：「此又來激擾我也！」又改二三年。必使天下無一人敢言而後已。庶幾依違遷就，以全其席昵愛之私，而曾不顧國本從此動搖，天下從此危亂。臣以為陛下之禦人至巧，而為謀則甚拙也。此等機智不可以罔匹夫匹婦，顧欲以欺天下萬世耶！』」

〔註83〕帕累托等著，劉北成、許虹編譯《菁英的興衰》（臺北：桂冠圖書，1997 年 3 月，初版四刷），第一部分 Gaetano Mosca「統治階級 Rulin Class」，第四章〈統治階級的原則和傾向〉，頁 54。

〔註84〕黃仁宇先生《萬曆十五年》，第三章〈世間已無張居正〉，頁 108：「開國之君主創建了本朝，同時也設立了作為行政工具的文官制度，而今天的文官卻早已成熟，他們所需要的只是一個個性平淡的君主作為天命的代表，其任務就是在他們的爭端無法解決時作出強制性的仲裁。他們要求這位守成之主與日常的生活隔絕，在仲裁爭端中不挾帶個人的嗜好和偏愛以引起更多的糾紛。坦率的說，就是皇帝最好毫無主見，因此更足以代表天命。這種關係，已經由萬曆的曾叔祖弘治作出了榜樣，弘治皇帝愈是謙抑溫和，聽憑文臣們的擺佈，文臣們就愈是稱頌他為有道明名。」

> 仍尊屢旨，合辭以請，而閣下從中調停，懸示定期。即甚遲，不得越一年而遙。庶幾聖心確有所主，不開窺伺之端；人心專有所屬，不萌二三之釁。議論方囂而復定，國本幾搖而獲安。此眞閣下事矣！脫或一請不當，則至於再；再請不當，則至於三，甚而至于十，至于百，至於去就可也，至于死生可也。《論語》曰：「大臣以道事君，不可則止。」《孟子》曰：「惟大臣爲能格君心之非。」可不勉哉！〔註 85〕

顧憲成雖然承認君主的絕對威權，但對於引起臣僚爭議的建儲問題，也只能以不斷規諫的方式干擾君主的決策。他勸諫當時的首輔王錫爵，在神宗與朝臣對建儲議題的對立上扮演「從中調停」的角色，並將皇室建儲的家族宮闈鬥爭昇華爲「爭國本」的政治議題，將神宗個人的道德問題放大成爲士大夫階層檢視與批判的對象。他們強調臣僚有「格君心之非」的責任與義務，強調要有著「一請不當，則至於再；再請不當，則至於三，甚而至于十、至于百，至于去就可也，至于死生可也」的堅毅決心，並認爲必須藉著朝廷輿論的檢驗，來「導正」君主的決策。

就理論上而言，他們深受對明中葉以來政治氛圍裡瀰漫的法家氣息影響，重視君主「獨斷」、「無所不統」的最高地位與絕對威權，並藉此平衡朝廷中各個政治集團之間的勢力。然而，在政策的實際運作上，他們並不能眞正放心天下之政全由君主統領的操作模式，因此他們肯定臣僚勸諫的權利。東林學者強調臣僚也可以藉著諫議奏疏及營造朝廷輿論的手段，來檢驗君主的政策舉措，並透過再三地奏疏勸諫，干擾君主的決策。然而，他們並沒有察覺，推重君主權威卻又強烈干預決策的結果，使得君主與臣僚系統之間形成一種難解的對立狀態，也將統治者對朝臣的信任徹底瓦解。東林學派不自覺地在樹立君主權威的同時，又將朝廷（甚至是民間）輿論塑造爲制衡甚至監控君權的角色，以評論者、檢視者的姿態挑釁君權，間接促使君主在政治決策上更爲仰賴閹寺內臣，因而導致晚明閹黨集團與朝廷「清流」對立的紛亂政局。除此之外，他們重視朝野輿論、開放庶民論政的主張，在明中後期逐日高漲的市民階層自覺下，透過議論政事、干預決策的輿論焦點，反而變相鼓動著將參與政治的權力向市民階層開放的思想，「重民」意識逐漸成形，而沉埋已久的孟學民主思想也因而重受時代的召喚，掀起明末清初「民本」思想風潮。

〔註 85〕顧憲成《涇皋藏稿》，卷二，〈上婁江王相國書〉，頁 1292-19。

（二）中後期東林學派民本思想的覺醒——輿論的開放與庶民利益

晚明時期，社會上對君、臣、民之間的階位認識逐漸有了轉變。雖然在儒學天人感應的信仰下，顧憲成、高攀龍與錢一本等人，都對首輔專擅弄權而侵奪君主權威抱持爲強烈反感，然而他們在宣揚絕對君權的同時，爲了保證君主道德人格的完美與政治決策的審慎正確，也一再強調君主並須擁廣納朝野輿論的德量與氣度。顧憲成一方面爲了平衡朝中的政治集團鬥爭，冀求以維護絕對君權作爲解決朋黨紛爭的手段；另一方面，在儒學政治的「德治」傳統影響下，他們對於君主的德行賦予過高的期待，認爲知識分子在對君主個人道德行爲有所質疑時，必須以提出諫議爲責任。顧憲成基本上還是認爲君主所容受的輿論應來自於士人階層，然而，他們卻開始逐漸肯定庶民輿論。高攀龍也主張「君子爲政，不過因民之好惡」，〔註86〕認爲執政應該是隨順民意。

然而，初期東林學者的顧憲成、高攀龍等人，雖然主張開放輿論議政，然而在政策問題上對於國家利益與人民利益之間，仍然以「權宜」的角度來處理國家利益與人民利益衝突的問題。雖然在大多數的情形下，他們往往選擇以「利民」爲政策取捨標準，然而卻並不反對在權衡得失後的必要情況裡犧牲民眾利益而維護國家整體利益。高攀龍〈四府公啓汪澄翁大司農〉中探論賦役折色問題時，就曾指出：

> 竊惟天下之事，有益於國而有損於民者，權國爲重，則宜從國；有益於民而有損於國者，權民爲重，則宜從民。〔註87〕

高攀龍對利國與利民之間，採取權宜的態度。他認爲在政策上人民利益與國家利益衝突時，必須權衡得失後，再決定要犧牲哪一方的利益。然而，他已逐漸將政治決策的關懷焦點由君主向人民轉化。高攀龍〈常熟縣重建儀門記〉：

> 夫民力，聖人所甚重，不可不思也。自天子下至一邑之宰，稼穡焉而食民之力，布帛焉而衣民之力，宮室焉而處民之力。一舉目，靡非民力也。是以君子一舉目而不敢忘民，思其艱也。〔註88〕

高攀龍指出，君主與官僚階級的存續仰賴「民力」的供給，庶民實際上是國家最主要的生產力，「一舉目，靡非民力也」。因此他認爲，「君子一舉目而不敢忘民」，肯定人民在國家體制中的重要性。雖然高攀龍仍有「權國爲重，則

〔註86〕高攀龍《高子遺書》，卷八下，〈與歐陽宜諸二〉，頁1292-511。
〔註87〕高攀龍《高子遺書》，卷八下，〈四府公啓汪澄大司農〉，頁1292-508。
〔註88〕高攀龍《高子遺書》，卷十，〈常熟縣重建儀門記〉，頁1292-628。

宜從國」的想法，但與張居正主政時期的強化、鞏固中央專制政體、以國家利益為優先考量的這種法家性格政治理念〔註 89〕相比，初期東林學派的顧憲成、高攀龍、錢一本等人「權民為重，則宜從民」的觀點，顯然已對人民投注更多的關懷。他們逐漸將執政焦點向人民轉移，而開放輿論、開放各階層參與政治評論意見的主張，也漸漸喚起儒學知識分子對孟子學傳統中「民本」、「民主」思想的重視。

初期東林學派開啓了明末清初的民本思想，並將這樣的思想透過講的活動、學術交流在以東林學派為主的儒學知識分子社群中迅速擴散。從學於高攀龍的陳龍正，對於民權更為重視。他認為官僚集團的服務對象在於庶民，而非國家機制。〈學言詳記·十·政事上〉提到：

人臣，主於利民，國之寶也；主於利國，國之賊也。〔註 90〕

溝口雄三指出，陳龍正「把『利民』與『利國』看成是對立的」，國家的壯大來自於政府對庶民階層利益的榨取，因此「『民』與國家朝廷之間存在著利害關係的對立」。〔註 91〕這種以庶民利益為思考向度的政治思維模式，對庶民階層有著強烈的同情心理，對於傳統政治思想中以國家利益為優先考量的思考向度也表現一種對立的態度。陳龍正的政治思想以庶民利益為主，甚至對於明末的民變運動也寄予無限同情。〔註 92〕除了溝口所指陳的國與民之間存在

〔註 89〕溝口雄三認為，張居正與東林學派的政策目的截然不同。張居正的政策圍繞著「強化明朝專制體制」的目的運作，而東林學派則宣揚「分權公治式的君主主義」。溝口雄三〈所謂東林派人士的思想〉，頁 367：「張居正的政策僅限於中央緊縮財政，地方平均田賦的話，這就與後來的東林派人士的要求完全一致，而並無對立因素的存在。但是，如前所述，圍繞「奪情」而造成對立的原因在於，他的政策完全是以強化明朝專制體制為目的的。」在頁 446 中，他以「分權公治式的君主主義」來定義東林派的政治思想。

〔註 90〕《幾亭全書》，卷一三，〈學言詳紀·十·政事上〉，頁 12-23。

〔註 91〕溝口雄三〈所謂東林派人士的思想〉，頁 382。

〔註 92〕溝口雄三〈所謂東林派人士的思想〉，頁 483：「……東林人士出身的階層，是我們所謂的中堅地主階層，這一階層進一步地推進了正在不斷向前發展的地主制式的構造。由於其出身階層的特點，東林派人士自覺地積極參與反對礦稅等國家主導權強壓的抵抗運動，與相關的民變站在同一立場上；但另一方面，面對那些有可能危及自身立場的反豪強（或是特權式、保守大地主）鬥爭（民變、奴變），他們則站到鎮壓的方面去了。」溝口先生指出東林人物對民變的同情態度，與他們的出身階層相關。然而，他對東林人物出身的階層的討論，可能未必盡如事實。如東林領袖顧憲成，雖出於商民階層，卻是典型的「貧商」。林麗月〈東林運動與晚明經濟〉文中也以顧憲成、高攀龍、魏大中、周順昌等人為例，「從上述諸人之家境資料看，便與富民之說大相矛盾」

著利益衝突關係之外，陳龍正以庶民利益爲思考主軸的觀點，相較於其師高攀龍在處理國族利益與庶民利益衝突時的「權宜」方式，陳龍正的思想顯然更具有民權與民本色彩。由高攀龍以至於陳龍正對「國」、「民」利益衝突時的不同處置模式，不難掌握其間民本思想發展的推演脈絡。

東林學派的政治思想，除了關注焦點由「國」向「民」移渡之外，對於輿論，中後期東林學者也採取了一種更爲開放、更爲肯定的態度，將以往由士大夫主導的輿論清議向更廣大的庶民階層開放。中後期東林學派的學者，他們的重民意識更爲鮮明，對於庶民議政不但予以肯定，甚至認爲庶民輿論正是國家的客觀眞理。活躍時代稍晚於顧、高等人的繆昌期更指出：「愚夫愚婦何與於天下事？而唯其無與於天下事，故其待之也虛，見之也明，率然竅於臆，薄於喉，而衡於口，率以定天下之是非。」〔註 93〕繆昌期認爲庶民不具有官員身分，在政治議題上較爲客觀性，因而推定庶民輿論就是天下國家的客觀眞理。事實上這種庶民言論客觀性的論證是有問題的，因爲庶民正是政策執行的對象，是國家政策的直接承受者，且不同地域、不同職業結構的庶民群體，也有著不同的利益取向。因此，政治決策的取捨本無客觀可言，只能從不同階層的利益向度出發。然而，繆昌期並未探討此一層次，他只是順應著初期東林學派重民思想的召喚，更進一步地肯定庶民輿論的價值，認爲國家的「公是」應操之於「匹夫匹婦」：

> 惟夫國之有是，出於群心之自然，而成於群喙之同然，則人主不得操而廷臣操之；廷臣不得操而天下之匹夫匹婦操之。匹夫匹婦之所是，主與臣不得矯之以爲非；匹夫匹婦之所非，主與臣不得矯之以爲是。〔註 94〕

繆昌期認爲「國是」不可爲人主與廷臣所操弄，它是「群心之自然」的外化呈顯，而體現在匹夫匹婦「群喙之同然」的現象上。他探討尊君思想的成因，在於庶民不具有官僚身份，缺乏實踐輿論公評的力量，因此只有透過官僚階

（頁 569～570）（收於《晚明思潮與社會變動》，頁 561～595，臺北，淡江大學中文系出版，1987 年 12 月，初版）。因此溝口先生所謂「面對那些有可能危及自身立場的反豪強鬥爭，則站到鎭壓的方面」，就他文中所舉之文本論證看來，應與「中堅地主階層」不相關，而是在漢文化傳統下對於社會中不同角色所賦予的不同社會期待，這是文化集體記憶的問題，並不是地主與非地主階層的問題。

〔註 93〕繆昌期《從野堂存稿》，卷二，〈公論國之元氣〉，頁 5。

〔註 94〕繆昌期《從野堂存稿》，卷二，〈國體國法國是有無輕重解〉，頁 19。

層與君主。然而官僚階層彼此間又因利益衝突與意識型態不同而引發嫌隙爭議，因此不得不仰賴君主絕對權威的裁決。〔註 95〕他追溯尊君現象的發展因緣，將明中期以鞏固中央集團爲主的政治理念還原爲以庶民利益爲政策重心的思維模式，並爲了防堵君主與官僚集團濫用權力侵犯庶民利益，因而極爲重視法制與公權力的維護，「據法則人無巧言，無巧言所以定國是也」。〔註 96〕

中後期東林學派的政治思想裡，君主權力被實質地弱化了。溝口雄三認爲，東林派人士主張「公權分治式的君主主義」。〔註 97〕然而，在顧、高時期，這樣的政治主張並未鮮明。因此，溝口以「公權分治式的君主主義」來定義東林學派的政治思想，應該更精確的界定在中後期東林學派這一時期。中後期東林學派的重民傾向更爲深刻，民主意識也已在他們的政治思想中躍動起來，更由此而延伸出「分治」的概念。這種分治的概念在顧允成「夫人主之耳目惟一，而天下之耳目人主者且萬萬。雖甚神聖，其聰明宜未足以遍也，將必有以寄之」〔註 98〕的論述中已見雛型，然而直到陳龍正才明確地指陳「天下之大，非一人所能周，必分而治之，要使同歸於大順」〔註 99〕的「分治」口號。

〔註 95〕林麗月《明末東林運動新探》，第四章第二節〈東林人士的幾個基本政治理念〉，頁 215～216：「這就是說，民眾的輿論擁有絕對的權威，而『國是』的根本就在此，……然而實際上天下之匹夫匹婦『無權無力』，因此沒有將其『是』實現於政治的力量，代『無權無力』的庶人把他們的『是』實現在政治上的是士大夫與君主。但是因爲士大夫也不免『是非之中更有是非，彼此之外復生彼此，呶呶籍籍，日與媾鬥。』結果常致因私害公，最後不得不『轉聽之人主』」。

〔註 96〕繆昌期《從野堂存稿》，卷二，〈國體國法國是有無輕重解〉，頁 20。

〔註 97〕溝口雄三〈所謂東林派人士的思想〉，頁 446 中。

〔註 98〕《涇皋藏稿》，卷二二，顧憲成〈先弟季時述〉，頁 1292-240 引述顧允成丙戌年赴大廷對策時指切時事之議論。

〔註 99〕陳龍正《幾亭外書》卷一〈隨處問學・齊治平〉頁 220：「家人皆以情勝，長幼嫡庶，幾許參差。我之用情不齊，則家人之心皆不服，不服則不能齊矣。我有父母，見我之用情不齊，則心懷歉歉，俯之不能齊於家人，仰之亦不能齊於父母。故總曰齊也。百里數十里之間，人情風土，便有小異，不可不因。因之之道，要在能辨。辨之則可使通國各得其所。故治者，辨也。天下之大，非一人所能問，必分而治之，要使同歸於大順。民無奇行，官無奇績，彼此不得相形，斯成極治。東漢多風節，良繇習俗卑污。孝文時，吳公治行爲天下第一，亦因循吏之少。唐虞成康，乃可曰平。則齊治平三言，能體之者難矣。雖曰修身爲本，要當隨處各有工夫，第繇本及末，不大費力。」（收於《續修四庫全書》，第一一三三冊，子部雜家類；上海，上海古籍出版社，2002 年）

根據陶希聖的觀點，宋明施行募兵制，軍戶與民戶之間有著嚴密地分際，形成軍與民相互制衡的態勢，除此之外，「京師之外內相制，朝廷與州郡亦相制」，彼此層層分立、相互制約，而權力集中於君主。〔註 100〕就明代的官僚體系而言，太祖廢相之後，君主的權力更爲集中，然而明中葉以降，首輔以權臣的姿態操弄有實無名的相權，因而引起士人集團的大加撻伐，而朝廷中的官僚集團鬥爭日漸白熱化。知識分子在探究政治議題時，也不得不碰觸到明代官僚體系制度上的缺失，進而檢討君主專制政體下高度中央集權所生發的政治問題。中後期東林學派的學者，無論是繆昌期抑或陳龍正，他們都對於中央集權的政體加以檢討，不僅僅空泛地提出民主、民本的觀點，更具體地探論「分而治之」的可能性，並論證庶民階層藉由輿論而參與政治的權利。

三、小　結

南宋以來，學術與政治逐漸分道揚鑣，知識分子的政治熱情也在明皇室對士大夫的蔑視與不信任之下逐漸褪色，而將心力寄寓於修身的實踐工夫之中。然而，左派王學興起後，在狂禪風格的影響下，對於實踐的本身不再重視，而講究自得良知的思想內涵也將講學帶往一個空洞、浮誕的方向，日漸違離儒學的經世本質，而逐漸被禪學所同化。士風的腐化與學風的禪化，激起知識分子的強烈危機意識。東林學派就在這樣的學術背景下，企圖顛覆明中葉以來「明哲保身」、「傳食諸侯」的講學傳統，而將講學的內容與主題向政治層次延伸，形成一種向儒學鄉校議政傳統復歸的學術型態。

政策、政體的探論，是東林學派講學與清議的重要主題。東林學派的初期聚結，更與明中期政治情勢有著難以切割的聯繫。因此，他們對於政治議題的探討，可說是東林學派的思想精華所在。就理學思想體系的發展而言，他們基本上仍是以王學流裔的身分扮演復興朱子學的角色，企圖以朱子學爲中心、兼攝王學的和會方式，來導正日益禪化的儒學。在政治思想方面，他們爲明末清初的民本思想植下即將萌芽的種子。他們一方面吸收明中後期政治思想界申韓法術之學的氛圍，肯定富國強兵的政策理念；另一方面，他們又回歸儒學孟子學的民本思想傳統，並且具體地鋪陳出他們對於民本理想的思想內容，在肯定庶民輿論的價值、肯定庶民利益在政治決策上的優先性方面，強調庶民的生產

〔註 100〕陶希聖〈（萬曆十五年）陶希聖讀後記——君主集權制之末路〉頁 351。（收於黃仁宇先生《萬曆十五年》書末，頁 343～357）

力爲維繫一個國家政體存續的最主要力量。顧憲成、顧允成、錢一本及高攀龍等初期東林學派知識分子開啓重民思想的始點，在省思世宗、神宗初期以來首輔專權的現象的同時，也進一步研討明代政治體制及君權與相權的勢力牽扯，企圖藉由樹立絕對的君權以壓制朝廷中政治集團的勢力鬥爭。他們對於君權始終有著的崇慕心態，甚至在君主毫不猶豫地背棄他們的時刻，泣訴「北向叩頭，從屈平之遺則；君恩未報，結願來生」〔註 101〕的悲壯情愫。然而，卻又不自覺地冀望以禮法秩序以及廷議、士人輿論來制衡君權。

中晚期東林學者由這樣的思想脈絡向庶民階層延展，卻逐漸生發出截然不同的思想樣貌。他們不但稱許庶民輿論爲「國是」、爲眞理，更宣揚「分治」的體制。對庶民階層的重視，使得他們開始重新檢省明代以君主爲中心的、高度中央集權的國家政治體制，也因而產生了「分而治化」的分治理念。明末清初黃宗羲〈原君〉、〈原臣〉的概念，事實上正是緣此一思想發展脈絡而來。

第四節　東林學者的重商傾向

十六世紀至十七世紀的中國社會，是一個地域商業與國際貿易空前繁榮的年代。在離鄉背景前往異地經商營生的商民階級人數極速篡升情況下，以地緣關係爲軸心的「會館」組織，便在明中後期的各大工商城市社會裡迅速發展。〔註 102〕然而萬曆年間，政府的財政政策與陳冗的吏胥制度無法及時追隨商業發展的腳步，耗費繁多的皇室在財賦收支不足的情狀之下以極爲粗劣的強制徵稅手法榨取社會中最沒有反抗能力的庶民階層。

作爲一群積極參與政治的儒學信仰者，在「仁政」理想的趨使下，面對由皇室主導的稅賦苛政，東林學者不得不挺身而出。事實上，任何一種行會、學派、黨派、異議份子的集結，都呈顯一個國家社會秩序內的某些變革與發展，〔註 103〕晚明商會團體的成立與東林學派的集結，反映出社會變革的趨勢。

〔註 101〕高攀龍《高子遺書》卷七〈疏・遺疏〉1292-460，原文極短，摘錄於下：「臣雖削奪，舊係大臣。大臣受辱，則辱國。故北向叩頭，從屈平之遺則。君恩未報，結願來生。臣高攀龍垂絕書。乞使者執此報皇上。」

〔註 102〕李和承《明清傳統商人區域化現象研究》（臺北：臺灣師範大學歷史所博士論文，1997 年 6 月，李國祁教授指導），第四章〈區域化現象的演變〉。

〔註 103〕蔡源林譯，薩依德 Eward W. Said《文化與帝國主義（Culture and Imperialism）》（臺北：立緒文化，2001 年 1 月，初版一刷），在〈心路歷程與反對勢力的出現（The Voyage In and Emergence of Opposition）〉中引述 Raymond Williams

當我們重新回溯萬曆中期東林學派聚結的最初原因，其中之一就在於對神宗時期礦稅政策的不滿。由於對政策反抗的共識，才將這一群有著類似理念的知識份子集結起來，晚明時期「商會」組織與兼攝政治與學術、反抗礦稅政策的東林學派的興起，反映明代社會商民意識高漲的現象，也顯示官方政策在經濟與財政上所必須面對的變革危機。

一、明中後期商業興起與「以利佐義」的經世視野

黃仁宇先生認爲，中國的金融經濟，在歷史上有著三次突飛猛進的急遽成長期——西周至兩漢之間、唐宋之間，以及明清之際。〔註104〕明中期以來，江南地區農業生產及手工副業興起，與漕運對農村市場貿易的發展，使整個江南地區發展爲一個巨大的內陸商業區，〔註105〕而明代統治中心針對江南地區所採取的一系列徙民措施與稅賦不均等政策，喚起民間的流民運動及從商風潮。〔註106〕在農業文明安土重遷的思想下，當一塊土地上大量人群從原鄉

〈Culture〉的概念。

〔註104〕黃仁宇先生〈從《三言》看晚明商人〉（收於黃仁宇《放寬歷史的視界》；臺北：允晨文化，2001年3月，增訂一版三刷），頁9。

〔註105〕艾爾曼 Benjamin A. Elman 著，趙剛譯《從理學到樸學——中華帝國晚期思想與社會變化面面觀》，第一章〈中華帝國晚期的學術話語革命〉頁8，及 Evelyn S. Rawski〈Economic And Social Foundations〉（Edited by David Johnson, Andrew J. Nathan, and Evelyn S. Rawski, 《Popular Culture In Late Imperial China》，Printed by SMC Publishing Inc., Taipei, 1987/10），PP.4。

〔註106〕元末以來，由於江南地區有著優越的農業條件，人口密度遠比其他地域更高．面對國家各地域間人口分佈的不均等現象，自太祖朱元璋開國後，便針對江南地區採取一系列徙民政策。徙民政策的施行，一方面是基於政治需要而遷徙富民外，一方面則是將江南地區相當數量的無產階級農業工作者向人口密度低的地區移徙，藉以緩解江南地區的人口壓力。《明史・食貨志一》記載太祖時期户部郎中劉九皋的建言，提到：「古狹鄉之民，聽遷之寬鄉。欲地無遺利，人無失業也。」（《明史》，卷七八，〈食貨志二〉，頁1896）由明政府的徙民政策。可以看出當時明政府已意識到王國內地域人口分佈不均等所造成的問題。除了政府的徙民政策，使得江南地區人口流動性提升之外，地域性的重賦制度也是促使江南地區人口流動的因素。就綿密的水網交通系統而言，江南地區有著優越的貿易條件，又是糧產與棉織品輸出的重要產地，成爲中央政府的主要財政稅收來源。事實上，從明王朝初期，對於江南地區——尤其是浙西地區——就實施遠比其他地區更高額的賦稅標準。《明史・食貨志二》記載太祖朱元璋定天下官民田賦時的情形時說：「初，太祖定天下官、民田賦，惟蘇、松、嘉、湖，怒爲張士誠守，乃籍諸豪族及富民田以爲官田，按私租簿爲稅額。而司農卿楊憲又以浙西地膏腴，增其賦，畝加二倍。故浙

向異域游離時，思想型態將逐漸往活動的、開放的方向演變，而社會文化也漸漸會爲活潑的、不確定的風尚所浸染。大量的商人及流民潮，使得明代社會中的市場化現象也愈趨鮮明，人口結構及社會風尚，也漸漸由農業文明向貿易導向爲主的社會型態移轉。這種情形，由江南的幾個城市開始，逐漸向全國各地擴散。加上明前期以來逐日興盛的海上貿易，〔註 107〕頻繁的商品與文化交流，對江南沿海地區以至於明代整體社會文化產生了極大的影響。

明中葉以來，承繼宋元及明前期的工藝技術與商業發展水準，而隨著捐粟納監、棄儒就賈等活動的催化，士商之間的交流日益頻繁，而社會上的經濟活動已漸漸顛覆傳統農業文明士農工商的「四民」階級樊籬，商業意識也逐漸向整個社會文化滲透。《三言》中「轉運漢巧遇洞庭紅」對失意士人從商成功的書寫，就反映出當時市民階層對「士人從商」此一現象普遍接受的態度。「棄儒就賈」的趨勢模糊了士人階層與商人階層的分隔界線，商人的務實性格逐漸影響了儒學的思想內涵，而儒學學者的治學的視角，也從窮究天人之理，而向經世的務實層次觀照。

除此之外，張居正主政時期，執政風格瀰漫著以「富國強兵」爲主旨的申韓氛圍。儘管初期東林學派的集結成因之一，在於批判張居正的「奪情」，而有著與張居正抗衡的立場。但，就東林學者的政治思想而言，無法否認他們也在某種層次上繼承了張居正務實的申韓法術風格。

就漢代以來的中國學術史發展脈絡而言，商業思維與財政體制的研討是

西官、民田視他方倍蓰，畝稅有二三石者。太抵蘇最重，松、嘉、湖次之，常、杭又次之。」（《明史》，卷七八，〈食貨志二〉，頁 1896）太祖朱元璋之所以將蘇、松、嘉、湖及常、杭地區課徵重賦，雖然有著開國時期的私人因素，但「浙西地膏腴」才是眞正導致這種區域性賦稅不平等現象的原因。這種區域性的重賦稅政策，使得蘇、常、嘉、湖地區的糧產量無法負荷，因此到了宣宗時期，江浙地區逐漸形成一股流民風潮。《明史·食貨志二》曾提到：「宣宗即位，廣西布政使周幹，巡視蘇、常、嘉、湖諸府還，言：『諸府多民逃亡，詢之耆老，皆云重賦所致。如吳江、崑山民田租，舊畝五升，小民佃種富民田，畝輸私租一石，後因事故入官，輒如私租例盡取之。十分取八，民猶不堪，況盡取乎！盡取，則民必凍餒，欲不逃亡，不可得也。……』」

〔註 107〕在「明祖定制，片板不許入海」的規定下，官方對民間的海事交流有所限制，只有政府設官市舶以作爲貿易往來的管理單位。趙翼《廿二史箚記》，卷三十四，頁 787：「……（鄭曉）謂國初設官市舶，正以通華夷之情，行者獲倍蓰之利，居者得牙儈之息，故常相安。……然明省定制，片板不許入海。承平日久，奸民勾倭人及佛郎機諸國，私來互市。」直到朱紈爲浙撫，禁絕海市私市。但由於利之所趨，民間的海上貿易依舊十分頻繁。

中國思想史中較少被討論的領域。湯志傑在〈從食貨到經濟——歷史語意上的二階觀察〉即提到這樣的現象：

> 事實上，在戰國那樣一個變動時期中從政治的觀點對經濟論題化並不是唯一的觀察方式。只是，一來由於秦始皇焚書的影響，再者隨著帝國一統後重新建立了一個士／農／工／商的階層秩序，使得其他的觀察方式在後來日漸喪失了銜接……〔註 108〕

根據湯志傑的看法，受限於自漢代以來「士農工商」社會階位排序概念的確立，即使有少數的思想家的觸角深向這樣的思維區塊，卻往往是曇花一現。工商業思維的技術與進展成了漢文化中極爲弱勢的一環。在孟學義利對舉的架構下，個人的「私利」成爲批判對象。作爲一個完美道德人格修踐的角度而言，「富」是應被低調、隱諱的。然而，衛道者普遍的「諱富」現象，卻在晚明有了轉變。

晚明的政治經濟環境與社會新風尚，催化了學術界新思潮向商業務實思維傾向的反思，而東林學者惠商的思想關懷，也就在這樣的思維取向進路裡成形。「工商亦爲本業」以「古者四民異業而同道」及務實重勢的思想，從社會風潮向學術思想層次沉澱發酵，陽明就曾在〈節庵公方墓表〉中提到士商階層之間並無階位高下之分，而只是社會角色分工上的「異業而同道」。〔註 109〕他對商民的肯定。王陽明開啓知識分子重新思索「四民」的階級評價的思想空間，而「四民異業而同道」的思維也在社會風習的交互催化影響下，影響了晚明的學

〔註 108〕湯志傑〈從食貨到經濟——歷史語意上的二階觀察〉（收於臺北：《當代》雜誌，第 155 期，2000 年 7 月 1 日出版），頁 104～105。

〔註 109〕見《王陽明全集》，《外集七》，〈節庵方公墓表〉，頁 941：「陽明子曰：『古者四民異業而同道，其盡心焉，一也。士以修治，農以具養，工以利器，商以通貨，各就其資之所近，力之所及者而業焉，以求盡其心。其歸要在於有益於生人之道，則一而已。士農以其盡心於修治具養者，而利器通貨，猶其士與農也；工商以其盡心於利器通貨者，而修治具養，猶其工與商也。故曰：四民異業而同道，蓋昔舜敘九官，首謖而次契。垂工益、虞，先於夔、龍。商、周之代，伊尹耕於莘野，傳說板築於巖，膠鬲舉於於鹽，呂望釣於磻渭，百里奚處於市，孔子爲乘田委吏，其諸儀封晨門荷蕢斫輪之徒，皆古之仁聖英賢，高潔不群之士。書傳所稱，可考而信也。自王道熄而學術乖，人失其心，交騖於利以相驅軼，於是始有歆士而卑農，榮宦游而恥工賈。夷考其實，射時罔利有甚焉。特異其名耳。極其所趨，駕浮辭詭辯誣世惑眾，比之具養器貨之益，罪浮而實反而不逮。吾觀方翁「士商從事」之喻，隱然有當於古四民之義，若有激而雲者。嗚呼！斯義之亡也久矣！……』」。

術思想風尙。〔註 110〕士人漸漸將他們的視界向商人階層移轉，商人階層的社會地位也逐漸向上攀沿。這種學術氛圍促使了知識分子開啓對社會不同階層的觀察視野，而東林學者在當時已逐漸形成的這種思維空氣裡，加上對儒學經世傳統的理想性格，使得他們更具體地對於當時的財政賦稅制度以及工商小市民的日常生活投下更多的關注。顧憲成在〈明故處士景南倪公墓誌銘〉一文中，有一段饒富興味的論述：

> 昔司馬子長著〈貨殖傳〉，談文者以爲千古絕調。予特嘉其取善之周，不擇巨細。乃世人卒諱言富，即爲子若孫者，闡揚先懿，亦惟恐以富揜也。相習而爲諱，夫此何足諱也！富而好禮，可與禔躬；富而好行其德，可與澤物。……以義詘利，以利詘義，離而相傾，抗爲兩敵；以義主利，以利佐義，合而相成，通爲一脈。人睹其離，翁睹其合，此上士之所不能訾，而下士之所不能測也。曾何愧乎名卿碩人之烈！〔註 111〕

顧憲成在應倪氏子孫之邀，構思墓誌銘時，必然遭逢「爲子若孫者，闡揚先懿，亦惟恐以富揜」的「世諱」問題，因而有感而發地爲針對「諱富」現象爲富人申冤。他指出，「富」之所以成爲衛道者言談內容的忌諱，純粹只在於長久以來的社會積習。他並舉出《論語》中肯定「富」的言論，證成原始儒學並不否定「富」這個事實。

孟學將「義」與「私利」，相對，然而顧憲成卻藉著「富而好禮，可與禔躬；富而好行其德，可與澤物」的論述，申辯「以利詘義，合而相成」的可能。他指出，只要個人的資產積累不礙於道德的修持，他並不反對不違禮法而得的財富。顧憲成此處所申明的「富」與「利」，很顯然的是指個人積蓄的資產，也就是「私利」的層次，而非與「義」相重疊的「公利」概念。顧憲成「私利」與「義」並不衝突的宣誓，大膽地挑戰儒學傳統的義／利（私利）對舉結構。雖然，這樣的思想已有李贄爲前驅，然而，相對於李贄離經叛道

〔註 110〕活躍年代稍早於顧憲成的李贄，便曾對董仲舒所說的「正其誼不謀其利，明其道不計其功」一語加以批判，提出「若不謀利，不正可矣……，若不計其功，若不計其功，道又何時可明也」的觀點，揭示學術風蛻變的基調，而馮應京《月令廣記・卷二》中也更具體地倡言「行商坐賈，治生之道最重」。

〔註 111〕顧憲成《涇皋藏稿》，卷一七，〈明故處士景南倪公墓誌銘〉頁 1292-193～1292-196。

的爭議形象，顧憲成以一個捍衛傳統禮法名教的儒者身份，作出「以利佐義」、「不諱言富」的大膽宣言，對於保守的儒學世界所帶來的顛覆性衝擊更為劇烈。後期東林學派陳龍正《學言詳記》，〈政事上〉中「方今天下之務，莫要於生財」〔註 112〕、「富民仁民，同道同時者也」〔註 113〕的觀點，顛覆傳統儒學對「為富不仁」的刻板印象，申述「富」與「仁」之間並不衝突。

二、礦稅政策與東林學者的重商思想

王陽明、李贄等人揭起肯定工商社會價值的重商思潮，「工商亦為本業」的概念，已逐漸向學術界滲透。晚明時期，社會上商業城市興起與中產階級的形成已對整體社會文化造成某種程度的衝擊，然而，明代政府的官僚體制以及政策系統卻對已然改變的社會情貌仍然以一種停滯的政治操作姿態來回應。根據黃仁宇先生《十六世紀明代中國之財政與稅收》一書中所論述的，「明帝國缺乏與其他國家進行軍事和經濟競爭的意識，因此其並不關心行政效率」，〔註 114〕它是一個相對消極而封閉的政治實體，而在開國君主朱元璋所奠基的政策方針下，明代皇室收入與國家用支嵌合難分，連中央及省級地方的收入也劃歸不清。〔註 115〕除此之外，財政官員的專業性極度不足，而政策的實際操作幾乎皆由吏胥經手，〔註 116〕使得明代財政政策的缺失始終無法獲得真正的解決。以明代政

〔註 112〕陳龍正《幾亭全書》，卷一三，〈學言詳記・十・政事上〉頁 12-21。

〔註 113〕陳龍正《幾亭全書》，卷一三，〈學言詳記・十・政事上〉頁 12-220。

〔註 114〕黃仁宇先生著，阿風等譯《十六世紀明代中國之財政與稅收》（臺北：聯經出版公司，2001 年 1 月，初版。）頁 358。

〔註 115〕黃仁宇先生《十六世紀明代中國之財政與稅收》頁 366。

〔註 116〕顧炎武《日知錄》（《原抄本日知錄》，臺北：明倫出版社，1970 年 9 月，再版），卷一一，〈吏胥〉一條（頁 238）中，就曾針對這個現象加以痛責批判：「天之之所恃以平治天下者，百官也。……今奪百官之權，而一切歸之吏胥，是所謂百官者虛名，而柄國者吏胥而已。……謝肇淛曰：『從來仕官法網之密，無如本朝者。上自宰輔，下至釋遞倉巡，莫不以虛文相酬應。而京官猶可，外吏則愈甚矣。大抵官不留意政事，一切付之胥曹，而胥曹之所奉行者，不過已往之舊牘，歷年之成規，不敢分毫逾越。而上之人，既以是責下，則下之人，又不得不以故事虛文應之。一有不應，則上之胥曹又乘隙而繩以法矣。故群縣之吏，宵旦竭蹶，惟日不足，而吏治卒以不振者，職此之繇也。』」在顧炎武對明代社會的觀察下，官員無法對政事投入太多的專業關注，而實際的事務運作則幾乎全由吏胥負擔。這些對於財政運作有著實際經驗與體認的胥吏，就財政政策的改造上而言，他們沒有發言的空間。因此，根據顧炎武「胥曹之所奉行者，不過已往之舊牘，歷年之成規，不敢分毫踰越」的記述，他們的工作性質具有濃

府收入主要來源的田賦爲例，由於中國地理條件的多樣性以及土地丈量及地質鑑定技術的淺陋，使得明代的田賦政策極爲不公，〔註117〕富戶欠繳租賦的問題極爲嚴重，財政入不敷出的壓力日益增加。除了張居正擔任首輔的時期嚴懲豪紳積欠田賦的積弊〔註118〕之外，終明之世幾乎都沒有大肆整頓財政賦稅問題的魄力。政府對於財政支度的不足，往往也只能將它轉嫁給其他無力逃稅的小農階級，因而屢屢引起民怨，甚至造成流民潮。

東林學派的集結，除了與「國本」、「奪情」事件相關之外，事實上也與對萬曆年間的礦稅政策有著極爲密切的牽繫。萬曆中期張居正逝世之後，神宗皇帝面對龐大的國家財政壓力、皇室用度的需求、以及稅賦不敷用度的問題，只能以「採礦」、「徵稅」等粗暴的方式，對升斗小民進行苛刻的勒索。〔註119〕繼任的首輔申時行，既缺乏張居正決斷的精神，也沒有違背上意的勇氣，因而導致民怨與抗爭。趙翼《廿二史箚記》，卷三五，〈萬曆中礦稅之害〉一條中記載：

> 萬曆中，有房山民史錦、易州民周言等，言阜平房山各有礦砂，請遣官開採，以大學士申時行言而止。後言礦者爭走闕下，帝即命中官與其人偕往，蓋自二十四年始。其後又於通都大邑，增設稅監，故礦稅兩監遍天下。兩淮又有鹽監、廣東又有珠監，或專或兼，大璫小監，縱橫繹騷，吸髓飲血，天下咸被害矣。〔註120〕

萬曆中的礦稅政策，對農工商小民階級極盡榨取之能事。神宗本人對於以宦者充任的稅監驕恣壓榨的現象，基本上是以一種曲延迴護的態勢來對應。因此自礦稅實行以來，民變抗爭運動不斷蔓延，趙翼《廿二史箚記》甚至認爲這是明王朝之所以傾頹覆亡的主因：

> 是時廷臣章疏悉不省，而稅監有所奏，朝上夕報可，所劾無不曲護之，以故諸稅監益驕，所至肆虐，民不聊生，隨地激變，迨帝崩，

郁的世襲性。掌管財政稅賦的户部官員，一方面由於官員的升任遷轉問題，另一方面由於「仕官法網之密」而疲於「以虛文相酬應」，他們大多未對財政問題投入太多的專業與熱情，使得明代財政政策的缺失始終無法獲得眞正的解決。

〔註117〕黄仁宇先生《十六世紀明代中國之財政與稅收》頁367。

〔註118〕林麗月《明末東林運動新探》，頁31。

〔註119〕《明史》，卷七七，〈食貨志一〉，頁1889：「神宗賚予過侈，求無不獲。潞王、壽陽公主恩最渥。而福王分封，括河南、山東、湖廣田爲王莊，至四萬頃。群臣力爭，乃減其半。王府官及諸閹丈地徵稅，旁午於道，扈義廝役，廪食以萬計，漁斂慘毒不忍聞。駕帖補民，格殺莊佃，所在騷然。」

〔註120〕趙翼《廿二史箚記》，卷三五，頁792，〈萬曆中礦稅之害〉條。

始用遺詔罷之，而毒痛已遍天下矣。論者謂明之亡，不亡於崇禎而亡於萬歷云。〔註 121〕

根據黃仁宇的研究，明代的財政制度確實導致國家及皇室經濟用度的不足與疏失，〔註 122〕然而，神宗無力就制度上解決國的財政問題，只能短視地以蠻橫的礦稅政策為手段，向市井小民進行殘酷的勒索。這項無視於人民生計的榨取政策，激發士大夫們以生民富國為職志的儒家外王精神。由於礦稅對小商民階級的剝削苛求，當時的一部份富蘊儒家理想主義治國熱情的士人，在務實重商的時代風潮影響下，面對不合理的財政制度紛紛展開反省與檢討，並大膽建言。

關懷政治知識分子，在反對不合理的礦稅制度的相同的政治與經濟理念下，逐漸結合成一個政治集團。其中為商民階級立言、反對礦稅苛征政策最為慷慨激昂的聲音，首推李三才、顧憲成等東林人物。明王室對於士大夫政團的集結極為顧忌，而懲治手段往往極為嚴酷而毫不容情。儘管明王室對臣僚階級的集團運作隱懷顧忌，然而皇帝本身的政治決策缺失，卻往往成為推進士大夫結黨集社的主要力量。神宗的礦稅政策與東林集團的成形，正是極鮮明的例子。

東林學者多半有務實重商的思想傾向，但大多數東林學派學者的出身背景，與商民階層並沒有太多的交集。〔註 123〕他們對商民的認同感，多半導因於不平等的財賦政策對人民生活的壓迫與衝擊。相較於張居正逝世之後對財政改革趨於保守的政府，他們選擇務實地面對經濟與財政政策亟需改革的事實，對於官方剝削下淪為犧牲品的商民階層寄予無限同情。萬曆二十二年，

〔註 121〕趙翼《廿二史劄記》，卷三五，頁 794，〈萬曆中礦稅之害〉條。

〔註 122〕參考黃仁宇先生《十六世紀明代中國之財政與稅收》，第八章〈結語〉。

〔註 123〕明代江南地后的經濟活動高度發展，促動地域風尚的明顯轉化，並漸漸向整個國度蔓延擴散。重商的社會風尚，與這個時代緊密嵌合，而商業思維與城市文化也潛移默化地深植在思想潮脈之中，成為儒學務實精紳生發的觸媒。然而，就東林學派學者的出身背景而言，除了顧憲成，顧允成之外，多半與商民階層沒有直接的牽繫。顧憲成雖出身於商民家庭，卻「家貧不能延師，就讀鄰塾，歸必篝燈自課，多至達旦。書其壁曰：『讀得孔書是樂，縱居顏巷不爲貧。』」（清・高秳等輯《東林書院志》，卷之七，〈列傳〉，頁 94 所收高攀龍作顧涇陽先生〈行狀〉）勉強只能算是一個貧商階級。小商民階層在龐大政治體制中的生活體驗，或多或少對他政治理念造成某種程度的衝擊，因此，他對商民階層帶著深深的同情與關懷。這些商民生活經驗，加上整個時代的重商趨向，或多或少地融鑄在他惠商思想的質素之中。

顧憲成削籍返鄉講學之後，曾致書爲受礦稅迫害的牙行商人趙煥請命。〈柬滸墅榷關使者〉一文中，他不但對榷稅使肆無忌憚的行止感到「髮指」，除了對稅使本身的素質提出強烈批判之外，他也就榷稅關卡制度粗糙蠻橫的設計提出質疑。他在文中說：

> 竊計敝里之去城則四十里地，去滸墅則百里也，貿遷在四十里之近，輸稅在百里之遠，無乃非人情乎？而況轉水河頭恰當城郭之間，業有柵爲之限乎！又沿所市者類皆小民日用飲食之需，不必輾轉行販謀子母也。長此不已，只出里門，便應有稅矣，只一蔬一腐，皆應有稅矣，何所措手足乎！〔註124〕

顧憲成的「惠商」之說，否定神宗的礦稅制度，他以一個爲里居士大夫的身分，爲商民階層立言，企圖藉著建言的方式，爲政府提供一個關懷小商民階層的視野。

神宗皇帝逝世後，「遺詔罷一切榷稅併新增織造諸項」，〔註125〕橫徵暴斂的礦稅苛政得到緩解，然而，整個社會的經濟情勢卻早已惡化，長期的礦稅政策所導致的物價膨脹也使得小市民的生活成本提高，而皇室與政府財政卻毫無改善。政府在面對入不敷出的財政壓力下，有鑑於神宗徵稅的前例，「礦稅」的課徵必然又成爲政治場域知識分子的爭議話題。礦稅政策解除之後，天啓年間爲了解決國家及皇室財政用度，因此天津巡撫李懋明提出復徵商稅的意見，高攀龍因而於天啓初年上疏〈罷商稅揭〉對復徵商稅一議展開強烈批判。他在〈罷商稅揭〉上說：

> 今稅撤而價不減者，實由礦稅流禍，四海困窮，加以水旱頻仍，干戈載道，稅撤而物且踴貴，況稅復而寧知底極乎！……鈔關當鋪皆令民怨而天怒，反致悖入而悖出，以奪民之財，非生財之道也。〔註126〕

高攀龍從商稅政策對人民生計的問題點著手，進一步探討不合宜的商稅政策對商業發展的箝制，而在商業條件受到政府稅賦制度強勢干預的社會環境裡造成人民生活的困竭。〈罷商稅揭〉中又指出：

> 今日定亂以人心爲本，舉朝方惴惴憂加派之失人心，而商稅之失人心倍蓰于加派。加派之害以歲計，商稅之害以日計。商稅非困商也，

〔註124〕顧憲成《涇皋藏稿》，卷四，〈柬滸墅榷關使者〉，頁1292-39。
〔註125〕見《明史》，卷二一，〈神宗本紀二〉，頁293。
〔註126〕高攀龍《高子遺書》，卷七，〈揭・罷商稅揭〉，頁1292-461。

困民也。商以貴買，決不賤賣，民間皆貴，皆由商算稅錢。

高攀龍指出，當商業貿易活動的進貨成本因商稅而提高時，必然將稅賦成本轉嫁給消費階層的小市民。高攀龍認爲，如此一來，商稅制度實際上是政府向小市民階層的生活成本進行苛刻無情的勒索。而商稅徵收必然使得民生用品價格飆漲，造成「民間皆貴」的現象。因此，高攀龍認爲商稅制度不僅扼殺商業活動以及商人利潤，而更進一步使得小市民的生活成本提高。因此，「商困而四民皆困」。對國家財政稅賦政策而言，東林人物對於薄徵稅賦以及「愛商恤民」有著相當程度共識。除了高攀龍與顧憲成之外，李應昇也主張「愛商恤民，上不妨工而不利于途」，〔註 127〕葉茂才、李守俊、王紀等人，也都曾有放關免稅及上疏請求免稅等情事。〔註 128〕

除了不近人情礦稅政策之外，晚明的役制也極不平等。在士紳免役的慣例下，使得賦役負擔更直接地流落到庶民身上。東林學者目睹賦役不平等的現象，因此朱國禎在湖州府實施均田均役制度，便得到東林學派的大力支持，如丁元薦與高攀龍等人，都紛紛表示肯定，歐陽東鳳甚至參照追隨朱國禎的政策，在轄區進行役法改革。〔註 129〕范金民〈東林人士的經濟主張及其社會實踐〉就肯定東林對均田均役政策的貢獻，他指出：「清人將均田均役和官收官兑官運同稱爲『本朝第一善政』。……卻正是由東林人士承先啓後的」。〔註 130〕

東林學派在儒家的政治生民理想上，敏銳地感受到社會上經濟的發展與陳冗財政體系間的不均衡。神宗時期對礦稅政策的反動，是凝聚東林學者的力量之一。他們雖然感受到經濟發展與制度改革的需要，然而他們的改革觀點卻是由庶民的角度出發，以改本色爲折色、罷礦稅、均田均役等方式，爲庶民階層立言。

東林學派均田均役的政策、以及改本色爲折色的主義，改善了賦役制度的不平等。他們提出「薄征稅賦」、「愛商恤民」的口號，企圖解決庶民階層被苛刻剝削的現象。然而，粗糙而蠻橫的礦稅政策，不但埋下閹宦坐大的隱

〔註 127〕李應昇《落落齋遺集》（收於《四庫禁燬書叢刊》，集部第五十冊；北京：北京出版社，2000 年），卷五，〈答劉念劬諱應遇滸墅鈔關〉，頁 50-163。

〔註 128〕林麗月〈東林運動與晚明經濟〉，頁 576。（收於《晚明思潮與社會變動》，頁 561～595；淡江大學中文系主編，臺北：弘化文化事業股份有限公司出版。，1987 年 12 月，初版）

〔註 129〕范金民〈東林人士的經濟主張及其社會實踐〉，頁 79。（收於《東林黨學術研討會論文資料集》頁 75～96。）

〔註 130〕范金民〈東林人士的經濟主張及其社會實踐〉，頁 79。

憂，也造成各地民變四起、朝廷內部政治集團彼此對立的情況。

東林學派重視商民，不再以「末業」的低階社會價值認定來看待商人階級。他們不諱言「富」，肯定商民階層流通物質的社會貢獻。這種「工商皆爲本業」的思想呈現，諭示了晚明時期士人面對社會風氣趨動，並表現在學術思維的轉變上。這種在社會職業結構的價值認定上的轉變，呈顯由兩漢時期所奠定的重農抑商社的職階傳統架構，已經步入了一個空前的文化轉捩點，整個文化傳統被時代的洪流衝向一個新的思維視野，而這一時期的知識分子，也不得不企圖在面對傳統與社會風尚和時代勢之間，努力尋找一個適當的位置。在價值觀上掙脫孟子、董仲舒以來所建構的「義／利」對舉思維框架，企圖在思維理論上證成經濟治生的合理性，將「商」、「利」、「富」概念賦予肯定而正當的價值。

三、小　結

晚明時期的政治經濟條件以及社會風尚，形成一股由庶民社會向學術思潮延伸的強大力量。這樣的思維取向，帶動學術思想的務實精神與儒家理想主義的甦醒。東林學者承傳了儒家政治理想主義的精神，在深切的責任意識催動下，對於社會、政治與學術之間的脈動，感受最爲深刻。在明中葉以來，他們對務實精神與重商精神的呼喊雖非空前，但絕對是開啓明末清初儒家學術向外王精神發展的重要關鍵。在東林之前，雖有王陽明、李贄、馮應京等人揭示學術思潮蛻變的序幕，然而，眞正將這樣的風氣向整個學術思想界推動催化的最主要力量，卻是由東林學派所帶起。他們對商人階層的價值定位的轉變，是務實精神形成的重要契機。

不過，面對一個文化與政治、經濟急遽轉型的時代，他們的務實取向不免要面對文化傳統根深蒂固的價值觀念，及堅守「抑商」思想的傳統士人的批判。事實上，對到了清初，一些學界向來所認定的「實學」奠基者，對於知識份子的重商趨勢，仍帶有絲許貶抑意味。顧炎武在《日知錄》，卷十六，〈言利之臣〉之中就曾對「讀孔孟之書而進管商之術」的知識份子加以批判:

> 孟子所謂上下交征利而國危者，可不信哉？……讀孔孟子書而進管商之術，此四十年前士大夫所不肯爲，而今則滔滔皆是也。有一人焉，可以言而不言，則群推之以爲有恥之士矣。上行之則下效之，於是錢穀之任，榷課之司，昔人所避而不居，今且攘臂而醉之。禮

義淪亡，盜竊競作。苟爲後義而先利，不奪不饜。後之興王，所宜重爲懲創，以變天下之貪邪者，莫先乎此。〔註 131〕

顧炎武爲清初經世務實之學的思想代表，然而，他在義利關系的探討上，卻延續孟子義利對舉的思維模式，而將「利」的概念附著上「禮義淪亡、盜竊競作」的道德貶抑色彩。我們必須承認，任何一個時代，都無法獨立於「過去」而單獨存在。即使是一個急遽變化的時代，都無可避免地在文化上反映「傳統」、再現著它過去的影子，就像薩伊德在《文化與帝國主義》中所說的，「沒有一個適當的方法，可以把過去從現在中隔離出來」〔註 132〕從顧炎武對傳統的維護與批判上正明顯呈現著這種文化上的矛盾情結。但，這畢竟無法泯滅社會思潮的演變趨向。傳統儒學中的義／利問題，在明末清初的思想界裡有了新的思考方向。無論是明末清初的陳確或是黃宗羲，都不再謹守孟子、董仲舒以來的義／利架構，「利」不再是一個被扭曲化的概念。陳確曾指出：「學者以治生爲本」，〔註 133〕而黃宗羲在《明夷待訪錄》〈財計三〉中也曾提到這種對工商業的貶抑態度是「世儒不察」、「妄議抑之」的結果：

今夫通都之市肆，十室而九。有爲佛而貨者，有爲巫而貨者，有爲倡優而貨者，有爲奇技淫巧而貨者，皆不切於民用，一痛絕之，亦庶乎救弊之一端也。此古聖王崇本抑末之道。世儒不察，以工商爲末，妄議抑之。夫工固聖王之所欲來，商又使其願出於途者，蓋皆本也。〔註 134〕

作爲一個東林學派學者的流裔，黃宗羲由「民用」、「民富」的觀點，來證成工商「皆本」的概念，並認爲將「古聖王」的「崇本抑末」概念曲解爲對工商業的貶抑，是「世儒」不願深究「用」、「利」概念而將「利」簡化、「妄議」爲「末」的粗糙理解。東林學者的惠商思想與薄稅政策的共識，推波助瀾地催化了自明中葉以來逐漸甦醒的重商務實風尚。在由明前期及中期的理學心學思維向明末清初的經世學風過渡的歷史進程中，東林學者的重商與務實思

〔註 131〕顧炎武《日知錄》，卷一六，〈言利之臣〉條，頁 344。

〔註 132〕蔡源林譯，薩依德（Eward W. Said）《文化與帝國主義 Culture and Imperialism》（臺北：立緒文化，2001 年 1 月，初版），〈帝國、地理與文化 Emprie, Georaphy, and Culture〉頁 34。

〔註 133〕陳確《乾初先生遺集》（《續修四庫全書》，第一三九五冊，集部別集類；上海：上海古籍出版社，2002 年），卷五〈學者以治生爲本論〉，頁 6。

〔註 134〕黃宗羲《明夷待訪錄》，〈財計三〉，頁 100。

想扮演極爲重要的角色。

第五節　結　語

在科舉制度下，儒學成爲汰選官僚人員的考試文本，必然被賦與經世與務實的特質。然而，儒學發展到了宋明時期，在面對隨唐以來佛學本體論與心性論的挑戰下，思想發展也不得不順隨著這樣一股「內聖」的趨勢，原本儒學之所以爲儒學的外王理想與經世特質正逐漸流失。明代前期，由於政府對士大夫知識分子的蔑視，在文字獄、東西廠、廷杖制度的恫嚇之下，稍具氣節的知識分子紛紛放棄儒學知識分子原有「學而優則仕」的政治抱負，而走向「獨善其身」的純粹學術與道德修踐領域。「仕宦」不再是儒學知識分子爲學的唯一目的。在明前期，儒學知識分子的學術焦點，在於完成道德人格的「成聖」上。自宋代以來，獨立於官方的區域性教育機構「儒學」之外的書院私學系統蓬勃發展，也爲知識分子提供一個相對而言較不受政治干擾的純粹學術講論場域，更進一步催化學術與政治之間分道揚鑣的速度。因此，優秀儒學知識分子在政治舞台上的刻意迴避，使得明中後期的政治領袖逐漸爲具有政治企圖、重視事功與實效的申韓性格學者所取代。無論就海瑞、張居正等人而言，他們的思想與政治舉措都洋溢著一種重法尙術的申韓情調。

明中後期左派王學與三教合一論者以佛學的本體論與禪學修踐工夫融鑄於儒學思想中，企圖在儒學內部朱、王兩學脈紛爭不斷之時，循順著喜合惡分的民情趨好，而將自漢魏以來具有異文化色彩的佛學歸融在正統文化之中，甚至在思想內涵上以佛學置換了儒學原有的本體論與修身觀。〔註 135〕在儒學面臨難以抗拒的「異文化」威脅與舊有道德價值的流失時，激起部份儒學知識分子的危機意識，因而探討儒學與佛學之間的本質差異，而歸結出兩者用世與出世的不同心態；而朝廷中政治思想界瀰漫的申韓務實思想氛圍，也催化了在官僚系統中服務儒學知識分子的經世精神。東林學派的經世思想，就在強調儒學用世與政治異務實思想的交互作用下應運而生。

正由於東林學派經世精神的興起，有著政治與學術文化兩個面相的質素。

〔註 135〕即使明代的禪學與印度佛學的樣貌截然不同，然而歸屬於「佛教」這個外來文化的支裔下，就必然被貼上所謂的異文化標籤。無論對外來文化是崇拜抑或排斥，都是將外來文化視爲「他者」，一個與自身文化隔離的對象。

因此東林學派的經世精神，也反映在對士人文化與國政方針兩方面議題的探討上。就士人文化方面而言，他們首先針對晚明時期失序的士人社會與「淪喪」的「士習」加以檢討，因而重新論證、提倡禮法名教等道德秩序對於維護社會結構穩定的必要性；另一方面，他們則以明中葉以來的書院講學與講會活動爲批判焦點，由講學活動言說形式化、內容虛浮荒誕、不務世事等現象談起，進而摹畫出他們心中「會之正格」的理想講會模式。就國政方針而言，他們則是以政治上君權相權議題爲始點，初期至中後期東林學派的政治想以推尊絕對君權、輿論制衡君權、再以君權服順於民意的發展脈絡，走向肯定民權的思想領域，有著具體論證的民本思想也在這一階段萌芽，〔註 136〕明末清初黃宗羲的民本思想正是承接著這一思想流脈而來。就商業發展而言，東林學派順應著明中葉以來商民階層地位提昇、傳統「四民」士、農、工、商的階位排序逐漸混淆的現象，他們採取務實的態度，對於「富」不再諱言；而明政府對於國家整體財政制度規劃能力的薄弱，使得明中後期的財政狀況一蹶不振，也促成神宗實施剝削苛刻的「礦稅」制度的機緣。東林學派對於庶民階層受稅監欺壓、無力負擔的事實產生強烈的同情，甚至在相關的民變事件中也表示認同。

〔註 136〕嚴格說來，孟子的「民本」思想只有概念，沒有論證內容。然而東林學派卻有清楚的思想發展脈絡。

第五章　東林學派與明末清初士人文化

神宗萬曆三十二年（1604），東林書院成，顧憲成等人大會四方同志，爲晚明頻繁的黨社活動揭開序幕。在左派王學狂禪風潮蔚爲時尚的萬曆中期，東林學派的出現，變化了晚明知識分子的氣質。他們用「氣節」改造「狂禪」，用「斯文之統」的論述區隔儒學與佛道思想的異限，將三百年來儒學內部朱子學與陸王學的割裂重新向「聖學」的傳承統緒回歸。無論就士人風習、士人社群的性質、學術思潮的發展等方面而言，他們都徹底改造了明末清初士人文化的面貌。另一方面，東林學派將講學內容向清議與政治的方向延展，也重新拉近學術與政治的關聯性。

東林學派重視氣節與積極經世精神的鮮明形象，成爲晚明士人社群的典範。明季士人社群的風格，基本上都延續著東林學派經世應務的學術風氣與積極參與政治活動的態度。本章擬就東林學派對晚明士人性格的影響、明季士人社群性質的轉變以及明季清初經世思潮發展等面相，探討東林學派對晚明士人文化與學術的影響。

第一節　重氣節與以身殉節——東林學派與晚明人文化

明中後期的士人文化風尙，由左派王學與三教合一思想擁護者所掀起的狂禪風潮開始，在世宗嘉靖時期至神宗萬曆中期席捲士人社會，爲明中期的知識分子塑造出縱情任性的氣質。然而，萬曆中期東林學派興起後，在東林學派諸人重視「氣節」形象以及鮮明的政治性格薰染之下，使得晚明的士人文化由「狂禪」轉向「氣節」與「用世應務」，形成與明代前期、中期截然不同的形貌。知識分子由狂禪走向氣節，由反社會、反秩序、反制度、反傳統，轉而肯定，道德倫理與經世實務。士風蛻衍的關鍵，正在於東林學派對氣節的崇尚與對名教倫理的肯定。

一、氣節作爲一種時尚——晚明人風習的轉變與東林學派的「風期相許」

在左派王學興起後，「儒學禪化」成爲知識分子爭相競逐的時尚。菁英階層藉著「狂禪」、「反禮教」與「反傳統」等行爲模式，與被賦與「迂腐」、「守舊」的「道學家」形象區隔，在推翻顚覆舊有價值觀的同時，追尋一種破壞的新鮮感與刺激。除此之外，由於城市的空前繁榮與商民階層的興起、商民與知識分子的密切交游〔註1〕、以及市民意識高漲的情態，市民習尚逐漸侵蝕長期以來由菁英階層主導的文化發展模式。在市民意識高漲與左派王學風潮的襲捲之下，知識分子的「儒學禪化」現象，以市民化、大眾化的「俗化」爲包裝，在菁英社會中不斷擴散。而菁英階層的媚俗與禪化在士人社會間蔚爲流行，也爲明中後期譜寫出縱情任性的知識分子生活面相。

這種以市民習尚主導的文化發展型態，爲長期以來相對保守封閉的菁英文化注入豐沛的生命力，也使得晚明學術思想的發展洋溢著自由奔放、處士橫議的戰國興味。然而，菁英文化的禪化與俗化，卻徹底改造且顚覆了儒學傳統與經世本質。三教合一思想的擁護者與左派王學的狂禪色彩，將儒學經世務實的本質抽離。儒學的禪化，使得整個明代中晚期社會的菁英階層瀰漫著崇尚出世的思想情調。另一方面，隨著商民意識的抬頭以及「工商亦爲本業」思想的興起，「士農工商」的階級隔離逐漸模糊，而具有官學背景與菁英色彩的儒學也逐漸發展出更爲普世的，更庶民化的講學方式，隨著講學對象的向下延申，儒學的思想內容也因而產生相當層次的質變。他們不再視人欲爲洪水猛獸，而「天理」也不再是不可被質疑的思想預設。在這樣的環境下，不斷面臨質疑與挑戰的舊有禮教觀念與道德價值，也逐漸失卻維繫社會穩定性的力量。原本藉以維持社會階級秩序的「名教」，逐漸成爲知識分子痛惡厭絕的禁忌標語。王學末流

〔註1〕關於商民與知識分子交游的相關探討，參考范宜如〈明代中期吳中商業活動及其文藝現象〉，《中國學術年刊》第廿二期，頁417～452；臺北：國立臺灣師範大學國文研究所，2001年5月。

過度以私智爲良知的結果，逐漸失去了客觀的道德衡量標準。知識分子往往「放誕不羈，每出名教外」，〔註2〕而「媚世」、「任情」、「破戒」與「不事檢束」則一躍而爲引領知識分子的新時尚。〔註3〕

士人社會的集體媚世行爲，以及禮教與道德價值的墮落，顯示社會原有秩序的崩解，也造成社會極度不安定的狀態。道德價值與名教秩序的失落，爲晚明社會帶來許多流弊。在考量種種得失之下，身爲江右王學流裔的東林學派一反左派王學的媚俗風尚，主張復興在科舉官學傳統下菁英色彩較重的朱子學，並重新肯定名教與法制的價值。顧憲成〈柬高景逸〉中就曾批判李贄反名教、反道德的論述；「李卓吾大抵是人之非，非人之是，又以成敗爲是非而已。學術到此眞成塗炭！惟有仰屋竊嘆而已！如何如何！」〔註4〕

東林學派將維繫名教與社會秩序的使命感，反映在他們對「名節」的自我期待與對「禮」的重視上。他們秉持「人身頂天立地，爲綱常名教之寄，甚貴重也」〔註5〕的信念，不但在思想論述上證成禮教存在的必要性，〔註6〕同時，也以身作則地以「氣節」相期許，重視「義」〔註7〕與「志」，〔註8〕一反左派王學宣揚的「不好名」態度，暢言社會上對「名節」與「善」的道

〔註2〕趙翼《廿二史劄記》（臺北：史學出版社，1974年4月，試印本），卷三四，〈明中葉才士傲誕之習〉條，頁781。

〔註3〕顧憲成《小心齋劄記》（收於《諸子集成續編》，第六冊；成都：四川人民出版社，1998年1月，一版一刷），卷三，頁6-304：「王塘南先生曰：『學者以任情爲率性，以媚世爲與物同體，以破戒爲不好名，以不事檢束爲孔顏樂地，以虛見爲超悟，以無所用恥爲不動心，以放其心而不求爲未嘗致纖毫之力者，多矣。』」

〔註4〕顧憲成《涇皋藏稿》（收於《景印文淵閣四庫全書》，冊一二九二，集部，別集類；臺北：臺灣商務印書館，1983年，初版）卷五，〈柬高景逸〉，頁1292-80。

〔註5〕高攀龍《高子遺書》（收於《景印文淵閣四庫全書》，冊一二九二，集部，別集類；臺北：臺灣商務印書館，1983年，初版），卷十，〈家訓〉，頁1292-646：「人生頂天立地，維綱常名教之寄，甚貴重也。不自知貴重，少年比之人，爲賭博宿娼之事，清夜睨而自視，成何面目！若以爲無傷而不羞，便是人家下流子弟。甘心下流，又復何言！」

〔註6〕見本文第四章節第一節。

〔註7〕高攀龍《高子遺書》，卷十，〈家訓〉，頁1292-646：「人生爵位，自是分定，非可營求。只看得義命二字，透落得做箇君子。不然空汚穢清淨世界，空玷辱清白家門，不如窮簷蔀屋，田夫牧子，老死而人不聞者，反免得出一番大醜也。」

〔註8〕顧憲成《涇皋藏稿》，卷十三，〈題姚玄升諸友會約〉，頁1292-163：「程伯子云：『舉業不患妨淫，只患其奪志。』……吾每每見人之始而勤，徐而倦，久而卒，至於廢棄也，是且不待富貴而淫，不待貧賤而移，不待威武而屈，即求所謂志，弗可得已。尚何論其奪不奪哉？」

德認同，正是遏止「小人貪求」與鼓舞「君子淬勵」的主要動力。〔註9〕除此之外，他們也企圖將智識的追求與德性修爲的關係聯結起來，高攀龍《高子遺書》卷五〈會語〉中提到：

氣節而不學問者有之，未有學問而不氣節者。若學問不氣節，這一種人爲世教之害不淺。〔註10〕

高攀龍強調，「學問」智識的追求，必須有著足以與學問成就對應的「氣節」。他認爲智識脫離了道德，則「爲世教之害不淺」。他之所以強調智識與道德氣節必須並進、並對當時知識分子「學問不氣節」的行爲展開批判，主要仍是針對「世教」而來。在維繫社會道德價值與秩序的立場上，高攀龍主張「學問」必須與「氣節」聯結。這種「學問」與「氣節」並進的態度，正是東林學者的自我期許。因此他們普遍有著重視「名節」、「名教」，並以儒家傳統的完美道德人格相期許的心態。藉著「君子小人」的論爭，將名教議題向官僚體系中的人物品議的方向延伸。東林學派的學者中，薛敷教「以名教自任」〔註11〕而史孟麟「素砥名節」，〔註12〕爲時望所歸，顧允成更是「性耿介，厲名節」。〔註13〕他們有意識地違離當時以左派王學爲主的媚俗時尚，相對於晚明時期士人群體以「無善無惡」、「不好名」思想證成反禮教、反制度的合理性，東林學派則重視「名教」與氣節的形象。這顯然是對當時菁英文化的媚俗時尚與禪化風潮的叛逆。

東林學派的學者們，除了個人追求道德上的完美，他們也有意識地藉著師友關係等知識分子的人際鏈結，以「名節」、「風節」相互期許，藉由群體而相互觀摩、制約彼此的道德行爲，並在菁英社群中營構一個足以與反秩序、

〔註9〕顧允成《小辨齋偶存》（收於《景印文淵閣四庫全書》，冊一二九二，集部，別集類；臺北：臺灣商務印書館，1983年，初版），卷六，〈書・與鄒大澤詮部〉，頁1292-301：「邇來反覆體勘世道，人愈趨愈下，只被『無善無惡』四字作祟。君子有所淬勵，卻以『無』字埋藏；小人有所貪求，卻以『無』字出脫。」

〔註10〕高攀龍《高子遺書》，卷五，〈會語〉，頁1292-420。

〔註11〕清・張廷玉等編撰《明史》(《新校本明史并附編六種》；臺北：鼎文書局出版，1991年5月，五版)，卷二百三十一，〈薛敷教本傳〉頁6047：「顧憲成兄弟方少，從之（薛應旂）學，敷教遂與善，用風節相期許。及舉萬曆十七年進士，與高攀龍同出趙南星門，益以名教自任。」

〔註12〕《明史》，卷二百三十一，〈史孟麟本傳〉，頁6046：「孟麟素砥名節，復與東林講會，時望益重。」

〔註13〕《明史》，卷二百三十一，〈顧允成本傳〉，頁6034：「顧允成，字季時，憲成弟。性耿介，厲名節。」

反名教的左派王學學者相抗衡的士人群體。《明儒學案．東林學案》〈端文顧涇陽先生憲成〉中如此記述：

> ……時江陵當國，先生與南樂魏允中、漳浦劉廷蘭，風期相許，時稱爲三解元。〔註 14〕

這種藉著知識分子的人際鏈結，彼此砥礪道德氣節的現象，在東林學派中十分普遍。顧憲成除了與魏允中、劉廷蘭「風期相許」之外，也與許世卿、葉茂才等人有著道義名節、人格修證過程的相互觀摩與交流。《東林書院志》〈許靜餘先生傳〉中提及：

> 平生交游絕寡，惟與顧憲成、高攀龍、薛敷教、葉茂才輩，以道義名節相觀摩。〔註 15〕

除了顧憲成、薛敷教等人之外，黃尊素也與高攀龍、劉宗周等人「風節相許」。〔註 16〕東林學派這種道德志業上的切磋砥礪，其間的人際鏈結，除了以「科第」關係爲基礎之外，〔註 17〕師承同門之誼也是其中的重點。如薛敷教的祖父薛應旂之門這樣的共同背景，因而「用風節相期許」。〔註 18〕

東林學派有意識地標榜「氣節」、「風節」，並藉著師友間德性修證觀摩交流的形式，使得他們重視「氣節」的形象日益強化鮮明。這種重視「氣節」的特定菁英群體的文化傾向逐漸蔚爲風尚，藉著書院講學以及地域、科第關係，而在士人社群裡不斷壯大，而足以與左派王學的媚俗風尚分庭抗體。東林學者在政治上所受到的迫害與壓制，成爲他們宣揚士人「氣節」德性的助緣。除此之外，在面對不斷的政治迫害下，東林學派的政治受害者形象也激起世人對他們的憐憫與同情，而「清流」形象也因而更爲突顯。他們之所以成「清議之所宗」，〔註 19〕之所以在當時被賦與「清流」的形象，並不僅僅是

〔註 14〕黃宗羲《明儒學案》(臺北：河洛出版，1974 年 12 月，臺影印初版)，卷五八，〈東林學案一．端文顧涇陽先生憲成〉，頁 49。

〔註 15〕清．高崔輯《東林書院志》(收於《續修四庫全書》，冊七百二十一，史部，地理類，《東林書院志》，二十二卷；上海：上海古籍出版社，據上海圖書館藏清雍正十一年刻本影印，1995 年)，卷之八，嚴彀〈許靜餘先生傳〉，頁 128。

〔註 16〕黃宗羲《明儒學案》，卷六一，〈東林學案四．忠端黃白安先生尊素〉，頁 19：「先生未嘗臨講席。首善之會，謂南皋曰：『賢奸雜沓，未必有益於治道。』其風節相許者，則蕺山、忠憲、忠節。」

〔註 17〕如顧憲成、魏允中、劉廷蘭等人。

〔註 18〕《明史》，卷二三一，〈薛敷教傳〉。

〔註 19〕《明儒學案》，卷五八，〈東林學案小序〉，頁 47。

因爲他們批判政治的講學傾向，主要在於他們集體的、有意識的表現出的特定人格特質。

晚明時期，東林學派以一個兼攝學術與政治的士人群體型態，倡導一種重視「氣節」德性的價值，以身作則地以「清流」形象扭轉了左派王學風行後士人社會反傳統、反制度的媚俗時尚。在東林學者的講學魅力與政治影響力交互運作下，「憲成諸人，清節姱修，爲士林標準」〔註 20〕、「高攀龍、顧憲成講學東林書院，士大夫多附之」，〔註 21〕逐漸成爲士人仿效的對象，而取代左派王學學者與三教合一思想的擁護者所掀起的狂禪習尚。他們「以風期相許」、重視知識分子德性氣節的風氣，爲晚明知識分子形塑出積極用世與重視道德價值的思想性格。士人群體中這一股重視氣節的浪潮，化身爲知識分子的清議論政、愛國主義、明季儒生的哭廟焚儒服現象〔註 22〕、以及明季的士大夫殉國風氣，由萬曆中期東林學派興起後在士人階層迅速擴展，一直延宕至崇禎自縊、南明敗滅，仍綿延不絕，爲歷經明王朝的覆亡下的知識分子譜寫下悲壯的時代面貌。

二、晚明知識分子的國族意識與明季士人的「殉節」風潮

明代海上貿易活動頻繁，儘管官方嚴令禁止，然而終明之世，「私來互市」的事件卻綿延不絕。〔註 23〕由於明代官吏俸祿極爲微薄，〔註 24〕使得官吏不得不藉著貪污黷賄來彌補日用支度。貪賄成風，成爲世人對明代官吏的印象。民間的海外貿易需求，在官吏黷賄風氣下，商民不但藉著賄賂官員，「使高寀求借澎湖，爲互市之地」，〔註 25〕甚至有漢人潛居海外，而以外番進貢的名目進行貿易活動。〔註 26〕此外，明代官方進行大量徙民的政策，〔註 27〕也增加

〔註 20〕《明史》，卷二三一，〈顧憲成、歐陽東鳳等東林諸人傳贊〉，頁 6053。

〔註 21〕趙翼《廿二史劄記》，卷三五，〈明言路習氣前後不同〉條，頁 802。

〔註 22〕關於明季儒生的哭廟與焚儒服現象，參考陳國棟〈哭廟與焚儒服——明末清初生員層的社會性動作〉(臺北:《新史學》，三卷一期，1992 年 3 月，頁 69～94)。

〔註 23〕趙翼《廿二史劄記》，卷三四，〈嘉靖中倭寇之亂〉條，787：「明初定制，片板不許入海。承平日久，奸日勾倭人及佛郎機諸國，私來互市。」

〔註 24〕趙翼《廿二史劄記》，卷三二，〈明官俸最薄〉條，頁 747～749。

〔註 25〕趙翼《廿二史劄記》，卷三四，〈海外諸番多內地人爲通事〉，頁 786：「又有海澄人李錦，及奸商潘秀、郭震，勾荷蘭人賄稅，使高寀求借澎湖，爲互市之地。」

〔註 26〕趙翼《廿二史劄記》，卷三四，〈海外諸番多內地人爲通事〉：「十四年，禮部奏言：『琉球所遣使，多閩中逋逃罪人，專貿中國之貨，以擅外番之利。』時

了漢文化與異文化交流的機會。

族群意識的產生，主要是透過族群間的互動接觸而來。〔註 28〕明代官方的徙民政策、大量的海上私市貿易，軍屯與邊政問題等等，使得漢民族與異文化接觸與交流的機會大量增加。在密切的貿易、軍事旅驛、移民等往來過程裡，漢人透過與異文化的交涉互動，將「異己」去陌生化，不但凝視著異己，同時也映射出觀照異己的自我，以自省的姿態，重新認識漢文化母體，〔註 29〕也醞釀了族群意識生發的條件。知識分子在漢文化的經濟、軍事相對強勢之下，以一種「文明權威」的態度來凝視異己、爲異民族造相。錢德洪對王明謫赴龍場時的環境描述，正表現出這樣一種情調：「龍場在貴州西北萬山叢棘中，蛇虺魍魎、蠱毒瘴癘與居。夷人鴃舌難語，可通語者，皆中土亡命……」〔註 30〕

原始儒家的「尊王攘夷」理念，在這樣的時空背景下迅速重受知識分子的青睞，成爲他們強化自我文化認同的思想基礎；而學術思想界左派王學的三教合一、儒學禪亡風尙，又變相成爲催化部份強調漢文化正統的儒學知識分子捍衛「正統」、正儒學之名的助力。對儒學知識分子而言，具有官學色彩的儒學走向禪化、禪儒和會的過程，正是一種漢文化被異族文化侵蝕與同化的進程，因而激起他們對他者、對陌生異己的恐懼與拒斥。爲此，他們爲儒學「正名」的意圖，與當時漢民族在與異己民族的文化交涉下逐漸強化的「尊

有閩人胡文彬入暹羅國，仕至坤岳，猶天朝學士也，充貢使來朝下之吏。」黃仁宇《中國大歷史》（臺北：聯經出版，1993 年 10 月，初版），第十四章〈明朝：一個内向和非競爭性的國家〉，頁 211：「朱元璋，明令明朝臣民一律不許泛海。不過與外間各國接觸並未完全放棄，有限度的商業，一般藉著外夷進貢的名目進行，仍繼續不斷，只是監視得嚴密罷了。」

〔註 27〕王鵬惠《族群想像與異己建構：明清時期滇黔異族書寫的人類學分析》（臺北：臺大人類學研究所碩士論文，1999 年 6 月），第二章，〈滇黔漢殖統論〉，頁 19。

〔註 28〕王鵬惠《族群想像與異己建構：明清時期滇黔異族書寫的人類學分析》第五章〈異己概念之建構〉，頁 105：「在漢人與異己的接觸過程中，很自然地產生了族群意識，族群意識是透過族群接觸產生的，其作用在於『系統性地用以區分局内人與局外人；我們與他們』。」

〔註 29〕王鵬惠《族群想像與異己建構：明清時期滇黔異族書寫的人類學分析》第五章〈異己概念之建構〉頁 107：「漢人藉由書寫來認識異己，以達到去陌生化的效果，在這項去陌生化的過程中，包含兩個焦點，其一是注視異己；其二是反省自我。」

〔註 30〕王陽明《傳習錄附大學問》，附錢德洪〈陽明年譜〉，「（武宗正德）三年戊辰，先生三十七歲，在貴陽」條，頁 122。（臺南，利大出版，1970 年 5 月，初版）

王攘夷」理念結合，並交互影響。尊王攘夷概念，實際上隱攝著文明高低的階級意涵，而這一時期東林學派諸人如高攀龍〈異端辨〉〔註31〕、顧憲成〈朱子二大辨續說〉〔註32〕等將佛教視爲「異己」的、異文化的拒斥對象，闡揚朱子學的正統性論述，〔註33〕其實也是在尊王攘夷的思想基礎下發展的結果。

在學術思想上，東林學派強調學術正統、強調儒學的「血脈」；〔註34〕在道德人格上，他們「以風期相許」、重視「氣節」，標榜著道德修養的完美。無論就學術思想或理想道德人格的追求上，東林學派都強調一種「純粹性」的精神。班納迪克・安德森 Benedict Anderson《想像的共同體：民族主義的起源與散布》中探討「愛國主義和種族主義」時指出：「終極的犧牲(ultimate sacrifice)這種理念，乃是經由宿命之媒介而與純粹性（purity）的理念一同孕生的。……爲革命而死之所以被視爲崇高的行爲，也是因爲人們感覺那是某種本質上非常純粹的事物。」〔註35〕東林學派積極參與，投入政治的經世熱忱，使得他們傾向於將對純粹性的追求，和爲國族作出犧牲的行爲聯結起來，而形成晚明時期知識分子前仆後繼地以生命換取道德上的純粹的「殉身」風潮。

天啓年間，東林學派面對魏忠賢爲首的閹黨迫害時，他們往往選擇以慷慨身殉的形式，傳達出理想道德人格的純粹性追求，身體力行地踐履他們所頌揚的「氣節」。黃尊素「萬里投獄」慷慨赴難、楊漣死於廷杖笞責之下，展現出「卻以性命歸之朝廷」〔註36〕的氣度；高攀龍「夜半書遺疏，自沈止水」，

〔註31〕高攀龍《高子遺書》，卷三，〈異端辨〉，頁 1292-376。

〔註32〕顧憲成《涇皋藏稿》，卷一二，〈朱子二大辨續說〉，頁 1292-156～158。

〔註33〕關於東林學派拒斥佛教、以佛教爲「異端」的排佛論述，請參考第三章第三節〈東林學派與朱子學復興運動〉「一、儒學正統意識的興起」。

〔註34〕顧憲成《涇皋藏稿》，卷三，〈朱子節要序〉，頁 1292-81：「雲從（高攀龍）之爲是編，正欲人認取血脈耳，血脈誠眞，隨其所至，大以成大，小以成小，皆可以得孔子之門而入。倘不其然，即有殊能絕識，超朱子而上，去孔子彌遠，雲從弗屑也。」

〔註35〕安德森 Benedict Anderson 著，吳叡人譯《想像共同體：民族主義的起源與散布 Imagined Communities: Reflections on the Origin and Spread of Nationalism》（臺北：時報文化出版，1999 年 4 月，初版一刷），第八章〈愛國主義和種族主義〉，頁 157。他指出「爲一個通常不是出於自己選擇的國家而死，帶有一種爲英國工黨、爲美國醫學學會、或者可能甚是爲國際特赦組織而死所難以匹敵的道德崇高性，因爲這些都是人們可以任意加入或離開的組織。爲革命而死之所以被視爲崇高的行爲，也是因爲人們感覺那是某種本質上非常純粹的事物。」

〔註36〕黃煜《碧血錄》中所收，楊漣〈血書〉，頁 85。《碧血錄》收於中國歷史研究

〔註 37〕投江之際「北向叩頭，從屈平之遺則；君恩未報，結願來生」。〔註 38〕在「大臣受辱則辱國」〔註 39〕的信念下，身爲士大夫的政治責任感與國族尊嚴結合爲一種深蒂固的信仰。東林學派報著爲國族使命感，對朝廷所加的刑責，也只是以「雷霆雨露，莫非天恩」〔註 40〕的態度來應對。「今漣已死矣，祇存此一段議論，灑向青天白日，爲幽冥覈實者考質」，〔註 41〕由楊漣死前絕筆所書寫出的悲壯與砣礴氣勢來看，「死亡」，成了他們表達效忠與諫議之情的方式。他們藉由生命的犧牲追求「氣節」，成全身爲士大夫的尊嚴，宣誓對家國的效忠，並修證完美的道德人格。

這種對「氣節」、對道德的純粹性的追求，在他們「以風期相許」、相互砥礪道德的社群作用下，藉著士人團體裡群體相互制約、觀摩道德行爲，使得「殉身」風氣在東林學派知識分子之間迅速擴散，而逐漸影響整個士人社會。甚至，在南明時期，原本是追求道德的「純粹性」的個人「殉身」行爲，更受到官方有意識加地表彰，〔註 42〕使得「殉身」由「典範」逐漸成爲不成文的價值「規範」，並成爲知識分子宣示政治忠誠與修證完美道德人格的徑途。他們不得不藉著殉身、歸隱〔註 43〕或以焚儒服、哭廟的形式〔註 44〕宣洩

社編，《中國歷史研究資料叢書》，吳應箕等著《東林始末》（上海：神州國光社，1952 年 12 月，五版）。

〔註 37〕黃宗羲《明儒學案》，卷五八，〈東林學案一〉，「忠憲高景逸先生攀龍」，頁 67：「《三朝要典》成，坐『移宮』一案，削籍爲民，毀其東林書院。丙寅，又以東林邪黨逮先生及忠端公十七人，緹帥將至，先生夜半書遺疏，自沈止水，三月十七也。」

〔註 38〕高攀龍《高子遺書》，卷七，〈疏．遺疏〉，頁 1292-460。

〔註 39〕清．留雲居士輯，《明季稗史初編》（上海：上海書店，1988 年 11 月，初版一刷），卷一五，夏允彝《幸存錄》，頁 301：「是時，士大夫下詔獄者，俱五毒備至，惟高忠憲聞逮，即自溺園池中，死而不仆。其命詞曰：『大臣受辱則辱國，謹遵屈平之遺則。』」

〔註 40〕黃煜《碧血錄》中所收，楊漣〈血書〉，頁 85：「打問之時，枉坐贓私，殺人獻媚，五日一比，限限嚴旨。家傾路遠，交絕途窮，身非鐵石，有命而已，雷霆雨露，莫非天恩。仁義一生，死而詔獄，難言不得死所，何憾於天！何怨於人！惟我身副憲臣，曾受顧命。孔子云：『託孤寄命，臨大節而不可奪。』持此一念，終可以見先帝於在天，對二祖十宗，與皇天后土，天下萬世矣。大笑大笑還大笑，刀砍東風，於我何有哉？」

〔註 41〕黃煜《碧血錄》中所收，楊漣〈絕筆〉，頁 82。

〔註 42〕何冠彪《生與死：明季士大夫的抉擇》（臺北：聯經出版，1997 年 10 月，初版一刷），第一章〈導論〉頁 5～6。

〔註 43〕何冠彪《生與死：明季士大夫的抉擇》，第一章第三節〈明季士大夫面臨抉擇〉，

他們對政治與國族的熱情。在這樣一種「殉身」風氣催使下，明季殉國的人數為歷朝之冠，〔註 45〕殉國者也得到社會大眾與菁英階層的肯定與認同，甚至被視為人臣忠節中的極致。

明末清初《也是錄》〈序〉文中提到明末清初的殉身風氣時說：「一時之忠臣烈婦，死國殉夫，四海之志士遺民，勤王舉義，破巢殞首，死亡不顧。不可謂非德澤之在人者深，而忠義之天常難泯焉耳。」〔註 46〕明末清初的「德澤之在人者深」，淵源於東林學派提倡氣節、改變士風的志業。他們殉身報君國之恩的風氣，化身為晚明時期知識分子殉身、哭廟與焚儒服這些具有宣誓意味的效忠國族行為。以劉宗周為例，他在明亡時絕食二十日而卒，留下了這樣的遺言：

> 若曰身不在位，不當與城為存亡，獨不當與土為存亡乎！故相江萬里所以死也，世無逃死之宰相，亦豈有逃死之御史大夫乎！君臣之義，本以情決。舍情而言義，非義也。父子之親，固不可解於心；君臣之義，亦不可解於心。今謂可以不死而死，可以有待而死，死為近名，則隨地出脫，終成一貪生畏死之徒而已矣。〔註 47〕

劉宗周早年時期，與東林學派諸人過從甚密。在東林學派「以風氣相許」以道德修身相標榜之下，使得他們的對道德行為有著類似的價值認定。東林學派重視「氣節」習尚，追求道德上的純粹，並強調一種國族的、血緣的情感認同。劉宗周在這種思緒的影響之下，在面對明亡的現實時，將他身為知識分子的地域情感與國族認同化身為「與土為存亡」、「豈有逃死之御史大夫」的殉節情懷，並指出「義」的本質不外乎「情」，將「君臣之義」與「不可解於心」的「父子之親」並舉。

晚明時期蓬勃發展的士人社群，也為知識分子集體殉身的風氣起著推波助瀾的作用。明季危亡之時，活躍於復社中的知識分子在抗流寇、抗清兵時紛紛殉身。其中，殉於李自成之亂者有房之屏、吳繼善、王章、閻爾梅、趙

頁 6～7。

〔註 44〕見陳國棟〈哭廟與焚儒服——明末清初生員層的社會性動作〉。

〔註 45〕何冠彪《生與死：明季士大夫的抉擇》，第二章〈明季士大夫的殉國人數〉、第七章〈明清之際士大夫對明季殉國者的評價〉。

〔註 46〕清・留雲居士輯《明季稗史初編》，卷一八，《也是錄》〈序〉，頁 343。

〔註 47〕黃宗羲《明儒學案》，卷六二，〈蕺山學案〉，「忠端劉念臺先生宗周」，頁 35～36。

德遴、徐肇梁、曾栻、曾益、謝淳培、易道、黃文炳、劉申錫、張正誼、侯方鎭、劉伯愚、徐作霖、吳伯裔、吳伯允、張渭、王士瞻、王與朋、趙士驥、趙三薦等人或死於殉城，或死於抗節，〔註 48〕在崇禎十四年（1641）至十七年（1644）間掀起知識分子集體殉國的風氣。在清兵入關後，由於莊烈帝朱由檢自縊殉國，使得知識分子的集體殉身行爲臻於前所未見的高峰。在異文化侵略的國族危機意識下，這一次士人集體殉身的行爲，較崇禎末年時期的士人因抗流賊與邊患事件中殉身者更爲悲壯慘烈。根據劉莞莞的考證，在明季抗清事件中殉難的人物，有梁以樟、梁以枏、顧之俊、楊廷樞、沈自炳、孫兆奎、吳旦、朱集璜、施鳳儀、傅凝之、龔用圓、夏允彝、張寬、李待問、徐孚遠、徐致遠、馬元調、何剛、陳子龍、黃毓祺、江天一、麻三衡、趙初浣、吳應箕、孫嘉、魯可藻、鄭元勳、梁于涘、李信、張次柳、陸清源、鄭雪昉、吳祖錫、錢熙、溫璜、馮京第、祁鴻孫、揭重熙、徐伯昌、涂世名、劉大年、胡夢泰、楊廷麟、錢謙亨、龍嘉震、羅伏龍、黃國琦、鄭羽儀、卓震、鄢正畿、范方、周損、楊文薦、韓如璜、陳上庸、梁若衡、陳邦彥、左懋第、沈迅、沈迓、李耿、黃淳耀、夏完淳、沈鼎科、鄧巖忠等人。〔註 49〕這一時期殉國的知識分子，以投水殉身者最多，自縊者次之，其中也有少數知識分子選擇以禁食的方式殉節(如劉宗周)。由東林學派崇尚氣節所引發的殉節效應，藉著士人群體的渲染，在知識分子之間迅速蔓延，在明亡之際帶來殉國風潮。黃宗羲在〈東林學案小序〉中，就直指明末的氣節與殉身風氣，是由東林學派的「餘風餘韻」而來：

> 數十年來，勇者燔妻子、弱者埋土室，忠義之盛，度越前代，猶是東林之流風餘韻也。一堂師友，冷風熱血，洗滌乾坤。無智之徒，竊竊然從而議之，可悲也夫！〔註 50〕

東林學派強調學宗正統，並將國族意識與他們所追求的「氣節」相聯結。他們以生命追逐純粹，無論是學術血緣上的純粹性，抑或是道德倫理上、國族情感上的純粹。他們透過彼此「風期相許」的人際鍵結在士人社群中迅速擴散，

〔註 48〕參考劉莞莞《復社與晚明學風》（臺北：政治大學中國文學研究所碩士論文，1985 年 6 月），第五章〈明亡之際復社人物之動向〉「抗賊事蹟表」，頁 115～117。

〔註 49〕參考劉莞莞《復社與晚明學風》第五章〈明亡之際復社人物之動向〉「抗賊事蹟表」，頁 122～127。

〔註 50〕黃宗羲《明儒學案》，卷五八，〈東林學案小序〉，頁 47。

蘊育出明季知識分子「或隕首封疆，或致命闕下，蹈死如歸者尤眾」〔註 51〕的殉身風潮。

三、士人社群性質的轉變——文社與書院講學

知識分子結社的風氣，早自晉代就已存在。〔註 52〕士人結社之因，起源於知識分子藉著社群聚集尋找身分的認同。明初以來，一方面因士人生活泰半有著好文酒之宴的習尚，另一方面，則是在科舉制度與印刷術盛行之下，部分與書肆關係密切的「坊社」延請制藝名家主持選政，揣摩風氣，以仕進爲目的、以「專研時藝」爲聚社主題而組織爲士人群體。在這些機緣之下，使得明代士人社群的發展極爲蓬勃。〔註 53〕除此之外，明中葉王學的興起，也成爲知識分子以「講會」、「書院」聚結的助緣。《明史》，〈東林諸人傳贊〉中指出：

> 成、弘以上，學術醇而士習正，其時講學未盛也。正、嘉際，王守仁聚徒於軍旅之中，徐階講學於端揆之日，流風所被，傾動朝野。於是搢紳之士，遺佚之老，聯講會、立書院，相望於遠近。〔註 54〕

正德、嘉靖年間王學興起後，「講會」與「書院講學」，也成爲知識分子藉以聚集社群、研討學術思想的場域。

明初的士人社群，主要仍是「以文會友」的「文社」性質。「文社」的風氣，記載：「當元季，浙東、西士大夫以文墨相尚，每歲必聯詩社，聘一二文章鉅公主之，四方名士畢至，讌賞窮日夜，詩勝者輒有厚贈。」〔註 55〕而這些詩文之社，主要的參與者多爲「文人」，而非「道學家」。如吳中的「北部社」、粵中的「南園社」、閩中的「十子社」等等。明初文社的參與者，他們多是退休致仕後里居的文人，以吟詠怡老爲主要目的，與政治事務並不相關。直至明中期英宗天順（1457～1464）年間以降，文社之間才逐漸轉型。由於士人對學術思想、道德修身、文學等觀念不同，而使原本「以文會友」性質

〔註 51〕《明史》，卷二八九，〈忠義傳序〉，頁 7407。

〔註 52〕參考劉莞莞《復社與晚明學風》，第一章〈續論〉頁 2。

〔註 53〕李京圭《明代文人結社運動的研究——以復社爲主》（臺北：文化大學史學研究所博士論文，1989 年 6 月），第二章第三節〈明代文社的發達原因及明初的文社〉頁 17～19。

〔註 54〕《明史》，卷二三一，〈東林諸人傳贊〉，頁 6053。

〔註 55〕《明史》，卷二八五，〈文苑一・張簡傳〉，頁 7321。

的知識分子社群性質，由純粹的學術意見討論或文藝切磋，而轉向為各社群之間具有攻擊意味的門戶對立的情形，並常有相互攻訐的產生。〔註56〕

萬曆年間，朝廷中官僚知識分子集團的勢力拉扯態勢日益鮮明，以顧憲成為首的士人，在政爭之下退居鄉里。明中葉以來，知識分子對於「致仕」的態度已與唐宋人士迥然有別。在明代的京察內外考察制度下，「以致仕處年老及有疾者、而被論之善去者、與得罪之稍輕者，俱云著致仕去」，使得「林下之人，以致仕為恥矣」〔註57〕「致仕」已變成朝廷藉以懲處年老有疾者或有罪官員的手段，因此士人咸以「致仕」為恥。東林諸人被迫致仕，而卸下官僚的身分，事實上已等同於歷經一場政治羞辱。

明後期致仕的士人們，已與明前期因年歲已屆而致仕里居的文人有著極大的不同，他們屬於「被論之善去者、與得罪之稍輕者」而在朝廷官僚集團政爭中失卻政治地位的一群。特別是講學於東林的諸人，他們對學術與政治懷抱著積極的經世熱情，面對萬曆中期以來首輔專政無能的政治情勢有著無限的焦慮。東林之會，在這樣的背景下醞釀產生。顧憲成在退處林野後，「闡風響附，學舍至不能容」。〔註58〕東林書院「每年一大會，或春或秋，暑不舉外，二月、八月以仲丁之日為始，餘月以十四日為始，會各三日，願赴者室，不必遍啓」〔註59〕的定期聚會型式，很快的成為這一群志同道合的失意士人交誼聚會、抒發政治與學術志向的場合，而他們「官輦轂，志不在君父，官封疆，志不在民生，居水邊林下，志不在世道，君子無取焉」〔註60〕的入

〔註56〕李京圭《明代文人結社運動的研究——以復社為主》，第二章第三節〈明代文社的發達原因及明初的文社〉，頁17～19。

〔註57〕沈德符《萬曆野獲編》（臺北：新興書局，1976年11月，初版），卷一一，〈吏部〉，「致仕官」條，頁282：「唐宋士人以致仕為榮，始白香山見之歌詠，以誌慶誌。宋陸務觀亦受人賀禮，詩集可考。蓋不特臣子以為幸事，即主上亦優禮之。故唐令致仕官朝參，俱居本班之上；宋時致仕，俱給半俸。今則不然。乃至內外考察，以致仕處年老及有疾有、而被論之善去者、與得罪之稍輕者，俱云著致仕去，于是林下之人，以致仕為恥矣。猶憶孫簡肅植生前，以刑部尚書請告，後以工部尚書起用。孫辭不赴，屢疏始允。得旨加褒語，以原官致仕。身後其家求先大父文其基石，因于銜上入致仕二字。其家入石時抹去之，大父屢以古道規之不從。孫有子六人，一任子、一甲科、一乙科，而所見乃爾。眞習俗之移人也。」

〔註58〕《明史》，卷二三一，〈顧憲成傳〉，頁6032。

〔註59〕清・高崶輯《東林書院志》，卷之二，〈顧涇陽先生東林會約〉「約會儀式」，頁38。

〔註60〕《明史》，卷二三一，〈顧憲成傳〉，頁6032。

世理念，也使他們的講學型態除了學術意見外也摻雜「諷議朝政，裁量人物」〔註 61〕的政治話題，使得東林書院的講學與明初以及明中期王門講學有著截然不同的經世講學風格。

東林書院將政治議論融入在原本以「文酒之宴」爲主的士人聚會活動裡，使得萬曆以來的書院與士人之「社」兼有知識分子批判政治的聯繫團體與以文會友的性質。東林學派將原本學術與娛樂排遣性質的文社團體逐漸向政治性的、積極的士人群體轉化，使得明初的「詩文之社」到了晚明時期儼然成爲士人在探究學術之外，發表政論、評議時事、申抒政治的場域。

明代的士人社群，除了以詩文會友的社群之外，另有一種以功名仕進爲目的，而以制義選文、揣摩風氣的士人集社。陸世儀《復社紀略》中提到：

> 令甲以科目取人，而制義始重。士既重於其事，咸思厚自濯磨，以求副功令，因共尊師取友，多者數十人，少者數人，謂之文社。即此以文會友，以友輔仁之遺則也。好修之士以是爲學問之地，馳騖之徒亦以是爲功名之門，所從來舊矣。〔註 62〕

陸世儀指出，這種以摹擬制義科題爲目的的「文社」，雖名爲「以文會友」，事實上也是「馳騖之徒」藉以求取仕進的「功名之門」，具有強烈的功利性質。然而，東林之後，這一類以「咸思厚自濯磨，以求副功令，因共尊師取友」的「文社」卻產生了質變，在探研經義與「選文」之外，更積極、有組織的參與政治活動。黃宗羲《南雷文約》〈陳夔獻墓誌銘〉提到：

> 制科盛而人才絀，於是當世之君子，立講會以通其變。其興起人才，學校反有所不逮，如朱子之竹林、陸子之象山、五峰之岳麓、東萊之明招，白雲之僊華，繼以小坡、江門、西樵、龍瑞。逮陽明之徒，講會且遍天下。其衰也，猶吳有東林，越有證人，古今人才，大略多出於是。然士子之爲經義者，亦依倣之而立社。余自涉事至今，目之所睹，其最著者：雲間之幾社……、武林之讀書社……、婁東之復社……〔註 63〕

〔註 61〕《明史》，卷二三一，〈顧憲成傳〉，頁 6032：「故其講習之餘，往往諷議朝政，裁量人物。」

〔註 62〕《東林始末》，陸世儀《復社紀略》，頁 171。（臺北，廣文書局，1977 年，臺三版）

〔註 63〕黃宗羲《黃宗羲全集》（浙江：浙江古籍出版社，1985 年 1 月，初版），第十冊，《南雷文約》，〈陳夔獻墓誌銘〉，頁 439～440。

根據黃宗羲的看法，明中葉以來陽明講會、證人書院以及東林書院的講學，以至於明季雲間的幾社、武林的讀書社以及婁東的復社，都是在官方教育體制外的「講會」、「講學」之延續，是「制科盛而人才絀，於是當世之君子立講會以通其變」的展現，屬於民間私學性質的教育機構。

黃宗羲認爲，復社、幾社承繼了東林講學的精神，爲探求「經義」的士子「依倣之而立社」而成的士人社群。復社創於崇禎二年（1629），活躍於其間的知識分子，原是因詩文與科舉目的而結合，直至聲勢漸盛之後，才逐漸轉型，而積極涉入政治，有意識地以繼承東林精神爲職志。〔註 64〕他們的創立，以「興復古學」爲號召，之所以兼雜著制義選文的「文社」形式殘留的痕跡，是在於他們有意識地以此爲手段號召士人。陸世儀《復世紀略》中記敘復社創始者張溥之語：「自世教衰，士子不通經術，但剽耳繪目，幾倖弋獲于有司。登明堂不能致君，郡邑不知澤民，人材日下，吏治日偷，皆由於此。溥不度德，不量力，期與四方多士共興復古學，將使日務爲有用，因名曰復社。」〔註 65〕復社前身的應社，其性質原本只是士子追求科舉功名的文社，更名爲復社之後，制義選文成爲他們聚集士子的手段，興世教、習經術，使士子日後躋身官僚時「務爲有用」才是他們的目的。。

晚明士人社群，之所以由純粹的學術探討與怡情養性的吟咏性質，走向政治性社團，其中的主要關鍵，正在於由東林學派所帶起的士人社群轉型風潮。就創立成因而言，東林書院之會與復社、幾社不同，它原是失意士人藉以申抒學術與政治抱負而成立，而每月一小會、每年一大會的模式，更提供了志同道合的知識分子聚會與交流的機會。東林書院奠定的講學型態，將明初以來純粹學術研議的書院講學模式，與清議的鄉校傳統結合起來，流風所及，影響了明季士人社群講學與聚會的性質。東林學派以風期相許、表彰氣節，使「氣節」成爲晚明知識分子的新興時尚，爲明季的士人社群開啓出一個經世而積極的時代風格。

復社初創原因與東林學派有所不同，它們原初聚會原本是以功利的制義爲目的，然而，隨著活躍於其間的知識分子逐漸走入政壇，由於朝廷政爭及國家衰敗的現實，其中成員也因此而感到焦慮，使他們轉型而爲東林學派士人干議

〔註 64〕劉莞莞《復社與晚明學風》，頁 6：「復社創於崇禎二年，概始於詩文之結合，其後因聲勢漸盛，而爲執政大臣所惡，致啓崇禎、弘光二朝之黨爭。」

〔註 65〕《東林始末》，陸世儀《復社紀略》卷一，頁 179。

政治的模式，意圖振衰起弊。復社、幾社等士人集團在壯大之後，不但繼承東林學派這種兼容政治議題與學術探究的型態，並對政治與經世議題寄予更強烈的熱情，最終則是政治逐漸取代學術，成爲這些知識分子社群集結的最重要主題。就學術思想探討上而言，復社與幾社繼承了東林學派尊經復古的理念；就講學與社群性質而言，復社與幾社的創立與壯大，沿承由學術而政治的發展脈絡，由制義選文、「興復古學」而走向政治意味濃厚的士人社群。而明季的學術走向，也隨著東林、復社、幾社的出現，而走向經世思潮。

第二節　東林學派與明末清初的學術發展

明中葉弘治、正德以至於明季清初的一百五十年之間，是前近代學術思想轉變最劇裂的時期——朱子學的學術影響力開始失落，而陽明心學則幾乎是以一枝獨秀的姿態，在明中期的學壇大放異采，卻又在百年之間迅速爲經世思潮所淹沒。直至明末清初，遺民哲學成爲繼承明後期以來的經世思潮學術成就的顚峰。明中葉朱子學失落的關鍵，在於陽明學；而使晚明陽明學黯然失色、經世思潮急遽揚昇的轉捩點，則在於東林學派。

一、黨同伐異下的士人學術論爭與晚明朱子學復興

正德、嘉靖年間陽明學迅速興起，取代朱子學的學術主流地位，甚至在科舉考試文本與官學地位上，朱子學也一再受到挑戰，使得程朱理學逐漸動搖。〔註 66〕然而，王學絢爛的盛世並未能長久維繫。陽明辭世之後，左派王學與江右王學急遽分化，且彼此排擠攻訐。王學後學的學術思想意見紛爭，使得王學支裔內部形成壁壘分明的學術集團，在黨同伐異的情形下，江右王學逐漸成爲被左派王學學者排擠的對象，士人也逐漸轉爲肯定王畿等左派王學「四無」詮釋得到陽明思想精髓的立場。因此，在王門二傳、三傳之後，左派王學逐漸取代「得陽明之傳」的「宗子」——江右王學而成爲王學發展的主流，並否定、排擠江右王學的王學身份。在左派王學有意識的排擠下，「正傳宗子」——江右王學被貼上「異說」的標籤，而被放逐於王門的殿堂之外。

〔註 66〕李紀祥《明末明初儒學之發展》（臺北：文津出版社，1992 年 12 月，初版），第二章〈東林學術與道德經世〉，頁 33～34 指出，明嘉靖二十八年林希元、萬曆十三年唐伯元、萬曆二十年張世則都曾上疏奏請置換朱子本《大學》。

以從學於江右王門歐陽德的薛應旂爲例，他雖承繼著王門正傳歐陽德的學術血脈，但「一時諸儒，不許其名王氏學」〔註 67〕。事實上，這樣一種士人間以學術意見而形成門戶對立的情勢，在明中葉時已漸漸成形，而成爲知識分子藉以排除異己、相互傾軋的手段。

在江右王學失卻主流地位之後，他們重力行、務實的思想傾向，也使得他們轉而向明初務實、重行的朱子學風氣復歸。東林學派的宗朱理念，其實正是江右王學內部思想的質變而來。東林學者中，大多有著王學支裔的思想背景（尤其是江右王學），然而，他們在思想上卻徹底背離王學。不僅不以王門後學的身份自居，還轉而強調自己宗朱子、崇實務的學術氣質，並企圖興復在陽明入祀孔廟後逐漸失勢的朱子學。

明代知識分子有意識地在相同學術思想意見下集結，他們在群體之中尋覓一種心契與認同，並以「正統」自居，將理念不同的學者醜化爲「異端」。這種風氣，在明中期王學內部已經蔚然成風。藉著正統化論述，而使學術界走向一種壁壘分明的態勢，使得士人之間往往彼此形成水火不容的對立局面。這種的對立甚至由學術思想界逐漸向朝廷士人中的集團鬥爭延展，使得官僚體系中也因學術意見不合而產生知識分子集團化的現象。如明中期的唐伯元因反王學立場而受到同樣反王學的吏部官員肯定而得以擢昇，〔註 68〕正反映著明中葉時期，學術意見已成爲官僚體系中集團對立的原因之一。士人因學術理念不合而結黨攻訐的現象，使明中葉以降的士人社群充滿意氣色彩。但在東林學派興起前，這些知識分子社群的對立焦點仍是在學術意見上。直到東林學派出現之後，由於講學與清議的融流，學術上的意氣之爭才逐漸與政治評議連結起來，因而導致晚明知識分子的對立，不僅在於學術，更在於政治。

東林學派崇奉朱學，認爲「孔子表章六經，以推明羲堯諸大聖之道，而萬世莫能易；朱子表章太極圖等書，以推明周程諸大儒之道，而萬世莫能易也。此之謂命世」，〔註 69〕將朱子視爲足以與孔子齊功的地位，推尊朱子「推

〔註 67〕黃宗義《明儒學案》，卷二五，〈南中王門學案〉，頁 67。

〔註 68〕《明史》，卷二八二，〈儒林傳·唐伯元傳〉：「伯元受業永豐呂懷，踐履篤實，而深疾王守仁新說。及守仁從祀文廟，上疏爭之。因請黜陸九淵，而躋有若及周、程、張、朱五子於十哲之列，祀羅欽順、章懋、呂柟、魏校、呂懷、蔡清、羅洪先、王艮於鄉。疏方下部，旋爲南京給事中鍾宇淳所駁，伯元謫海州判官。屢遷尚寶司丞。吏部尚書楊巍雅不喜守仁學，心善伯元前疏，用爲吏部員外郎。」。

〔註 69〕顧憲成《小心齋箚記》（收於《諸子集成續編》，冊六；成都：四川人民出版

明諸大儒之道」對儒學「萬世莫能易」的貢獻，他們之所以宗朱子，一方面在於王學的禪化、激起他們對於異文化侵蝕具有文化正統地位的「儒學」所生發的焦慮；另一方面，也在於江右王門與左派王學的徹底決裂，因而由鄒守益、歐陽德「持敬」、「戒愼」的重修色彩，走向李材的止修之學，以和會朱子與王學爲主，再轉向東林學派對朱子的公開稱揚。然而，這是由江右學術思想脈絡所延展、經過王學洗煉與反思之後的朱子學。從東林學派公開批判「無善無惡」的立場看來，他們公然背離當時蔚爲學術主流的王學，而走向崇朱、興復朱子學的思想傾向，事實上仍是王學內部江右學派與左派王學對立的延續。

二、重返聖學「斯文之統」

東林學派對於政治的熱情迥異於明初以來的理學學者，對於明代政治圈中瀰漫的申韓思想氛圍也往往加以吸收。在這樣的背景下，「東林之學，以朱爲宗」，〔註 70〕在學術思想發展的歷史脈絡中有了不同的意義。東林學派之所以崇尚朱子學，事實上是藉著復興朱子學，而證成他們肯定名教與禮法制度存在的必要性。朱子學重格物致知、重實踐的思想基質，與他們重視禮法名教的論述足以相互聯結，因此，他們對朱子學的推崇，也比較傾向於肯定朱子學的「教法」上。顧憲成在《小心齋箚記》中，有一段評議朱子學與王學的論述：

> 陽明先生開發有餘，收束不足。當士人桎梏于訓詁詞章間，驟而聞良知之說，一時心目俱醒，恍若撥雲霧而見白日，豈不大快！然而此竅一鑿，混沌幾亡，往往憑虛見而弄精魂，任自然而藐兢業，陵夷至今，議論益玄，習尚益下，高之放誕而不經，卑之頑鈍而無恥。仁人君子又相顧裴回，喟然太息，以爲倡始者殆亦不能無遺慮焉，而追惜之，此其所以遜元公也。然朱子何如？曰：以考亭爲宗，其弊也拘；以姚江爲宗，其憲也蕩。拘者有所不爲，蕩者無所不爲。拘者人情所厭，順而決之爲易；蕩者人情所便，逆而挽之爲難。昔孔子論禮之弊，而曰：「與其奢也寧儉。」然則論學之弊，亦應曰：「與其蕩也寧拘。」此其所以遜朱子也。〔註 71〕

社，1998 年 1 月，一版一刷），卷三，頁 6-302。

〔註 70〕清．高程輯《東林書院志》，卷一六，方學漸〈東游紀小引〉，頁 247。

〔註 71〕顧憲成《小心齋箚記》，卷三，頁 6-304。

就哲思發展上，東林學派肯定陽明對本體論的貢獻，但他們也指出王學後學「憑虛見而弄精魂，任自然而藐兢業」的弊端。顧憲成認爲，朱子與王學各有缺失——朱子學病「拘」、王學病「蕩」，只不過就其對士人所造成的影響而言，朱子學的流弊易於導正，而王學的缺失則難挽回，考量朱學王學對整體士風影響的利弊之後，東林學派選擇朱子學「持敬」的「教法」，從朱子對「教法」的貢獻，來讚許「卓哉！其元公乎！吾始以爲元公也，而今乃知其宛然一孔子也！」〔註 72〕並企圖以朱子學爲儒學的主流正統，扭轉當時逐漸根深蒂固的、由陽明所建構出「象山得孔孟正傳」〔註 73〕的印象。

陽明藉《朱子晚年定論》改造朱子晚年形象，建構由濂溪、明道以至象山的新「道統」。東林學派援引這樣的方式，再次企圖以朱子學來融攝王學。他們反映的，是晚明儒學士人社群中在因學術意見不同而門戶分裂後，極端冀求和會於「斯文之統」的情狀。不過，東林的和會思想，與左派王學「三教合一」的和會論述有所別異。左派王學三教合一的論述，是以儒、釋、道三教思想爲和會對象。他們雖然以儒學爲包裝，卻在本體論上以佛學超道德的本體論述置換了儒學的先驗道德本體的思想；然而，東林學派對朱子學與王學的和會態度，卻是由儒學內部的先驗道德爲出發點，分別孔子教人之法、孟子人之法來詮釋朱子學與王學之間的差異，因而肯定二者皆是原始儒學思想的流衍，並刪汰王學「無善無惡」的思想，「剖其異，指其同」，以朱子學爲儒學正統傳脈，並將王學重新歸入「斯文之統」〔註 74〕的脈絡之中。

東林學派和會朱子學與王學而重歸「斯文之統」的意圖，將理學世界裡

〔註 72〕顧憲成《小心齋劄記》，卷三，頁 6-304。

〔註 73〕陽明陽《傳習錄附大學問》（臺南：利大出版社，1970 年 5 月，初版），附錢德洪《陽明年譜》，頁 163，「（武宗正德）十有六年辛已，先生五十歲，在江西」「錄陸象山子孫」條。

〔註 74〕《東林書院志》，卷一六，〈文翰二〉，吳桂森〈眞儒一脈敘〉，頁 252：「斯文一脈，所以炳耀乾坤，流行今古者，惟一二眞儒任其統，而儒宗之品帙，所以繼往開來，則惟於廟廷從祀定其議。國朝二百六十餘年，得與茲典者，四公而已。然議時惟薛文清、胡敬公無間言，陳恭公未免一二致疑，至王文成，則可否幾於相半。蓋良知之說，與紫陽氏原自立赤幟也，故議之最久乃定，自是宗王學者導流揚波，至有心學、理學之名，而脈若分爲二矣。悟門既闢，一切窮理居敬之學，視爲塵垢秕慷，而流弊且中於人心。於是東林君子起而維之，言體則必合之於用，言悟則必證之於修。程朱之說，復揭中天，而於文成之書，則研析精微，爲之剖其異、指其同，而脈之分者復合，所謂繼往開來，以承千古之統者，不在茲乎！」

延續逾百年的朱學與陸學之爭走向歸納與總結。就學術發展而言，薛應旂以及東林學派諸人所代表的，就是王學後學流裔在反思心學利弊之後，走向朱子學的思想趨勢；而劉宗周早年肯定程朱之學，與東林學派高攀龍、魏大中、丁元薦、黃尊素等人結爲莫逆，中年卻逐漸向陸王心學傾近，晚年雖肯定心學，卻又以陽明學終流於禪學之弊教誨門人。這些儒學士人思想歷程中的思想轉型，都反映了理學脈流在朱、陸思想衝擊下由衝突走向統合的歷程。

理學內部程朱與陸王二學脈逐漸由爭戰走向反思與和解的趨勢，不但體現在個人對程朱、陸王思想發展的省思與認同轉變上，這一時期開始出現的理學史著作，其實也反映了晚明「總結理學」的思想傾向。晚明時期，周汝登作《聖學宗傳》，基本上循順著「斯文之統」、「道統傳脈」的正統性概念，企圖對由宋以至於晚明的理學思想做一番歸結與整理，並以「聖學」爲宗，將理學學脈融入「聖學」道統傳緒的脈絡中。而明季清初的孫奇逢作《理學宗傳》，也是在將理學置放於「學以聖人爲歸」〔註 75〕的「聖學」脈絡之下。這些總結理學的作品的出現，也意味著士人們將理學歸流並重歸儒學道統的思想態度。也很可能反映出士人對已發展至極致的理學思想，企圖作一番終結與整合的心態。

在儒學內部歸結朱子、陸王紛爭、並重歸入「斯文之統」的大趨勢之下，理學學者在重新反思朱、王學統緒時，也逐漸將學發展歷程中綿延百年的朱子學與陸王學的論爭，帶往和解與歸整的方向。晚明時期出現的幾本關於理學家生平傳記的探討以及學脈學統歸納的著作，都體現著這樣一種重歸「斯文之統」的學術發展傾向。這一點，從周汝登與孫奇逢的理學史論著，都以「宗傳」爲名即可看出晚明理學史著作的「歸宗」意圖。這種「宗傳」式的著作體裁，其實是儒學學者將佛教中「高僧傳」、「佛祖統紀」之撰著整理方式與理學思想家傳記結合而產生，而以「標宗」爲主要目的。這樣的著述方式，反映出明中葉以來三教合一思想的風行，使得儒學學者即使在強調儒學之「學宗」時，實際上仍然緣沿了佛學經典的表述手法及「宗脈」的思考脈絡。這些初具理學史雛型的思想家傳記類著作，到了黃宗羲《宋元學案》與《明儒學案》時，在體例上卻有極大變化，而在理學史著作的成就上也臻於顚峰。

黃宗羲《宋元學案》與《明儒學案》，不但在體裁上由「標宗」爲主的「宗傳」體轉而爲以「述學」爲主的「學案體」，重視學術發展的多元性以及學術

〔註 75〕孫奇逢《理學宗傳》（收於《孔子文化大全》叢書；濟南：山東友誼書社出版，1989 年 7 月，初版一刷），上冊，〈自敘〉，頁 1。

演進，每一學案析爲「案主」、「案主之生平學術」，以及由案主學術所衍生出之「流派」等幾個主要內容。黃宗羲將宋至明之代表性學者抉選出來，介紹其生平、著作、思想淵源、思想內容、思想發展、衍生流派以及在學術史上之地位。每個案主自成一「學統」，而又全歸流於一大學統，集中在「理學」的「宗傳」之下。黃宗羲分述各學與學脈衍展，重歸理學的「宗傳」，又將理學脈流向孔孟的「聖學」道統復歸。

三、由內聖而外王——東林學派與明末清初經世思潮的開展

宋明時期，原始儒學的外王理想與經世特質，在以個人德性修持爲主的內聖之學蔚爲風潮的情勢下相形黯淡。明中葉王學興起後，三教合一的和會思想與儒學的禪化趨勢，使得儒學的經世本質徹底失落。在「不好名」的思想下，優秀士人泰半不以舉業與仕宦爲畢生之志。

東林學派的集結，代表著官僚士人裡，理學背景的知識分子在國政現實與儒學政治理想下，走出明初以來優秀士人不參與政治的傳統。他們以江右王學流裔的身分，選擇重新回歸朱子學。其中的原因，除了學術界門戶分立排擠下的意氣之外，之所以傾心於朱子學，也在於他們對左派王學儒學禪化思想的不滿。〔註 76〕然而，他們所宣揚的朱子學，已不同於南宋時期的的思想原貌。劉宗周就曾指出「顧憲成之學朱子也，善善而惡惡。其弊也，必爲申韓，慘劇而不情」，〔註 77〕東林學派所要復興的朱子學，已不盡然是朱子學的原始情態，而是經歷王學洗煉、在政治思上申韓法術事功思維薰染下的朱子學，富蘊務實用世的思想興味。他們的學術思想以用世爲目的，以世道人心爲主要的關懷。李焯然在〈論東林黨爭與晚明政治〉中曾對東林之學有著這樣的論述：「顧憲成等人重建東林書院，其實是希望通過講學去實現他們的政治理想，正學術只是手段，重整政治才是他們的最終目的。」〔註 78〕東林學派與經世理念的興起，正是晚明儒學士人政治熱情的體現，並將理學士人

〔註 76〕顧憲成《涇皋藏稿》，卷五，〈簡高景逸大行人〉，頁 1292-67：『書生不當上交四方先達。』則弟聞王泰州以一灶丁公然登壇唱法上無言、勝賢下無言公卿，遂成一代偉人。至於今但聞仰之誦之，不聞笑之訶之也。」。

〔註 77〕《皇宗義全集》，第一冊，〈子劉子行狀〉，頁 211。（浙江，浙江古籍出版社，1985 年 1 月，初版）

〔註 78〕李焯然〈論東林黨爭與晚明政治〉，頁 172～173，收然李焯然《明史散論》（臺北：允晨文化，1987 年 10 月）。

的關懷焦點逐漸帶往政治領域。然而，就東林學派而言，學術必須是用世的，正學術與重整政治兩者是並進的。唯有正學術、「磨礪士習」，〔註 79〕才得以藉此轉化士風、「轉移世道」，〔註 80〕而喚起知識分子與官僚成員的政治責任感與經世熱情。同時，他們也主張經世濟民之學立基於「經術」，主張回歸儒學經典傳統。〔註 81〕

高攀龍曾明確地指出：「吾儒學問，主於經世」，〔註 82〕將儒學的特質定義爲經世濟民的外王層次。隨著明代政權的衰微覆滅，東林學派所重新揭示儒學的外王精神，激起政權轉移下知識分子的家國焦慮與對學術經世議題的深刻體認，這一股經世思潮在歷史機緣下得到空前的發展。經世之學的浪潮，在明末清初之際隨著士人社群運動的勃興，迅速成爲學術界難以抵掩的力量。然而，東林學派的經世風潮，可以分析爲兩個方面：

1. 首先，他們在經世濟民的學科實務領域上（如賦役制度、政治體制的探討……等等）有所發展。

2. 就教育學術上而言，他們申述教育與學術對士人風習與社會道德風尚的決定性影響，因而企圖藉「正學術」的教化手段，維繫社會道德價值與名教倫理秩序，申述儒學教化經世的特質。

就經世濟民學科的發展而言，復社有意識地以制義選文爲號召，培育通經術、務用世的知識分子。這種重視菁英人才培育的觀點，事實上循順著東林學派「政事本於人才，舍人才而言政者，必無政；財用本於政事、舍政事而財者，必無才」〔註 83〕的思想脈絡而來。陳子龍、徐孚遠、宋徵璧三人，於崇禎十一年編《皇明經世文編》，以兵食、形勢等戰略與政策議題爲取捨標準，而其編撰目的正在於培育經世人才：

> 夫王業之深淺，觀於人才之盛衰。我明既代有翊運輔世之臣，而主上旁求乂，用人如江湖。則是編也，豈惟益智，其以教忠哉！〔註 84〕

〔註 79〕顧允成《小辨齋偶存》，卷五，〈論童儒考事書〉，頁 1292-296。

〔註 80〕顧允成《小辨齋偶存》，卷五，〈論童儒考事書〉，頁 1292-296。

〔註 81〕高攀龍《高子遺書》，卷三，〈示學者〉，頁 1292-360：「自姚江因俗學流弊，看差了紫陽窮理立論偏重，遂使學者謂讀書是徇外，少小精力，虛拋閒過。文士不窮探經史，布衣只道聽塗説，空竦杜撰，一無實學。經濟不本於經術，實脩不得其實據，良可痛也。」

〔註 82〕高攀龍《高子遺書》，卷十，〈家訓〉，頁 1292-644。

〔註 83〕高攀龍《高子遺書》，卷一，〈語〉，頁 1292-344。

〔註 84〕陳子龍〈皇明經世文編序〉，頁 22～42。（明陳子龍等輯《皇明經世文編》，收

這一時期的知識分子，體認到國家政治與士人素質間的密切關聯，因此對於人才培育極爲重視。他們所要培育的人才，並非「文人」或「道學家」，而是足堪治國應世之任的知識分子。徐孚遠在〈皇明經世文編序〉中指出：

> 今天下士大夫，無不搜討緗素，琢磨文筆，而於本朝故實，罕所措心，以故剡藻則有餘，而應務則不足。〔註 85〕

徐孚遠申明《皇明經世文編》的編纂目的，不在於文學辭章，而在於「應務」，在於政治事務上的實際運用。相較於東林學派正學術與論經世並進的治學態度，復社學術的經世傾向更爲強烈。他們有意識地企圖藉由編纂經世應務的文獻，將士人的關懷焦點由「琢磨文筆」向足堪「應務」的「本朝故實」的歷史經驗與經世事務轉化。

晚明學術思想界的經世風氣，由東林學派揭開序幕。復社承繼著東林學派的政治經濟的經世理念，往具有實務技術性質領域的學科發展，以培育人才、尊經重史、重視「應務」的學術宗旨，將士人學術走向帶往實學的領域。黃宗羲《明夷待訪錄》中對學校、政制、民本思想的論述，基本上都淵源於此一思想而來。〔註 86〕

明亡之後，部分選擇隱逸終身的士人，卻開始從東林學派具有教化意味的「正學術」脈絡著手。這一群知識分子，以隱居於江西寧都翠微峰的「易堂九子」爲代表。易堂九子中，彭士望指出「蓋人生學術邪正，繫于童蒙。童蒙之養，繫于師傅。君相之所以治亂天下，恃此輩童子與先生數人而已」，〔註 87〕並將政權是否隱定與學術風氣聯結起來：「天下治亂繫於學術，未有學術不素具足以有爲于天下者也。」〔註 88〕同時，他也將明代政治上的治亂興衰，歸因於「以學術爲昇降」。〔註 89〕彭士望對明代學術與政治之間的論述，事實上淵源於劉應秋對「士風高下，關乎氣運」〔註 90〕的社會觀察，也繼承

於《四庫禁燬書叢刊》，集部，第 22 冊；北京：北京出版社，2000 年，影印明崇禎雲間平露堂刻本）

〔註 85〕明徐孚遠〈皇明經世文編序〉，頁 22～34。（見明陳子龍等輯《皇明經世文編》）

〔註 86〕見本文第四章第三節第二小結〈解構中的君權神話：君權與民主議題的探討〉。

〔註 87〕彭士望《恥躬堂文鈔》，卷十，〈菿芻別同學諸子〉，頁 52～175。（收於《四庫禁燬書叢刊》，集部，第 52 冊；北京：北京出版社，2000 年，據山東圖書館藏清咸豐二年刻本景印）

〔註 88〕彭士望《恥躬堂文鈔》，卷六，〈讀書簡要說序〉，頁 52～100。

〔註 89〕彭士望《恥躬堂文鈔》，卷五，〈內省齋文集序〉，頁 52～85。

〔註 90〕《明史》，卷二百十六，〈劉應秋傳〉，頁 5798。

了顧憲成、顧允成重視童儒教育的論述。〔註 91〕晚明時期，東林學派藉著復興朱子學，重申名教綱紀存在的必要性。藉著講學與清議結合的形式，將學術拉回與政治密切相關的方向。他們的經世理想，為明末清出的經世思潮植下萌芽的種子。

第三節　結　語

萬曆十八年（1590），劉應秋上疏言自嘉靖年間以至於萬曆中期士風蛻衍的三個階段：由嘉靖年間嚴嵩當權時期的「士化為貪」、轉而為萬曆前期張居正主政時的「士競於險」，以至於萬曆中期的「外逃貪黷之名，而債夫債帥多出門下；陽避專擅之跡，而芒刃斧斤倒持手中」。〔註 92〕由嘉靖元年至萬曆中期，僅僅六十餘年的時光，士人風尚便急遽，而這一切只不過是晚明學風演變的開端。明中後期的士人文化，在社會的急遽變遷之中塑造出獨特而鮮明的性格。隨著東林學派的興起，明季人士有了與明中葉時期截然不同的氣質。他們重義使氣，好惡分明。卻又積極經世，著力經濟民生，為晚明的士人文化描繪出鮮明而率眞的圖像。

東林學派對明末清初士人文化的影響，就士人風習方面而言，東林學派將左派王學所掀起的狂禪風潮帶往重視氣節、重「風期相許」的習尚。甚至這樣一種追求「氣節」、追求純粹性的精神，更間接促成明亡之際知識分子的「殉身」風潮。就士人社群的性質而言，東林學派兼攝學術思想與政治關懷的社群特質，徹底影響晚明士人的社群型態，使得士人社群在「以文會文，以友輔仁」的基礎下，更進一步成為士人參與政治、寄寓家國熱情的管道，以及士人在官僚體系之外另一個集團參與政治活動、集體發聲的場域。這種集體行為蘊含著一種同時性的經驗，提供了想像的共同體在回聲之中獲得體現的機會，〔註 93〕使得知識分子在參與這些社群活動時，強化了他們的家國情感與國族認同，在「氣節」概念的薰染下，知識分子不堪承受清兵入關與明亡的現實，因而造成大多數的菁英分子選擇為國族殉身的命運。就學術方面而言，東林學派復興朱子學，然而，卻有著在儒學內部和會朱子與陸王學

〔註 91〕參考本文第四章第一節〈重新肯定的名教倫理〉。

〔註 92〕《明史》，卷二百十六，〈劉應秋傳〉，頁 5798。

〔註 93〕安德森 Benedict Anderson 著，吳叡人譯《想像的共同體：民族主義的起源與散布》，第八章〈愛國主義和種族主義〉，頁 158。

之間的歧異，而重歸於「斯文之統」的儒學道統之下，諭示著理學王國的終結。除此之外，他們也將儒學的發展重心由內聖之學向外王經世之學移渡，開啓明末清初的經世思潮。

第六章　結　論

十六世紀末、十七世紀初的中國社會，處於急遽變化的階段。顧憲成、高攀龍、錢一本等人，在致仕後無法拋卻儒者固有的政治責任感。在重修東林書院峻工、顧憲成大會四方同志時，他們開始企圖改變政治環境與學術思想走向。無論就政治環境、社會風習、學術思想的發展脈絡而言，東林學派都站在晚明社會劇變的時點，扮演思想與政治承先啓後的關鍵角色。

第一節　東林學派的時代意義

就學術思想的發展脈絡而言，南宋末年以來的程朱與陸王之爭，已漸爲庶民與士子所厭棄。東林學派重歸斯文之統的理想，將纏繞數百年的朱子學與陸王學論爭焦點，推回原始儒學的經世精神與尊經傳統上。他們背負江右王學的心學學統，卻又在思想上向朱子學傾近，藉著維護儒學正統、朱子學正統的論述、析離出左派王學中的禪學興味，強調尊經與復古，將儒學思想研究的重心向儒學經典文本歸溯。

然而，東林學派的尊經，卻是在「通經致用」的前提下成立的。儒學知識分子面對政治與學術的紛亂情勢，在儒學外王精神逐漸失落的晚明時期，表現出無限的焦慮。他們的思想傾向，蘊含強烈的經世氣質，一反左派王學興起，後士人社會所瀰漫的禪化與媚俗時尚，並因而重新證成名教的必要性，主張重建法制的權威。面對名教議題，他們顛覆明代傳統儒學知識分子道德勸說的說教態度，從社會秩序的穩定與貢舉制度等具體務實的方式，論證名教存在的必要性，並藉著重建名教法制、倡言講習合一、摹畫「講會正格」

的方式，以「正學術」、「端士習」。東林學派的經世思想，表現在「端士習」與「論經（世）濟（民）」兩個層次上。東林學派所倡言的「經世」，並不僅是虛浮的口號，他們從學術教育、政治體制、財政政策、貢舉考選制度等面相上，爲經世學帶來嶄新的內容，使得晚明的儒學樣貌豐富異常。

東林學派的出現，無論在政治、士人文化、學術思想史的發展上，都掀起一股磅礴狂瀾，爲晚明清初的士人塑造出重理念、輕生死的俠者氣質。明中葉以前的士人社群，多以文酒之宴、專研時藝與學術思想的研討爲主，然而，東林學派「士輦轂，志不在君父，官寺疆，志不在民生，居水邊林下，志不在世道，君子無取焉」〔註 1〕、講學兼攝清議的態度，重塑晚明與南明時期士人社群的形貌。晚明清初的士人社群，基本上都繼承了東林學派學術與政治合一的精神，無論是復社、幾社，都有著東林學派經世精神的影子。在東林學派「風期相許」的觀念影響下，「氣節」逐漸取代狂禪與媚俗，而成爲知識分子的新興時尚，爲理念、國族「殉身」也成爲士人效忠與諫議的最高儀式。

萬曆三十二年東林書院成，是明代的政治局勢、士人文化與學術思想轉折的時點。在政治環境上，積極參與政治的士人們在相容的學術與政治理念之下，有意識地藉著定期的講會、講學等社群聚集、尋覓的認同並形成強大的輿論力量。東林學派，蘊育在晚明政治學術的亂局下，卻在「重歸斯文之統」的期待中重新申說名教禮制存在的必要性，在強調氣節的同時，爲明季士人營造出有著強烈政治使命感、國族尊嚴的人格特質。

第二節　東林學派評價的轉變

以「清流」姿態崛起的東林學派，由於他們激進的行事傾向與崇尚氣節、標榜名教的人格氣質，在紛亂的晚明政治領域與學術環境掀起兩極化的評價。隨著明朝的敗亡，朝廷中的朋黨鬥爭，被不甘接受異民族統治事實的勝國遺老，歸咎爲國敗家亡的主要原因。東林諸人更成爲眾矢之的，被知識分子視爲亂國的根源，在清初遺民故國情懷的視角下，東林由「清流」形象逐漸向「不無過激」的方向變化。直至清中期，東林學派的歷史形象才逐漸由「過激誤國」的桎梏中逐漸掙脫出來。

明亡前的東林學派，雖然因盛名而成爲批判的對象，然而他們的「清流」

〔註 1〕《明史》，卷二三一，〈顧憲成傳〉，頁 6032。

形象卻普遍受到肯定。就學術思想界而言，他們崇奉朱子、企圖以朱子學的氣度融攝王學，重歸聖學「斯文之統」的道統脈絡，為明季清初回歸原始儒學的學術路向奠定發展契機；而他們對於經世學門的研究與探討，也為明季復社、幾社的經世學植下萌芽的種子。就士人風尚而言，他們重視氣節、名教的風尚掀起晚明士人的新時尚，洗淨明中葉知識分子的浮華風氣。就政治際遇而言，他們受到政治迫害的事實，強化了他們在社會大眾之間「君子」、「清流」與「氣節」的印象。《明史》卷二二一〈葉茂才傳〉記述：

> 時稱「東林八君子」，憲成、允成、攀龍、希范、元珍、武進錢一本、薛敷教及茂才也。〔註2〕

在晚明時期，東林學派的顧憲成、顧允成、高攀龍、安希范、劉元珍、錢一本，薛敷教與葉茂才，被視為「東林八君子」。在東林學派活躍的時代，他們的「君子」形象極為鮮明，而他們以「以道義名節相觀摩」〔註3〕的「氣節」形象，更根深蒂固地烙印在知識分子的心中。

向來在官方有意識地操作下，被社會大眾視為負面的「朋黨」，在這一時期，由於東林學派在權力鬥爭上的失勢以及受政治迫害的事實，使得「朋黨」一詞逐漸走出否定與貶抑的意涵。東林學派高聲頌揚政治與學術上士人集團存在的必要性，士人在政治與學術方面而結合的集團化行為逐漸蔚為趨勢。復社與幾社，基本上都以繼承東林學派、建構政治學術合一的知識分子集團為目的。原本備受否定與爭議的「門戶」與「朋黨」等概念，都因著東林學派而演繹出截然不同的意義。吳應箕〈東林本末序〉中記述：

> 東林者，門户之別名也；門户者，又朋黨之別號。夫小人欲空人國，必加之去朋黨，於是東林之名最著，而受禍為獨深；要亦何負於人國哉！東林爭言眞僞；其眞者必不負國家，僞者反至負東林。此實何歟？蓋起事至五六十年，相傳多失其實；於是而有僞者，亦勢使然也。今之所為東林者又一變，往時欲錮之林下者，今且下及草野。夫盛世豈有黨錮之事？何論朝野，亦辨其眞與僞而已矣。〔註4〕

明代學術界門戶爭鬥的情勢並非始於東林，〔註5〕然而，吳應箕卻將東林、門

〔註2〕《明史》，卷二三一，〈葉茂才傳〉，頁6053。

〔註3〕《東林書院志》，卷之八，嚴瑴〈許靜餘先生傳〉。

〔註4〕吳應箕《東林本末》〈序〉。收於中國歷史研究資料叢書，吳應箕等著《東林始末》。

〔註5〕見本文第五章第二節〈東林學派與明末清初的學術發展〉「一、黨同伐異下的

戶與朋黨結合起來，並認爲「去朋黨」是「小人欲空人國」的手段，是「小人」藉以剷除異己的行爲。他認爲「夫盛世豈有黨錮之事」，「朋黨」，唯有在小人當權的亂世才會產生。而君王怠忽政事的萬曆、天啓時期，正是「小人欲空人國」的最佳時機，因此「名最著」的東林成爲「受禍獨深」的犧牲對象。在吳應箕的筆下，對東林學派充滿無盡同情。而晚明蔣平階《東林始末》〈附錄〉，引述倪鴻寶之語，也在東林學派與閹寺鬥爭事件中表現了相同的態度：

> 倪鴻寶先生曰：自神祖中葉以來，三四十年間，朝廷之局凡三變矣！其始天子靜攝，聽臣工群類之自戰，而不爲之理；所謂鼠鬥穴中，將勇者勝耳。故其時，其血元黃，時勝時敗。其既，閹封擅權，宵人處必勝之地，正人亦戢心博志，而甘處不勝，不敢復言戰，宵人亦不曰戰，直曰禽馘之耳！然其時，正人難嬰禍，其心愈喜，曰：「吾君子也！」其後魁柄已搙，握照虛公，百爾臣工皆怵然不敢窮戰，而陰制以謀。故其時，氣戰者敗，謀戰者勝；謀陽者敗，謀陰者勝。凡明主所藉之以繩貪人者，宵人皆借之以阱正人，其正人既禍敗無可自解，亦曰：「吾君子。」其宵人是亦不靳歸名君子，而但使其無救于禍敗。由是宵人正人皆不敢言黨，而黨愈熾；黨愈熾，而國不可問矣！究之指以朋比，斥爲僞學，竄逐禁錮，殆無虛日。予以世患無眞品望，不患無眞經濟耳。所謂道德事功，垂之竹帛，貞之金石，蓋概乎未有睹也！嗟乎，此後世之所以衰也夫！〔註6〕

和大多數的晚明士人一樣，倪鴻寶對東林學派寄與無限同情。吳應箕《〈東林本末序〉中以「小人」爲主要批判對象，而倪鴻寶卻開始從更宏觀的面相看待東林與魏黨鬥爭的問題。他將「神祖中葉以來，三四十年間，朝廷之局凡三變」的起始點，歸咎於「天子靜攝，聽臣工群類之自戰，而不爲之理」，任憑朝廷中的政治集團各自爭勢。在神宗朝中後期的政壇鬥爭事件中，神宗放棄了他身爲君上所必須執行的裁決權，而任由朝廷中士人「鼠鬥穴中，將勇者勝」，使得神宗中後期政治上呈現著集團爭勢對立的情態，而神宗以來的朝廷上政治集團對立問題，在光宗、天啓朝都未能順立解決，甚至於政治集團之

士人學術論爭與晚明朱子學復興」。

〔註6〕 蔣平階《東林始末》附錄，頁56。收於中國歷史研究社編，「中國歷史研究資料叢書」，吳應箕等著《東林始末》。（上海，神州國光社，1952年12月，五版）

間的對立由原本的政策意見之爭轉而爲意氣之爭，成爲明代政治衰敗的主因。晚明政治集團的門戶朋黨之爭，關鍵在於「天子靜攝」，在朝廷鬥爭問題最高裁決權力不彰的情形下，東林的「正人」與「君子」形象，成爲宵人「指以朋比、斥爲僞學、竄逐禁錮」的目標。

大抵而言，明亡前的知識分子，對於東林學派的不幸際遇，基本上都寄予無限同情，也肯定他們的清流形象。對於晚明紛亂的政治局勢，他們的批判對象集中在閹黨宵人，然而，也開始對神宗朱翊鈞的怠忽政事、不問朝政的態度感到怨憤不滿。這一時期的知識分子，對東林學派在政治與學術上的地位是肯定的。

東林學派的形象，由「清流」、「君子」、「名著禍深」轉向「不無過激」，其間轉變的時點就在崇禎十七年。朱由檢臨死前「御書衣襟」的絕筆，提及：「朕涼德藐躬，上干天咎，然皆諸臣誤朕。朕死，無面目見祖宗，自去冠冕，以髮覆面。任賊分裂，無傷百姓一人。」〔註 7〕知識分子面對國家覆亡的事實與君上殉國的悲劇。在「寇已破都，烈皇身殉杜稷，普天痛憤」〔註 8〕的情勢下，對於莊烈帝「蒙難而不辱其身，爲亡國之義烈」〔註 9〕的形象生發無限同情，連帶對於他將帝國衰敗問題推咎於「諸臣」的絕筆也產生認同。在激情之下，莊烈帝「諸臣誤朕」的絕筆引起士人對朝廷官僚集團爭勢的不滿。在追溯朝廷中政治集團角力的朋黨議題時，也開始對東林學派展開批判。南明時期，夏允彝《幸存錄》中就指出：

> 周（延儒）再出，頗反溫（體仁）之所爲，而操守濫甚，敗壞國事，實在兩人，而實在東林過激以至此，遂至天下左衽。痛哉！痛哉！〔註 10〕

夏允彝雖批判周延儒與溫體仁「敗壞國事」，然而也指出「實在東林過激以至此」。這一時期，檢討東林學派的聲音逐漸浮現。夏允彝就指出東林學派人物素質高低不齊，〔註 11〕同時他也認爲朝廷政治集團淪爲意氣之爭，「諸賢」也

〔註 7〕《明史》，卷二四，〈莊烈帝本紀二〉，頁 334～335。
〔註 8〕《明季稗史初編》，卷一五，夏允彝《幸存錄》，頁 319。（上海，上海書店，1988 年 11 月，初版一刷）
〔註 9〕《明史》，卷二四，〈莊烈帝本紀贊〉，頁 336。
〔註 10〕《明季稗史初編》，卷一五，夏允彝《幸存錄》，頁 305。
〔註 11〕《明季稗史初編》，卷一四，夏允彝《幸存錄》，頁 298：「諸賢之遭璫禍也，慘絕一時，名高千古。然亦有向來攬權好事，自致此禍者。其高卑不齊也。」

難辭其咎：「崇禎朝，諸賢即宜與之捐成心、偕大道，而終亦落落不合，此則諸賢之過也。」〔註 12〕而南明清初時期的知識份子，在追溯黨爭問題興起緣由時，對於置庶務於不理的神宗也採取否定批判的態度。《幸存錄》〈門戶雜志〉記述：

神廟仁聖非常，雖御朝日希，而柄不旁落，止以鄙夷群臣之故，置庶務於不理。士大夫益縱横於下，故國事大壞。兩黨相攻，亦未嘗一剖其曲直，聽其自爲勝負而已。〔註 13〕

神宗「御朝日希」，任由「士大夫縱横於下」、「兩黨相攻」，身爲君主的朱翊鈞卻依舊採取「未嘗一剖其曲直，聽其自爲勝負而已」的隔岸觀火態度，成爲南明與清初士人的批判焦點。這一時期探討明王朝國運盛衰關鍵的議論篇章，多將之歸咎於神宗萬曆時期。夏允彝《幸存錄》〈國運盛衰之始〉由「神廟」論起，而清初所編修的《明史》〈神宗本紀贊〉也如此書寫：

神宗沖齡踐阼，江陵秉政，綜核名實，國勢幾於富強。繼乃因循牽制，晏處深宮，綱紀廢弛，君臣否隔。於是小人好權趨利者馳鶩追逐，與名節之士爲仇讎，門户紛然角立。馴至㩁、愍，邪黨滋蔓。在廷正類無深識遠慮以折其機牙，而不勝忿激，交相攻訐。以致人主蓄疑，賢姦雜用，潰敗決裂，不可振救。故論者謂明之亡，實亡於神宗，豈不諒歟！〔註 14〕

《明史》不但批判神宗「因循牽制，晏處深宮，綱紀廢弛，君臣否隔」，也斥責當時以東林學院爲主的「名節之士」與「在廷正類」「無深識遠慮」、「不勝忿激、交相攻訐」的意氣爭鬥態度。在這一時期，東林學派儼然背負上將明代導向覆滅的罪名。東林學派由於「名高速謗，氣盛招尤」，很快地成爲「眾射之的」，而攀緣於東林名下的投機分子「負物望者引以爲重，獵時譽者資以梯榮」的現象，也使得東林學派因而蒙塵。〔註 15〕

〔註 12〕《明季稗史初編》，卷一四，夏允彝《幸存錄》，頁 298。

〔註 13〕《明季稗史初編》，卷一四，夏允彝《幸存錄》，〈門户雜志〉頁 294。

〔註 14〕《明史》，卷二一，〈神宗本紀贊〉，頁 294～295。

〔註 15〕《明史》，卷二三一，〈東林諸人傳贊〉，頁 6053：「贊曰：成、弘以上，學術醇而士習正，其時講學未盛也。正、嘉之際，王守仁聚徒於軍旅之中，徐階講學於端揆之日，流風所被，傾重朝野。於是搢紳之士，遺佚之老，聯講會，立書院，相望於遠近。而名高速謗，氣盛招尤，物議横生，黨禍繼作，乃至眾射之的，咸指東林。甘陵之部，洛蜀之爭，不烈於是矣。憲成諸人，清節姱修，爲士林標準。雖未嘗激揚標榜，列『君宗』、『顧』、『俊』之目，

崇禎自縊後，東林學派迅速由「君子」、「清流」轉而被詮釋爲「不無過激」與朋黨誤國，成爲知識分子批判咎責的對象。然而，這種在勝國遺老緬懷舊日的激情下，對東林學派的斥責，持平而言並不盡公允。身爲東林學派流裔的黃宗羲，在撰著《明儒學案》〈東林學案小序〉時，就企圖爲東林學派平反：

今天下之言東林者，以其黨禍與國運終始。小人既資口實，以爲亡國由於東林，稱之爲兩黨。即有知之者，亦言東林非不爲君子，然不無過激，且倚附者之不純爲君子也，終是東漢黨錮中人物。嗟乎！此寐語也。東林講學者，不過數人耳。其爲講院，亦不過一郡之內耳。昔緒山（錢德洪）、二溪，鼓動流俗，江浙南畿，所在設教，可謂之標榜矣。東林無是也。京師首善之會，主之爲南臯、少墟，於東林無與。乃言國本者謂之東林，爭科場者謂之東林，攻逆閹者謂之東林，以至言奪情奸相討賊，凡一議之正，一人之不隨流俗者，無不謂之東林。若是乎東林標榜遍於域中，延於數世。東林何不幸而有是也！東林何幸而有是也！然則東林豈眞有名哉？亦小人者加之名目而已矣。論者以東林爲清議所宗，禍之招也。君子言之，君子之道，辟則坊與，清議者，天下之坊也。夫子之議臧氏之竊位，議季氏之旅泰山，獨非清議乎？清議熄，而後有美新之上言、媚閹之紅本故小人之惡清議，猶黃河之礙柱也。熹宗之時，龜鼎將移，其以血肉撐拒，沒虞淵而取墜日者，東林也。毅宗之變，攀龍髯而尋屡螻蟻者，屬之東林者乎！數十年來，勇者燔妻子，弱者埋士室。忠義之盛，度越前代，猶是東林之流風餘韻也。一堂師友，冷風熱血，洗滌乾坤。無智之徒，竊竊然從而議之，可悲也夫！〔註 16〕

明亡之後的「東林」，一反明末知識份子對東林的同情態度，而成爲天下清議批判的對象。這一時期的知識分子，部分指稱東林學派「不無過激」，且由於聲高名盛，而招致投機的政治與學術知識分子，爲東林人物的形象帶來嚴重傷害。更有甚者，將東林學派與明朝覆亡的命運聯結起來，以爲「黨禍與國運相終始」，甚至將它直指爲明亡的直接原因，黃宗羲身爲東林學派的流裔，面對這樣不盡公允的指責，他成爲南明與清初遺民中，少數在面對北都之變、烈皇殉國之後

而負物望者引以爲重，獵時譽者資以梯榮，附麗游揚，薰蕕猥雜，豈講學初心實然哉！語曰：『爲善無近名』，士君子亦可以知所處矣。」

〔註 16〕黃宗羲《明儒學案》，卷五八，〈東林學案小序〉，頁 46～47。

爲東林學派立言申冤的士人。「東林」的興起，原本只在於書院講學與輿論論政的層次，然而，在魏忠賢掌政的時期，「東林」卻成爲整肅異己的口實，將「東林」擴大爲與閹黨政治意見相左與利益衝突的所有政敵。「東林」概念不斷擴大，乃至於所有「言國本」、「爭科場」、「攻逆閹」的知識分子，都被指爲「東林」，而原本只是具有講學與論政的士人社群性質的東林學派，弔詭的成爲知識分子歸咎明代覆亡的原因。黃宗羲企圖將東林學派的原始面貌還原，指出「東林講學者，不過數人耳。其爲講院，亦不過一郡之內耳」，而「東林」概念之所以被擴大，只不過是在「清議之所宗」的情形下，成爲「小人者加之名目」藉以整肅其他對立政治勢力的手段。黃宗羲將東林學派重新還原於學術的脈絡之中，並就明季士風的轉變——「忠義之盛，度越前代，猶是東林之流風餘韻也」——來肯定東林學派的貢獻。

然而，清初的知識分子，在「遺民」情緒的催化下，將「講學」視爲明代「黨禍」傾軋與衰亡因素。而這樣的評價傾向，成爲清前期知識分子重新檢視晚明一段的歷史時的共識。張廷玉在《明史》中，爲講學的興起與性質的遷變，如此敘述：

> 贊曰：成、弘以上，學術醇而士習正，其時講學未盛也。正、嘉之際，王守仁聚徒於軍旅之中，徐階講學於端揆之曰，流風所被，傾重朝野。於是招尤，物議橫生，黨禍繼作，乃至眾射之的，咸指東林。甘陵之部，洛蜀之爭，不烈於是矣。憲成諸人，清節姱修，爲士林標準。雖未嘗激揚標榜，列「君宗」、「顧」、「俊」之目，而負物望者引以爲重，獵時譽者資以梯榮，附麗游揚，薰蕕猥雜，豈講學初心實然哉！語曰：「爲善無近名」，士君子亦可以知所處矣。〔註17〕

張廷玉也將明後期政治上的權力傾軋咎於「講學」，更直指明中期陽明與徐階的講學，正是明代「講學」、「講會」興起的關鍵。他晚明書院林立的現象歸溯到正、嘉之際講學興盛之風，並以「好名」訾斥東林。張廷玉及熊賜履，他們反映清前期儒者對於晚明政治與學術興衰的檢討角度，也呈顯清前期士人否定「聚徒講學」的共識，而他們批判焦點也都在於「講學」與書院性質的轉變這一方面。

不過，儘管他們對講學有著批判的態度，但清前期士人在重新回首晚明的歷史時，已逐漸走出故國遺民的激情，而轉向由學術與文化史的角度，觀

〔註17〕《明史》，卷二三一，〈東林諸人傳贊〉，頁6053。

照東林學派這個活躍在晚明時期的士人社群的貢獻與價值。他們開始從學術發展的角度，尋繹東林學派與清初學風間的承轉關聯。朱一新《無邪堂答問》中提及：

> 彼時講學之徒泰半如是（此指泰州學者），高、顧諸公乃起而救之，敦尚名節，力障狂瀾，爲功最鉅。故東林者，所以結明社三百年養士之局，而開國初風氣之先者也。〔註18〕

朱一新從士風與儒風的角度切入，針對東林學派復興朱子學、崇尚名教氣節、推覆泰州學者的觀點，肯定東林學派「起而救之」、「力障狂瀾」的貢獻，並認爲東林學派開實學學風之先，對清代學術有著啓蒙的重要貢獻。

第三節　結　論

本文以東林學派與晚明的經世思潮爲軸心，由東林學派與東林運動的分際談起，延伸至東林學派與明末清初士人間的文化承傳與影響議題。然而，關於東林學派，卻仍有一些相關的議題值得再深入思索：

（一）李卓吾之於顧憲成：李贄是晚明時期左派王學中叛逆性最強、最值得玩味的人物，被顧憲成批判爲「是人之非，非人之是，又以成敗爲是非而已。學術到此眞成塗炭！」〔註19〕然而，細究顧憲成務實的思維路向，又似乎與李卓吾「若不計功，道又何時而可明也？」〔註20〕的功利主義價值觀隱隱相合。李贄以事功、私利的觀點，解構儒學的「天理」神話；顧憲成卻在事功與私利的基礎上，走出了與李贄截然不同的思想徑途。他以事功論證社會名教秩序存的必要性、以私利證成公利之「義」的存在基礎。李贄將觀照的焦點集中在個人，而顧憲成則將視野擴大於群體。他以務實的角度，關懷國族整體存續的視野，探討學術思想、士人文化、政治體制、教育講學與貢舉制度等議題。顧憲成與李贄，身爲晚明儒學發展裡固守與叛逆的兩個極端，兩人間思想性格的比較，頗值玩味。

（二）重歸道南傳緒的清代東林書院：南宋楊時建東林書院以來，東林書院就一直以傳續道南一脈爲己任。晚明時期，顧憲之、高攀龍「興復祠宇

〔註18〕朱一新《無邪堂答問》，卷五，頁23。（臺北，世界書局1963年4月）

〔註19〕顧憲成《涇皋藏稿》，卷五，〈東高景逸〉，頁1292～80。

〔註20〕李贄《藏書》，卷三二，〈德業儒臣後論〉。

講堂，而道南一脈大光」，〔註21〕然而，這時的東林書院，既是復興朱子學的重鎮，同時也是「清議之所宗」，〔註22〕兼有知識分子的學術與政治輿論中心的性質。然而，清代的東林書院講學，卻又重歸於純粹道南學脈講學的領域，而晚明時期顧憲成、高攀龍主事時東林書院的清議性質，卻徹底流失。由南宋至晚明、由晚明至清初，東林書院性質的變遷，也是值得再思考的議題。

〔註21〕高㞳《東林書院志》，〈總目〉，頁20。
〔註22〕黃宗義《明儒學案》，卷五八，〈東林學案小序〉，頁47。

參考書目

古籍原典部分，依時代先後排序；近人研究專著與期刊論文部分，依姓氏筆劃序排列。

一、古籍原典

1. 《周子全書》，北宋，周敦頤，(清，董榕輯)，臺北：廣學社印書館，1975年6月初版。
2. 《四書集註》，南宋，朱熹，臺北：文化圖書公司，1991年7月初版。
3. 《朱子語類》，南宋，黎靖德編，北京：中華書局，1999年6月初版四刷。
4. 《御治文集》，明，朱元璋，臺北：臺灣學生書局出版，1965年初版。
5. 《困學紀聞》，南宋，王應麟。
6. 《薛瑄全集》，明，薛瑄，太原：山西人民出版社，1990年8月初版。
7. 《篁墩文集》，明，程敏政，景印《文淵閣四庫全書》，冊一二五二，集部第一九一，臺北：臺灣商務印書館，1983年初版。
8. 《傳習錄附大學問》，明，王陽明，臺南：利大出版社，1970年5月初版。
9. 《王陽明全集》，明，王陽明，上海：上海古籍出版社，1992年12月初版一刷。
10. 《歐陽南野先生文集》、《四庫全書存目叢書》，明，歐陽德，集部八十，臺南：莊嚴文化圖書公司出版，1997年。
11. 《龍谿王先生全集》、《和刻影印近世漢籍叢刊》，明，王畿，思想續編，十一冊，東京都：中文出版社出版，臺北：廣文書局印行，1975年。
12. 《世經堂集》、《四庫全書存目叢書》，明，徐階，集部八十，臺南：莊嚴文化圖書公司出版，1997年。

13. 《呻吟語摘》、《諸子集成續編》，明，呂坤，第六冊，成都：四川人民出版社，1998 年 1 月，一版一刷。
14. 《困知記》、景印《文淵閣四庫全書》，明，羅欽順，冊七一四，子部儒家類，臺北：臺灣商務印書館，1983 年初版。
15. 《萬曆野獲編》，明，沈德符，臺北：新興書局，1976 年 11 月初版。
16. 《小心齋箚記》、《諸子集成續編》，明，顧憲成，第六冊，成都：四川人民出版社，1998 年 1 月，一版一刷。
17. 《涇皋藏稿》、景印《文淵閣四庫全書》，明，顧憲成，冊一二九二，集部別集類，臺北：臺灣商務印書館，1983 年初版。
18. 《小辨齋偶存》、景印《文淵閣四庫全書》，明，顧允成，冊一二九二，集部別集類，臺北：臺灣商務印書館，1983 年初版。
19. 《高子遺書》、景印《文淵閣四庫全書》，明，高攀龍，冊一二九二，集部別集類，臺北：臺灣商務印書館，1983 年初版。
20. 《黽記》、《四庫全書存目叢書》，明，錢一本，子部儒家類，第十四冊，臺南：莊嚴文化事業公司出版，1995 年 9 月初版一刷。
21. 《周忠介公燼餘集》、《借月山房彙鈔》本、收於《百部叢書集成》，明，周順昌，冊七百九十二，臺北：藝文印書館，1966 年。
22. 《幾亭全書》、《四庫禁燬書叢刊》，明，陳龍正，集部第十二冊，北京：北京出版社，2000 年初版一刷。
23. 《幾亭外書》、《續修四庫全書》，明，陳龍正，第一一三三冊，子部雜家類，上海：上海古籍出版社，2002 年初版。
24. 《從野堂存稿》、嚴一萍輯《常州先哲遺書》本、收於《叢書集本三編》，明，繆昌期，臺北：藝文印書館，1971 年。
25. 《落落齋遺集》、《四庫禁燬書叢刊》，明，李應昇，集部第五十冊，北京：北京出版社，2000 年。
26. 《學蔀通辨》、《四庫全書存目叢書》，明，陳建，子部，儒家類，第十一冊，臺南：莊嚴文化事業公司出版，1995 年 9 月初版一刷。
27. 《皇明經世文編》、《四庫禁燬書叢刊》，明，陳子龍等輯，集部，第二二冊，北京：北京出版社。
28. 《東林本末》，收於中國歷史研究社邊《中國歷史研究資料叢書》、吳應箕等著《東林始末》，明，吳應箕，上海：神州國光社，1952 年 12 月五版。
29. 《碧血錄》、收於中國歷史研究社編《中國歷史研究資料叢書》、吳應箕等著《東林始末》，明，黃煜，上海：神州國光社，1952 年 12 月五版。
30. 《東林始末》、收於中國歷史研究社編《中國歷史研究資料叢書》、吳應箕等著《東林始末》，明，蔣平階，上海：神州國光社，1952 年 12 月五版。

31. 《笑林廣記》，明，佚名編，臺北：金楓出版社，1991 年 4 月再版。
32. 《劉子全書》，明，劉宗周，岡田武彥解說，東京都：中文出版社，1981 年 6 月。
33. 《理學宗傳》、收於《孔子文化大全》叢書，清，孫奇逢，濟南：山東友誼書社出版，1989 年。
34. 《恥躬堂文鈔》、《四庫禁燬書叢刊》，清，彭士望，集部，第五二冊，北京：北京出版社，2000 年。
35. 《明季稗史出編》，清，留雲居士輯，上海：上海書店出版，1988 年 11 月初版一刷。
37. 《宋元學案》，清，黃宗羲，臺北：河洛出版社，1975 年 3 月，臺景印出版。
37. 《明儒學案》，清，黃宗羲，臺北：河洛出版社，1975 年 3 月，臺景印出版。
38. 《明夷待訪錄》，清，黃宗羲，臺北：金楓出版社，1987 年 5 月初版。
39. 《黃宗羲全集》，清，黃宗羲，浙江：浙江古籍出版社，1985 年 6 月。
40. 《原抄本日知錄》，清，顧炎武，臺北：明倫出版社，1970 年 9 月，再版。
41. 《東林書院志》、收於《續修四庫全書》，清，高嶐輯，冊七百二十一，史部，地理類，上海：上海古籍出版社，1995 年。
42. 《廿二史箚記》，清，趙翼，臺北：史學出版社，1974 年 4 月，試印本。
43. 《無邪堂答問》，清，朱一新，臺北：世界書局，1963 年 4 月初版。
44. 《新校本明史并附編六種》，清，張廷玉等，臺北：鼎文書局，1991 年 5 月，五版。

二、近人研究

（一）專　書

1. 《明代中後期社會變遷研究》，牛建成，臺北：文津出版社，1997 年 8 月初版。
2. 《宋元明清儒學年表》，今關壽，北京：北京圖書出版社，2002 年 4 月一版一刷。
3. 《明帶書院講學的研究》，王崇峻，臺北：臺灣師範大學歷史研究所碩士論文，1992 年 6 月。
4. 《族群想像與異己建構：明清時期滇黔異族書寫的人類學分析》，王鵬惠，臺北：臺灣大學人類學研究所碩士論文，1999 年 6 月。
5. 《明清文化新論》，王成勉主編，臺北：文津出版社，2000 年 9 月一版一刷。

6. 《明代理學論文及》，古清美，臺北：大安出版社，1990 年 5 月，初版一刷。
7. 《顧涇陽、高景逸思想之比較研究》，古清美，臺北：臺灣大學中國文學研究所博士論文，1979 年 6 月。
8. 《經學歷史》，皮錫瑞，臺北：藝文印書館，1996 年 8 月，初版三刷。
9. 《王學與中晚明士人心態》，左東嶺，北京：人民文學出版社，2000 年 4 月初版。
10. 《東林黨學術研究會、薛福成學研究會論文資料及》，江蘇文史資料編輯部，江蘇：江蘇文史資料編輯部出版，1998 年 10 月初版。
11. 《東林書院與東林黨》，朱文杰編著，北京：中央編譯出版，1996 年。
12. 《從陸象山到劉蕺山》，牟宗三，臺北：臺灣學生書局出版出版，2000 年 5 月再版四刷。
13. 《從理學到樸學》，艾爾曼（Benjamin A.Elman），趙剛譯，南京：江蘇人民出版社，1997 年 3 月初版。
14. 《想像共同體：民族主義的起源與散布 Imagined Communities:Reflections on the Origin and Spread of Nationalism》，安德森 Benedict Anderson 著，吳叡人譯，臺北：時報文化公司出版，1999 年 4 月初版一刷。
15. 《生與死：明季士大夫的抉擇》，何冠彪，臺北：聯經出版公司，1997 年 10 月初版。
16. 《明代文人結社運動的研究》，李京圭，臺北：文化大學史學所博士論文，1989 年 6 月。
17. 《明末清初儒學之發展》，李紀祥，臺北：文津出版社，1992 年 12 月初版。
18. 《明清傳統商人區域化現象研究》，李和承，臺北：臺灣師範大學歷史所博士論文，1997 年 6 月。
19. 《明史人名索引》，李裕民編，北京：中華書局，1985 年 5 月一版一刷。
20. 《明始散論》，李焯然，臺北：允晨文化公司出版，1987 年 10 月初版。
21. 《語義符號學》，李幼蒸，臺北：唐山出版社，1997 年 3 月初版一刷。
22. 《中國明代哲學》，李書增等著，鄭州：河南人民出版社，2002 年 1 月初版一刷。
23. 《中國歷史轉型時期的知識分子》，余英時等著，臺北：聯經出版公司，1996 年 6 月初版，
24. 《歷史與思想》，余英時，臺北：聯經出版公司，2001 年 11 月初版第二十二刷。

25. 《明末東林運動新探》，林麗月，臺北：臺灣師範大學歷史研究所博士論文，1984 年 7 月。
26. 《中國近現代思想觀念史論》，林安梧，臺北：臺灣學生書局出版出版，1995 年 9 月初版。
27. 《黃黎洲政治哲學之研究》，林朝和，臺北：中國文化大學哲學研究所碩士論文，1985 年 6 月。
28. 《明清之際儒學思想的變遷與發展》，林聰舜，臺北：臺灣師範大學中國問學研究所博士論文，1984 年 6 月。
29. 《明學探微》，林繼平，臺北：臺灣商務印書館，1984 年 12 月初版。
30. 《反文化：亂世的希望與危險（Counter Cultures:The Promise and Peril of a World Turned Upside Down）》，英格 J.Milton Yinge 著，高丙中、張林譯，臺北：桂冠圖書公司初版，1995 年 4 月，初版一刷。
31. 《儒家哲學》，吳汝鈞，臺北：臺灣商務印書館，1995 年 12 月初版。
32. 《陽明學研究》，吳光主編，上海：上海古籍出版社，2000 年 10 月初版。
33. 《菁英的興衰》，帕累托 Vilfredo Pareto 等著，劉北成、許虹編譯，臺北：桂冠圖書公司出版，1997 年 3 月初版四刷。
34. 《晚明學術與知識分子論叢》，周志文，臺北：大安出版社，1999 年 3 月初版。
35. 《儒釋道與晚明文學思潮》，周群，上海：上海書店，2000 年 3 月初版。
37. 《從理本論到氣本論——明清儒學理器觀念的轉變》，胡森永，臺北：臺灣大學中國文學研究所博士論文，1991 年 7 月。
37. 《學術與政治：韋伯選集（I）》，韋伯（Max Webber）著，錢永祥、簡惠美等譯，臺北：遠流出版公司，2000 年 3 月初版三刷。
38. 《中國的宗教：儒教與道教》，韋伯（Max Webber）著，簡惠美譯，臺北：遠流出版公司，2002 年 1 月二版四刷。
39. 《中國儒學史（明清卷）》，苗潤田，廣州：廣東教育出版社，1998 年 6 月一版一刷。
40. 《學術與政治之間》，徐復觀，臺北：臺灣學生書局出版，1980 年 4 月臺一版。
41. 《晚明思潮與社會變動》，淡江大學中文系主編，臺北：弘化文化圖書公司出版，1987 年 12 月初版。
42. 《幾社及其經世思想》，許淑玲，臺北：國立臺灣師範大學歷史研究所碩士論文，1985 年 6 月。
43. 《明代文官俸祿制度之研究》，許國賢，臺北：中國文化大學政治研究所碩士論文，1985 年 6 月。

44. 《臺灣儒學》，陳昭瑛，臺北：正中書局，2000 年 3 月臺初版。
45. 《有無之境——王陽明哲學的精神》，陳來，北京：人民出版，1991 年 3 月初版。
46. 《宋明理學》，陳來，臺北：洪業文化圖書公司初版，1994 年 9 月，初版一刷。
47. 《明清社會經濟史研究》，陳學文，臺北：稻禾出版社，1991 年 12 月修訂版三刷。
48. 《悄悄散去的幕妙——明代文化歷程新説》，陳寶良，西安：陝西人民教育出版社，1988 年 12 月一版一刷。
49. 《第二屆明清之際中國文化的轉變與延續學術研討會論文集》，國立中央大學共同學科主編，臺北：文史哲出版社，1993 年 6 月初版。
50. 《回歸原始儒學：晚明清初儒學風氣之探討》，曹美秀，臺北：臺灣大學中國文學研究所碩士論文，1998 年 5 月。
51. 《中國理學大辭典》，董玉整，廣州：暨南大學出版社，1995 年 12 月一版一刷。
52. 《左派王學》，嵇文甫，臺北：國文天地雜誌社，1990 年 4 月初版。
53. 《放寬歷史視界》，黃仁宇，臺北：允農文化公司出版，2001 年 3 月增訂版。
54. 《中國大歷史》，黃仁宇，臺北：聯經出版公司，1993 年 10 月出版。
55. 《十六世紀明代中國之財與稅收》，黃仁宇著、阿風譯，臺北：聯經出版公司，2001 年 1 月初版。
56. 《萬曆十五年》，黃仁宇，臺北：臺灣食貨出版社，2000 年 6 月增訂二版 29 刷。
57. 《放寬歷史的視界》，黃仁宇，臺北：允農文化公司，2001 年 3 月增訂一版三刷。
58. 《「晚明文人」型態之研究》，黃明理，臺北：國立臺灣師範大學國文研究所碩士論文，1988 年 6 月。
59. 《東林學派的性善論與工夫論》，曾光正，新竹：清華大學歷史研究所碩士論文，1988 年 6 月。
60. 《宋明理學史》，侯外廬、邱漢生、張豈之主編，北京：人民出版社，1997 年 10 月二版二刷。
61. 《中國前近代思想的演變》，溝口雄三著，索介然、龔穎譯，北京：中華書局，1997 年 10 月一版一刷。
62. 《宋明理學研究》，張立文，北京：中國人民大學出版社，1985 年 7 月一版一刷。

63. 《理》，張立文，北京：中國人民大學出版社，1991 年 10 月一版一刷。
64. 《講學與政治：明代中晚期講學性質的轉變及其意義》，張藝曦，臺北：臺灣歷史學研究所碩士論文，1998 年 6 月。
65. 《明代哲學史》，張學智，北京：北京大學出版社，2000 年 11 月初版一刷。
66. 《明季東南中國的海上活動》，張增信，臺北：中國文化大學歷史研究所碩士論文，1985 年 6 月。
67. 《明清史決輿》，揚起樵，臺北：明文書局，1985 年 1 月初版。
68. 《空間、記憶、社會轉型——「新社會史」研究論文精選集》，楊念群主編，上海：上海人民出版社，2001 年 5 月一版一刷。
69. 《陳乾初大學辨研究》，詹海雲，臺北：明文出版社，1987 年 8 月初版。
70. 《明代三一教主研究——林兆恩的人格與思想》，鄭志明，臺北：國立臺灣師範大學中國文學研究所博士論文，1987 年 6 月。
71. 《方以智東西均思想研究》，劉浩祥，臺北：政治大學中國文學研究所碩士論文，1997 年 6 月。
72. 《理在氣中：羅欽順、王廷相、顧炎武、戴震氣本論研究》，劉又銘，臺北：五南圖書公司，2000 年 11 月二版一刷。
73. 《復社與晚明學風》，劉莞莞，臺北：政治大學中國文學研究所碩士論文，1985 年 6 月。
74. 《明末黨爭之研究》，潘富堅，臺北：國立政治大學政治研究所碩士論文，1984 年 6 月。
75. 《被發明的傳統 The Invention of Tradition》，霍布斯邦 Eric Hobsbawn 等著，陳思仁等譯，臺北：貓頭鷹出版社，2002 年 8 月初版。
76. 《中國近三百年學術史》，錢穆，臺北：臺灣商務印書館出版，1995 年 7 月臺二版二刷。
77. 《國史大綱》，錢穆，上、下，臺北：臺灣商務印書館出版，1995 年 7 月三版。
78. 《國史新論》，錢穆，臺北：東大圖書公司，1998 年 11 月，再版。
79. 《陽明學述要》，錢穆，臺北：蘭臺出版社，2001 年 2 月。
80. 《禮教與情慾——前近代中國文化中的後／現代性》，熊秉眞、呂妙芬主編，臺北：中央研究院近代史研究所，1999 年 6 月初版。
81. 《明代的儒學制度——浙閩粵地方教育體制的發展》，簡蕙瑩，嘉義：中正大學歷史所碩士論文，1999 年 6 月。
82. 《文化與帝國主義（Culture and Imperialism）》，薩依德（Edward W.Said）著，蔡鴻林譯，臺北：立緒文化公司出版，2001 年 1 月初版一刷。
83. 《知識分子論（Representations of the Intellectual）》，薩依德（Edward W.Said）

著，單德興譯，臺北：麥田出版社，2000年1月初版六刷。

84. 《明朝史化》，顧俊，臺北：木鐸出版社，1987年7月。

三、期刊論文

1. 《新史學》，于志家〈日本明清史學界對「士大夫與民眾」問題之研究〉，第四卷第四期，臺北：新史學，1993年12月。
2. 《史學評論》，山井湧著，盧瑞容譯，第一二期，臺北：史學評論。
3. 《中央研究院歷史語言研究所集刊》，王汎森〈清初思想中形上玄遠之學的沒落〉，1998年9月，臺北：中央研究院歷史語言研究所。
4. 《中央研究院歷史語言研究所集刊》，王汎森〈「新即理」說的動搖與明末清初學風之轉變〉，第六十五本，第二分，1994年6月，臺北：中央研究元歷史語言研究所。
5. 《大陸雜誌》，王汎森〈明末清初思想中之「宗旨」〉，第九四卷第四期，臺北：大陸雜誌，1997年4月。
6. 《醒獅》，王止峻〈東林黨與明朝國運〉，第一四卷第七期，臺北：1976年7月。
7. 《孔孟月刊》，古清美〈東林講學與節義之風〉，第二二期第三期，臺北：孔孟月刊，1983年11月。
8. 《孔孟月刊》，古清美〈清初經世之學與東林學派的關係〉，第二四卷第三期，臺北：孔孟月刊，1985年11月。
9. 《漢學研究》，毛文芳〈晚明「狂禪」探論〉，第一九捲第二期，臺北：漢學研究中心，2001年12月。
10. 《中央研究院歷史語言研究所集刊》，朱鴻林〈明太祖的孔子崇拜〉，第七十本，第二份，臺北：中央研究院歷史語言研究所，1999年6月。
11. 《新史學》，呂妙芬〈明代寧國府的陽明講會活動〉，臺北：新史學，2001年3月。
12. 《中央研究院近代史研究所集刊》，呂妙芬〈聖學教化的弔詭：對晚明揚名講學的一些觀察〉，第三十期，臺北：中央研究院近代史研究所，1998年12月。
13. 《中央研究院近代史研究所集刊》，呂妙芬〈儒釋交融的聖人關：從晚明儒家聖人與菩薩形象相似處及對生死議題的關注談起〉，臺北：中央研究院近代史研究所，第三二期，1999年12月。
14. 《中央研究院近代史研究所集刊》，呂妙芬〈明代吉安府的陽明講會活動〉，臺北：中央研究院近代史研究所，第三五期，200年6月。
15. 《清華學報》，呂妙芬〈陽明學派的建構與發展〉，新竹：國立清華大學人文社會學院出版，新二九卷第二期，1999 年 6 月。

16. 《臺大文史哲學報》，呂妙芬〈晚明江右陽明學者的地域認同與講學風格〉，臺北：國立臺灣大學文學院出版，第五六期，2002 年 5 月。

17. 《中國時報》，余英時講，吳齊仁整理〈魏晉與明清文人生活與思想之比較〉，第八版，1985 年 6 月 24 日～25 日，臺北：中國時報。

18. 《述說、記憶與歷史：以「情與文化」爲核心的論述學術研討會》，林安梧〈從「以心控身」到「身心一如」——以王夫之哲學爲核心兼及於程朱、陸王的討論〉，1999 年 6 月，臺北：中央研究院民族學研究所。

19. 《哲學雜誌》，林火旺〈當前政治倫理的重建——失序與調適〉，第十八期，臺北：業強出版社，1996 年 11 月。

20. 《漢學研究》，林姍紋〈談《三教開迷歸正演義》小說中的林兆恩思想〉，第十九卷第二期，臺北：漢學研究中心，2001 年 12 月。

21. 《師大歷史學報》，林麗月〈晚明「崇奢」思想隅論〉，第一九期，臺北：國立臺灣師範大學，1991 年 6 月。

22. 《師大歷史學報》，林麗月〈明末東林派的幾個政治觀念〉，第一一期，臺北：國立臺灣師範大學，1983 年 6 月。

23. 《師大歷史學報》，林麗月〈李三才與東林黨〉，第九期，臺北：國立臺灣師範大學，1981 年 5 月。

24. 《歷史月刊》，周文傑〈無錫「東林學院」巡禮〉，第五三期，臺北 1992 年 6 月。

25. 《史苑》，周忠泉〈李三才與東林黨之關係新論〉，第五一期，臺北，1990 年 12 月。

26. 《述說、記憶與歷史：以「情與文化」爲核心的論述學述研討會會議論文（二）》，高桂惠〈情慾變色——試論丁耀亢《續金瓶梅》的德色問題〉，臺北：中央研究院民族學研究所行爲研究組，1999 年 6 月。

27. 《第二屆國際漢學會議論文集》，徐泓〈明代社會風氣的變遷——以江浙地區爲例〉，臺北：新史學。

28. 《新史學》，陳國棟〈哭廟與焚儒服——明末清初生員層的社會性動作〉，1992 年 3 月，臺北：新史學。

29. 《漢學研究》，陳寶良〈明代文人辨析〉，第一九卷第一期，臺北：漢學研究中心，2001 年 6。

30. 《中國社會經濟史研究》，陳偉明〈明清粵閩海商的海外貿易與經營〉，廈門：廈門大學，2001 年 3 月。

31. 《鵝湖月刊》，陳俊良〈宋明「三教合一」思潮中的「心性」旨趣論搞〉，一七二期，臺北，1989 年 10 月。

32. 《新聞學研究》，陳聖士〈明末東林黨人的言論及其愛國精神〉，第四期，臺北，1969 年 12 月。

33. 《劉蕺山學術思想論集》，崔大華〈劉宗周與明代理學的基本走向〉，鍾彩鈞主編，臺北：中央研究院中國文哲研究所籌備處，1998 年 5 月初版。
34. 《師大歷史學報》，程玉瑛〈王艮與泰州學派：良知的普及化〉，第一七期，臺北：臺灣師範大學，1989 年 6 月。
35. 《劉蕺山學術思想論集》，黃宣民〈蕺山心學與晚明思潮〉，臺北：中央研究院文哲所，1998 年 5 月。
36. 《中國文哲研究集刊》，黃文樹〈陽明後學的成員分析〉，臺北：中央研究院中國文哲研究所，第十七期，2000 年 9 月。
37. 《漢學研究》，彭國翔〈王龍溪的中鑒錄及其思想史意義：有關明儒學思想基調的轉換〉，第一九卷第四期，臺北：漢學研究中心，2001 年 12 月。
38. 《中國社會經濟史研究》，馮賢亮〈明清江南地區的環境變動及其社會控制〉，廈門：廈門大學，2001 年 9 月。
39. 《孔孟月刊》，湯承業〈明代國子監的洪武學規〉，臺北：孔孟月刊，1979 年 9 月。
40. 《當代》，湯志傑〈從食貨到經濟——理史語意上的二階觀察〉，臺北：當代，2000 年 7 月。
41. 《世新大學學報》，喻蓉蓉〈熊廷弼在南直隸提學御使任內的整頓士風及其與東林之關係〉，第八期，臺北：世新大學，1998 年 10 月。
42. 《中國社會經濟史研究》，楊澤君、陸鵬亮〈從雅集到市集——松江園林與明清社會經濟的變遷〉，廈門：廈門大學，2001 年 3 月。
43. 《故宮學術季刊》，楊儒賓〈一位東林黨人的仕隱故事——定遠齋舊藏劉宗周文震孟五封書信書後〉，第一二卷第四期，臺北，1985 年 6 月。
44. 《中國書目季刊》，葛榮晉〈東林學派和晚明朱學的復興〉，第二二卷第四期，臺北，1989 年 3 月。
45. 《中國史研究》，趙軼峰〈晚明士子和妓女的交往與儒家傳統〉，北京：社會科學院歷史研究所，2001 年，第四期。
46. 《中國書目季刊》，趙承中〈「風聲、雨聲、讀書聲，聲聲入耳；家事、國事、天下事，事事關心」——關於原存東林書院舊址的一副抱對的來歷、作者和傳世年代問題〉，第二九卷第三期，臺北，1995 年 12 月。
47. 《中國史論集》，錢穆〈明代政治得失〉，臺北：國立編譯館，1991 年 1 月初版二刷。
48. 《空間、記憶、社會轉型——「新社會史」研究論文精選集》，應星〈社會支配關係與科場場域的變遷——1895～1913 年的湖南社會〉，楊念群主編，上海：上海人民出版社，2001 年 5 月初版。

附　錄

附錄一：明中後期政治學術年表

	年號	干支	西元	政治時事	學術時事
武宗	正德元年	丙寅	1506	王瓊擢右副都御史督漕運。王憲擢大理寺丞。帝年幼貪戲，寵信宦者劉瑾等八人，群臣上疏請誅之，不許，擢瑾爲司禮太監，免大學士謝遷、劉健。	王鴻儒致仕。諸大學士諫，多免。唯謹身殿大學士李東陽稍緘默，擢爲華蓋殿大學士。兵部主事王守仁諫，杖四十，貶貴州（修文縣）龍場驛丞。
	正德二年	丁卯	1507	榜奸黨謝遷、劉健等姓名於朝堂，令群臣跪金水橋南聽詔。瑾誣南京巡撫右副都御史艾璞罪，杖之幾死，謫海南島。又誣工部給事中陶諧罪，杖之，貶肅州。	徐愛、蔡宗袞、朱節舉於鄉。愛於此年先入陽明門下，餘二人亦加入。年譜：「是時，先生與學者講授，雖隨地興起，未有出身承當以聖學爲己任者。徐愛，先生妹婿也，因先生將赴龍場，納贄北面，奮然有志于學。愛與蔡宗兗、朱節同舉鄉貢，先生作別三子序以贈之。」
	正德三年	戊辰	1508	早朝時，有遺書丹階者，帝命拾進，乃告劉瑾亂政之狀。瑾大恚，命群臣跪奉天門下，至暮，悉下詔獄。後聞出自中官，乃釋。御史涂禎遇瑾不爲禮，杖死。御史王時中劾瑾，荷重枷立三法司門前三日，幾死。瑾捕前兵尙書劉大夏、南京刑部尙書潘藩入獄，均遠簒。四川保寧草民藍廷瑞率民起兵反。	薛敬之卒，年 74。呂柟進士第一。韓邦奇、徐愛、黃嘉愛進士。陽明赴龍場，始悟格物致知之說，悟「聖人之道，吾性自足，向之求理於事物，誤也。乃以默記五經之言證之，莫不吻合」，因著五經億說。
	正德四年	己巳	1509	變民藍廷瑞稱順天王，率眾十餘萬入湖廣，攻勛陽。	王鴻儒舉國子祭酒。王陽明應提學副使席書之聘，講學貴陽文明書院，始論知行合一之旨。

	正德五年	庚午	1510	四川民變蠭起，左都御史洪鍾擊之。霸州民劉六、劉七起兵東擊山東。安化王朱寘鐇於寧夏起兵，傳檄天下，數劉瑾之罪。右都御史楊一清，宦官張永擊之，未至而寘鐇已爲仇鉞所擒。楊一清班師途中，與永寧謀瑾，返京後出奏章，謂瑾密激寧夏之變且謀纂位。帝怒，凌遲瑾至死。	12月賀欽卒。王陽明升廬陵知縣，冬升南京刑部主事，年譜：「語學者悟入之功。先是先生赴龍場時，隨地講授，及歸，過常德辰州，見門人冀元亨、蔣信、劉觀時輩，俱能卓立，喜曰：『謫居兩年，無可與語者，歸途乃幸得諸友！』悔昔在貴陽舉知行合一之教，紛紛異同，罔知所入，茲來乃與諸生靜坐僧寺，使自悟性體，顧恍恍若有可即者。既又途中寄書曰：『前在寺中所云靜坐事，非欲坐禪入定也，蓋因吾輩平日爲事物紛拏，未知爲己，欲以此補小學收放心一段功夫耳。明道云：纔學便須知有用力處；既學便須知有得力處。諸友宜於此處著力，方有進步，異時始有得力處也。』」
	正德六年	辛未	1511	洪鍾擒藍廷瑞。江津民曹甫興，亦稱順天王。兵敗，餘眾四出攻掠。劉六、劉七掠州縣，窮民響應，旬日間眾至數萬。惠安伯張偉、右都御史馬中錫擊之，敗。張偉免官，馬中錫下獄死。中官谷大用、兵部侍郎陸完調三鎮邊兵擊劉六、劉七。	夏尚樸舉進士。王陽明調吏部主事，冬升員外郎。鄒守益會試第一，廷試第三，授翰林編修，論朱陸之學，送湛若水奉使安南。
	正德七年	壬申	1512	劉六、劉七攻掠河北，邊兵不勝，殺平民以報功。山西大同游擊將軍江彬凶殘機狡，善迎人意，賄宦人錢寧，得見帝於豹房。帝喜，收爲義子，授左都督，留侍左右。	陽明升郎中，冬又升南京太僕寺少卿；年譜：「與徐愛論學，愛……與先生同舟歸越，論大學宗旨。」
	正德八年	癸酉	1513	帝以錢寧爲錦衣衛指揮，時宦官張銳主東廠，威勢烜赫，時人稱「廠衛」。	陽明至滁州督馬政，年譜：「滁山水佳勝，先生督馬政，地僻官閑，日與門人遨遊瑯琊瀼泉間，月夕則環龍潭而坐者數百人，歌聲振山谷。諸生隨地請正，踴躍歌舞。舊學之士，皆日來臻，於是從遊之眾，自滁始。」
	正德九年	甲戌	1514	2月，帝始微行，禮部尚書靳貴兼文淵閣大學士，預機務。秋，小王子犯邊，太監張永提督軍務，都督白玉充總兵官，帥京營兵禦之。9月，帝狎虎被傷，不視朝，編修王思以諫謫饒平驛丞。11月廢歸善王當沍爲庶人，自殺。建乾清宮，加天下賦。	陽明升南京鴻臚寺卿。羅汝芳生。馬理舉進士。陽明年譜：「自徐愛來南都，同志日親。黃宗明、薛侃、馬明衡、陸澄、季本、許相卿、王激、諸偁、林達、張寰、唐愈賢、饒文璧、劉觀時、鄭騮、周積、郭慶、欒惠、劉曉、何鰲、陳傑、楊杓、白說、彭一之、朱箎輩，同聚師門，日夕清礪不懈。客有道自滁游學之士，多放言高論，亦有漸背師教者。先生曰：吾年來欲懲末俗之卑污，引接學者多就高明一路，以救時弊。今見學者漸有流入空虛，爲脫落新奇之論，吾已悔之矣。」

	正德十年	乙亥	1515	楊一清兼武英殿大學士，預機務。	
	正德十一年	丙子	1516	錄自宮男子 3400 餘人充海戶。楊一清致仕。	陽明升都察院左僉都御史。徐愛歸鄉省親。
	正德十二年	丁丑	1517	靳貴致仕。禮部尚書毛紀兼東閣大學士，預機務。召楊廷和復入閣。帝如陽和，自稱「總督軍務威武大將軍總兵官」。	陽明春平漳南象湖山，冬平南贛橫水、桶岡。聶豹進士。5/17 徐愛卒，年 31（此據明儒學案，年譜則置於正德 13 年）。
	正德十三年	戊寅	1518	謁六陵，遂幸密雲。寧夏塞有警，帝親如邊區，敕曰：「總督軍務威武大將軍總兵官朱壽親統六師，肅清邊境，特加封鎮國公，歲支祿米五千石。吏部如敕奉行。」	陽明春平三浰，立社學，作訓蒙大意示教讀劉伯頌等，升都察院右副都御史刻古本大學、朱子晚年定論，門人薛侃刻傳習錄，9 月修濂溪書院。
	正德十四年	己卯	1519	春，帝在太原，後還宣府。帝自加太師，諭禮部曰：「總督軍務威武大將軍總兵官太師鎮國公朱壽將巡兩畿、山東，祀神祈福，其具儀以聞。」三月，以諫巡幸，下兵部郎中黃鞏六人於錦衣衛獄，跪修撰舒芬百有七人於午門五日。六月，寧王朱宸濠於南昌起兵，陷九江，南贛巡撫都御史王守仁發兵擊之，七月，朱宸濠攻安慶，王守仁乘虛陷南昌，擒朱宸濠，九月，帝至南京，江彬欲令縱朱宸濠於鄱陽湖，以便帝親與戰。王守仁星夜械朱宸濠取道浙江以進，付宦官張永而歸。江彬大怒，欲誣王守仁謀反，賴張永救解，得免。是歲，淮、揚饑，人相食。	陽明夏平朱宸濠，兼巡撫江西。薛中離（侃）上疏請白沙從祀孔廟。
	正德十五年	庚辰	1520	帝在南京。九月，漁於積水池，舟覆，救免，不豫。宸濠伏誅。8 月，王陽明咨部院雪冀元亨冤狀。	夏，陽明至贛州，泰和少宰羅欽順以書問學，王艮入王門，年譜：「泰州王銀，服古冠服，執木簡，以二詩爲贄請見。先生異其人，降階迎之，既上坐，問何冠？曰有虞氏冠；問何服，曰老萊子服，曰學老萊子乎？曰然。曰：將止學服其服，未學上堂詐跌掩面啼哭也。銀色動，坐漸側。及論致知格物，語曰：吾人之學，飾情抗節矯諸外；先生學，精深極微，得之心者也，遂反服執弟子禮。先生易其名爲艮，字以汝止。」 羅欽順致書陽明，指陽明《朱子晚年定論》不盡然是朱子晚年時的思想。

	正德十六年	辛巳	1521	三月，帝諭司禮監曰：「朕疾不可爲矣。其以朕意達皇太后，天下事重，與閣臣審處之。前事皆由朕誤，非汝曹所能預也。」丙寅，崩於豹房。遺詔召興獻王長子嗣位。罷威武團營，遣還各邊軍，革京城內外皇店，放豹房番僧及教坊司樂人。戊辰，遺詔於天下，釋繫囚，還四方所獻婦女，停不急工役，收宣府行宮金寶還內庫，執江彬等下獄。朝議欲令新帝尊武宗爲父，而稱生父、生母爲伯父伯母。帝恚，泣請退位奉母歸，群臣惶懼。楊廷和等不得已，草詔尊帝生父朱祐杬爲興獻帝。〔註 1〕	陽明升南京兵部尚書，封新建伯，錄陸象山子孫，以象山得孔孟正傳，刻象山文集，始揭致良知之教，遺書鄒守益：「近來信得致良知三字，眞聖門正法眼藏。」又曰：「某於此良知之說，從百死千難中得來，已與人一口說盡，只恐學者得之容易，把作一種光景玩弄，不實落用功，負此知耳。」5 月，集門人於白鹿洞，年譜：「是月先生有歸志，欲同門久聚，共明此學。適南昌府知府吳嘉聰欲成府志，時蔡宗兗爲南康府教授，主白鹿洞事，遂使開局於洞中，集夏良勝、舒芬、萬潮、陳久川同事焉。」
世宗	嘉靖元年	壬午	1522	帝郊祀甫畢，清寧宮火災。楊廷和謂此乃祖宗神靈不悅尊生父之故，帝亦懼，乃從其議，改尊武宗爲父。陽明年譜：御史程啓充、給事毛玉倡議論劾，以遏工學，承宰輔意也。陸澄時爲刑部主事，上疏爲六辯以折之，先生聞而止之曰：無辯止謗。嘗聞昔人之教矣，況今何止於是！四方英傑，以講學異同，議論紛紛，吾儕可勝辯乎？惟當反求諸己。	命羅欽順攝尚書事。春，帝釋奠於先師孔子。陽明臥病，錢德洪赴省試。
	嘉靖二年	癸未	1523	南京刑部主事桂萼上大禮疏，請稱伯父朱祐樘爲伯父，稱生父爲父。帝命群臣再議。帝崇奉道教，於乾清宮諸處建醮。日本諸道爭貢於中國，僧宗設先寧波，僧瑞佐後至，寧波民宋素卿賄市舶司太監賴恩，先閱瑞佐貨。宗設大怒，沿途殺京而去，浙中大震。遂廢市舶司，絕貿易。	以宋朱熹裔孫朱墅爲五經博士。鄒守益上大禮議，忤旨，下詔獄，謫判廣德州，毀淫祠，建復初書院講學。 〈陽明年譜〉：南宮策士，以心學爲問，陰以闢先生。……鄒守益、薛侃、黃宗明、馬明衡、王艮等侍，因言謗議日熾。先生曰：諸君且言其故。有言先生勢位隆盛，是以忌嫉謗，有言先生學日，爲宋儒爭異同，則以學術謗，有言天下從遊者眾，其進不保其往，又以身謗。先生曰：三言者誠皆有之，特吾自知諸君論未及耳。
	嘉靖三年	甲申	1524	南京刑部主事桂萼請改稱孝宗皇伯考，下廷臣議。二月，楊廷和致仕。吏部尚書石□兼文淵閣大學士，預機務。御史段續、陳相請正席書、桂萼罪，吏部員外郎薛蕙上〈爲人後解〉，鴻臚少卿胡侍言張璁等議禮之失，俱下獄。秋，更定章聖皇太后尊號，去本生之稱。廷臣伏闕固爭，下員外郎馬理等 134 人錦衣衛獄，杖馬理等於廷，死者	編修鄒守益請罷興獻帝稱考立廟，下錦衣衛獄。陽明門人日進，郡守南大吉以座主稱門生。陽明門人日進，郡守南大吉以座主稱門生。陽明闢稽山書院，聚八邑彥士，身率講習以督之。董澐從遊王門。南大吉續刻傳習錄五卷。8 月，陽明宴門人於天泉橋，曰：「昔者孔子在陳，思魯之狂士，世之學者，沒溺於富貴聲利之場，如

〔註 1〕《明史・世宗本紀一》P.216：「秋七月壬子，進士張璁言，繼統不繼嗣，請尊崇所生，立興獻王甫於京師。初，禮臣議考孝宗，改稱興獻王皇叔父，援宋程頤議濮王禮以進，不允。至是，下璁奏，命廷臣集議。楊廷和等抗疏力爭，皆不聽。癸丑，命自今親喪不得奪情，著爲令。」

			16 人。吏部侍郎賈詠為禮部尚書兼文淵閣大學士，預機務。	拘如囚，而莫之省脫，及聞孔子之教，始知一切俗緣，皆非性體，乃豁然脫落。但見得此意，不加實踐以入於精微，則漸有輕滅世故，闊略倫物之病，雖比世之庸庸瑣瑣者不同，其為未得於道一也。」
嘉靖四年	乙酉	1525	西海卜兒孩犯甘肅，總兵官姜奭擊敗之。作世廟祀獻皇帝。《大禮集議》成，頒示天下。天方入貢。	陽明作稽山書院尊經閣記：「故六經者吾心之記籍也，而六經之實則具於吾心。」陽明歸越，定會於龍泉寺之中天閣，每月以朔望初八廿三為期。10 月，門人立陽明書院於越城。
嘉靖五年	丙戌	1526	命道士邵元節為眞人。楊一清復入閣。廣西巡撫都御史盛應期，向田州指揮土官岑猛索重賄，猛出語不遜，應期怒，誣以謀反，上請發兵擊之。會應期去位，都御史姚鏌代為廣西巡撫，猛裂帛書冤狀，陳於軍門乞憐察。鏌貪功，不聽，猛奔歸順州，為歸順州知州土官岑璋所殺。	賜龔用卿等進士及第、出身有差。呂潛生。鄒守益謫判廣德州，築復古書院，以集生徒，刻諭俗禮要，以風民俗。《陽明年譜》
嘉靖六年	丁亥	1527	命群臣陳民間利病。廣西田州民盧蘇、王受起兵。免姚鏌官，遣新建伯王守仁討變民。召謝遷復入閣。頒《欽明大獄錄》於天下。兵部侍郎張璁為禮部尚書兼文淵閣大學士，預機務。	陽明赴廣西討民變，行前，與王畿、錢德洪論道天泉橋：「無善無惡心之體，有善有惡意之動，知善知惡是良知，為善去惡是格物」。王之士、李贄生。
嘉靖七年	戊子	1528	考覈天下巡撫官。王守仁抵田州招諭，盧蘇、王受降，俱授為巡檢。《明倫大典》成，頒示天下。定議禮諸臣罪，追削楊廷和等籍。謝遷致仕。	陽明降變民。
嘉靖八年	己丑	1529	吏部尚書桂萼兼武英殿大學士，預機務。以議獄不當，下郎中魏應召等於獄，右都御史熊浹削籍。八月罷張璁、桂萼。帝親祭山川，著為令。九月張璁復入閣，十一月，桂萼復入閣。	賜羅洪先等進士及第，出身有差。楊爵進士。陽明卒。
嘉靖九年	庚寅	1530	作先蠶壇於北郊。禁官民服舍器用踰制。	立曲阜孔、顏、孟三氏學。冬，更正孔廟祀典，定孔子謚號曰至聖先師孔子。
嘉靖十年	辛卯	1531	更定廟祀，奉德祖於祧廟。桂萼致仕。賜張璁名孚敬。禮部尚書李時兼文淵閣大學士，預機務。命李時、翟鑾進講，宴儒臣於豳風亭。御史喻希禮、金石因修醮請宥議禮諸臣罪，下錦衣衛獄。	
嘉靖十一年	壬辰	1532	前吏部尚書方獻夫兼武英殿大學士，預機務。以星變敕群臣修省。編修楊名以災異陳言，下獄謫戍。	楊應詔舉於鄉。

	嘉靖十二年	癸巳	1533	皇子生，詔赦天下。韃靼將侵邊，大同總制劉源清駐陽和，命大同總兵李瑾禦之。瑾馭士卒少因，邊兵遂變，殺瑾。源清大怒，並五堡事併追究，遣兵入大同，大肆殺掠，五堡餘眾起拒戰，遂據大同。源清益怒，百道攻城，不能下。	
	嘉靖十三年	甲午	1534	逮劉源清入獄，削籍，遣戶部侍郎張瓚代之，止攻城，使人招諭，邊兵斬首事者黃鎮出降。廣西田州總兵張佑將調走，望判官岑邦相厚賄，邦相賄之，佑不滿，遂與巡檢盧蘇謀殺岑邦相，另立岑芝為判官。鄰府諸土官均憤，合兵陷田州，盧蘇奔免。	
	嘉靖十四年	乙未	1535	罷督理倉場中官，作九廟，禁冠服非制。張孚敬致仕，召費宏復入閣。賜韓應龍進士及第，出身有差。	
	嘉靖十五年	丙申	1536	詣七陵祭告。皇長子生，詔赦天下。九廟成，以定廟制。禮部尚書夏言兼武英殿大學士，預機務。南京吏部尚書嚴嵩調北京，擢為禮部尚書，時禮部正選「譯文」諸生，嵩就任後即大索貨賄，御史桑喬劾之，嵩上疏辯解。帝命今後大臣被劾，不可辯解，嵩懼，益貌為恭謹以媚。	
	嘉靖十六年	丁酉	1537		
	嘉靖十七年	戊戌	1538	賜茅瓚等進士及第，出身有差。定明堂大饗禮。下戶部侍郎唐冑於獄。禮部尚書掌詹事府事顧鼎臣兼文淵閣大學士，預機務。	5 月，王承裕卒。
	嘉靖十八年	己亥	1539	立皇子載壑為皇太子，封載垕為裕王，載圳景王。帝南巡承天府。	令先賢曾子裔孫質粹為翰林院世襲五經博士。
	嘉靖十九年	庚子	1540	召翟鑾復入閣。帝欲靜攝二年再行親政，命太子監國，太僕卿楊最諫服丹藥，謂此乃方士調攝之術，金丹攝足傷壽。帝怒，捕之下鎮撫司獄，予杖死。授方士陶仲文為忠孝秉一眞人，掌全國道教，加少保、禮部尚書，尋又加少傅。	楊最杖死。 方學漸生。

	嘉靖二十年	辛丑	1541	顯陵成。賜沈坤等進士及第，出身有差。御史楊爵言時政，上疏言：「今飢民顛連無告，而以一士故，用民膏血建雷壇。」帝，下錦衣衛獄，長囚。	楊爵上封事。
	嘉靖二十一年	壬寅	1542	嚴嵩事華蓋殿大學士夏言甚謹，而夏言以泛泛門客待之。嵩欲入閣，夏言又沮之。嵩大恨，譖之於帝，下詔免夏言官。禮部尚書嚴嵩遂兼武英殿大學士，預機務，給事中周怡劾之，逮怡下獄。山東妄按御史葉經昔嘗劾嵩，至是，嵩入閣，誣葉經有訕謗元首語，捕至北京，杖死。員外郎劉魁諫營雷殿，予杖下獄。冬十月丁酉，宮人楊金英謀逆伏誅，磔端妃曹氏、寧嬪王氏於市。	7月朔，呂柟卒，年64。
	嘉靖二十二年	癸卯	1543	俺答屢入塞犯邊。	
	嘉靖二十三年	甲辰	1544	賜秦鳴雷等進士及第。吏部尚書許讚兼文淵閣大學士，禮部尚書張璧兼東閣大學士，預機務。	
	嘉靖二十四年	乙巳	1545	有事於太廟，赦徒罪以下。帝召夏言仍任華蓋殿大學士。言欲發嚴嵩納賄事，嵩偕其子尚寶司少卿嚴世蕃，長跪榻前，泣謝，夏言遂不發，然嵩心益恚恨。	8月，世宗用箕神之，言釋楊爵、劉晴川、周訥谿三人，歸時講學不輟，又入獄。
	嘉靖二十五年	丙午	1546	自廢市舶司後，凡日本貨至，悉委託商家，商家負其債，故不付，多者至數萬金，少者亦數千，索急則避去。日商無奈，轉委託貴官家，而貴官之奸，尤甚於商。日人於近島坐索欠債，不得，乏食，仍出沒抄掠，貴官誣為「倭寇」，命官府發兵驅之，復先泄於日商以示惠。他日貨至，又復如此。日商大憤，仍據近島不去，海民及衣冠之士多與之通。浙江巡撫朱紈擊之，紈先執與之通者處死，而貴官皆與之通，大譁，訟於中央。詔捕朱紈，紈自殺，而「倭寇」勢益熾。〔註2〕陝西三邊總督都御史	呂涇鄉書。

〔註2〕據柏楊《中國歷史年表》頁1195。

				曾銑上奏，欲復河套，帝大喜，下詔褒揚，予修邊費二十萬兩。	
	嘉靖二十六年	丁未	1547	賜李春芳等進士及第、出身有差。大內火，釋楊爵於獄。	11月，高元殿災，世宗恍惚聞火中有呼楊爵、劉晴川、周納谿三人名，次日釋歸。
	嘉靖二十七年	戊申	1548	嚴嵩欲傾夏言，極言河套不可，帝以議復河套，逮總督陝西三邊侍郎曾銑，斬之，杖給事中御史於廷，罷夏言。嵩又譖夏言擅開邊釁，遂斬夏言於市。	
	嘉靖二十八年	己酉	1549	南京丈部尚書張治爲禮部尚書兼文淵閣大學士，祭酒李本爲事兼翰林學士，入閣預機務。太子薨。	楊爵卒，顧憲成生。
	嘉靖二十九年	庚戌	1550	賜唐汝楫等進士及第。封方士陶仲文爲恭誠伯。韃靼王子俺答陷古北口，圍北京，京師戒嚴。宣府、大同總兵仇鸞率邊兵入援，不敢擊敵，唯橫劫民間。既而俺答大掠女子金帛而去，帝認係兵部尚書丁汝夔懦怯，斬之。廢鄭王朱厚烷爲庶人。	
	嘉靖三十年	辛亥	1551	下經略京城都御史商大節於獄。錦衣衛經歷沈鍊上疏劾嚴嵩十大罪，帝以鍊詆誣大臣，杖之，竄保安。	
	嘉靖三十一年	壬子	1552	禮部尚書徐階兼東閣大學士，預機務。俺答犯大同。倭寇浙江，寧波人汪直爲之魁，其他徐海、毛海峰等不下十餘帥，日人不過十之二三，餘均爲中國人，官府則悉稱之爲「倭寇」，以減己責。以倭警命山東巡撫都御史王□巡視浙江。收仇鸞大將軍印，尋病死，後又戮鸞屍，傳首九邊。光祿少卿馬從謙坐誹謗杖死。	
	嘉靖三十二年	癸丑	1553	賜陳謹等進士及第。海賊汪直糾倭寇瀕海諸郡，至六月始去。兵部員外郎楊繼盛上疏劾嚴嵩十罪五奸，帝怒，逮繼盛下錦衣衛獄，杖一百，割肉三觔，斷筋二條，日夜囚籠匣中。移刑部獄，定絞刑。	羅汝芳、史桂芳進士。顧允成生。

嘉靖三十三年	甲寅	1554	以賀疏違制，杖六科給事中於廷。工部侍郎趙文華上疏言倭寇猖獗，請禱東海海神以鎮之，帝命其赴浙江祭祀，兼督軍務。文華入浙，陵侮將吏，大索賄賂，公務大擾。	
嘉靖三十四年	乙卯	1555	倭寇入乍浦，杭州數十里外，流血成川。廣西田州土官妻瓦氏引狼士兵，遠道援浙江，所至亦大掠。倭寇尋遁去，總督張經駐嘉興，邀擊於王江，涇，大破之，自擊倭寇以來，此爲第一捷報。而趙文華視師，凌侮張經，經不爲下，文華遂連劾其縱賊，帝大怒，殺張經及撫浙江副都御史李天寵。嚴耐楊繼盛姓寫入請斬張經疏尾，遂斬兵部員外郎楊繼盛。	馬理卒（12 月），年 82。韓邦奇卒，年 77。
嘉靖三十五年	丙辰	1556	倭寇益烈，帝命趙文華總督浙閩直隸軍務擊之，所在徵兵集餉，搜括庫藏。浙閩總督胡宗憲誘斬倭寇徐海，文華居爲己功，召還北京，加少保。文華知吏部尚書李默與嚴嵩有隙，乃誣李默謗訕，詔捕默，下獄拷死。嵩大悅，加文華工部尚書、太子太保。	
嘉靖三十六年	丁巳	1557	奉天、華蓋、謹身三殿災，下詔引咎修齋五日。浙閩總督胡宗憲誘斬倭寇汪直，其部曲皆死士，抄掠不息。總兵官俞大猷不附嚴世蕃，宗憲遂誣大猷屢失軍機，下錦衣衛獄。大猷借三千金賄世蕃，得不死，免官。前錦衣衛經歷沈鍊竄保安，授生徒爲業，日詈嚴嵩，又責楊順屠殺難民，順遂誣以謀反，併其二子殺之。趙文華欲直結皇帝，密進藥酒方。嵩大懼且恨，削文華職，竄其子於邊荒。	
嘉靖三十七年	戊午	1558	刑科給事中吳時來、刑部主事張沖、董傳策，分別上奏章劾嚴嵩，俱下獄，廷杖，竄煙瘴地十年。倭分犯浙江、福建。	
嘉靖三十八年	己未	1559	嚴嵩誣大同總督王□邊吏陷城，斬於市。賜丁士美等進士及第、出身有差。倭犯浙東、通州、福州、淮安，副使劉景詔破倭於廟灣，江北倭平。	

	嘉靖三十九年	庚申	1560	南京振武營兵變，殺總督精儲侍郎黃懋官。俺答犯宣府，倭犯潮州。	
	嘉靖四十年	辛酉	1561	景王之國。〔註3〕禮部尚書袁煒爲戶部尚書兼武英殿大學士，預機務。嚴嵩妻歐陽氏卒，子世蕃拒不護喪歸，更肆淫樂，帝心惡之，方士藍道行以扶乩見幸，帝問：「今天下何以不治？」對曰：「賢不能進，不肖不能退。賢如徐階，不肖如嚴嵩。」問：「上玄何不殺之？」對曰：「留待皇帝正法。」帝心動。	
	嘉靖四十一年	壬戌	1562	白兔生子，禮部請告廟，許之，群臣表賀。賜申時行等進士及第，出身有差。御史鄒應龍劾嚴世蕃，及嚴嵩溺愛惡子，植黨蔽賢，帝遂罷嵩，捕世蕃下獄，竄雷州。世蕃賄宦官，言鄒應龍疏乃藍道行所教，帝斬道行。王錫爵進士。	鄒守益卒，年72。
	嘉靖四十二年	癸亥	1563	倭犯福清，總兵官劉顯、俞大猷合兵殲之，副總兵戚繼光破倭於平海衛。嚴世蕃竄雷州，至南雄即返鄉江西分宜，大築館舍，橫暴如初，嚴嵩老不能制浙閩總督胡宗憲，素附嵩，嵩敗，適逢大計京官，遂捕至北京，下獄自殺。	
	嘉靖四十三年	甲子	1564	御史林潤上疏發嚴世蕃奸暴，在籍假治宅爲名，聚眾四千人，道路洶洶，將爲不測。帝命逮世蕃至北京，下獄。倭犯仙遊，總兵官戚繼光大敗之，福建倭平。	
	嘉靖四十四年	乙丑	1565	袁煒致仕。三法司（刑部、都察院、大理寺）上疏謂嚴世蕃潛結日本及韃靼謀反，帝怒，斬世蕃，削嚴嵩籍，沒其家產，嵩寄食故舊以死。獲仙藥於御座，告廟。吏部尚書嚴訥、禮部尚書李春芳並兼武英殿大學士，預機務。冬十一月，嚴訥致仕。	賜范應期等進士及第，出身有差。

〔註3〕《明史・穆宗本紀》，頁253：「嘉靖十八年二月封裕王，與莊敬太子、景恭王同日受冊。已而莊敬薨，世宗以王長且賢，繼序已定，而中外危疑，屢有言者，乃令景王之國。」敏按：世宗共八子：長子哀沖太子（夭）、次子莊敬太子（夭）、三子裕王（即穆宗）、四子景王、五子穎王、六子戚王、七子薊王、季子均王。

	嘉靖四十五年	丙寅	1566	戶部主事海瑞上疏，下錦衣衛獄。吏部尚書郭朴兼武英殿大學士，禮部尚書高拱兼文淵閣大學士，預機務。裕王朱載坖登基，是爲穆宗。先朝政令不便者，皆以遺詔改之，召用建言得罪諸臣，死者卹錄。方士悉付法司治罪，罷一切齋醮工作及例外採買。釋戶部主事海瑞於獄。	
穆宗	隆慶元年	丁卯	1567	罷睿宗（興獻帝）明堂配享，復鄭王朱厚烷爵。吏部侍郎陳以勤爲禮部尚書兼文淵閣大學士，禮部侍郎張居正爲吏部左侍郎兼東閣大學士，預機務。	贈王守仁爲新建侯。
	隆慶二年	戊辰	1568	遼王朱憲□封地在江陵，驕暴酗酒，帝命廢爲庶人，錮高牆，將其宅賜武英殿大學士張居正，御經筵，罷高拱，給事中石星疏陳六事， 杖闕下，斥爲民。徐致仕，賜羅萬化等進士及第。立三子朱翊鈞爲皇太子。 于愼行、趙志皋、朱賡、張位、沈一貫進士，皆改庶吉士，授編修。	釋奠於先師孔子。
	隆慶三年	己巳	1569	禮部尚書趙貞吉兼文淵閣大學士，預機務。命廠密訪部院政事。召高拱復入閣。尙寶寺丞鄭履淳以言事廷杖下獄。	
	隆慶四年	庚午	1570	禁奏章浮冗。命撫、按官嚴禁有司酷刑。趙貝土罷，禮部書殷士儋兼文淵閣大學士，預機務。	
	隆慶五年	辛未	1571	廷臣及朝覲官謁皇太子於文華左門，封皇子翊鏐爲潞王。李春芳致仕。	賜張元忭等士及第，出身有差。詔薛瑄從祀孔子廟廷，稱「先儒薛子」。〔註4〕
	隆慶六年	壬申	1572	禮部尚書高儀兼文淵閣大學士，預機務。帝疾作，召大學士高拱、張居正、高儀受顧命。朱翊鈞嗣位，年十歲，宦官馮保用事，矯傳遺詔：「大學士與司禮太監同受顧命。」廷臣大駭。中極殿大學士高拱謀逐之，建極殿大學士張居正與高拱素負氣不相下，乃泄之於馮保，保帝生母李貴妃旨，免高拱官，即日回籍，於是張居正得專朝政。〔註5〕祀建	

〔註 4〕《明儒學案》記此事爲隆慶六年，《明史》則記爲隆慶五年。

〔註 5〕《明史張四維傳》：「（高）拱掌吏部，超擢翰林學士。（四維）甫兩月，拜吏部右侍郎。俺答封貢議起，朝右持不決。四維爲交關於拱，款事遂成。拱益才四維，四維亦千進不已，朝士頗有疾之者。御史部永替視鹽爲河東，言鹽法之壞由勢要橫行，大商專，利指四維、崇古爲勢要。四維父、崇古爲大商。四維奏辨，因乞去。拱力護之，溫詔慰留焉。……萬曆二年復召（張四維）掌詹事府。明年三年，居正請增置閣臣，引薦四維，馮保亦與善，遂以禮部

				文朝盡節諸臣於鄉，有苗裔者卹錄。高儀卒。禮部尚書呂調陽兼文淵大學士，預機務。察京官。	
神宗	萬曆元年	癸酉	1573	男子王大臣持刀入宮，下獄，處斬，宦官馮保欲藉以陷高洪，不果。御經筵。詔內外官慎刑獄。張位以前代皆有起居注，而本朝獨無，疏言：「臣備員纂修，竊見先朝政事，自非出於詔令，形諸章疏，悉湮沒無考。鴻猷茂烈，鬱而未章，徒使野史流傳，用僞亂眞。今史官充位，無以自效。宜日分數人入直，凡詔旨起居，朝端政務，皆見聞書之，待內閣裁定，爲他年實錄之助。」張居正善其議，奏行焉。	王守仁從祀孔子廟廷。
	萬曆二年	甲戌	1574	召見朝覲廉能官於皇極門。賜孫繼皐等進士及第、出身有差。詔內外官行久任之法。穆宗宗神主祔太廟。決囚，視朝閱銓選。	李三才進士，與南樂魏允貞、長垣李化龍以經濟相期許。〔註 6〕錢德洪卒。文震孟、鍾惺、曹學全生。
	萬曆三年	乙亥	1575	詔南京職務清簡，官不必備。始命日講官分直記注起居，纂緝章奏，臨朝侍班。書謹天戒、任賢臣、遠嬖佞、明賞罰、謹出入、慎起居、節飲食、收放心、存敬畏、納忠言、節財用十二事於座右，以自警。命撫、按官，有司賢否一體薦，不得偏重甲科。禮部侍郎張四維爲禮部尚書兼東閣大學士，預機務。	鹿善繼、沈國模生，魏良弼卒。
	萬曆四年	丙子	1576	遼東巡按御史劉台以論張居正逮下獄，削籍。遣內臣督蘇、杭織造。	釋奠於先師孔子。顧憲成舉鄉試第一。劉永澄生。趙貞吉卒。
	萬曆五年	丁丑	1577	居正父卒，帝止其奔喪。以論張居正奪情，杖編修吳中行，討趙用賢、員外郎艾穆、主事沈思孝，罷黜謫戍有差。趙志皐偕張位、習孔教等疏救，格不上，則請以中行等疏宣付史館，居正恚。杖進士鄒元標。以星變考察百官。王錫爵以詹事掌翰林院。	賜沈懋學進士反第，出差有差。羅汝芳進表講學於廣慧寺，朝士多從之，江陵（張居正）惡焉。給事中周良寅劾其事畢不行潛往京師，遂勒令致，仕歸與門人走安城，下劍江，趨兩浙金陵，往來閩廣，益張皇此學。所至弟子滿座，而未嘗以師席自居。吳鍾巒生。
	萬曆六年	戊寅	1578	居正返江陵葬父，尋還北京，禮部尚書馬自兼文淵閣大學士，吏部侍郎申時行兼東閣大學士，預機務。	呂濬卒，年 52。劉宗周生。

尚書兼東閣大學士入贊機務。當是時，當是時，政事一決居正倨正無所推讓，視同列蔑如也。四維由居正進，謹事之，不敢相可否，隨其後，拜賜進官而已。」至於張居正的改革政策，可見林麗月《明末東林運動新探》第二章「從議奪情到爭國本」提到，自隆慶六年六月後，張居正獨攬閣權，自此至張居正卒（萬曆十年六月）爲止，雖有呂調陽、張四維、申時行、馬自強等人入閣，然而仍是以張居正一人之言爲主的局面。

〔註 6〕《明史・李三才傳》，頁 6061。

	萬曆七年	己卯	1579	正月，毀天下書院。時士大夫競講學，張居正特惡之，盡改各省書院爲公廨。	詔毀天下書院。姚希孟生。
	萬曆八年	庚辰	1580	賜張懋修等進士及第，出身有差。詔度民田。顧憲成進士第，授戶部主事，與南樂魏允中、漳浦劉廷蘭風期相許，時稱「三解元」。	
	萬曆九年	辛巳	1581	裁諸司冗官及南京冗官。命翰林官日四人入直。戶部進《萬曆會計錄》。帝手詔褒張居正：「精忠大勳，言則不盡，官不能酬」加柱國太師，居正固辭。	陳仁錫生。
	萬曆十年	壬午	1582	韃靼順義王俺答卒，其妻三娘子率子黃台吉上表貢馬。六月，張居正卒，張四維繼任爲首輔，申時行爲次輔。〔註 7〕前禮部尚書潘晟兼武英殿大學士，吏部侍郎余有丁爲禮部尚書兼文淵閣大學士，預機務。以皇長子生，詔赦天下。帝所幸宦官張誠，素爲張居正及司禮太監馮保所惡，斥外數年，至是返宮，譖謂居正與保勾結，二人寶藏踰於宮禁，帝心動，貶保於南京，謫奉御，籍其家，金銀珠寶鉅萬，疑居正家更多，帝竊豔之。復建言諸臣職。	免先師孔子及宋儒朱熹、李侗、羅從彥、蔡沈、胡安國、游酢、眞德秀、劉子翬，故大學士楊榮後裔賦役有差。張節卒，年 80。顧憲成轉吏部，尋告歸。 錢謙益、史孝咸生，張節卒。
	萬曆十一年	癸未	1583	追奪張居正官階，賜朱國祚等進士及第，出身有差。四月，張四維以憂去，申時行繼爲首輔，許國爲次輔。吏部侍郎許國爲禮部尚書兼東閣大學士，預機務。廣東兵變。李廷機會試第一，以進士第二授編修，累遷祭酒。劉應秋進士，授編修。《明史趙用賢傳》：居正死之明年，用賢復故官，進右贊善。江東之、李植輩爭嚮之，物望皆屬焉。而用賢性剛，負氣傲物，數訾議大臣得失。申時行、許國等忌之。會植、東之攻時行，國遂力詆植、東之，而陰斥用賢、（吳）中行，謂：「昔之專恣在權貴，今乃在下僚；昔顛倒是非在小人，今乃	錢一本進士，授廬陵知縣，入爲福建道御史。顧允成舉禮部，史孟麟進士。王畿卒。

〔註 7〕《明史張四維傳》：「居正卒，四維始當國。……初，四維曲事居正，積不能堪，擬旨不盡如居正意，居正亦漸之。既得政，知中外積苦居正，欲大收人心。會皇子生，頒詔天下，疏言：『今法紀修明，海宇寧謐，足稱治平。而文武諸臣，不達朝廷勵精本意，務爲促急煩碎，致徵斂無藝，政令乖舛，中外囂然，喪其樂生之心。誠宜及此大慶，蕩滌煩苛，弘敷惠澤，俾四海烝黎，咸戴帝德，此固人心培國脈之要術也。』帝嘉納之。自是，朝政稍變，言路亦發舒，詆居正時事。」至於張居正死前，從馮保而薦潘晟爲繼任，潘晟因言路而辭之，四維時當國，允其辭呈，而以許國爲禮部尚書兼東閣大學士等預機務，觸怒馮保，11 年 4 月四維以父喪歸里。關於此事，參看林麗月《明末東林運動新探》第二章。

				在君子。意氣感激，偶成一二事，遂自負不世之節，號召浮薄喜事之人，黨同伐異，罔上行私，其風不可長。」於是用賢抗辨求去，極言朋黨之說，小人以之去君子、空人國，詞甚激憤。帝不聽其去。黨論之興遂自此始。	
	萬曆十二年	甲申	1584	釋建文諸臣外親謫戍者後裔。御史羊可立劾張居正構陷遼王朱憲□獄，遼王妻亦訟冤，且曰:「遼王府金寶萬計，悉入張居正。」帝乃命宦官張誠往江陵籍沒張居正家，榜張居正罪於天下，家屬戍邊。前禮部侍郎王錫爵爲禮部尚書兼文淵閣大學士，吏部侍郎王家屏兼東閣大學士，預機務。	黃尊素、孫奇逢生。 錢穆《中國近三百年學術史》載此年「詔以陳獻章、胡居仁、王守仁從祀孔廟」見錢穆《中國近三百年學術史》，頁 787。然《明史》則記爲萬曆十三年。
	萬曆十三年	乙酉	1585	四川建武所兵變，擊傷總兵沈思學，以旱詔中外理冤抑，釋鳳陽輕犯及禁錮年久罪宗。帝步禱於南郊，面諭大學士等曰：「天旱，雖由朕不德，亦天下有司貪婪，剝害小民，以玫上干天和，今後宜愼選有司。」蠲天下被災田租一年。	胡居仁從祀孔廟，諡文敬（明史儒林傳）。陳獻章從祀孔廟，先儒陳子，諡文恭。許世卿舉於鄉。黃道周、顧夢麟生。胡直卒。
	萬曆十四年	丙戌	1586	嚴外官餽遺。以旱霾，諭廷臣陳時政。賜唐文獻等進士及第。久旱，敕修省。王家屏以憂去，禮部主事盧洪春以疏請謹疾，杖闕下，削籍。	顧憲成除驗封司主事，顧允成廷對，指切時事。高攀龍自序爲學之次第云：「吾年二十有五（1586），聞令公李元沖（名復陽）與顧涇陽先生講學，始志於學。」(〈東林學案一〉)
	萬曆十五年	丁亥	1587	禁廷臣奢僭。大學士申時行請發留中章奏。大計京朝官，左都御史辛自修剛方，爲婁江所忌，與工部尙書何起鳴同罷，顧憲成上疏分別君子小人，刺及執政，謫杜陽州判官。	顧憲成謫桂陽。王襞卒。
	萬曆十六年	戊子	1588	詔改景皇帝實錄，去郕戾王號，不果行。禁章奏浮冗。定邊臣考績法。	羅汝芳從姑山崩，大風拔木，紉期以九月朔觀化，諸生請留一日，明日午刻乃卒，年七十四。顧憲成移理處州。華允誠生，王世懋卒。
	萬曆十七年	己丑	1589	嚴匿名揭之禁。免陞授官面謝，自是臨御遂簡。王家屛復入閣，始興妖僧李圓朗作亂，犯南雄，有司討話之。諭諸臣遇事勿得忿爭求勝。(帝始不視朝，之後凡 26 年未與群臣相見，直至 1615 年梃擊案始出一朝，旋又入宮不出至死。）劉曰寧進士，改庶吉士，授編修。十二月，大理寺評事雒于仁上「四箴」疏以諫，帝大怒，欲置重典，申時行委曲求解，然帝意甚決，遂請毋下雒于仁章疏，開章奏「留中」之例。	賜焦竑、葉茂才等進士及第，出身有差。顧憲成丁憂，高攀龍進士，尋丁嗣父憂。葉茂才、薛敷教、歐陽東鳳、張納陛進士。高攀龍自序其爲學次第（明儒學案・東林學案一・78)：「大喜，以爲心不專在方寸，渾身是心也。頓自輕鬆快活。適江右羅止菴(懋忠）來講李見羅修身爲本之學，正合於余所持循者，益大喜不疑。是時只作知本工夫，使身心相得，言動無謬。己丑第（1589）後，益覺此意津津。憂中讀禮讀易。」 《明史・高攀龍傳》頁 6311：四川僉事張世則進所著《大學初義》，詆程朱章句，請頒天下。攀龍抗疏力較其謬，其書遂不行。

	萬曆十八年	庚寅	1590	召見大學士申時行等於毓德宮，出皇長子見之。更定宗藩事例，始聽無爵者得自便。召見廷臣議邊事，命廷臣舉將材。遣廷臣九人閱邊。于愼行疏請早建東宮，出閣講讀。帝怒，再嚴旨詰責，責以要君疑上淆亂國本，愼行引罪乞休，許之。多，劉應秋上疏論首輔申時行，留中。〔註 8〕	王之士卒於家，年 63，李贄《焚書》初刻於湖北麻城。王世貞卒。
	萬曆十九年	辛卯	1591	享太廟，是後廟祀皆遣代。責給事中、御史風聞訕上，各奪俸一年，王錫爵歸省。諭廷臣，國是紛紜，致大臣爭欲乞身，此有肆行誣衊者重治。許國、申時行致仕，〔註 9〕薦趙志皋及張位自代。以吏部侍郎趙志皋爲禮部尚書，前禮部侍郎張位爲吏部侍郎，並兼東閣大學士，預機務。京營軍官譁於長安門，詔定戚莊田。王家屏繼爲首輔。	顧憲成補泉州，尋擢考功司主事。
	萬曆二十年	壬辰	1592	給事中孟養浩以言建儲杖闕下，削籍，王家屏致仕，賜正春等進士及第，出身有差。日本關白豐臣秀吉率海軍攻朝鮮，王李□棄王京奔平壤，再奔愛州。中國遣東征提督李如松援朝鮮。王家屏罷，〔註 10〕王錫爵召未至，志皋暫居首輔。	薛敷教起鳳翔教授，尋遷國子助教。高攀龍自序爲學次第（〈東林學案一〉）:「壬辰謁選，平生恥心最重，筮仕自盟曰：吾於道未有所見，但依吾獨知而行，是非好惡，無所爲而發者，天啓之矣。驗之頗近於此。略見本心。妄自擔負，期於見義必爲。各至朝天宮習儀，僧房靜坐，自覓本體，忽思閑邪存誠句，覺得當下無邪，渾然是誠，更不須覓誠。一時快然，如脫纏縛。」王時敏、孫承澤生。
	萬曆二十一年	癸巳	1593	王錫爵還朝。詔並封三皇子爲王，廷臣力爭，尋報罷。詔天下每歲錄囚，減釋輕繫，如兩京例。以災異敕戒內外諸臣修舉實政。李如松與日軍戰，大破日軍。兵部尚書石星力主封豐臣秀吉爲王，許日本入貢。四川播州宣慰司使楊應龍酷殺樹威，四出抄掠，四川巡撫王繼光擊之，大敗，繼光免官。內計，太宰孫清	有詔並封三王，薛敷教上疏力爭。三王並封旨下，史孟麟作問答上奏。高攀龍自序爲學次第（〈東林學案一〉）:「癸巳以言事謫官，頗不爲念。歸嘗世態，便多動心。」倪元璐生，鄧元錫、徐渭卒。

〔註 8〕《明史・劉應秋傳》頁 5709-5710：劉應秋，字士和，吉水人。萬曆十一年進士及第，授編修，遷南京司業。十八年冬，疏論首輔申時行言：「陛下召對輔臣，諮以邊事，時行不能抒誠謀國，專事蒙蔽。……輔臣者，天子所與託腹心者也，輔臣先蒙蔽，何責庶僚！故近日敵情有按臣疏而督撫不以聞者，有督撫聞而樞臣不以奏者。彼習見執政大臣喜聞捷而惡言敗，故內外相蒙，恬不爲怪。欺蔽之端，自輔臣始。夫士風高下，關乎氣運，說者謂嘉靖至今，士風三變。一變於嚴嵩之黷賄，而士化爲貪。再變於張居正之專擅，而士競於險。至於今，外逃貪黷之名，而頑夫債帥多出門下；陽避專擅之跡，而芒刃斧斤倒持手中。威福之權，潛移其向；愛憎之的，明示之趨。欲天下無靡，不可得也。」

〔註 9〕林麗月《明末東林運動新探》頁 68，王家屏因諫建儲事。

〔註 10〕林麗月《明末東林運動新探》頁 68，王家屏因諫建儲事。

				簡（孫鑨）、考功郎趙忠毅（趙南星）盡斥小人，朝署爲之一清。政府大恚，趙忠毅降調外任。〔註 11〕《明史趙用賢傳》：二十一年，王錫爵復入內閣。……用賢遂免歸。戶部郎中楊應宿、鄭材復力詆用賢，請據律行法。都御史李世達、侍郎李禎疏直用賢，斥兩人讒陷，遂爲所攻。高攀龍、吳弘濟、譚一召、孫繼有、安希范輩皆坐論救褫職。自是朋黨論益熾。中行、用賢、植、東之創於前，元標、南星、憲成、攀龍繼之。言事者益裁量執政，執政日與枝柱，水火薄射，訖於明亡云。 《明史‧趙南星傳》：南星里居，名益高，與鄒元標、顧憲成，海內擬之「三君」。中外論薦者百十疏，卒不起。	
	萬曆二十二年	甲午	1594	臨淮侯李宗城爲正使、都指揮楊方亨爲副使，赴日本封豐臣秀吉爲日本王，給金印，委其大將長行爲都督僉事。詔以各省災傷，盜賊四起，有司玩愒，朝廷詔令不行，自今以安民弭盜爲撫按有司黜陟。皇長子常洛出閣講學。詔修國史。禮部尚書陳于陛、南京禮部尚書沈一貫並兼東閣大學士，預機務。任王錫爵致仕，趙志皋始當國。孫丕揚拜吏部尚書，挺勁不撓，百僚無敢以私干者，獨患中貴請謁，乃創爲掣籤法，大選急選，悉聽其人自掣，請寄無所容，一時選人盛稱無私，然銓政自是一大變矣。〔註 12〕	高攀龍自序爲學次第，得悟之旨。談遷生。〔註 13〕

〔註 11〕《明史‧顧憲成傳》頁 6031：二十一年京察。吏部尚書孫鑨、考功郎中趙南星盡黜執政私人，憲成實左右之。及南星被斥，憲成疏請同罷，不報。尋遷文選郎中。所推舉率與執政牴牾。

〔註 12〕《明史‧王圖傳》頁 5706：廷臣附東林及李三才者，往往惟轂圖兄弟。會孫丕揚起掌吏部，孫瑋以尚書督倉場，皆陝西人。諸不悅圖者，目爲秦黨。而是時郭正域、劉曰寧及圖並有相望。正域逐，曰寧卒，時論益歸圖。葉向高獨相久，圖旦夕且入閣，忌者益眾。適將京察，惡東林及李三才、王元翰者，設詞惑丕揚，令發單咨是非，將陰爲鉤當計。圖急言於丕揚，止之，群小大恨。

〔註 13〕《明儒學案‧東林一》頁 78-79：「甲午秋赴揭陽，自省胸中理欲交戰，殊不寧帖，在武林與陸古樵（名粹明）、吳子往（名志遠）談論數日，一日古樵忽問曰：『本體何如？』余言下茫然。雖答曰：『無聲無臭』，實出口耳，非由眞見。將過江頭，是夜明月如洗，坐六和塔畔，江山明媚，知己勸酬，爲最適意時。然余忽忽不樂，如有所束，勉自鼓興，而神不偕來。夜闌別去，余便登舟，猛省曰：『今日風景如彼，而余之情景如此，何也？』窮自根究，乃知道全未有見，身心總無受用。遂大發憤曰：『此行不徹此事，此生眞負此心矣！』明日

	萬曆二十三年	乙未	1595	詔復建文年號。大學士趙志皐等請發留中章奏，不報。封平秀吉爲日本國王。兵部侍郎貴州總督邢玠擊播州楊應龍，應龍伏罪，以四萬金論贖。及玠還北京，應龍益橫，既而其長子楊可棟囚於重慶，病卒，應龍怒曰：「我子活，則贖金至。」搜戮軍民，抄掠屯堡。	賜朱之蕃等進士及第，出身有差。孫慎行進士，授翰林院編修。劉元珍進士。高攀龍自序爲學次第《明儒學案・東林學一，頁 79》：「乙未春，自揭陽歸，取釋老二家，參之釋，典與聖人所爭毫髮，其精微處，吾儒具有之。總不出『無極』二字；弊病處，先儒具言之，總不出『無理』二字。觀二氏而益知聖道之高，若無聖人之道，便無生民之類，即二氏亦飲食衣被其中而不覺也。」楊廷樞生。
	萬曆二十四年	丙申	1596	楊應龍四處劫掠。吏部尚書孫丕揚請發推補官員章疏，不報。始遣中官開礦於畿內，群臣屢諫不聽。始命中官榷稅通州，是後各省皆設稅使，群臣屢諫不聽。李三才以右僉都御史總督漕運，巡撫鳳陽諸府，時礦稅使四出，棋布千里間，數窘辱長吏，獨三才以氣凌之，裁抑其爪牙肆惡者，且密令死囚引爲黨，輒補殺之。	
	萬曆二十五年	丁酉	1597	復議征倭。楊應龍叛。以封貢事不成，逮前兵部尚書石星，下獄論死。	項聖謨、陳宏緒、范文程生。孫奇逢與鹿繼善論交。
	萬曆二十六年	戊戌	1598	援朝鮮軍邢玠大舉攻日軍，會日本關白平秀吉卒，揚帆盡去，追擊，斬獲甚眾。萬世德初受命不敢進，至是兼程馳至，會同邢玠奏捷。楊應龍陷橋衛城，得其仇宋世臣之父，及指揮陳天寵等。賜趙秉忠等進士及第、出身有差。群臣詣文華門疏請皇長子冠婚，不允。	顧憲成始會吳中同志於二泉。

於舟中厚設蓐席，嚴立規程，以半日靜，坐半日讀書。靜坐中不帖處，只將程朱所示法門參求，於凡誠敬主靜，觀喜怒哀樂未發，默坐澄心，體認天理等，一一行之。立坐食息，念念不舍，夜不解衣，倦極而睡，睡覺復坐，於前諸法，反覆更互，心氣清澄時，便有塞乎天地氣象，第不能常，在路二月，幸無人事，而山水清美，主僕相依。寂寂靜靜。晚明命酒數行，停舟青山，徘徊碧澗，時坐磐石，溪聲鳥韻，茂樹修篁，種種悅心，而心不著境。過汀州，陸行至一旅舍，舍有小樓，前對山，後臨澗，登樓甚樂。偶見明道先生曰：『百官萬務，兵革百萬之眾，飲水曲肱，樂在其中，萬變俱在人，其實無一事。』猛省曰：『原來如此，實無一事也。』一念纏綿，斬然絕，忽如百斤擔子，頓爾落地。又如電光一閃，透體通明，遂與大化融合無際，更無天人內外之隔。至此見六合皆心，腔子是其區宇，方寸亦其本位。神而明之，總無方所可言也。平日深鄙學者張皇說悟，此時只看作平常。自知從此方好下工夫耳。」

	萬曆二十七年	己亥	1599	分遣中官領浙江、福建、廣東市舶司。臨清民變，焚稅使馬堂署，殺其參隨 34 人，武昌、漢陽民變，擊傷稅使陳奉。以諸皇子婚，詔取太倉銀 2400 萬兩，戶部告匱，命嚴覈天下積儲。貴州巡撫江東之擊楊應龍，大敗，應龍遂綦江，掠取子女金帛，老弱悉殺之，屍蔽長江而下，水爲之赤。	毛晉生、費經虞生。
	萬曆二十八年	庚子	1600	楊應龍自縊死。兩畿各省災傷，民饑盜起，內外群臣交章請罷礦稅諸監，皆不聽。大西洋利瑪竇入京，進方物。	朱之瑜生。
	萬曆二十九年	辛丑	1601	秋，趙志皋卒，沈一貫獨當國，請增置閣臣。帝素慮大臣植黨，欲用林居及久廢者。以播州平，除官民詿誤罪。武昌民變，殺稅監陳奉參隨六人，焚巡撫公署，遂以守備承天中官杜茂代之。蘇州民變，殺織造中官孫隆參隨數人。前禮部尙書沈鯉、朱賡並兼東閣大學士，預機務。立長子常洛爲太子，封諸子常洵福王，常浩瑞王，常潤惠王，常瀛桂王。官吏闕員嚴重。	劉永澄進士，授順天學教授，北方稱爲淮南夫子，遷國子學正。劉宗周進士。惲日初生，茅坤卒。
	萬曆三十年	壬寅	1602	帝不豫，召大學士沈一貫於啓祥宮，命罷礦稅，停織造，釋逮繫，復建言諸臣職。翼日，疾瘳，寢前詔。中官田義諫曰：「諭已頒行，不敢反汗。」帝大怒，幾欲手刃田義，而沈一貫懼，亟繳前諭，田義唾之。李三才極陳國勢將危，請亟下前罷礦稅之詔，帝不聽。〔註 14〕騰越民變，殺稅監委官。	李贄卒，年 75。張溥、李清生。
	萬曆三十一年	癸卯	1603	吏部奏天下郡守闕員，不報。十一月甲子，獲妖書，言帝欲易太子，詔五城大索。十二月，召見皇太子於啓祥宮，賜手敕慰諭。	萬壽祺、刁包、閻爾梅生。
	萬曆三十二年	甲辰	1604	磔皦生光於市，但妖書實非其所作。閣臣請補司道郡守及遣巡方御史，不報。賜楊守勤等進士及第，出身有差。六月，以陵災，命補闕官恤刑獄。八月，群臣伏文華門，疏請修舉實政，降旨切責。	東林書院成，大會四方之士，一依白鹿洞院規。其他聞風而起者，毗陵有經正堂，金沙有志矩堂，荊溪有明道書院，虞山有文學書院，皆捧珠盤，請先生（涇陽）之蒞焉。高攀龍自序爲學次第《明儒・東林一》，頁 79:「顧涇陽先生始作東林精舍，大得朋友講習之功。」《明史・張納陛傳》，頁 6036：「納陛，字以登，宜興人，鄉

〔註 14〕《明史・李三才傳》頁 6063。

					邑有利害，輒爲請於有司而後已。東林書院之會，納陛與焉。又與同邑史孟麟、吳正志爲麗澤大會，東南人士爭赴之。」陳第訪焦澹園於金陵，借閱所藏書，成《毛詩古音考》四卷。 許孚遠卒，陳確、陳貞慧生。 顧憲成爲陳作〈學蔀通辨序〉。
	萬曆三十三年	乙巳	1605	罷天下開礦，以稅務歸有司，歲輸所入之半於內府，半戶工二部。皇長孫生，詔赦天下，開宗室科舉入仕例。	王時槐卒。顧柔謙生。
	萬曆三十四年	丙午	1606	朱賡獨當國，年 72，朝政昌弛，中外解體。大學士沈鯉、朱賡請補六部大僚，不報。雲南稅監宦官楊榮杖死數千人，變民殺稅監楊榮，焚其屍。帝怒，不食，曰：「楊榮不足惜，何紀綱壞至此！」捕變民首事賀世勛下獄處死。南京妖賊劉天緒謀反，事覺伏誅。皇孫生，詔併礦稅，釋逮繫，起廢滯，補言官，既而不盡行。李三才疑首輔沈一貫尼之，上疏陰詆一貫甚力。繼又言：「恩詔已頒，旋復中格，道路言前日新政不過乘一時喜心，故旋開旋蔽。」又謂：「一貫慮沈鯉、朱賡逼己，既忌其有所執爭，形己之短，又恥其事不由己，欲壞其成。行賄左右，多方蠱惑，致新政阻格。」帝得疏，震怒，嚴旨切責，奪俸五月。〔註 15〕	高攀龍自序爲學次第《東林學案一，頁 79》：「丙午方實信孟子性善之旨。此性無古無今，無聖無凡，天地人只是一個，惟最上根，潔清無蔽，便能信人。其次全在學力，稍隔一塵，頓遙萬里，孟子所以示瞑眩之藥也。」 是時顧憲成里居，講學東林，好臧否人物。三才與深相結，憲成亦深信之。三才嘗請補大僚，選科道，錄遺佚。因言：「諸臣祗以議論意見一觸當塗，遂永棄不收，要之於陛下無忤。今乃假天子威以錮諸臣，復假忤主之名以文己過。負國負君，罪莫大此。」意爲憲成諸人發。已，復極陳朝政廢壞，請帝奮然有爲，與天下更始，且力言遼左阽危，必難永保狀。帝皆不省。朱鶴齡生。
	萬曆三十五年	丁未	1607	給事中翁憲祥言，撫、按官解任宜俟命，宜聽其自去，不報。賜黃士俊等進士及第。陝西稅監梁永苛暴，誣咸陽知縣滿朝薦劫貢，緹騎至長安，民變。前禮部尙書于愼行及禮部侍郎李廷機、南京吏部侍郎葉向高並禮部尙書兼東閣大學士，預機務。	顧允成卒，年 54。高攀龍序爲學次第《東林學案一》，頁 79：「丁未方實信程子鳶飛魚躍，與必有事焉之旨。謂之性者，色色天然，非由人力：鳶飛魚躍，誰則使之？勿忘勿助，猶爲學者戒勉。若眞機流行，瀰漫布，亙古亙今，間不容息，於何而忘？於何而助？所以必有事者，如植穀然：根苗花實，雖其自然變化，而栽培灌溉，全在勉強學問。苟漫說自然，都無一事。即不成變化，亦無自然矣。」傅山、姜埰、錢肅樂、胡承諾、沈壽民生。
	萬曆三十六年	戊申	1608	遼東稅監高淮駐錦州，苛暴，民變，淮逃入山海關。治雲南失事諸罪，巡撫都御史陳用賓、總兵官沐叡下獄，論死。朱賡卒。	詔起顧憲成南京光祿少卿，乞致仕，時考選命下，新資臺諫，附和東林者十八九，益相與咀嚼婁江，山江，晉江不得在位，其黨斥逐殆盡，而福清遂獨秉政。海內皇皇，以起廢一事望之，福清度不能請，請亦不力也。未幾而淮撫之爭起。

〔註 15〕《明史・李三才傳》頁 6064。

	萬曆三十七年	己酉	1609	大學士葉向高請發群臣相攻諸疏，公論是非，以肅人心，不報。江西、福建大水，死十餘萬，山西大旱，山東大蝗，赤地千里。	金人瑞、吳偉業、邵曾可生。
	萬曆三十八年	庚戌	1610	賜韓敬等進士及第，以旱災異常，諭群臣各修職業，勿彼此攻訐。〔註16〕以軍乏餉，諭廷臣陳足國長策，不得請發內帑。 利瑪竇卒，年59。	黃宗羲、彭士望生。
	萬曆三十九年	辛亥	1611	正月，御史徐兆魁繼邵輔忠劾李三才事（《明史‧李三才傳》及孫丕揚傳）。三月大計京官，孫丕揚領其事。會內閣缺人，建議者謂不當專用詞臣，宜與外僚參用，意在李三才，及都御史缺，需次內召，由是忌者日眾，謗議紛然。工部郎中邵輔忠遂劾三才大奸似忠，大詐似直，列具貪僞險橫四大罪（淮撫之爭）。《明史‧孫丕揚傳》：丕揚與侍郎蕭雲與、副都御史許弘綱領其事，考功郎中王宗賢、吏科都給事中曹于汴、河南道御史湯兆京、協理御史喬允升佐之。故御史康丕揚、徐大化，故給事中鍾兆斗、陳治則、宋一韓、姚文蔚，主事鄭振先、張嘉言及賓尹、天□、國縉咸被察，又以年例出紹徽、應甲於外。群情龕服，而諸不得志者深銜之。當計典之初舉也，兆京謂明時將出疏要挾，以激丕	東林黨事起。高攀龍自序爲學次第《東林學案》一，頁79：「辛亥方實信大學知本之旨。」 《明史‧顧憲成傳》：「既而淮撫李三才被論，憲成貽書葉向高、孫丕揚爲延譽。御史吳亮刻之邸抄中，攻三才者大譁。而其時于玉立、黃正賓輩附麗其間，頗有輕浮好事名。徐兆魁之徒遂以東林爲口實。兆魁騰疏攻憲成，恣意誣詆。謂滸墅有小河，東林專其稅爲書院費；關使至，東林輒以書招之，即不赴，亦必致厚餽；講學所至，僕從如雲，縣令館穀供億，非二百金不辦；會時必談時政，郡邑行事偶相左，必令改圖；及受黃正賓賄。其言絕無左驗。光祿丞吳尚上言爲一一致辨，因言：『憲成貽書救三才，誠爲出位，臣嘗咎之，憲成亦自悔，今憲成被誣，天下將以講學爲

〔註16〕《明史‧孫丕揚傳》頁5903：先是，南北言官群擊李三才、王元翰，連及里居顧憲成，謂之東林黨。而祭酒湯賓尹、諭德顧天□，各收召朋徒，干預時政，謂之宣黨、崑黨；以賓尹宣城人，天□崑山人也。御史徐兆魁、喬應甲、劉國縉、鄭繼芳、劉光復、房壯麗，給事中王紹徽（湯賓尹門生，與王圖同郡）、朱一桂、姚宗文、徐紹吉、周永春輩，則力排東林，與賓尹、天□聲勢相倚，大臣多畏避之。至是，繼芳巡按浙江，有僞爲其書抵紹徽、國縉者，中云：「欲去福清，先去富平；欲去富平，先去耀州兄弟。」又言「秦脈斬斷，吾輩可以得志」。福清謂葉向高，耀州謂王國、王圖，富平即丕揚也。國時巡撫保定，圖以吏部侍郎掌翰林院，與丕揚皆秦人，故曰秦脈。蓋小人設爲挑激語，以害繼芳輩，而其書乃達之丕揚所。丕揚不爲意，會御史金明時居官不職，慮京察見斥，先上疏力攻圖并詆御史史記事、徐縉芳及李邦華、李炳恭、徐良彥、周起元手，因目爲「五鬼」；五人皆選授御史候命未下者也。當是時，諸人日事攻擊，議論紛呶，帝一無所問，則益植黨求勝，朝端鬨然。

				揚。丕揚果怒，先期止明時過部考察，特疏劾之。旨下議罪，而明時辨疏復犯御諱。帝怒，褫其職。其黨大譁，謂明時未嘗要挾兆京，衹以劾圖一疏實之，爲圖報復。於是刑部主事秦聚奎力攻丕揚，爲賓尹、大化、國縉、紹徽、應甲、嘉言辨。時部院察疏猶未下，丕揚奏趣之，因發聚奎前知績溪、吳江時貪虐狀。帝方向丕揚，亦褫聚奎職。由是黨人益憤，謂丕揚果以僞書故斥紹徽、國縉，且二人與應甲嘗攻三才、元翰，故代爲修隙，議論洶洶。弘綱聞而畏之，累請發察疏，亦若以丕揚爲過當者。黨人藉其言，益思撼丕揚。禮部主事丁元薦甫入朝，慮察疏終寢，抗章責弘綱，因盡發崑、宣黨搆謀狀。於是一桂、繼芳、永春、兆魁、宗文爭擊元薦，爲明時等訟冤。賴向高調獲，至五月察疏乃下。給事中彭惟成、南京給事中高節，御史王萬祚、曾成易猶攻訐不已。丕揚以人言紛至，亦屢疏求去，優詔勉留。先是，楊時喬掌察，斥科道錢夢皋等十人，特旨留任。至是丕揚亦奏黜之，群情益快。……徐兆魁並上疏劾東林講學諸人陰持計典。三才四疏力辨，且乞休。給事中馬從龍、御史董兆舒、彭端吾，南京給事中金士衡相繼爲三才辨。大學士葉向高言三才已杜門待罪，宜速定去留，爲漕政計。皆不報。……朝端聚訟，迄數月未已。憲成乃貽書向高，力稱三才廉直，又貽書孫丕揚力辨之。……給事中朱一桂，劾前吏部郎中顧憲成：「講學東林，遙執朝政，結漕運總督李三才。」三才免官。自是諸臣益相攻擊，而東林黨議黨獄由是起。戶部尚書趙世卿拜疏自去。閣臣請釋輕犯，不報。	戒，絕口不談孔、孟之道，國家正氣從此而損，非細事也。』疏入，不報。嗣後攻擊者不絕，比憲成歿，攻者猶未止。凡救三才者、爭辛亥京察者、衛國本者、發韓敬科場弊者、請行勘熊廷弼者、抗論張差梃擊者、最後爭移宮、紅丸者、忤魏忠賢者，率指目爲東林，抨擊無虛日。借魏忠賢毒焰，一網盡去之。殺戮禁錮，善類爲一空。崇禎立，始漸收用。而朋黨勢已成，小人卒大熾，禍中於國，迄明亡而後已。」 方以智生。(曾祖爲方學漸) 張履祥、祝淵、冒襄、陸世儀、徐夜、杜濬生。
	萬曆四十年	壬子	1612	吏部尚書孫丕揚拜疏自去。南京各道御史言：「臺省空虛，諸務廢墮，上深居二十餘年，未嘗一接見大臣，天下將有陸沈之憂。」李廷機拜疏自去。	顧憲成卒，年 63。劉永澄起職方主事，未上而卒，年 37。葉茂才陞南太僕寺少卿。高攀龍自序爲學次第《東林一》，頁 78：「壬子方實信中庸之旨。此道絕非名言可形，程子名之曰天理，陽明名之曰良知，總不若中庸二字爲盡。中者停停當當，庸者平平常常，有一毫走作，便不停當，有一毫造作，便非平常。本體如是，工夫如是。天地聖人，不能究，況於吾人，豈有涯際？勤物敦倫，謹言敦行，兢兢業業，斃而後已云爾。」 錢澄之、周亮工、錢陸燦、張爾岐生。

	萬曆四十一年	癸丑	1613	諭朝鮮練兵防倭。賜周延儒等進士及第，出身有差。諭吏部都察院：「年來議混淆，朝廷優容不問，遂益妄言排陷，致大臣疑畏，皆欲求去，甚傷國體。自今仍有結黨亂政者，罪不宥。」兵部尚書掌都察院事孫瑋拜疏自去。吏部左侍郎方從哲、前吏部左侍郎吳道南並禮部尚書兼東閣大學士，預機務。吏部尚書趙煥拜疏自去。	孫奇逢寓居師，與鹿繼善讀《傳習錄》。顧炎武、歸莊、孫默、曹溶、陳瑚、劉汋生。
	萬曆四十二年	甲寅	1614	福王之國。禮部右侍郎孫慎行拜疏自去，葉向高致仕。御史劉光復劾李三才盜皇木營建私第至二十二萬有奇，且言三才與于玉立遙執相權，意所欲用，銓部輒爲推舉。三才疏辨，請遣中官按問。給事中劉文炳、御史李徵儀、工部郎中聶心湯、大理寺丞王士昌，助光復力攻三才。徵儀、心湯，三才嘗舉吏也。三才憤甚，自請籍其家。工部侍郎林如楚言宜遣使覆勘。光復再疏，并言其侵奪官廠爲園囿。御史劉廷元遂率同列繼之，而潘汝禎又特疏論劾。既而巡按御史顏思忠亦上疏如光復指。三才益憤，請諸臣會勘，又請帝親鞫。乃詔徵儀偕給事中吳亮嗣往。〔註 17〕	邱維屏、宋琬、馮班生。
	萬曆四十三年	乙卯	1615	薊州男子張差持梃入慈慶宮，擊傷守門內侍，下獄。刑部提牢主事王之宷揭言張差獄情，梃擊之案自是起，〔註 18〕嚴皇城門禁。召見廷臣於慈寧宮，御史劉光復下獄，張差伏誅。光復坐事下獄，李三才陽請釋之，而復力爲東林辨白，曰：「自沈一貫假撰妖書，擅僇楚宗，舉朝正人攻之以去。繼湯賓尹、韓敬科場作奸，孽由自取，於人何尤！而今之黨人動與正人爲讎，士昌、光復尤爲戎首。挺身主盟，力爲一貫、敬報怨。騰說百端，攻擊千狀，以大臣之賢者言之，則葉向高去矣，王象乾、孫瑋、王圖、許弘綱去矣，曹于汴、胡忻、朱吾弼、葉茂才、南企仲、朱國禎等去矣，近又攻陳薦、汪應蛟去矣。以小臣之賢者言之，梅之煥、孫振基、段然、吳亮、馬孟禎、湯兆京、周起元、史學遷、錢春等去矣	張差之變，史孟麟請立皇太孫，詔降五級，調外任。 方學漸卒。應撝謙、王餘知、龔鼎孳、李明性生。

〔註 17〕《明史‧李三才傳》頁 6065-6066。

〔註 18〕柏楊頁 1224：男子張差持棍闖入慈慶宮（太子朱常洛所居），被執下獄。刑部主事王之宷等認係鄭貴妃及其弟鄭國泰指使，欲殺朱常洛，主嚴究指使。帝命將張差凌遲處死，不許追究……御史劉光復越次進言，帝厲聲命拿下，群閹聚毆之。

				，李朴、鮑應鰲、丁元薦、龐時雍、吳正志、劉宗周等去矣。合於己則留，不合則逐。陛下第知諸臣之去，豈知諸黨人驅之乎？今奸黨讎正之言，一曰東林，一曰淮撫。所謂『東林』者，顧憲成讀書講學之所也。從之遊者如高攀龍、姜士昌、錢一本、劉元珍、安希范、岳元聲、薛敷教，並束身厲名行，何負國家哉？偶曰東林，便成陷阱。如鄒元標、趙南星等被以此名，即力阻其進。所朝上而夕下者，惟史繼偕諸人耳。人才邪正，實國祚攸關，惟陛下察焉。」疏入，眾益恨之。〔註 19〕	
	萬曆四十四年	丙辰	1616	賜錢士升等進士及第，出身有差。女眞部落酋長努爾哈赤稱可汗，國號金，史稱後金。	黃尊素進士。劉理、魏裔介、黃宗炎生。
	萬曆四十五年	丁巳	1617	帝久不視朝（1590～），群臣上疏悉留中不理，無所處分。唯言官一劾，其人即自辭官。於是台省（御史、給事中）之勢，積重不返，有齊黨、楚黨、浙黨之分，三足鼎峙，不問是非，唯察利害，傾軋日烈。鎭撫司缺官，獄囚久繫多死，大學士方從哲〔註 20〕等以請，不報。京察，當事者多湯賓尹、王紹徽黨，以拾遺落圖職。	9 月，錢一本卒。閻修齡、魏象樞、于成龍、萬斯年生。陳第卒。
	萬曆四十六年	戊午	1618	大清兵克撫順城，千總王命印死之。	侯方域、施閏章、黃宗會、何汝霖、沈昀、尤侗生。
	萬曆四十七年	己未	1619	大清兵克開原，馬林敗沒。大理寺丞熊廷弼爲兵部侍郎兼右都御史，經略遼東。廷臣伏文華門，請發章奏及增兵發餉，不報。百官伏闕，請視朝行政，不報。遼東經略楊鎬集兵瀋陽，四路攻大清兵，軍機不密而悉潰，大清兵遂下開原、鐵嶺，明廷大震。	陸嘉淑、申涵光、周篔、王夫之、劉鴻涤生。唐鶴徵卒。

〔註 19〕《明史・卷 232・李三才傳》，頁 6066。

〔註 20〕《明史・卷 218・列傳 106・方從哲傳》，頁 5760-5761：「向高秉政時，黨論鼎沸，言路交通詮部，指清流爲東林，逐之殆盡，及從哲秉政，言路已無正人，黨論漸息。丁巳京察，盡斥東林，且及林居者。齊、楚、浙三黨鼎立，務搏擊清流。齊人詩教，從哲門生，勢猶張。」

	萬曆四十八年	庚申	1620	皇后王氏崩。帝不豫，召見方從哲〔註21〕於弘德殿。後大漸，召英國公張惟賢、大學士方從哲、尚書周嘉謨、李汝華、黃嘉善、張問達、黃克纘、侍郎孫如游於弘德殿，勉諸臣勤職，四日後崩。遺詔罷一切榷稅併新增織造諸項。御史王安舜劾方從哲輕狂醫李可灼，又賞之以自掩。御史郭如楚、馮三元、焦源溥，給事中魏應嘉，太常卿曹珖，光祿少卿高攀龍，主事呂維祺，先後上疏言：「可灼罪不容誅，從哲庇之，國法安在！」而給事中惠世揚直糾從哲十罪、三可殺。〔註22〕（光宗朱常洛，泰昌元年，在位僅一月）。〔註23〕光宗遺詔皇長	高攀龍上疏劾方從哲。魏際瑞、毛先舒、張煌言、馬驌生。焦竑卒。

〔註21〕《明史・方從哲傳》頁5763：「（四十七年）帝有疾數月，會皇后崩，從哲哭臨畢，請至榻前起居。召見弘德殿，跪語良久，因請補閣臣、用大僚、下臺諫命。帝許之，乃叩頭出。帝素惡言官。前此考選除授者，率候命二三年，及是候八年。從哲請至數十疏，竟不下。帝自以海宇承平，官不必備，有意損之。及遼左軍興，又不欲矯前失，行之如舊。從哲獨秉國成，卒無所匡救。又用姚宗文閱遼東，齮經略熊廷弼，遼陽遂失。論者謂明之亡，神宗實基之，而從哲其罪首也。」

〔註22〕《明史・方從哲傳》頁5764：「給事中惠世揚直糾從哲十罪、三可殺。言：『從哲獨相七年，妨賢病國，罪一。驕蹇無禮，失□哭臨，罪二，梃擊青宮，庇護奸黨，罪三。恣行胸臆，破壞絲綸，罪四。縱子殺人，蔑視憲典，罪五。阻抑言官，蔽壅耳目，罪六。陷城失律，寬議撫臣，罪七。馬上催戰，覆沒全師。罪八。徇私罔上，鼎鉉貽羞，罪九。代營榷稅，蠹國殃民，罪十。貴妃求封后，舉朝力爭，從哲依違兩可，當誅者一。李選侍乃鄭氏私人，抗凌聖母，飲恨而沒。從哲受劉遜、李進忠所盜美珠，欲封選侍爲貴妃，又聽其久據乾清，當誅者二。崔文昇用洩藥傷損先帝，諸臣論之，從哲擬脫罪，李可灼進劫藥，從哲擬賞賚，當誅者三。』疏入，責世揚輕詆。」

〔註23〕《明史・光宗本紀》頁293-294：光宗崇天契道英睿恭純憲文景武淵仁懿孝貞皇帝，諱常洛，神長子也。母恭妃王氏，萬曆十年八月生。神宗御殿受賀，告祭郊廟社稷，頒詔天下，上兩宮徽號。未幾，鄭貴妃生子常洵，有寵。儲位久不定，廷臣交章固請，皆不聽。二十九年十月，乃立爲皇太子。三十一年，獲妖書，言神宗欲易太子，指斥鄭貴妃。神宗怒，捕逮株連者甚眾，最後得皦生光者，磔之，獄乃解。四十一年六月，姦人王曰乾上變，告孔學等巫蠱，將謀於東宮，語連鄭貴妃、福王，事具〈葉向高傳〉。四十三年夏五月己酉，薊州男子張差持梃入慈慶宮，事復連貴妃內璫。太子請以屬吏。獄具，刃差於市，斃內璫二人於禁中。自是遂有梃擊之案。四十八年七月，神宗崩。丁酉，太子遵遺詔發帑金百萬犒邊，盡罷天下礦稅，起建言得罪諸臣。己亥，再發帑金百萬充邊賞。八月丙午朔，即皇帝位，大赦天下，以明年爲泰昌元年。蠲直省被災租賦。己酉，吏部侍郎史繼偕、南京禮部侍郎沈□爲禮部尚書兼東閣大學士，預機務。遼東大旱。庚申，蘭州黃河清，凡三日。甲子，禮部侍郎何宗彥、劉一□、韓爌爲禮部尚書兼東閣大學士，預機務。

				子朱由校嗣位，時庶母李選侍尚居乾清宮，御史左光斗、給事中楊漣上疏請移宮，李選侍乃移宮（移宮）。大清兵攻花嶺、王大人屯，兵失亡七百餘人，吏部給事中姚宗文素憾遼東經略熊廷弼，乃與其黨交章論劾，熊廷弼免官，袁應泰出任遼東經略。熹宗即皇帝位，逮遼東總兵官李如柏，廕太監魏進忠兄錦衣衛千戶，封乳保客氏為奉聖夫人，官其子。冬葬顯皇帝（神宗）於定陵。御經筵。禮部尙書孫如游兼東閣大學士，預機務。方從哲致仕。	
熹宗	天啓元年	辛酉	1621	1.追諡與平反：追諡伍文定等 73 人。除齊泰、黃子澄戚屬戍籍。 2.其他政治建言：言官請復當朝口奏及召對之典，從之。御經筵。禁抄發軍機。禁訛言。 3.文官異動：孫如游致仕。葉向高、沈□、朱國祚、史繼偕、何宗彥入閣。 4.魏寺與客氏事件：帝封乳母客氏為奉聖夫人，宦官魏忠賢與之通，權傾中外。御史王心一請罷客氏香火土田，魏進忠陵工敘錄，不報。御史周宗建請出客氏於外，不聽。給事中倪思輝、朱欽相等相繼言，皆謫外任。 5.大清兵取瀋陽、遼陽，遼東經略袁應泰自縊死，總兵官尤世功、賀世賢、陳策、童仲揆、戚金、張名世戰死，御史張銓被執，不屈死。帝諭兵部：「國家文武並用，頃承平日久，視武弁不啻奴隸，致令豪傑解體。今邊疆多故，大風猛士，深軫朕懷，其令有司於山林草澤間慎選將材。」遼東巡撫都御史薛國用為兵部侍郎，經略遼東。參議王化貞為右僉都御史，巡撫廣寧）。熊廷弼為兵部尙書兼右副都御史，經略遼東。兵部尙書王象乾總督薊遼軍務。以熊廷弼、王化貞屢議戰守不合，遣使宣諭。西南——貴州紅苗平，四川永寧宣撫使奢崇明遣將樊龍赴遼東，兵至重慶，四川巡撫徐可求汰其老弱而餉不能繼，樊龍遂殺可求，據重慶。奢崇明陷義以應之，合兵進圍成都。東南——擢參將毛文龍為副總兵，駐師鎮江城。	劉宗周起儀制主事，曹本榮生。

召葉向高。遣使恤刑。丙寅，帝不豫。戊辰，召對英國公張惟賢、大學士方從哲等十有三人於乾清宮，命皇長子出見。甲戌，大漸，復召從哲等受顧命。是日，鴻臚寺官李可灼進紅丸。九月乙亥朔，崩於乾清宮，在位一月，年三十有九。（三案之二——紅丸）

	天啓二年	壬戌	1622	遼東巡撫王化貞愚妄剛愎，一味主戰，遼東經略熊廷弼以無兵無權，力主不可言戰。後化貞果大潰，南奔，廷弼率五千騎赴救，遇之於大凌河，護難民入山海關。逮廷弼、化貞俱下獄，論死。中書舍人汪文言哀熊廷弼冤，奔走公卿間營救，魏忠賢深恨之。刑部尚書王紀劾魏忠賢及客氏，紀免官削籍。兵部侍郎王在晉爲尚書兼右副都御史，經略遼薊天津登萊軍務。賜文震孟等進士及第，復張居正原官，錄方孝孺遺嗣，尋予祭葬及謚。山東白蓮賊徐源儒反，前總兵官楊肇基、遊擊陳九德率兵討山東賊，擒徐鴻儒等，山東賊平。水西土同知安邦彥反，賊犯雲南，官軍擊敗之。王三善、副總兵劉超敗賊，貴陽圍解。加毛文龍爲總兵。封弟由儉爲信王。劉一□、沈□致仕。禮部尚書孫愼行追論可灼進紅丸，斥從哲爲弒逆。章彈劾：《明史·高攀龍傳》頁 6312：四月，疏劾戚畹鄭養性，言：「張差梃擊實養性父國泰主謀。今人言籍籍，咸疑養性交關奸宄，別懷異謀，積疑不解，當思善全之術。至劉保謀逆，中官盧受主之，劉于簡獄詞具在。受本鄭氏私人，而李如楨一家交關鄭氏，計陷名將，失地喪師。于簡原供，明言李永芳約如楨內應。若崔文昇素爲鄭氏腹交心，知先帝症虛，故用泄藥，罪在不赦。陛下僅行斥逐，而文昇猶潛住都城。宜勅養性還故里，急正如楨、文昇典刑，用章國法。」疏入，責攀龍多言，然卒遣養性還籍。	賜錢一本太僕寺少卿。華允誠、黃道周進士。文震孟殿試第一。《明史馮從吾傳》頁 6316：「已，與鄒元標共建首善書院，集同志講學其中，給事中朱童蒙遂疏詆之。從吾言：『宋之不競，以禁講學故，非以講學故也。我二祖表章六經，天子經筵，皇太子出閣，皆講學也。臣子以此望君，而己則不爲，可乎？先臣守仁，當兵事倥傯，不廢講學，卒成大功。此臣等所以不恤毀譽，而爲此也。』因再稱疾求罷，帝溫詔慰留。而給事中郭允厚、郭興治復相繼詆元標甚力。從吾又上言：『臣壯歲登朝，即與楊起元、孟化鯉、陶望齡輩立講學會，自臣告歸乃廢。京師講學，昔已有之。何至今日遂爲詬厲。』因再疏引歸。」鄒元標、馮從吾建首善書院。 吳偉業始受業於張天如。 張烈、李鄴嗣、吳蕃昌、李之芳、徐枋、王弘撰生。
	天啓三年	癸亥	1623	紅夷據澎湖。禮部侍朱國禎，尚書顧秉謙，侍郎朱延禧、魏廣微，俱禮部尚書東閣大學士，預機務。召起故官，王圖進禮部尚書，協理詹事府。進朱國祚，史繼偕致仕。皇子生。魏忠賢總督東廠。奢崇明走龍場，與安邦彥合。給事中陳良訓疏陳防微四事，下鎭撫司獄。帝開內操於宮中練兵。客氏與魏忠賢共陷馮貴人，處死；又陷成妃，禁閉後斥爲宮女；陷前帝趙選侍，禁閉，餓死。〔註 24〕	毛奇齡、嚴繩孫生。伍定相卒。

〔註 24〕《明史·熹宗后妃·懿安張皇后》頁 3542-3543：熹宗懿安皇后張氏，祥符人。父國紀，以女貴，封太康伯。天啓元年四月冊爲皇后。性嚴正，數於帝前言客氏、魏忠賢過失。嘗召客氏至，欲繩以法。客、魏交恨，遂誣后非國紀女，幾惑帝聽。三年，后有娠，客、魏盡逐宮人異己者，而以其私人承奉，竟損元子。帝嘗至后宮，后方讀書。帝問何書，對曰：「趙高傳也。」帝默

	天啓四年	甲子	1624	王三善遇伏，諸官將皆死。何宗彥卒，葉向高、朱國禎、韓爌致仕。杭州、福寧兵變，兩當民變，殺知縣牛得用。左副都御史楊漣劾魏忠賢24大罪，南北諸臣論忠賢者相繼，皆不納。杖殺工部郎中萬□，逮杖御史林汝翥。逮內閣中書汪文言下鎮撫司獄。削吏部侍郎陳于廷、副都御史楊漣、僉都御史左光斗〔註25〕籍。文淵閣大學士魏廣微諂附魏忠賢，著《天鑑錄》、《點將錄》、《同心錄》以進，指東林黨爲奸邪，閹黨爲正人，據以擯除升擢。魏忠賢黨劉弘先劾王圖，遂削籍，尋卒。魏忠賢勢大熾，顧錫疇偕給事中董承業典試福建，程策大有譏刺，忠賢黨遂指爲東林，兩人並降調，已，更削籍（明史5721）。八月，高攀龍拜左都御史。楊漣等群擊魏忠賢，勢已不兩立。及向高去國，魏廣微日導忠賢爲惡，而攀龍爲趙南星門生，並居要地，御史崔呈秀按淮、揚還，攀龍發其穢狀，南景議戍之。呈秀窘，急走忠賢所，乞爲義兒，遂摭謝志祥事，謂攀龍黨南星，嚴旨詰責，攀龍遽引罪去。頃之，南京御史游鳳翔出爲知府，訐攀龍挾私排擠，詔復鳳翔故官，削攀龍籍。	高攀龍即家。 明史P.6574：四年起右通政，至則忠賢逐東林且盡，宗周復固辭。忠賢責以矯情厭世，削其籍。 張溥、張采、楊廷樞、楊彝、顧夢麟諸人始立應社。 陸桴亭與盛聖傳定交。 汪琬、魏禧、范承謨、吳炎生。鍾惺卒。
	天啓五年	乙丑	1625	以慶陵工成，予魏忠賢等廕賚。韓爌、大學士劉一□削籍。追論萬曆辛亥、丁巳、癸亥三京察，尚書李三才、顧憲成、馮從吾等削籍。削尚書孫慎行等籍。罷魏廣微，熊廷弼棄市，傳首九邊。賜余煌等進士及第，出身有差。讞汪文言獄，逮楊漣、左光斗、袁化中、魏大中、周朝瑞、顧大章，削尚書趙南星等籍。戍前尚書趙南星。給事中楊所修請以梃擊、紅丸移宮三案編次成書，從之。	3月，釋奠於先師孔子。7月，詔毀首善書院。8月，詔毀天下東林講學書院。馮從吾卒。計東、陳維崧、李霨生。 《明史高攀龍傳》：「初，海內學者率宗王守仁，攀龍心非之。與顧憲成同講學東林書院，以靜爲主。操履篤實，粹然一出於正。爲一時儒者之宗。海內士大夫，識與不識，稱高顧無異詞。攀龍削官之秋，詔毀東林書

然。時宮門有匿名書列忠賢逆狀者，忠賢疑出國紀及被逐諸臣手。其黨邵輔忠、孫杰等，欲因此興大獄，盡殺東林諸臣，而借國紀以搖動中宮，冀事成則立魏良卿女爲后。順天府丞劉志選偵知之，首上疏劾國紀，御史梁夢環繼之，會有沮者乃已。及熹宗大漸，折忠賢逆謀、傳位信王者，后力也。

〔註25〕《明史・葉向高傳》頁6237：「忠賢既恨向忠，而其時朝士與忠賢抗者率倚向高。忠賢乃時毛舉細故，責向高以困之。向高數求去。四年四月，給事中傅櫆劾左光斗、魏大中交通汪文言，招權納賄，命下文言詔獄。向高言：『文言內閣辦事，實臣具題。光斗等交文言事曖昧，臣用文言顯然。乞陛下止罪臣，而稍寬其他，以消縉紳之禍。』因力求速罷。當是時，忠賢欲大逞，憚正盈朝，伺隙動。得櫆疏喜甚，欲藉是羅織東林，終憚向高舊臣，光斗等不罪，止罪文言。然東林禍自此起。」

				〔註 26〕禮部尚書周如磐兼東閣大學士，侍郎丁紹軾、黃立極爲禮部尚書，少詹事馮銓爲禮部右侍郎，並兼東閣大學士，預機務。12 月乙酉，榜東林黨人姓名，頒示天下。高攀龍坐移宮一案，削籍爲民，捨其東林書院。兵部尚書高第經略遼登萊天津軍務。朱延禧，孫承宗，周如磐致仕。逮中書舍人吳懷賢下鎭撫司，杖殺之。皇子生。遼東副總兵魯之甲敗沒於柳河。《明史錢春傳》頁 6042：「魏忠賢黨門克新劾春倚恃東林，父作子述，削籍歸。」《明史劉策傳》頁 6419：「五年冬，黨人劾策爲東林遺奸，遂削籍。」	院。莊烈帝嗣位，學者更修復之。」 《明史馮從吾傳》：鄉人王紹徽素銜從吾，及爲吏部，使喬應甲撫陝，捃摭百方，無所得。乃毀書院，曳先聖像，擲之城隅。從吾不勝憤悒，得疾卒。 楊漣杖死，血書：「漣今死杖下矣！……欲以性命歸之朝廷，不圖妻子一環泣耳。……，雷霆雨露，莫非天恩。仁義一生，死於詔獄，難言不得死所，何憾於天！何怨於人！」是年魏大中亦死獄中。
	天啓六年	丙寅	1626	1. 文事：修《三朝要典》，夏六月成，刊布中外。改修《光宗實錄》。 2. 武事：遼東——大清兵圍寧遠，總兵官滿桂、寧前道參政袁崇煥固守，圍解。以袁崇煥爲僉都御史，專理軍務，仍駐寧遠。設各邊鎭監軍內臣，太監劉應坤鎭守山海關，大學士丁紹軾、兵部尚書王永光等屢諫不聽。論寧遠解圍功，封魏忠賢從子良卿肅寧伯。袁崇煥巡撫遼東、山海。西南——安邦彥犯貴州，官軍敗績，總理魯欽死之。 3. 黨獄：以蘇杭織造太監李實奏，逮前應天巡撫周起元，吏部主事周順昌，左都御史高攀龍，諭德繆昌期，御史李應昇，周宗建，黃尊素。攀龍赴水死，起元等下鎭撫司獄，相繼死獄中。巡撫浙江僉都御史潘汝楨請建魏忠賢生祠，許之。嗣是建祠幾遍天下。羅喻義擢南京國子祭酒，諸生欲爲魏忠賢建祠，喻義懲其倡者，乃已。忠賢黨輯東林籍貫，湖廣二十人，以喻義爲首《明史》，頁 5717。下前揚州知府劉鐸詔獄，殺之。進魏忠賢爵上公，魏良卿寧國公，予誥券，加賜莊田千頃。予魏良卿鐵券。 4. 文官：丁紹軾卒，馮銓罷，顧秉謙玫。朱燮元以憂去，偏沅巡撫都御史閔夢得代之。禮部侍郎施鳳來，張瑞圖，詹事李國□，俱禮部尚書東閣大學士，預機務。	逮高攀龍，繆昌期，黃尊素，攀龍赴水死，餘等下撫司獄，相繼死獄中（明史）。《明儒學案》以「東林邪黨」逮高攀龍及忠端公七人。緹帥將至，先生（高攀龍）夜半，書遺疏，自沈止水，三月十七日也，年六十有五。《明史高攀龍傳》頁 6314：「詔復鳳翔故官，削攀龍籍。（崔）呈秀憾不已，必欲殺之，竄名李實劾周起元疏中，遣緹騎往逮。攀龍晨謁宋儒楊龜山祠，以文告之。歸與二門生一弟飲後園池上，聞周順昌已就逮，笑曰：『吾視似如歸，今果然矣。』入與夫人語，如平時。出，書二紙告二孫曰：『明日以付官校。』因遣之出，扃戶。移時諸子排戶入，一燈熒然，則已衣冠自沈於池矣。發所封紙，乃遺表也。云：『臣雖削奪，舊爲大臣，大臣受辱則辱國。謹北向叩頭，從屈平之遺則。』復別門人華允誠書云：『一生學問，至此亦少得力。』」 王士祿生。

〔註 26〕《明史・方從哲傳》頁 5765：「五年，魏忠賢輯梃擊、紅丸、移宮三事《三朝要典》以傾正人，遂免可灼，戍命文昇督漕運。其黨徐大化請起從哲，從哲不出。然一時請誅從哲者貶殺略盡矣。」

	天啓七年	丁卯	1627	太監涂文輔總督太倉銀庫、節愼庫。下前侍郎王之寀鎭撫司獄，死獄中。監生陸萬齡建魏忠賢生祠於太學旁，歲祀如孔子，許之。罷袁崇煥，戍孫愼行。7月甍。 八月，朱由檢即皇帝位。十一月，安置魏忠賢於鳳陽，魏忠賢縊死。免天啓時逮死諸臣贓，釋其家屬。十二月，錢龍錫、李標、來宗道、楊景辰、周道登、劉鴻訓俱禮部尚書兼東閣大學士，預機務。魏良卿、客氏子侯國興俱伏誅。	陸世儀與陳言夏定交。湯斌、李顒、朱用純生。
	崇禎元年	戊辰	1628	流賊大起。夏四月，袁崇煥爲兵部尚書，督師薊、遼。五月，燬《三朝要典》。削魏忠賢黨馮銓、魏廣微籍。來宗道、楊景辰致仕。	冬，召劉宗周爲順天府尹。金鉉進士，黃宗羲袖長錐，草疏入都訟冤。薛鳳祚、姜宸英、王錫闡、潘檉章生。
	崇禎二年	己巳	1629	釋奠於先師孔子。方從哲卒。3月下崔文昇獄。冬，清兵入大安口，京師戒嚴。十二月，召袁崇煥於平臺，下錦衣衛獄。錢龍錫罷。禮部侍郎周延儒、尚書何如寵、侍郎象坤俱禮部尚書兼東閣大學士，預機務。	九月，劉宗周入都。張溥、張受先舉復社成。吳江令熊開元迎溥爲尹山大會，集者遠自楚、豫。 朱彝尊、呂留良生。
	崇禎三年	庚午	1630	秋，姚希孟與諭德姚明恭主順天鄉試，有武生二人冒籍中式，給事中王猷論之，遂獲譴。〔註27〕春，禁抄傳邊報。韓爌，李標致仕。流賊犯山西，夏六月，流賊王嘉胤陷府谷，米脂賊張獻忠聚眾應之。禮部尚書溫體仁、吳宗達並兼東閣大學士，預機務。秋八月，殺袁崇煥。九月，逮錢龍錫下獄。	帝授宋儒邵雍後裔五經博士。張天如爲金陵大會。陸隴其、唐甄生。
	崇禎四年	辛未	1631	盜賊益熾。戍錢龍錫。錢象坤、何如寵、孫承宗致仕。逮楊鶴下獄，論戍。太監張彝憲總理戶、工二部錢糧，給事中宋可久等相繼諫，不聽。 冬十一月，召對廷臣於文華殿，歷詢軍國諸務，語及內臣。帝曰：「諸臣若實心任事，朕亦何需此輩！」	陳于泰、馬士奇進士。黃宗羲以遺命發憤讀明十三朝實錄，上溯二十一史，兩年而畢。陳確與祝淵定交。顧祖禹、徐乾學、彭孫遹、陳恭尹、吳兆騫、儲欣生。
	崇禎五年	壬申	1632	禮部尚書鄭以偉、徐光啓並兼東閣大學士，預機務。孫元化棄市，逮劉宇烈下獄，論戍。	黃道周上疏，語刺大學士周延儒、溫體仁。帝益不懌，斥爲民。 張溥爲虎邱大會。

〔註27〕《明史・姚希孟》頁5719：「崇禎元年，起左贊善。歷右庶子，爲日講官。三年秋，與諭德姚明恭主順天鄉試。有武生二人冒籍中式，給事中王猷論之，遂獲譴。希孟雅爲東林所推，韓爌等定逆案，參其議。小惡希孟，謀先之。及華允誠劾溫體仁、閔洪學，兩人疑疏出希孟手，體仁遂借冒籍事修隙，擬旨覆試，黜兩生下所司，論考官罪，擬停俸半年。體仁意未慊，令再擬。希孟時已遷詹事，乃貶二秩爲少詹事，掌南京翰林院。尋移疾歸，家居二年，卒。」

	崇禎六年	癸酉	1633	周延儒致仕。南京禮部侍郎錢士升爲禮部尚書兼東閣大學士，預機務。冬，徐光啓卒，禮部侍郎王應熊、何吾騶俱禮部尚書兼東閣大學士，預機務。	陸世儀延陳確菴於家，相與閉戶讀書。是年秋，行袁了凡功過格。惲壽平、徐秉義、胡渭、萬斯大、李因篤、梅文鼎、靳輔生。
	崇禎七年	甲戌	1634	李自成食盡僞降，陳奇瑜受之，縱出險，復叛，陷所迴過州縣。冬，逮陳奇瑜下獄，論戍。	陳龍正進士。徐元文、王士禎、宋犖、徐善敬、陳錫嘏生。
	崇禎八年	乙亥	1635	夏五月，吳宗達致仕。七月，吏部薦孫慎行、林釬及宗周。宗周固辭，不許。 秋，少詹事文震孟、刑部侍郎張至發俱禮部侍郎兼東閣大學士，預機務。王應熊致仕。李自成東走，與張獻忠合，官軍敗績，總兵官張全昌被執。冬，帝下詔罪己，辟居武英殿，減膳撤樂，示與將士同甘苦。十一月，何吾騶、文震孟罷。	
	崇禎九年	丙子	1636	正月，劉宗周入都，愼行已卒，與林釬入朝。九年，劉宗周上〈痛憤時艱疏〉，帝怒甚。十月宗周復上疏，帝大怒，溫體仁又上章力詆，遂斥爲民。復黃道周故官。 正月，前禮部侍郎林釬以原官兼東閣大學士，預機務。錢士升致仕。六月，林釬卒，吏部侍郎孔貞運、禮部尚書賀逢聖、黃士俊，俱禮部尚書兼東閣大學士，預機務。 秋八月，唐王聿鍵起兵勤王，勒還國，尋廢爲庶人。是月，清兵出塞。	胡石莊舉人。 閻若璩，黃儀生。陳仁錫、姚希孟、鹿善繼、文震孟、董其昌卒。
	崇禎十年	丁丑	1637	朝鮮降清。夏，帝敕群臣潔己愛民，以回天意。六月，溫體仁、黃士俊致仕。八月，吏部侍郎劉宇亮、禮部侍郎傅冠俱禮部尚書，僉都御史薛國觀爲禮部侍郎，並兼東閣大學士，預機務。十一月，帝以星變修省，求直言。	劉同升進士。陸世儀始著《思辨錄》。邵長蘅、韓菼、鄭梁、秦松齡、顧貞觀生。
	崇禎十一年	戊寅	1638	賀逢聖、張至發、孔貞運、傅冠致仕。兵部尚書楊嗣昌、戶部尚書程國祥、禮部侍郎方逢年、工部侍郎蔡國用俱禮部尚書，大理寺少卿范復粹爲禮部侍郎，並兼東閣大學士，預機務。秋，少詹事黃道周以論楊嗣昌奪情，謫按察司照磨。清兵入牆子嶺，京師戒嚴。十一月清兵克高陽，致仕大士孫承宗殉國。 南京諸名士顧杲等百四十人爲防亂公揭，黃宗羲與焉。	孫奇逢避入五峰生。萬斯同、于成龍生。
	崇禎十二年	己卯	1639	春，改洪承疇督薊遼、孫傳庭總督保定、山東、河北。劉宇亮罷，程國祥致仕。禮部侍郎姚明恭、張四知，兵部侍郎魏照乘，俱禮部尚書兼東閣大學士，預機務。夏，削孫傳庭籍，尋逮下獄。冬，《欽定保民四事全書》成，頒布天下。十二月，下兵部尚書傅宗龍於獄。	顧宗武始撰《肇域志》。王掞、陳廷敬生。

	崇禎十三年	庚辰	1640	逮江西巡撫僉都御史解學龍及所舉黃道周。吏部尚書謝陞爲禮部尚書，禮部侍郎陳演以原官，並兼東閣大學士，預機務。姚明恭致仕、蔡國用卒，薛國觀罷。 流賊大熾，兩畿、山東、河南、山陝旱蝗，人相食。冬十二月，嚴軍機抄傳之禁。	魏藻德進士。汪楙麟、顏光敏、吳之振生。
	崇禎十四年	辛巳	1641	二月，帝詔以時事多艱，災異疊見，痛自刻責，停今歲行刑，諸犯俱減等論。三月，逮鄭崇儉下獄，尋棄市。秋，賜薛國觀死。 夏，范復粹致仕，釋傅宗龍於獄，命爲兵部侍郎，總督陝西三邊軍務，討李自成。九月，宗龍被圍，潰圍出，趨項城，被執死之。 冬戍解學龍、黃道周。	復社諸生徐肇梁與父守隨州，罵賊遇害。帝重建太學成，釋奠於先師孔子。梁份生，張溥卒。九月，吏部缺左侍郎，廷推不稱旨。帝臨朝而嘆，謂大臣「劉宗周清正敢言，可用也」，遂以命之。再辭不得，乃趨朝。道中進三箚：一曰明聖學以需治化，凡數千言。帝優旨報之。
	崇禎十五年	壬午	1642	八月，劉宗周未赴官，擢左都御史。力辭，有詔敦趨。 二月，命孫傳庭總督三邊軍務。 魏照乘、賀逢聖、張四知致仕，削謝陞籍。詹事蔣德璟、黃景昉，戎政侍郎吳甡，俱禮部尚書兼東閣大學士，預機務。帝以會推閣臣下吏部尚書李日宣六人於獄，謫戍有差。夏六月，築壇親祭死事文武大臣。冬，清兵分道入塞，京師戒嚴，命勳臣分守夷門，太監王承恩督察城守，詔舉堪督師大將者。	復社人物進士梁以樟時任商邱縣令，李自城攻城，以樟城戰受傷未死，後參史可法軍。此外，復社人物劉申錫、張正誼（守太康）、劉伯愚、徐作霖（守商邱）、王士驌、王與朋諸人，皆以守城殉身。 高彙旃爲湖南學使。呂晚村年十四，始識黃晦木於東寺。 喬萊、李光地、王原祁生。
	崇禎十六年	癸未	1643	秋七月，徵周延儒聽勘，戒廷臣私謁閣臣。時京師大疫，帝詔釋輕犯，發帑療治，瘞五城暴骸。 黃景昉致仕。李自成陷潼關，督師書孫傳庭死之。 冬，流賊大熾，勢已難收。吏部侍郎李建泰、副都御史方岳貢並兼東閣大學士，預機務。范志完、趙光抃棄市，戍吳甡於金齒，周延儒有罪賜死。	楊廷鑑進士。三月，孫奇逢守五峰得全。 復社人物鉾人房之屏，時任安定縣知縣，流寇入城，遂殉城。復社人物曾栻，時任蒲圻縣知縣，抗節死。復社人謝淳培、易道、黃文炳，或以守城，或以抗賊，或以不降，皆殉死。 復社人物進士趙士驥，時任中書舍人，守萊陽，流寇兵入，遂殉城。 陳確與祝淵入剡，從學於劉宗周。 流賊張獻忠陷衡州，王夫之父見執，夫之詢賊中；翌晨，父子俱以計得脫。
	崇禎十七年	甲申	1644	春三月丁未昧爽，內城陷，帝崩於萬歲山，王承恩從死。御書衣襟曰：「朕涼德藐躬，天咎。然皆諸臣誤朕。朕死無面目見祖宗，自去冠冕，以髮覆面。任賊分裂，無傷百姓一人。」夏四月，清兵破賊於山海關。福王即位於南京。	孫奇逢膺地方人才薦，敦促就道，以病辭。黃宗羲至南京，嗣因黨禍，避歸浙東。顧炎武南都詔授兵部司務。

附錄二：東林學派人物表

《明史》卷二百三十一〈東林傳〉贊曰：成、弘以上，學術醇而士習正，其時講學未盛也。正、嘉之際，王守仁聚徒於軍旅之中，徐階講學於端揆之日，流風所被，傾重朝野。於是搢紳之士，遺佚之老，聯講會，立書院，相望於遠近。而名高速謗，氣盛招尤，物議橫生，黨禍繼作，乃至眾射之的，咸指東林。甘陵之部，洛蜀之爭，不烈於是矣。憲成諸人，清節垮修，爲士林標準。雖未嘗激揚標榜，列『君宗』、『顧』、『俊』之目，而負物望者引以爲重，獵時譽者資以梯榮，附麗游揚，薰蕕猥雜，豈講學初心實然哉！語曰：「爲善無近名」，士君子亦可以知所處矣。此表以《東林書院志》與《明儒學案》所載諸人爲主，《明儒學案》有著錄者，則於姓名下另加註其所屬學案。

姓名	明史	字	號，諡	生卒	籍貫	科第	師承	著作	備註
顧憲成（東林）	231	叔時	涇陽先生，諡端文	1549～1612	常州無錫	萬曆八年進士	張淇、薛應旂、私淑方學漸	小心齋箚記、涇皋藏稿	《明史》卷二百三十一：時稱東林八君子，憲成、允成、攀龍、希范、元珍、武進錢一本、薛敷教及茂才也。 《東林書院志》，嚴〈許靜餘先生傳〉：平生交游絕寡，惟與顧憲成、高攀龍、薛敷教、葉茂才輩，以道義名節相觀摩。 《明史本傳》：一本初宦江西，與王時槐善。及罷歸，潛心六經濂洛諸書，尤研精易學，著述滿家，與顧憲成輩分主東林講席。學者稱啓新先生。
高攀龍（東林）	243	存之	初字雲從，景逸，諡忠憲	1562～1626	常州無錫	萬曆十七年進士	茹澄泉、許世卿、李復陽、顧涇陽、羅懋忠、（趙南星）	高子遺書	《明史》卷二百三十一：時稱東林八君子，憲成、允成、攀龍、希范、元珍、武進錢一本、薛敷教及茂才也。 《東林學案》〈劉元珍學案〉：當東林爲天下彈射，先生謂高忠憲曰：「此吾輩入火時也，無令其成色有減，斯可矣。」 《東林學案》〈黃尊素學案〉：先生未嘗臨講席。首善之會，謂南皋曰：「賢奸雜沓，未必有益於治道。」其風節相許者，則蕺山、忠憲、忠節。 《東林學案》〈吳鍾巒學案〉：（鍾巒）而於景逸、元室、季思，皆爲深交。所奉以爲守身法者，則淇澳困思抄也。 《東林書院志》，嚴〈許靜餘先生傳〉：平生交游絕寡，惟與顧憲成、高攀龍、薛敷教、葉茂才輩，以道義名節相觀摩。 《明史本傳》：四川僉事張世則進所著

									《大學初義》，詆程、朱章句，請頒天下。攀龍抗疏力駁其謬，其書遂不行。 《明史本傳》：鄒元標建書院，攀龍與焉。元標被攻，攀龍請與同罷，詔留之。……初，海內學者宗仁，攀龍心非之。與顧憲成同邇學東林書院，以靜爲主。操履篤實，粹然一出於正，爲一時儒者之宗。海內士大夫，識與不識，稱高、顧無異詞。攀龍削官之秋，詔毀東林書院。莊烈帝嗣位，學者更修復之。
錢一本（東林）	231	國端	啓新		常州武進	萬曆11年進士	王時槐	黽語、源匯編、邸抄、像象管見、象抄。	《明史》卷二百三十一：時稱東林八君子，憲成、允成、攀龍、希范、元珍、武進錢一本、薛敷教及茂才也。 《東林學案》〈劉元珍學案〉：先生家居講學，錢啓新爲同善會，表章節義，憂恤鰥寡，以先生爲主，有言非林下人所宜者。 《明史本傳》：一本初宦江西，與王時槐善。及罷歸，潛心六經濂洛諸書，尤研精易學，著述滿家，與顧憲成輩分主東林講席。學者稱啓新先生。 《東林書院志》·姚希孟〈墓表〉：至崇祀一疏，所推擇爲文毅、文恭兩羅公，布衣陳眞晟、學正曹端，尊獎明儒，昭明理學，公所托寄在是矣。自蒙譴歸，葺毗陵先祠，即其旁搆經正常，與遠近賢士大夫考問業其中。是時椒蘭臭味，過從靡間者，在同邑則今大宗伯孫公、贈尙寶丞薛公；在錫山，則贈太常少卿贈尙寶丞兩顧公、今少司寇高公、前光祿少卿劉公、贈光祿少卿安公；在金沙，則贈光祿少卿于公；在雲陽，則贈太常少卿姜公。講席雲蒸，擬於河汾鵝湖之盛，而公與顧奉常實爲尸盟。奉常之學大，公獨高奉常救世之衷苦。公持世嚴，定陵末年，謠諑競起，群鋒眾簇，攢集於東林。公出而與諸君子萃處於講堂之上，辭氣嶄如也。於行藏誹譽之關廓如也。讀書研理愈邃，而著述亦愈積，黽類也，取其黽勉亡息之義，則有《黽記》；尋洙泗之脈，以龠其流，而堤其泛濆，則有《源匯編》：睠顧宗國、顧事痗心，竊取考亭之法，備神廟一朝信史，則有《邸抄》；其於易，自甲何而下，亡所不披晰，而澄心冥契，所得於靜悟爲多，則有《像象管見》、有《象抄》、有《範衍》。圖書象數變通之妙，秦漢以來鮮知者。邵堯夫總明蓋世，然得李之才祕授，而後能窮其奧。如公無

									師之智，不傳之習，究其所得，略與堯夫等。其《寄窩逋客自誌》，亦髣髴《安樂窩遺韻》焉。 《東林書院志》姚希孟〈錢啓新先生墓表〉：自公歸田後，朝事屢變，而黨人之禁愈烈。稍以儒者者，無所容其身。其禍擬於南宋。惟公能以天山之遯自免，而同志諸君受齮齕者，十八九矣。
孫愼行（東林）	243	聞斯	淇澳，諡文介		常州武進	萬曆二十三年進士	從宗門入手，與天寧僧靜峰，參究公案，無不了然。唐順之	困思抄、言性圖	是故東林之學，涇陽導其源，景逸始入細，至先生而另闢一見解矣。 《東林學案》〈吳鍾巒學案〉：（鍾巒）而於景逸、元室、季思，皆爲深交。所奉以爲守身法者，則淇澳困思抄也。 《明史本傳》：幼習聞外祖唐順之緒論，即嗜學。萬曆二十三年舉進士第三人，授編修，累官左庶子。數請假里居，鍵戶息交，覃精理學。當事請見，率不納。有以政事詢者，不答。 《明史本傳》：韓敬科場之議，愼行擬黜敬。而家居時素講學東林，敬黨尤忌之。
顧允成（東林）	231	季時	涇凡	1553～1607	常州無錫	萬曆十四年進士	薛應旂	小辨齋劄記	《明史》卷二百三十一：時稱東林八君子，憲成、允成、攀龍、希范、元珍、武進錢一本、薛敷教及茂才也。 《明儒東林學案》：平生所深惡者，鄉愿道學，謂此一種人占盡世間便宜，直將弑君與君種子，暗佈人心。學問須從狂狷起腳，然後能從中行歇腳。 《東林學案》〈薛敷教學案〉：趙忠毅佐孫清簡京察，盡出當路之私人，內閣張洪陽、王元馭憤甚，給事中劉道隆，承風旬以爭拾遺，忠毅三秩，先生復與于孔兼、陳泰來、賈巖、顧允成、張納陛合疏，言考功無罪。內閣益憤，盡奪六君子官。
史孟麟（東林）	231	際明	玉池		常州宜興	萬曆十一年進士	顧憲成		《明史本傳》：孟麟素砥名節，復與東林講會，時望益重。
劉永澄（東林）		靜之			揚州寶應	萬曆二十九年進士			《東林學案》：先生與東林諸君子爲性命之交。

薛孟麟（東林）	231	以身	玄臺		常州武進	萬曆十七年進士	薛應旂、（趙南星）		《明史》卷二百三十一：時稱東林八君子，憲成、允成、攀龍、希范、元珍、武進錢一本、薛敷教及茂才也。 《東林學案》：甲辰，顧涇陽修復東林書院，聚徒講學，先生實左右之。 《東林學案》：知交葉茂才。 《東林學案》〈薛敷教學案〉：趙忠毅佐孫清簡京察，盡出當路之私人，內閣張洪陽、王元馭憤甚，給事中劉道隆，承風旬以爭拾遺， 忠毅三秩，先生復與于孔兼、陳泰來、賈巖、顧允成、張納陛合疏，言考功無罪。內閣益憤，盡奪六君子官。 《東林書院志》．高攀龍〈薛以身先生墓誌銘〉：以身與余同舉進士，同出高邑趙儕鶴先生門。兩人相見相笑，以為相遇晚。自是無日不相過從，交相勵勉。 《東林書院志》．高攀龍〈薛以身先生墓誌銘〉：又曰：「學苟不窺性靈，任是皎皎不汙，終歸一節。但世風靡矣，不憂著節太奇，而憂混同一色。」 《明史本傳》：祖應旂，字仲常……顧憲成兄弟方少，從之學，敷教遂與善，用風節相期許。及舉萬曆十七年進士，與高攀龍同出趙南星門，益以名教自任。
葉茂才（東林）	231	參之	園適		常州無錫	萬曆十七年進士			《明史本傳》：始，同邑顧憲成、允成、安希范、劉元珍及攀龍，並建言去國，直聲震一時。茂才祗以醇德稱。及官太僕，清流盡斥，邪議益棼，遂奮身與抗，人由是服其勇。時稱時稱東林八君子，憲成、允成、攀龍、希范、元珍、武進錢一本、薛敷教及茂才也。 《東林學案》：知交薛敷教。 《東林書院志》．鄒期相〈葉園適先生行狀〉：定志於恬澹，得力於學問。交修互詆於三益：端文、忠憲、玄臺三先生，其表表者。他如啓新先生，偕名孝廉許靜餘先生，均白首一日，師不友，友不師，每握手，輒辨折爭論，如上殿狀。未幾，不失和氣；未幾，爭執如初。
許世卿（東林）		伯勳	靜餘			萬曆十三年舉人			《東林書院志》．嚴〈許靜餘先生傳〉：平生交游絕寡，惟與顧憲成、高攀龍、薛敷教、葉茂才輩，以道義名節相觀摩。

耿橘（東林）		庭懷			北直河間		東林學案：先生之學，頗近近溪，與東林微有不同。		《東林學案》：知常熟時，值東林講席方盛，復虞山書院，請涇陽主教。太守李右諫、御史左宗郢，先後聚講於書院。
劉元珍（東林）	231	伯先	本孺			萬曆二十三年進士		文訣、文衡、依庸絜語、三畏堂素業、湖畔逸農遺稿	《東林學案》〈劉元珍學案〉：先生家居講學，錢啓新爲同善會，表章節義，憂恤鰥寡，以先生爲主，有非林下人所宜者。先生痌一體，如救頭目，惡問其宜不宜也。先生每以子路自任，不使惡言入於東林。講論稍涉附會，輒正色斥之曰：「毋亂我宗旨。」聞謗講學者，曰：「彼訾吾黨好名以爲口實，其實彼之不好名，乃專爲決裂名教地也。」疾小人不欲見，苟其在側，喉間輒如物梗，必吐之而後已。當東林爲天下彈射，先生謂高忠憲曰：「此吾輩入火時也，無令其成色有減，斯可矣。」 《明史本傳》：初，元珍罷歸，以講學爲事。表節義，卹鰥寡，行義重於時。
黃尊素（東林）	245	眞長	白安		越之餘姚	萬曆四十四年進士			《東林學案》〈黃尊素學案〉：先生未嘗臨講席。首善之會，謂南皋曰：「賢奸雜沓，未必有益於治道。」其風節相許者，則蕺山、忠憲、忠節。
吳桂森（東林）		叔美	覲華				錢一本		《東林書院志》．華貞元〈吳覲華先生傳〉：甲辰，東林書院成，吳越士友會集其中。先生以朋友講習，不可不謹，約爲朔會，折衷於景逸高先生；五經不可不講，約於經會，參酌於明經諸友。凡相約爲會者，又不但以講，而以心。啓新錢師迺迫欲以爲《易》授，謂先生曰：「我之求人，甚於人之求我。」癸丑冬，設皋比東林，迎錢師講《易》，於與諸友約曰：「吾輩入東林，決不可資人之勢。」先生蓋將人隱微俗腸抉出，令轉向高明路頭耳。師卒講，喜甚，曰：「吾道行於錫矣！」迨東林大會，高先生推先生講席曰：「今日之會始眞。」每赴毗陵經正堂會，錢師獨以先生名點示眾友曰：「此眞道學。」

									《東林書院志》．華貞元〈吳觀華先生傳〉：東林學脈，言體必於用，離體無用，離用亦無體；言悟必於修，不悟何修？不修，亦何悟？ 《東林書院志》．鄒期禎〈吳觀華先生墓誌銘〉：會甲辰歲，涇陽、景逸諸先生興復龜山書院，會四方名公講學，先生欣然偕季君揚華往焉，有所得，歸而書之，咀嚼不倦。……時啓新先生有經正堂會。啓新先生，先生尊人給諫震華公之年友也。邃於易。先生往會，聞其易而旨之，歸而謀於景逸先生曰：「安可當吾世而不令錢先生之道行於吾邑耶！」於是迎至東林授易。 《東林書院志》．鄒期禎〈吳觀華先生墓誌銘〉：先生歸，啓新先生目送之曰：「吾易在梁溪矣！」嗣後，東林有會，則迎啓新先生於上座，經正堂有會，則偕一二同志往。寒暑晦明無輟。蓋神魂寢處，樂在其中矣。
吳鍾巒（東林）		巒，一字峻伯	霞舟		常州武進	崇禎七年進士	憲成，高攀龍，顧六祖壇經，傳習錄		《東林學案》〈吳鍾巒學案〉：出入文社、講會者四十餘年，海內推爲名宿，以貢教諭光州學。從河南鄉舉登第，時年已五十八矣。 《東林學案》〈吳鍾巒學案〉：（鍾巒）而於景逸、元室、季思，皆爲深交。所奉以爲守身法者，則淇澳困思抄也。 《東林書院志》．張夏〈吳霞舟先生傳〉：初讀陽明《傳習錄》，悅之，繼讀釋氏《壇經》，及聞養生家言，又皆悅之。弱冠，奉父教，受業端文顧公，公亟賞其文。……載從忠憲高公游，聞其講論，始悟向來所悅之皆非，學術一軌於正。一時名碩，若孫文介、張清惠、繆文貞、馬文忠，相得甚歡。而李忠毅、應昇偕兄應炅北面問業，幾于無言不悅。當忠毅觸璫被逮，親戚交游俱避匿不敢送。緹騎自江陰過郡城，巒乃出逆於道舍之家，論學數日，訂婚姻然後去。比忠毅就獄慘死，輯其前後詩文書札，爲《端友集》以表之。其後巒以貢試至都門，石齋黃先生負重望在詞林，一見喜曰：「吾雅慕李仲達，恨不得見。今見先生，如見仲達矣。」相與飲酒，竟日而別。

華允誠（東林）	258	汝立	鳳超		常州無錫	天啓二年進士	高攀龍，錢一本		《明史本傳》：從同里高攀龍講學首善書院，先後旋里，遂受業爲弟子，傳其主靜之學。 《明史稿本傳》：早有志行，受易於同郡錢一本。
陳龍正（東林）	258	惕龍	幾亭		浙之嘉善	崇禎七年進士	師事吳子往（吳志遠）、志遠高忠憲（攀龍）		《東林學案》〈陳龍正學案〉：先生師事吳子往，志遠高忠憲，留心當世之務，故以萬物一體爲宗，其後始湛心於性命。然師門之旨，又一轉矣。 《明史本傳》：龍正遊高攀龍門。……（崇禎）十五年……給事中黃雲師劾其學非而博，言僞而辯，又以進雕荒議爲陵競。時議欲用龍正爲吏部，御史黃澍以爲僞學詆之。十七年正月左遷南京國子監丞，甫抵家而京師陷。
于孔兼	231	元時			常州金壇	萬曆八年進士			《明史顧憲成傳》：（憲成）偕同志高攀龍、錢一本、薛敷教、史孟麟、于孔兼輩講學其間。 《東林學案》〈薛敷教學案〉：趙忠毅佐孫清簡京察，盡出當路之私人，內閣張洪陽、王元馭憤甚，給事中劉道隆，承風旨以爭拾遺， 忠毅三秩，先生復與于孔兼、陳泰來、賈巖、顧允成、張納陛合疏，言考功無罪。內閣益憤，盡奪六君子官。
安希范（無）	231	小范							《明史》卷二百三十一：時稱東林八君子，憲成、允成、攀龍、希范、元珍、武進錢一本、薛敷教及茂才也。 《明史本傳》：希范恬靜簡易，與東林講學之會。
鄒元標（江右王門）	243	爾瞻	南皋，忠介	～1624	吉水	萬曆五年進士	胡直〔註1〕		《明史本傳》：元標自還朝以來，不爲危言激論，與物茶猜。然小人以其東林也，猶忌之。給事中朱童蒙、郭允厚、郭興治慮明年京察不利已，潛謀驅逐。會元標與馮從吾建首善書院，集同志講學，童蒙首請禁之。元標疏辨求去，帝已慰留，允厚復疏劾，語尤妄誕。而魏忠賢方竊柄，傳旨謂宋室之亡由於講學，將加嚴譴。 《明史本傳》：（天啓）四年卒於家。明年，御史張訥請毀天下講壇，力詆元標，忠賢遂矯旨削奪。崇禎初，贈太子太保，吏部尚，諡忠介。

〔註1〕《明史》·〈鄒元標本傳〉泰和胡直，嘉靖中進士，官至福建按察使，師歐陽德、羅洪先，得王守仁之傳。元標弱冠從直遊，即有志爲學。

張夢時		伯可	初名大受，弦所		常州無錫				《東林書院志》．高〈張弦所先生傳〉：甲辰下第歸，適涇陽先生與先忠憲公創起東林書院，左右翼以精舍，約六人爲築，先生首任其一。解橐授工，與諸公切偲砥礪其中，以參訂道德性命之奧。
華認菴							錢一本		《東林書院志》。與吳覲華同受易於錢一本。《東林書院志》．華允誼〈華認菴先生傳〉：萬曆甲辰間，顧端文、高忠憲兩先生倡復書院，講明程朱絕學。毗陵錢啓新先生復說易東林，直提人象，曠若發蒙。一時有志之士，蒸蒸興起，而卒成爲眞儒者，惟覲華吳先生、從叔認菴先生。兩先生並受易啓新師。
華允謀		汝翼	燕超		常州無錫		錢一本		萬曆庚子登賢書，壯遊東林，奉教於錢啓新先生，與先忠憲公一見汗出浹背，覺從前多俗情用事，竟弘不寢，盟心自誓，屏習心、遠習氣，非濂洛關閩之書不讀，非孝弟忠信之言不言。 華允誼之兄。
余玉節		聲子	振衡						《東林書院志》．高世泰〈余振衡先生傳〉：未幾，會璫有廢書院之議，且所在議祠璫。公當政暇，嘗與儒生講學鷺洲，念先儒舊跡，不忍毀廢，力圖存之。吉人攝其嚴正，遂無敢以祠璫請者。及璫敗，而豫章士夫乃交口頌之。
秦爾載		彥熙	水庵						高攀龍爲之作墓誌銘，然其生平似與東林無大牽涉。
劉宗周（蕺山）	255	起東	蕺山，念臺		山陰	萬曆二十九年進士	許孚遠，高攀龍		《明史本傳》：時有崑黨、宣黨與東林爲難。宗周上言：「東林，顧憲成講學處。高攀龍、劉永澄、姜士昌、劉元珍，皆賢人。于玉立、丁元薦，較然不欺其志，有國士風。諸臣摘流品可也，爭意見不可；攻東林可也，黨崑，宣不可。」黨人大譁，宗周乃請告歸。 《明史本傳》：宗周始受業於許孚遠。已，入東林書院，與高攀龍輩講習。馮從吾首善書院之會，宗周亦與焉。越中自王守仁後，一傳爲王畿，再傳爲周汝登、陶望齡，三傳爲陶奭齡，皆雜於禪。與齡講學白馬山，爲因果說，去守仁益遠。宗周憂之，築證人書院，集同志講肆。且死，語門人曰：「學之要，誠而已，主敬其功也。敬則誠，誠則天。良知之說，鮮有不流於禪者。」

丁元薦	236	長孺	愼所		長興				《明史本傳》：當東林、浙黨之分，浙黨所彈射東林者，李三才之次，則元薦與于玉立。
馮從吾	243	仲好	少虛		長安	萬曆十七年進士	許孚遠		《明史本傳》：從吾生而純愨，長志濂洛之學，受業許孚遠。罷官歸，杜門謝客，取先正格言，體驗身心，造詣益邃。 《明史本傳》：已，與鄒元標共建首善書院，集同志講學其中，給事中朱童蒙遂疏詆之。（馮）從吾言：「宋之不競，以禁講學故，非以講學故也。我二祖表章六經，天子經筵，皇太子出閣，皆講學也。臣子以此望君，而己則不爲，可乎？先臣守仁，當兵事倥傯，不廢講學，卒成大功。此臣等所以不恤毀譽，而爲此也。」因再稱疾求罷，帝溫詔慰留。而給事中郭允厚、郭興治復相繼詆元標甚力。從吾又上言：「臣壯歲登朝，即與楊起元、孟化鯉、陶望齡輩立講學會，自臣告歸乃廢。京師講學，昔已有之，何至今日遂爲詬厲！」因再疏引歸。
王永圖		惟懷，新之	儉齊		南直宜興				
陳泰來	278								《東林學案》〈薛敷教學案〉：趙忠毅佐孫清簡京察，盡出當路之私人，內閣張洪陽、王元馭憤甚，給事中劉道隆，承風旨以爭拾遺，忠毅三秩，先生復與于孔兼、陳泰來、賈巖、顧允成、張納陛合疏，言考功無罪。內閣益憤，盡奪六君子官。
宿仁寰									《東林書院志》‧高〈宿仁還先生傳〉：丙申沖春，泰釋菜於東林之燕居，廟同志僉集迎主人道南祠者三，曰爲仁寰宿先生、一爲韌庵華先生、一爲幾亭陳先生。三先生皆與先忠憲交契，而仁寰先生交最久。忠憲命三子師事之，十有六年，砥礪相資者，三十餘年。
陳幼學	281	志行			常州無錫	萬曆十七年進士			〈陳並漁先生傳〉：（陳正卿）父太常筠塘公，東林之儒者也。先生爲人敦孝讓，飭廉隅，有父風，學亦如之。中萬曆乙卯舉人，屢上公車，不第，退而閉戶讀書，深求理學之奧。緣筠塘公與先忠憲公同登萬曆己丑進士，素以道義相切劘，先生亦嘗訪道於先忠憲。

歐陽東鳳	231	千仞	宜諸		潛江	萬曆十七年進士			《明史本傳》：憲成輩講學，爲建東林書院。……卒於家，閭人曾櫻知常州府事，復興東林。無錫人合祀東鳳宰櫻，曰「三公祠」。
姜志禮		立之	同節		丹陽	萬曆十七年進士			
賀時泰		叔交	亨陽		湖廣江夏			思聰錄	《東林書院志》·高芷生〈賀亨陽先生傳〉：歸里後，又重板於東林書院中，傳布來學，所以廣先生之教也。著有《思聰錄》一卷，首條云王陽明致良知三字，道破古今。次條云有本體、有工夫、有效驗，良知本體，自家認透徹了，只下致字工夫去做，效驗自在其中矣。
汪康謠		淡衷	鶴嶼		南直休寧				《東林書院志》·張夏〈汪鶴嶼先生傳〉：精研理學，以紫陽爲宗。……日講學天泉、還古兩書院，精治尙書，原本朱子之意，而爲之註。
李復陽		宗誠	元沖		江西豐城	萬曆十一年進士	李材		《東林書院志》·陳鼎〈李元沖先生傳〉：李復陽……授無錫縣令……向爲江右李見羅門人，傳止修之說，至是與顧憲成講學黌宮時，高攀龍年方二十五，往聽之，躍然喜曰：「吾學其有興耶！」後乃相與開講席，立文會。朔望，紳士畢赴。三年，四境大治，陞吏部，與憲成同佐計事，以考功郎趙南星降調，同憲成上疏。
周孔教		懷魯		江西南昌	萬曆間進士				《東林書院志》·高世泰〈周懷魯先生傳〉：及巡撫江南，適顧端文公與先忠憲公興復東林書院，公偕督學楊公、觀察蔡公過東林，率諸士大夫講正心修身之學，遂與顧端文、先忠憲訂爲石交。每事咨詢疏稿，多屬兩先生鑒定。……後逆璫斥爲黨人，削奪。崇禎初乃復。
魏大中	244	孔時	廓園，忠毅	～1625	浙之嘉善	萬曆四十四年進士	高攀龍		

楊漣	244	文孺	大洪	～1625	應山	萬曆三十五年進士			
周順昌	245	景文	蓼洲，忠憲		吳縣	萬曆四十一年進士			《明史本傳》：六年二月，忠賢欲殺高攀龍、高順昌、繆昌期、黃尊素、李應昇、周宗六人，取實空印疏，令其黨李永貞、李朝欽誣起元爲巡撫時乾沒帑金十餘萬，日與攀龍輩往來講學，因行居間。矯旨逮起元，至，則順昌等已斃獄中。
繆昌期	245	當時	西溪，文貞		江陰	萬曆四十一年進士			《明史本傳》：爲諸生，有盛名，舉萬曆四十一年進士，改庶吉士，年五十有二矣。有同年生忌之，揚言爲于玉立所薦，自是有東林之目。
陳于庭		孟諤	中湛		宜興	萬曆二十三年進士			
王家禎			軒籙		長垣	萬曆三十五年進士			
蔡懋德		維立	雲治		崑山	萬曆四十七年進士			《明史本傳》：幼受書，即志聖學，篤好王守仁書。
黃道周	255	幼平	石齋		漳浦	天啓二年進士			《明史本傳》：道周學貫古今，所至學者雲集。銅山在孤島中，有石室，道周自幼坐臥其中，故學者稱爲石齋先生。精天文曆數皇極諸書。所著《易象正》、《三易洞璣》及《太函經》，學者窮年不能通其說，而道周用以推驗治亂。

文震孟	251	文起	湛持		吳縣	天啓二年進士第二			
金鉉		伯玉	狷菴，忠節，忠潔		常州武進	崇禎元年進士			
馬世奇		君常	素脩，文忠，文肅		常州無錫	崇禎四年進士			
龔廷祥		伯興	佩潛		常州無錫	崇禎十六年進士			
鄒期禎		公寧	經畬，懿長先生		常州無錫		顧憲成，高攀龍		《東林書院志》·錢肅潤〈鄒經畬先生傳〉：讀書攻苦，三十年始爲郡諸生，屢舉不售，經年矻矻，揣摩制義。偶於群書中得王文成集、薛文清《粹言》，慨然曰：「讀書有向上路，沾沾章句，無爲也。」既從顧涇陽、高景逸兩公講學東林，每尋格致之義，頗有所得。一日，從高公言及靜坐，先生曰：「調息亦頗有益。」高公曰：「不屑也。」先生聞之然。又一日問操存法。高公曰：「平日功夫何如？」先生曰：「好看書。」高公曰：「此處正好用功。」乃從先儒操諸法遍參之。取後獨心旨高公所論觀未發功夫。一觀而用寂一語，大率謂觀未發之學，以主靜爲訣，以主敬爲宗，以禮經之九容爲把柄。九容件件停當，身心內外一齊收斂，則終日研求經義，亦是栽培本體之助。至此始悟看書靜坐，原非兩截。無事時他念不生，非復往來憧憧之擾，臨事因而應之，主張自在，不至錯亂。此眞學問得力後証驗語也。

鄒期相		公寅	忠餘，三勿居士		常州無錫				《東林書院志》·鄒陞〈鄒忠餘先生傳〉：先生……吾祖懿長公諱期禎胞弟也。與懿長公闡濂洛關閩之學，其學以無欲爲宗，愼獨爲要，邑人稱二鄒。 《東林書院志》·鄒陞〈鄒忠餘先生傳〉：先生未仕時，設教洞虛宮，弟子恆數百人，與懿長公遞主東林講席，自號曰三勿居士。
張雲鸞		羽臣	泰巖		常州無錫				《東林書院志》·泰鏞〈張泰巖先生傳〉：幼篤學，湛於經術。……邑龜山祠春秋會講，顧端文、高忠憲兩先生狎主齊盟，遠近四集。先生儼然就座，宣明聖學，危言微論，令人汗下，又不減象山白鹿一會，聽者揮扇時也。蓋先生之學，得之心而述之口者如此。 《東林書院志》·泰鏞〈張泰巖先生傳〉：萬歷之季，溫陵李氏之書盛行於時。溫陵之學，本於文成、龍溪。先生著論以爲其說非，是息邪距詖，坐此輩耳。故其說曰「經正」。而是時東林兩先生方闡明性善，力闢無善，與二王相牴牾。先生之言，實與東林相表裡。夫其苦心衛道，彰彰如是，而或以爲訓詁而已者，則已誣矣。鏞少也，蓋嘗執經侍先生云。先生講論既畢，必及時政得失，唏吁久之。或聞朝廷用一正人，行一正論，則欣欣喜而相告。雖其身不離於鄉校，而藎思已宏遠矣。先生於壁經爲顓門之學，其於謨訓誓命之大，尤盡心焉。使其所施設得行於時，當不令天下訾講學之儒爲無用也。
黃廣		冠龍	原名伯英，日齋		南直無錫		顧憲成		《東林書院志》·張夏〈黃日齋先生傳〉：冠龍幼敏且恪，隨父塾游涇里，因登顧端文、尙寶兩先生之門。……及長，從於東林。乙丑丙寅間，書院毀，瑠焰熾，日趨書院舊址，講習不輟。
秦重泰		原博	澹緣		常州無錫				
陳正卿		並漁			常州無錫		高攀龍，錢一本		陳筠塘之子。 《東林書院志》·高〈陳並漁先生傳〉：（陳正卿）父太常筠塘公，東林之儒者也。先生爲人敦孝讓，飭廉隅，有父風，學亦如之。中萬曆乙卯舉人，屢上公車，不第，退而閉戶讀書，深求理學之奧。緣筠塘公與先忠憲公同登萬曆己丑

									進士，素以道義相切劘，先生亦嘗訪道於先忠憲。與之語，即大有領會，先忠憲甚器重先生，亟稱之曰：「筠塘有子！」又從錢公啓新學易，而易理以精。其所交惟馬君常先生爲最深，一言一動，無不視傚。性至介，剛直不撓，見有不宜鄉飲而以勢相射者，必攻擊之；見有未當銓除而以賄僥倖，必指摘之。不通私牘於公門，不樹聲援於貴戚。邑之人莫不敬而畏之曰：「此眞道學家風也。」
顧樞		所止	庸菴		常州無錫		馬士奇，吳鍾巒，鍾疑菴，高攀龍	易稿	顧憲成長孫。 《東林書院志》‧錢肅潤〈顧庸菴先生傳〉：先生……端文公長孫，幼凝重，步趨不苟。迨就塾，父夔州公延馬文肅及吳儀部霞舟、錢太守疑菴輩，先後授《尙書》，以書經名家。已而從高忠憲公講求性命，慨然欲棄帖括從事，最上特不敢重違父意，俛首操觚。天啓辛酉舉鄉試，爲書經名魁。後屛居涇皋，深自斂跡，不問生產，不事干謁，亦不入城市，不赴講會，閉戶讀書，於五經無不淹洽。貫徹所極，深研者《周易》一經，反復潛玩，曰：「易之學，格物知至之學也。」晚爲《易稿》，折衷諸家之說，大約主理不主數。嘗言：「程朱易至矣。近世若孫文介明雒義、倪鴻寶兒易、黃石齋易象，正皆吾所不解。」又言：「吾祖於易理最精，獨無著述，僅仍舊解，略爲去取而已。後生小子，可妄肆穿鑿乎！」 《東林書院志》‧錢肅潤〈顧庸菴先生傳〉：嘗論明儒，獨服膺薛文清、胡敬齋二公，而謂白沙、陽明未免一線之差。又曰：「端文主無欲二字，靈丹一粒，點鐵成金；忠憲主格物二字，繭絲牛毛，滴水不漏，並直接宋儒，其議論醇正若此。」
施元徵		泰先	曠如		常州無錫	萬曆四十七年進士	劉元珍，高攀龍		《東林書院志》‧高世泰〈施曠如先生傳〉：公初受業於本孺劉先生，登第後乃遊先伯父忠憲之門，忠憲一見，稱爲「任道之器」，自此益勵進修，言動必以忠憲爲法。研求濂洛關閩遺書，務在躬行心得，不爲激奇之行以釣名。嘗有言：「凡事要高人一著，即是私意淨。自流俗觀之似高，揆之聖賢之中道，無當也。」斯言洵得師心印，而亦善於自道矣。 《東林書院志》‧高世泰〈施曠如先生傳〉：公雖托於逃禪，往往入名山參古德，好講出世法，而未嘗暫忘東林先賢之教。甲午、乙未間，督學使者及郡邑大夫，有過問講席者，爰採物望，首以

									皋比推公。公執卷登坐，或演舊聞，或出新見，能令人悅服。書院自拆毀後，雖未獲復舊觀，而仲丁釋菜，歷數十年不廢。公每祭必至，登降有秩，灌獻有恪，遠邇少長屬目心儀。禮成福飲，公入座，輒長喟，穆然情深，稱說古先，諷切後乎，客無不聳聽者。邑中同善會，倡自啓新錢先生暨忠憲，原以分財教善兼行，當年有會即有講，講即有勍，甚鄭重也。歲久不無停廢，得公踵行之。
周鑣		仲馭			常州金壇	崇禎元年進士			
成勇		仁有	寶慈		安樂	天啓五年進士	鄒元標		
刁包		蒙吉	用六居士，文孝先生		北直祁州		心師高攀龍		《東林書院志》．高世泰〈刁蒙吉先生傳〉：生平力學，要在謹言行閑程朱一脈之傳。……一意聖賢之學，搆齋日潛室，亭曰肥遯，置五經、四子、性理綱目、濂絡關閩諸書其中，讀之忘寢食。遠邇慕之來學者，屨滿戶外，著希聖學規十二條，以相砥礪。……取古文之發明正學者，彙爲斯文正統，以授學者。
陳揆		子眾			浙之嘉善				陳龍正之子。
高世泰		彙旃	石屋遺氓，士鶴		常州無錫	崇禎丁丑進士	高攀龍		高攀龍之子。 《東林書院志》．熊賜履〈高彙旃先生傳〉：江夏故有濂溪書院，因下令修葺，遴通省學者二百餘，砥礪其中。立會規五則，有收爾精神、慎爾威儀、調爾性情等語。凡初入爲弟子員，必令謁賀亨陽先生家，求人模樣一冊，以示矜式。時武當山太和宮有內監司香稅者，謁文廟諸生講書明倫堂。諸生非之，稅監怒，誣陷諸生數十人，以毀折宮坊八告奉嚴旨著。學臣回奏，先生疏言內監僭虐罪狀，爲諸生辨理甚，力，得旨撤回，寬諸生獄，纂《三楚文獻》、刻《楚衡》、《述風始錄》、《南雅》諸書。癸未，任滿回籍，自是家居，事父母曲盡孝養，而無日不以東林先緒爲己任。葺道南祠、麗澤堂，更建燕居廟，再得草廬三公祠，備俎豆、飭威儀，集一時同志，恪遵忠憲遺規，春秋會講，

									四方學者，相率造廬問道。祁陽刁先生包，篤信忠憲爲師，與先生往復論學，朔南相望，學者有南梁北祁之稱。休寧汪學聖，參究禪宗幾二十年，聞先生講逆東林，野服造門而請。先生與言：「後學宗派惟程朱，程朱宗派惟孔孟，闡發程朱，是爲正宗。厭薄程朱，是爲亂宗。世之談性者，既荒唐於禪宗之徒，尤荒唐於援儒入禪之徒，必欲堅持三教一家之說，惜誤用其精神矣。」留語數十日，而學聖遂悟從前所學之非。關中李顒，學尙姚江，特造東林會講，先生因語之曰：「言滿天下無口過，其惟紫陽朱子乎！六經皆我註解，是陸象山之口過也；滿街都是聖人，是王新建之口過也。」顒因答云：「陸王矯枉救弊，其言如藥中大黃、巴豆，疏人胸中積滿，未可概施之虛怯之人。先生所慮極是。」退而與其從遊，謂宜奉爲典型。新安汪知默、陳二典、胡、汪佑、吳曰愼、朱弘、施璜輩講朱子之學於紫陽書院，因汪學聖遊先生門，相次問學，於是更定《紫陽通志錄》以廣薪傳，又以《中庸》一書與紫陽諸子答問往復，著《中庸問答》。先生之學，近守忠憲，遠宗朱子，而尤以朱子大學格物補傳爲聖賢切實要領工夫，謂朱子早慮後人認作空知，但說靈明知覺，而於事物都不能貫通。故提出一理字，以實知字；再提出表裡精粗，以實理字。……先生主東林書院三十餘年，搆止水祠祀忠憲，纂《高子節要》，輯《年譜》，踵行忠憲同善會八十六次，孳孳焉守忠憲之道，以待後之學者。故學者莫不知有彙旃先生。
惲日初		仲升	遜菴		常州武進		高攀龍，劉宗周		
熊祚延		祈公			湖廣孝叱				
孫奇逢		啓泰	鍾元，夏峰		保定容城		高世泰，	理學宗傳、四書近指、讀易大旨、書經	《東林書院志》．湯斌〈孫蘇門先生墓誌銘〉：道學之傳，自濂洛關閩諸大儒後，莫盛於明之河東、姚江。先生幼當梁溪吉水講學，都門之日，與鹿忠節公一室默對，以聖賢相期許。忠節既沒，獨肩斯道者四十載。年愈高，德愈劭，眞積日久，篤實輝光。四方學者不謀而合曰：「夏峰，今之河東、姚江也。」

秦鏞		大音	弱水			崇禎丁丑進士	高攀龍		
胡時忠		伯昭	榜名時亨，愼三		常州無錫	崇禎丁丑進士	高攀龍		《東林書院志》·高〈胡愼三先生傳〉：幼孤力學，即心慕先忠憲之爲人……癸巳秋，常郡守宋公之普與先學憲公講道東林，先生舉先忠憲教學東林之語以示學者，一時群推正學云。《東林書院志》·高〈胡愼三先生傳〉：高若公曰：「聖學之有源流，由來尙矣！先生溯而窮之，而源流以清；至先忠憲之學，得之考亭先生，謂《續錄》一編，可闖朱子之集成，即可闖公之願學，是深知考亭，即深知先忠憲者也。先忠憲之學，于是有宗矣。」
嚴		佩之	生軒		常州無錫	弘治壬子鄉薦			
王崇簡		敬哉							
孫承澤		退谷	北海		順天大興	崇禎辛未進士			《東林書院志》·錢肅潤〈孫北海先生傳〉：生平博學嗜古，著書甚富。其有關正學者，尤莫如《五先生學約》及《考正晚年定論》二書。序《學約》云：「學非博不足窮理，非約不足明要。博而寡要，則洩濫無歸，聖門所不貴也。宋朱子集周、程、張四先生書，撮爲近思錄。近錫山景逸高公取朱子文集語類，做近思錄，爲《節要》。兩書精粹切實，余讀之，不忍釋手，謹照原本十四類，每類中語各集一處，或語意重複，及全集中有可入者，間有損益，名曰『學約』，蓋天下之理，約於五經四書；經書之指，約於五先生；五先生之學，約於《近思錄》、《節要》二書。雖卷帙不多，而全體大用備焉。此聖道之眞傳也。」
錢士升	251	抑之			嘉善	萬曆四十四年進士第一			《明史本傳》：高邑趙南星、同里魏大中受璫禍……皆力爲營護，破產助之，以是爲東林所推。